HERZLICHEN GLÜCKWUNSCH

Und Dankeschön für den Kauf
dieses Buches. Als besonderes
Schmankerl* finden Sie unten
Ihren persönliche Code, mit dem
Sie das Buch exklusiv und
kostenlos als eBook erhalten.

Beachten Sie bitte die Systemvoraussetzungen
auf der letzten Umschlagseite!

**55018-r65p6-
v58a6-l03w5**

Registrieren Sie sich einfach
in nur zwei Schritten unter
www.hanser.de/ciando und
laden Sie Ihr eBook direkt auf
Ihren Rechner.

KOMPETENZ · HANSER · GEWINNT

*Bayrisch für eine leckere Kleinigkeit; ein Leckerbissen

Alby

Web 2.0

Konzepte, Anwendungen, Technologien

3., überarbeitete Auflage

Tom Alby

Web 2.0

Konzepte, Anwendungen, Technologien

3., überarbeitete Auflage

HANSER

Tom Alby
Director, International Search Products, Ask.com

Bibliografische Information Der Deutschen Nationalbibliothek
Die Deutsche Nationalbibliothek verzeichnet diese Publikation in der Deutschen Nationalbibliografie; detaillierte bibliografische Daten sind im Internet über http://dnb.d-nb.de abrufbar.

© 2008 Carl Hanser Verlag München
Gesamtlektorat: Fernando Schneider
Sprachlektorat: Sandra Gottmann, Münster-Nienberge
Herstellung: Steffen Jörg
Umschlagdesign: Marc Müller-Bremer, Rebranding, München
Umschlaggestaltung: MCP · Susanne Kraus GbR, Holzkirchen
Datenbelichtung, Druck und Bindung: Kösel, Krugzell
Ausstattung patentrechtlich geschützt. Kösel FD 351, Patent-Nr. 0748702
Printed in Germany

ISBN 978-3-446-41449-5

www.hanser.de/computer

Inhaltsverzeichnis

Vorwort

Vorwort zur 3. Auflage

Als ich im Sommer 2006 an der ersten Auflage dieses Buches saß, hatte ich gedacht, dass die Web 2.0-Euphorie in weniger als einem Jahr ihren Höhepunkt erreicht hätte und dieses Buch danach nur noch ein müdes Lächeln hervorrufen könnte. Ich lag falsch. Das Web 2.0 hat nun die breite Masse erreicht, und „2.0" wird nun an alles angehängt wie zu Zeiten der New Economy der Punkt vor jeden klein geschriebenen Begriff. Aus .lunch wurde Lunch 2.0, und diejenigen, die das Web 2.0 als kurzzeitige Erscheinung betrachtet hatten, wurden eines besseren belehrt. Der Spiegel, der im Juni 2006 auf spiegel.de das Web 2.0 als „Internetblase reloaded" bezeichnet hatte, veröffentlichte weniger als ein Jahr später ein Spiegel Spezial, das sich vor allem mit dem Web 2.0 beschäftigte.

Gleichzeitig ist nicht von der Hand zu weisen, dass die Anzahl von Web 2.0-Angeboten beinahe stündlich steigt und nicht davon auszugehen ist, dass alle Startups überleben werden. Auf der anderen Seite haben auch die Investoren aus der New Economy ihre Lehren gezogen, so dass Geld nicht im Gießkannenprinzip verteilt wird, ganz abgesehen davon, dass die Investitionen angesichts der standardisierten Technik weitaus geringer sind, als sie es noch vor wenigen Jahren waren; ein neues Angebot kann schon durch eine einzige Person realisiert werden (siehe del.icio.us). Und anstatt riesige Summen für Marketing einzuplanen, gehen viele Startups davon aus, dass die Popularität durch Viralität von Features und Low-Budget-Marketing erreicht werden kann.

Diese Auflage habe ich um Twitter, Facebook, Ning, Linklift, Trigami und weitere Dienste erweitert; darüber hinaus wurden einige Fehler bereinigt und Bereiche aktualisiert, in denen sich neues getan hat. Nach einiger Kritik daran, dass englische Zitate nicht übersetzt wurden, finden sich die Übersetzungen nun in den Fußnoten.

Und auch in dieser Auflage gibt es neue Interviews, und wieder einmal ist nicht genug Platz, um alle Gespräche zu verewigen, die geführt wurden. Zu danken habe ich Nicole Simon und Marco Ripanti für ihre Bereitschaft und Zeit, mit mir zu sprechen, sowie vielen anderen, die mir Feedback gegeben und somit zur Verbesserung des Buches beigetragen haben. Alle Fehler in diesem Buch stammen von mir und nicht von den Beitragenden. Bitte zögern Sie nicht, mir weiteres Feedback zu geben, gerne auch persönlich via Mail an tom@alby.de.

Aktualisierungen und Neuigkeiten zu diesem Buch finden Sie auf meinem Blog, macophilia.de unter dem Tag ‚web20'.[1]

London, im Dezember 2007   *Tom Alby*

Vorwort zur 2. Auflage

Kurz nach Erscheinen der ersten Ausgabe dieses Buches wurde YouTube von Google gekauft, OpenBC nannte sich fortan XING und ging an die Börse, und kurze Zeit später war StudiVZ eines der meistdiskutierten Themen in der deutschen Blogosphäre. Dass sich Besitzverhältnisse schnell ändern können und somit einen Teil der Informationen des Buches nicht ganz aktuell erscheinen lassen würden, das war von vornherein klar. Das Blog zum Buch stand deswegen als zusätzliche Informationsquelle zur Verfügung.

Bei der Durchsicht für diese zweite Auflage fiel hingegen auf, dass es nicht diese Besitzverhältnisse sind, die das Web 2.0 ausmachen, denn sonst hätte sehr viel mehr geändert werden müssen. Eine Firma geht, dafür kommt eine andere, Besitzer wechseln, neue Finanzierungen werden gefunden, aber die Technologien und Konzepte hinter dem, was allgemein Web 2.0 genannt wird, sind immer noch dieselben geblieben. Daher wurde der Haupttext vor allem hinsichtlich neuer interessanter Seiten ergänzt (natürlich wurde auch aktualisiert, wer jetzt wem gehört und wie genannt wird). Darüber hinaus wurden Interviews mit Protagonisten des deutschen Webs geführt, die ich am liebsten schon in der ersten Ausgabe gehabt hätte. Für die Zeit und Mühe, mit mir zu sprechen, danke ich hier Stefan Niggemeier vom Bildblog sowie Robert Basic von Basicthinking.de.

Ich habe zu der ersten Auflage dieses Buches sehr viel Feedback erhalten, und hier habe ich vor allem den Lesern Markus Heim und Timo Heuer zu danken, die Fehler aufgespürt und einige Verbesserungsvorschläge eingereicht haben. Wie bei der ersten Auflage gilt auch hier, dass alle Fehler ausschließlich und allein von mir in dieses Buch eingebracht wurden und es den Genannten zu verdanken ist, dass es nicht noch mehr wurden.

Von einigen wird nun das Ende des Web 2.0 verkündet. Zweifelsohne wird sich der Begriff abnutzen: Bei den Blogs wird sich ständig die Spreu vom Weizen trennen, mancher Blogger der ersten Stunde gibt bereits sein Blog auf, um Zeit für etwas anderes zu haben, und es werden auch weiterhin Firmen pleitegehen und andere gegründet. Nicht alles ist eitel Sonnenschein im Web.

Das Web 2.0, wenn man es denn so nennen will, ist nur ein Meilenstein in der Evolution des Webs, und die Vorboten der nächsten Generationen sind bereits

---

[1] Das ursprünglich angelegte Blog zum Buch web20buch.de ist nun in mein Blog integriert.

sichtbar. Wir werden weiterhin soziale Netzwerke und Blogs erleben, wir werden sie vielleicht nur anders nennen und andere Facetten sehen. Vielleicht wird auch etwas ganz anderes kommen, und niemand mehr wird in fünf Jahren von Blogs sprechen. Doch was es auch wird, noch nie zuvor hat jeder von uns die Chance gehabt, selber direkt an seiner Weiterentwicklung mitzuwirken wie heutzutage. Das macht das Web weiterhin spannend.

Hamburg, im März 2007   *Tom Alby*

Vorwort zur 1. Auflage

Der Knall der geplatzten New-Economy-Blase im Jahr 2000 ist noch nicht lange genug verhallt, als dass eine gewisse Skepsis gegenüber neuen, angeblich bahnbrechenden Internettrends unterdrückt werden könnte. Damals folgten den wilden Dotcom-Partys und irrationalen Hoffnungen auf schnellen Reichtum durch üppige Aktienoptionen schmerzhafte Entlassungen und empfindliche finanzielle Verluste durch riskante Aktienanlagen. Die Ideen der New Economy, obskur oder sinnvoll, wurden Teil der Konkursmasse. Einige Investoren hatten sich so schlimm die Finger verbrannt, dass sie erst einmal keine neuen Ideen anfassen wollten, die auch nur entfernt mit dem Internet zu tun hatten.

Das Platzen der Blase mitsamt dem Wehklagen der Anleger übertönte aber auch das Summen der Internetserver, die neben den ausgeschalteten Dotcom-Rechnern weiterhin ihren Dienst in den Rechenzentren taten. Tatsächlich bestand die New Economy-Blase nicht nur aus heißer Luft, denn neben den geplatzten Träumen gab es Dienste, die Einzug in den Alltag gefunden hatten und auf die Benutzer nicht mehr verzichten wollten. War 1996 eine E-Mail-Adresse noch etwas Besonderes, so ist es heute auffällig, keine zu haben. Bankgeschäfte werden bequem von zu Hause erledigt, egal zu welcher Tages- oder Nachtzeit; gleichzeitig bestrafen die Banken diejenigen mit zusätzlichen Gebühren, die ihre Überweisungen persönlich am Schalter abgeben wollen oder müssen. Und warum soll man auf das Erscheinen des Kleinanzeigenmarktes der Wochenendzeitung warten, wenn der gewünschte schwarze Golf V Diesel mit weniger als 50.000 Kilometern jederzeit in den Online-Autobörsen gesucht werden kann und eine Benachrichtigung verschickt wird, wenn ein solcher Wagen angeboten wird? Warum teure Tickets für einen Flug nach London kaufen, wenn ich über das Web selber einen Flug für ein paar Euro buchen kann? Das Internet ist allgegenwärtig geworden: Es ist nur anders gekommen, als es die Dotcom-Pioniere in ihren Businessplänen vorausgesagt hatten.

Das ist nicht ungewöhnlich. Ein Blick in die Geschichte zeigt, dass neue Technologien zu Beginn oft missverstanden werden. Thomas Edison hatte das Telefon erfunden und erfand kurz danach den Phonographen, um damit Telefongespräche aufzeichnen zu können. An das Aufnehmen und Abspielen von Musik dachte er erst später. Die ersten Filme waren lediglich Theaterspiele vor fest installierten Kameras, und es dauerte eine Weile, bis jemand auf die Idee kam, dass man die Kameras auch bewegen und den Film schneiden konnte. IBM-Chef Thomas J. Watson Sr. glaubte nicht daran, dass die Welt mehr als fünf Computer benötigen könnte. Er glaubte stattdessen, dass seine Kunden Daten lieber auf einer Lochkarte sehen wollten, als sie unsichtbar auf Magnetbändern zu speichern, trotz der Langsamkeit und des immensen Platzverbrauchs der Lochkarten. Ken Olson, Gründer der Digital Equipment Corporation, sah keinen Grund, warum irgendjemand einen Computer zu Hause stehen haben wollte. Angesichts dieser historischen Missverständnisse stehen die Irrtümer der New Economy in einem anderen Licht (und einer Tradition, die einige teuer zu stehen kam).

Aber waren es wirklich alles Irrtümer? Einige Ideen sind nun wieder aufgetaucht, und dieses Mal scheinen sie mehr Erfolg zu haben, als den Pionieren vergönnt war:

■ Eines der ersten Versprechen des Webs war, dass jeder Publizist werden und seine Inhalte einem Millionenpublikum zugänglich machen könne. Noch heute zeugen die Anbieter kostenloser Homepages wie GeoCities, Tripod und Co. mit einer Unzahl von seit Jahren nicht mehr aktualisierten privaten Homepages von einer scheinbar mangelnden Kreativität der Internetgemeinde. Nur wenige Homepages waren interessant genug, dass sie diese frühe Phase überlebt haben und auch heute noch gepflegt werden. Im Gegensatz dazu schreiben heute viele Internetnutzer Blogs, die von einigen als Konkurrenz zu den klassischen Medien angesehen werden, was zu Zeiten der privaten Homepage undenkbar war. Die Blogs bringen durch ihre Vernetzung untereinander schon heute gestandene Werbemacher dazu, sich öffentlich zu entschuldigen, bescheren einer gemeinnützigen Organisation ein PR-Desaster und bieten Informationen, die über die klassischen Medien nicht zu bekommen sind.

■ del.icio.us ist nicht der erste Service, der es Benutzern erlaubt, online Zugriff auf die eigenen Bookmarks zu bekommen. Auch ist es nicht der erste Service, mit dem Benutzer ihre Bookmarks mit anderen Benutzern teilen und kategorisieren können (wenngleich auf eine andere Weise, siehe das Kapitel 5 über die Folksonomy). Ähnliche Dienste gab es schon in der Hochphase der New Economy. Aber keiner war in der Vergangenheit so erfolgreich, wie del.icio.us heute zu sein scheint.

■ In den frühen Tagen des Webs glaubten einige, dass der Desktop-PC irgendwann überflüssig werde, weil die Benutzer alles über das Web erledigen könnten. Heute spricht keiner mehr vom Web-PC, aber Webapplikationen bieten mittlerweile ähnlich „funktionale" Benutzeroberflächen[2] an wie die Anwendungen, die wir auf unseren PCs installiert haben. Eine Tabellenkalkulation im Browser ist heute keine Illusion mehr.

---

[2] Wer eine gute Übersetzung für den Begriff *Rich User Experience* anbieten kann, möge ihn mir bitte mailen.

Kurz gesagt: Das Web ist nicht mehr das Web, das wir aus der Zeit der New Economy kennen. Während Investoren noch ihre Wunden leckten, hat das Web fast unbemerkt einen Stand erreicht, der einige der früheren Versprechen einlöst und manche der Defizite kompensiert. Internetfirmen können Geld verdienen, und auch die damals abfällig als "Old Economy" bezeichneten Unternehmen haben sich im Netz gewinnbringend platziert. Und so sprechen einige bereits von einer neuen Ära des Webs, mancherorts ist sogar so etwas wie eine Euphorie bezüglich des Webs zu beobachten, während sich einige Investoren ärgern, dass sie nicht länger durchgehalten haben.

Wenn es wirklich eine neue Ära des Webs gibt, so fehlte bisher ein Name für das Kind. Aus dem Umkreis des Verlegers Tim O'Reilly kam der Begriff des „Web 2.0", und die technophilen Blogs nahmen diesen Begriff dankbar auf und verbreiteten ihn wie einen Virus im Web.

Der Begriff ist, und dafür wird er kritisiert, schwammig. Es gibt keine DIN ISO-Definition. Stattdessen existieren Dokumente im Web, die Konzepte und Prinzipien des Web 2.0 skizzieren und erklären, woran das Web 2.0 festgemacht werden kann. Für die Kritiker sind diese Konzepte und Prinzipien genauso wenig zu fassen wie die Businesspläne der New Economy, und in Erinnerung an diese Zeit stellt sich die Frage, welche Veränderungen, wenn überhaupt, durch das Web 2.0 bevorstehen. Was soll an diesem Hype anders sein als an dem letzten, oder ist es mehr als ein Hype? Wie wird die eigene Applikation „Web 2.0ig"?

Es gibt keine komplett zufriedenstellenden Antworten auf diese Fragen, und je nachdem, welche Sicht man vertritt, ist das Web 2.0 bereits da, oder es wird nie kommen. Die „Perpetual Beta", die andauernde Entwicklungsversion zum Testen, ist ein Schlagwort des Web 2.0, und so kann auch dieses Buch nur eine Momentaufnahme des Status des Webs darstellen. Um die Breite der Diskussion abzubilden, enthält dieses Buch außerdem Interviews mit Menschen, die unterschiedliche Ansichten zum Thema Web 2.0 vertreten. Und auch Sie als Leser sind eingeladen, Ihre Meinung in die Diskussion einfließen zu lassen: Unter http://www.web20buch.de finden Sie aktuelle Informationen sowie die Möglichkeit, mit weiteren Lesern und mir über das Web 2.0 zu diskutieren und an der „Perpetual Beta" dieses Buches mitzuwirken.

Neben diesem Schlagwort gibt es eine Vielzahl von Begriffen im Zusammenhang mit dem Web 2.0, die sich für das *Buzzword Bingo* eignen; diese Begriffe sind im Text *kursiv* gesetzt und können im Glossar nachgeschlagen werden. Einige Begriffe sind nur schwer einzudeutschen, und wenn die Übersetzung in meinen Ohren zu schmerzhaft klang, dann habe ich den englischen Begriff gewählt. Andere Begriffe werden derzeit nur im angloamerikanischen Raum verwendet, und ich habe sie nur der Vollständigkeit halber aufgenommen, falls sie hierzulande Einzug halten sollten.

Dieses Buch wäre nicht entstanden ohne die Hilfe derer, die meine Manuskripte gelesen und kritisiert haben, ihre kostbare Zeit für Interviews mit mir hergaben, mich in Diskussionen über das Web 2.0 herausforderten, wertvolle Tipps lieferten oder sonst in irgendeiner Art und Weise an der Entstehung dieses Buches beteiligt waren. Zu danken habe ich dafür (in alphabetischer Reihenfolge) Claudia Alby, Jan-Olaf Braun, Lars Diederich, Johnny Haeusler, Eric Heymann, Dr. Detlev Kalb, Joachim Kreibich, Dr. Dirk Lammerskötter, Stefan Karzauninkat, Simon Khosla, Monika Kraus (unter anderem auch dafür, dass ich dieses Mal mit LaTeX schreiben durfte), Jörg Petermann, Fernando Schneider, Carsten Schütte, Vasco Sommer-Nunes, Bidjan Tschaitschian, Oliver Wagner, Mark Weber, Florian Wilken und Alexander Wüst. Wenn Ihnen dieses Buch gefällt, dann liegt dies vor allem an der Hilfe und Mitarbeit der Genannten. Alle Fehler und Unzulänglichkeiten dieses Buches gehen jedoch auf mich allein zurück. Natürlich habe ich auch meiner Freundin Stephanie zu danken, die mir für gleich zwei Bücher in einem Jahr den Rücken frei gehalten und stets die Erstfassungen durchgearbeitet hat.

Zu danken habe ich aber vor allem meiner heute fast fünfjährigen Tochter Emilia, die über viele Monate hinweg oft auf mich verzichten musste und mich dennoch stets mit Ratschlägen für bessere Buchverkäufe und Angeboten zur Mitarbeit am Buch versorgt hat. Ihr ist dieses Buch gewidmet. Als sie geboren wurde, war die Blase der New Economy gerade geplatzt, und nun wächst sie mit dem Web als Selbstverständlichkeit auf. Ihre Wissensgier wäre ohne Wikipedia & Co. kaum zu befriedigen („Warum dreht sich die Welt? Wie machen Grillen dieses Geräusch?"). Videochats, Musikkauf mit einem Klick, Veröffentlichen im Internet, eine ganze CD-Sammlung auf einem iPod, das wird für sie normal oder schon ein alter Hut sein. Und wenn ich ihr irgendwann mal von den Irrungen und Wirrungen in den Anfangstagen des Webs erzähle, wird sie darüber genauso lachen, wie wir es heute über die Fehleinschätzungen von Thomas J. Watson Sr. und Ken Olson tun.

Hamburg, im August 2006   *Tom Alby*

Kapitel 1

Von der New Economy zum Web 2.0

1.1 Was unterscheidet diesen Hype vom letzten?

Die Web 2.0-Diskussionen drehen sich um *Blogs*, *Folksonomy*, *Partizipation*, *Social Software*, *Ajax* oder *Tagging*. Doch das Web 2.0, so wie es während der ersten Konferenzen diskutiert wurde, besteht aus mehr als Schlagwörtern. Es reicht nicht aus, ein Blog zu betreiben, um sich als Teil des Web 2.0 zu fühlen. Es ist auch nicht die Ästhetik, die einer Website zur Web 2.0-Kompatibilität verhilft, wenngleich einige Sites, die dem Web 2.0 zugeordnet werden, eine ähnliche oder sogar gleiche Gestaltungssprache verwenden.[1] Das Web 2.0 ist kein grafisches Redesign der früheren Webseiten. Ebenso kann das Web 2.0 nicht allein an neuen Funktionen festgemacht werden: Viele der heute bejubelten Funktionen und Applikationen wären auch schon zu New-Economy-Zeiten möglich gewesen, zum Teil gab es sie sogar schon. Was also ist wirklich neu an dem Web 2.0?

Es spricht viel dafür, dass sich neben den Weiterentwicklungen in den Technologien auch das Umfeld des Webs weiterentwickelt hat. Ohne diese Entwicklungen wären einige der heutigen Ideen genauso erfolglos, wie sie es schon zu New-Economy-Zeiten waren. Könnte eine Plattform für den Austausch von Fotos heute funktionieren, wenn die meisten Internetnutzer immer noch mit einem langsamen Modem unterwegs wären und das Herunterladen sowie vor allem das Hochladen von Fotos Ewigkeiten dauerte?

Die Veränderungen im Umfeld des Webs sind langsam und schleichend gekommen: Wer heute mit DSL surft, kann sich kaum noch daran erinnern, wie das Netz mit einem langsamen Modem oder auch mit einem ISDN-Anschluss zu ertragen war. Die günstigen Flatrates, die wir heute als Selbstverständlichkeit wahrneh-

---

[1] Was wiederum wichtig sein kann, wie wir später sehen werden.

men, haben vergessen lassen, dass das Surfen im Netz früher von einem schlechten Gewissen wegen der Telefonrechnung begleitet war. Die Skepsis, die Kritiker dem Web 2.0-Gedanken entgegenbringen mit dem Verweis auf die Fehlschläge der Vergangenheit, beruht zum Teil darauf, dass vergessen wird, dass die Ausgangsbasis für das Web heute eine andere ist. So haben in einigen europäischen Ländern bereits mehr als 50 Prozent der Haushalte einen Breitbandanschluss: Eine Plattform für den Austausch von Fotos kann angesichts dieser Zahlen heute sehr wohl funktionieren.

Es sind aber nicht allein die Kosten und die Geschwindigkeit, die sich geändert haben:

- Nachdem Microsoft die Browser-Schlacht gewonnen hatte und den Internet Explorer als Standard etablieren konnte, wurde die Entwicklung von Websites vereinfacht, da sich die Entwickler auf einen Browser konzentrieren konnten.

- Mit dieser Sicherheit im Rücken konnten Funktionen entwickelt werden, die zuvor zwar möglich gewesen wären, aber nur einem Teil der Nutzer zur Verfügung gestanden hätten. Einige dieser Funktionen haben den Umgang mit Webanwendungen vereinfacht. Diese Vereinfachung hat dafür gesorgt, dass diese Dienste auch attraktiver geworden sind.

- Gleichzeitig sind die Benutzer erfahrener geworden; sie konnten angesichts sinkender Preise und schneller Internetzugänge mehr Zeit im Netz verbringen und Erfahrungen sammeln. Es haben sich zudem „Best Practices" in der Gestaltung von Seiten kristallisiert, sodass das auf einer Webseite gesammelte Wissen auf einer anderen Webseite wieder verwendet werden konnte.

- Dadurch, dass mehr Benutzer mehr Zeit im Netz verbrachten, konnten auch erst die Umsätze von manchen Internetfirmen so steigen, dass aus Verlusten Gewinne wurden.

- Open-Source-Software sowie die gesammelten Erfahrungen der Entwickler haben die Kosten eines Markteintritts für neue Firmen erheblich reduziert; theoretisch reicht ein Zugang zum Internet aus, um eine Webapplikation zu entwickeln, zu launchen und Geld damit zu verdienen.

- Es wird wieder Vertrauen in die Internetbranche investiert: Internetfirmen verdienen Geld, und Firmen aus der Old Economy nutzen das Internet als Wachstumsmotor. Das Web wird als Selbstverständlichkeit wahrgenommen, nicht als vorübergehende Mode, als die es von Skeptikern während des Hypes angesehen wurde.

Anders gesagt: Wenn wir den gegenwärtigen Entwicklungsstand des Webs mit der Versionsnummer 2.0 versehen, dann konnte die Version 1.0 nicht fehlerfrei laufen, weil die Systemanforderungen dieser Version nicht erfüllt worden waren. Die Systemanforderungen an das Web 2.0 waren der Benutzer 2.0, der selbst Zugangsgeschwindigkeit 2.0 und Zugangskosten 2.0 erforderte.

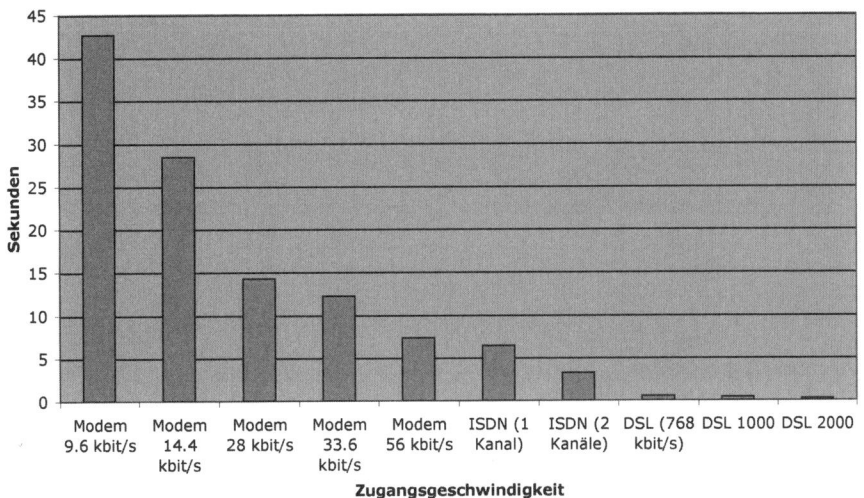

Abbildung 1.1: Vergleich der Dauer des Downloads einer 50 Kilobyte großen Datei bei verschiedenen Datenübertragungsraten

Seit den frühen Tagen des Webs ist ein weiter Weg zurückgelegt worden, und da die Zeit den Blick auf die Vergangenheit oft verklärt, lohnt es sich, die Veränderungen genauer anzusehen.

1.2 Entwicklung der Datenübertragungsraten

Wenn eine Webseite heute etwas länger benötigt zum Laden, so werden wir ungeduldig; vergessen ist, dass dies vor wenigen Jahren für die meisten Internetnutzer noch die Regel, nicht die Ausnahme war. Seit den Anfängen des Webs haben sich die Zugangsgeschwindigkeiten massiv verbessert, doch erst mit der Einführung von DSL und bezahlbaren Tarifen konnte das Web von der großen Masse erschlossen werden.

Bereits vor der Popularisierung des World Wide Webs wählten sich einige Freaks in private oder universitäre Netze ein, die teilweise mit dem Internet verbunden waren. In den 70er- und 80er-Jahren wurden dazu vor allem Akustikkoppler genutzt, da der Anschluss eines Modemgeräts an das Netz der Deutschen Bundespost illegal war, es sei denn, es handelte sich um eines ihrer eigenen unglaublich teuren Geräte.[1] Modemgeräte mit einer Geschwindigkeit von 2.400 bps (Bits pro Sekunde) waren die Regel, das reicht aus, um eine unformatierte Din-A4-Seite Text in einer 2 Kilobyte großen Datei in weniger als 7 Sekunden zu übertragen.

---

[1] Einige Leser werden sich vermutlich an die Telefondosen erinnern, aus denen lediglich ein Kabel herauskam, aber eine Buchse zum Anschluss eigener Geräte fehlte.

Aus dieser Zeit stammt noch das ungeschriebene Gesetz, dass eine Signatur aus nicht mehr als vier Zeilen bestehen sollte, denn man konnte fast jedes Zeichen, das aus der Leitung gekrochen kam, noch einzeln mit Handschlag begrüßen. Im Juli 1991 fiel das Endgerätemonopol, und die Kunden waren nicht mehr verpflichtet, ein Telefon von der Deutschen Bundespost zu mieten. In dieser Zeit, als sich manche Leute Garfield-Telefone ins Wohnzimmer stellten, konnten reguläre Modemgeräte legal an das Telefonnetz angeschlossen werden. Gleichzeitig setzten sich Geräte mit 9.600 bps durch; ein solches Gerät kostete 1991 einige hundert DM, wenig später waren die ersten 14.400-bps-Geräte für „nur" noch 200 DM zu haben.

Diese Geschwindigkeit war die Regel, als das Web 1995 langsam, aber sicher populärer wurde. Sieht die Bitrate auf den ersten Blick mickrig aus, so bestanden die frühen Webseiten vor allem aus Text und wenigen Bildern. Das Laden einer 50 Kilobyte großen Datei dauerte mit einem solchen Modem eine halbe Minute, wie aus Abbildung 1.1 ersichtlich wird, die meisten Webseiten waren inklusive Bildern kleiner als 50 KB.[2] 1994 waren bereits Modemtypen mit 28.800 bps erhältlich, wenn auch wenig verbreitet, 1996 dann 33.600 bps und schließlich 56.000 bps, was gegen Ende der 90er-Jahre der häufigste Modemtyp war und bis heute das Ende der Fahnenstange im analogen Modembereich darstellt.[3]

Zwischen 1995 und 1996 bemühte sich die Deutsche Telekom, wie sie nach der Postreform II hieß, ISDN an die Haushalte zu verkaufen; ISDN-Anschlüsse wurden bezuschusst und konnten vergünstigt angeboten werden. Der Vorteil von ISDN war, dass man gleichzeitig telefonieren und surfen konnte, wenn man das denn wollte. ISDN brachte 64.000 beziehungsweise 128.000 bps bei Bündelung beider ISDN-Kanäle. Das Laden einer 50 KB großen Datei dauerte nur noch wenige Sekunden, doch die Kanalbündelung kostete auch das Doppelte an Gebühren.

Mit der zunehmenden Kommerzialisierung des Webs wurden die Webseiten bunter und voller; Designer versuchten, die Printprospekte ins Web zu übertragen, und wer einen Online-Shop betreiben wollte, der kam gar nicht umhin, Fotos seiner Produkte in die Seiten einzubinden. Die Verfügbarkeit schnellerer Modemgeräte ging einher mit der Gestaltung von Webseiten, die mehr als nur Text boten und somit auch wieder mehr Ladezeit benötigten. Und wer heute mit einem aktuellen analogen 56.600er-Modem oder einer ISDN-Verbindung die Homepage von T-Online ansehen möchte, muss ca. 250 KB herunterladen und benötigt dafür mehr als eine halbe Minute. Das schnelle DSL auf der T-Online-Seite zu bestellen ist heute eine meditative Angelegenheit.

DSL wurde ab 1999 in einigen großen Städten in Deutschland angeboten. Die Zugänge hatten eine Download-Geschwindigkeit von 768 KBit, sie waren bereits

---

[2] Um genau zu sein, sind die Werte in der Grafik nicht richtig, denn jede Kommunikation hat einen Protokoll-Overhead, d.h., maximal 87 Prozent stehen bei einer guten Leitungsqualität wirklich für die Übertragung zur Verfügung, sodass diese noch länger dauert.

[3] Hierbei muss beachtet werden, dass nur die wenigsten wirklich eine Geschwindigkeit von 56.600 bps erreichten aufgrund der Qualität der Telefonleitung; außerdem gilt diese Geschwindigkeit nur für das Herunterladen, wohingegen das Hochladen nur mit theoretischen 33.600 bps vonstatten geht.

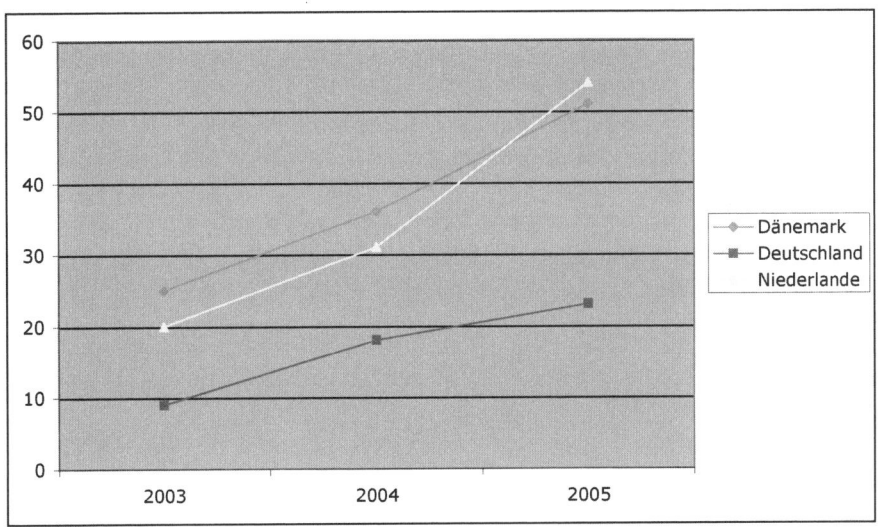

Abbildung 1.2: Anteil der Haushalte mit Breitbandzugang in Prozent (Quelle: http://www.eds-destatis.de/)

mehr als 13 Mal schneller als ein 56-K-Modem und 12 Mal schneller als ISDN mit einem Kanal. Eine 50 KB große Datei konnte in weniger als 1 Sekunde heruntergeladen werden. Anders als bei einem analogen Modem reichte aber das Anschließen eines Modems nicht aus; für jeden Kunden musste erst ein DSL-Modem besorgt und der Zugang freigeschaltet werden, und das war, neben der Verfügbarkeit in nur wenigen Städten, das größte Problem. Im Jahr 2000 hatte T-Online ca. 4 Millionen Kunden; 400.000 Kunden der Telekom hatten DSL beantragt; davon warteten aber allein 250.000 Kunden auf den beantragten Anschluss.[4] Die Telekom ging sogar davon aus, dass sie 600.000 bis 800.000 Kunden hätte DSL verkaufen können, hätte es nicht Probleme bei der Beschaffung der Hardware gegeben.[5] Neben den langen Wartezeiten waren außerdem langsame und gestörte Zugänge nicht selten.

Heute ist DSL in fast allen Orten Deutschlands verfügbar, Datenübertragungsraten von 1, 2, 6 MBit oder sogar noch höhere Geschwindigkeiten stehen zur Verfügung. Das dazu passende Modem wird nicht mehr verkauft, sondern ist in vielen Paketen bei Abschluss eines Vertrages kostenlos enthalten. Neben DSL bieten je nach Region auch Kabel- oder Strombetreiber Breitbandzugänge an, wenngleich diese noch nicht so verbreitet sind wie DSL. Die Penetration von Breitbandzugängen geht in Deutschland allerdings langsamer voran als in anderen Ländern: Hatten 2005 in Deutschland 23 Prozent der Haushalte einen Breitbandzugang, waren es in Dänemark und in den Niederlanden bereits mehr als 50

---

[4] Siehe http://www.heise.de/newsticker/meldung/13976
[5] Siehe http://www.heise.de/newsticker/meldung/12986

Prozent (siehe Abbildung 1.2). Das heißt nicht, dass die Bewohner der restlichen Haushalte überhaupt keinen Zugriff auf einen schnellen Internetanschluss hätten; viele können auch über ihren Arbeitgeber schnell ins Internet. Darüber hinaus wächst die Anzahl der öffentlichen WLANs, durch die Benutzer mit entsprechend ausgestatteten Notebooks unterwegs surfen können. Selbst die günstigen Notebooks vom Aldi sind heute WLAN-fähig und können mit 54 MBit ins Netz, einem Vielfachen von dem, was die meisten WLANs tatsächlich anbieten.

Gleichzeitig mit den mittlerweile relativ niedrigen Kosten für die Online-Zeit (siehe nächsten Abschnitt) ist der schnelle Internetzugang Voraussetzung für viele der Anwendungen, die wir heute im Web sehen:

- Eine Plattform wie FlickR wäre für die meisten Modembenutzer zu Zeiten der New Economy kaum benutzbar gewesen, zumal Uploads noch länger dauern als Downloads.[6] Die Fotos eines Urlaubs sind heute in wenigen Minuten bei FlickR hochgeladen, was vor einigen Jahren noch mehrere Stunden gedauert hätte.

- Der Download einer 3 MB großen Musikdatei aus dem iTunes Music Store dauert mit einem ISDN-Kanal ca. sieben Minuten; mit einem DSL 1000-Anschluss dauert der Download weniger als eine Minute. Ein ganzes Album mit acht, neun oder zehn Stücken zu kaufen, kann mit einem ISDN-Anschluss gut eine Stunde dauern.

Wer 1999 eine Pizza bestellen wollte, der war mit dem Telefon schneller (und günstiger) am Ziel. Heute geht es in der Regel schneller über das Web (und man entgeht zusätzlich den Nachfragen: „War das Schillerstraße 6f oder 6s?").

1.3   Entwicklung der Internet-Nutzungskosten

Neben den Zugangsgeschwindigkeiten sind die Kosten ein wichtiger Faktor für die Attraktivität des Webs. Während der Zugang zum Internet immer schneller wurde, sanken die Online-Kosten nicht in der gleichen Geschwindigkeit, zumindest nicht in Deutschland. In der Zeit vor dem World Wide Web bezahlten die Erstanwender (auf Neudeutsch oft auch „Early Adopter" genannt) einen hohen Preis, wenn sie sich nicht in private Netze oder Universitätsnetze einwählten, die lediglich Telefonkosten verursachten. Die reinen Telefonkosten beliefen sich 1990 auf 2,9 Pfennig pro Minute für ein Ortsgespräch.[1] War man täglich eine Stunde über einen Einwahlpunkt online, so bedeutete dies 52,20 DM Kosten pro Monat allein für die Telefongebühren. Hinzu kamen die Gebühren für die kommerziellen

---

[6] Natürlich waren auch Digitalkameras damals noch nicht so verbreitet wie heute, und die Kameras hatten in den erschwinglichen Preisklassen weniger Megapixel und produzierten dementsprechend kleinere Bilder; diese waren aber immer noch größer als die 50 KB große Datei in dem Beispiel.

[1] Abgerechnet wurde damals noch in Einheiten à 23 Pfennig.

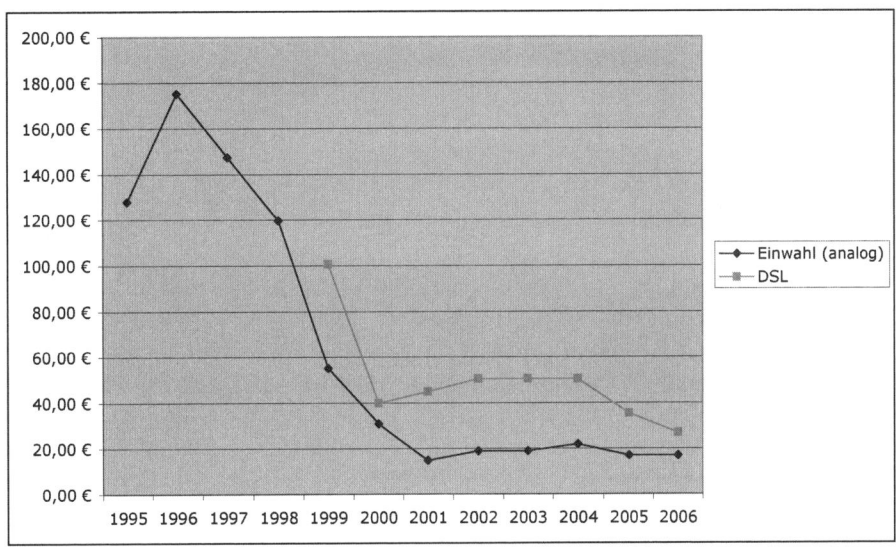

Abbildung 1.3: Monatliche Kosten für eine tägliche Online-Stunde am Beispiel von den BTX-/Datex-J/T-Online-Tarifen

Dienste, die Privatanwendern Zugang zu Online-Inhalten gewährten: Allein die Anschlussgebühren für BTX und später Datex-J beliefen sich in den 90er Jahren auf 50 DM, und neben den 8 DM Grundgebühr monatlich kostete jede Minute 6 Pfennig in der Zeit von 8 bis 18 Uhr. Die Kosten für eine Stunde CompuServe lagen Anfang der 90er noch bei über 10 Dollar. Bei beiden Diensten war es zunächst nur möglich, die innerhalb der jeweiligen Netze angebotenen Inhalte abzurufen. Für diese Inhalte waren zum Teil zusätzliche Gebühren zu entrichten, eine Seite im BTX konnte zwischen 1 Pfennig und 9,99 DM kosten.

Um die Entwicklung der Online-Kosten nachvollziehbar zu erläutern, wird die Preisentwicklung anhand eines Surfers bestimmt, der jeden Tag tagsüber eine Stunde online verbringt. In Abbildung 1.3 werden die entstehenden Kosten zum einen für die Einwahl mit einem analogen Modem verdeutlicht, zum andern mit dem ab 1999 in einigen Städten verfügbaren DSL. Zunächst einmal sehen beide Kurven nach einem massiven Preissturz aus. Ein genauerer Blick auf die Hintergründe relativiert das Bild allerdings.

Nachdem das World Wide Web 1995 einen gewissen Bekanntheitsgrad in der Bevölkerung erreicht hatte, wurde sowohl bei Datex-J wie auch bei CompuServe der Zugang zum Web ermöglicht. Dies verursachte bei Datex-J, das kurze Zeit später in der Produktlinie von T-Online aufging, zusätzliche Kosten von 5 Pfennig pro Minute. Eine Stunde im Web täglich bedeutete mehr als 200 DM Kosten im Monat, zusätzlich zu den Telefongebühren. Die Qualität des T-Online-Dienstes war dabei noch nicht einmal zufriedenstellend: In einem Test der Zeitschrift c't im Jahr 1996 „erwies sich der Internet-Zugang über den Telekom-Dienst T-Online als eine Art Kriechspur, auf dem man sich allenfalls im Schritttempo bewegt, während der übrige Verkehr an einem vorbeirauscht."[2] Neben der Geschwindigkeit wurde auch noch die Zuverlässigkeit des Dienstes bemängelt: „Um beispielsweise die aktuelle Navigator-Version von der Netscape-Homepage herunterzuladen, müsste der T-Online-Kunde mit einem Zeitbedarf von rund vier Stunden und Gebühren zwischen 17 und 26 Mark rechnen – vorausgesetzt, die Verbindung bleibt überhaupt so lange bestehen, was nach den c't-Ergebnissen höchst unwahrscheinlich ist."

1995 nahm AOL in einer Kooperation mit Bertelsmann das Geschäft in Deutschland auf. Die Nutzung des AOL-Dienstes kostete monatlich 9,90 DM inklusive zehn Freistunden, jede weitere Stunde kostete 6 DM. Ein großer Vorteil von AOL war, dass die meisten Modemgeräte automatisch erkannt wurden und die Installation relativ einfach war. Um ins Web zu kommen, musste keine zusätzliche Software installiert werden,[3] und es fielen auch keine zusätzlichen Gebühren an. Dennoch kamen neben den Telefongebühren auch hier ca. 130 DM monatlich für die Nutzung von AOL zusammen. Wenn man Pech hatte, dann wohnte man nicht einmal in der Nähe eines Einwahlknotens und musste auch noch höhere Telefonkosten ertragen. Von den in den USA preiswerten Pauschalzugängen war Deutschland weit entfernt.

Erschwerend kam hinzu, dass die Deutsche Telekom 1996 die Kosten für ein Ortsgespräch, das tagsüber geführt wurde, von 3 auf 8 Pfennig pro Minute erhöhte. Nur in der Nacht von 21 Uhr bis 5 Uhr kostete die Minute in etwa so viel wie vorher. Aus etwas mehr als 50 DM Telefonkosten monatlich wurden 144 DM, sofern man tagsüber surfen wollte, zusätzlich zu den Gebühren des Internetanbieters. Selbst wenn das Surfen auf die Nacht verschoben wurde, kam man immer noch auf 86,40 DM Telefongebühren. Surfen im Web war alles andere als ein günstiger Spaß, und diejenigen Leser, die damals schon aktiv waren, erinnern sich sicherlich an die Schweißperlen auf der Stirn, wenn die Telefonrechnung im Briefkasten lag und der dreistellige Rechnungsbetrag noch höher ausfiel als ohnehin befürchtet. Abgesehen davon, dass die Anschaffungskosten für ein Modem nicht unerheblich waren, war diese Preisgestaltung für die Entwicklung des Webs in Deutschland alles andere als hilfreich. Selbst Politiker forderten die Deutsche Telekom auf, das neue Tarifmodell zu überarbeiten. Als Resultat daraus entstanden Zusatzpakete, mit denen einige Nummern günstiger angerufen werden konnten, die aber keine Linderung des Problems bedeuteten.

Im Juni 1997 entfiel bei T-Online die zusätzliche Gebühr von 0,05 Pfennig pro Minute für die Internetnutzung; gleichzeitig wurde der Minutenpreis für den Zugang zum Online-Dienst von 6 auf 8 Pfennig erhöht.[4] Im März 1998 wurde dieser Preis auf 5 Pfennig pro Minute gesenkt, doch die Hoffnung, dass die Liberalisie-

---

[2] http://www.heise.de/newsticker/meldung/678

[3] Es sei denn, man wollte nicht mit dem AOL-Browser surfen, denn dann musste eine Systemdatei ausgetauscht werden, um einen Browser wie Mosaic oder den Netscape Navigator nutzen zu können.

[4] Dieser Preis galt werktags von 8 bis 18 Uhr; der Abend- und Wochenendtarif wurde von 2 auf 5 Pfennig pro Minute erhöht.

rung des Telefonmarktes endlich günstiges Internet für alle bringen würde, blieb unerfüllt. Neben den Diskussionen über die „letzte Meile" brachte die Liberalisierung zwar auch günstigere Preise, zunächst allerdings nur für Ferngespräche. Die letzte Meile, der letzte Leitungsabschnitt zum Endkunden, wurde von der Telekom an andere Telekommunikationsanbieter vermietet, und die von der Telekom verlangte Miete bestimmte das Preismodell der anderen Anbieter. Somit war es diesen nicht möglich, einen günstigen Internettarif anzubieten. Ein Resultat war ein Internetstreik am 1.11.1998, zu dem zwei Initiativen aufgerufen hatten, dieser Streik blieb allerdings scheinbar ohne Folgen. Erst im April 1999 senkte T-Online die Preise, fortan waren 6 Pfennig pro Minute inklusive Telefongebühren fällig, zuzüglich 6 Pfennig pro Einwahl und 8 DM pro Monat. Damit senkten sich die Kosten auf knapp 120 DM pro Monat.

Die wachsende Online-Gemeinde verlangte indes nach einer Flatrate, und Diskussionen über die Kosten der Online-Nutzung wurden sogar im Bundestag geführt. Als die Firma Mobilcom Anfang 1999 eine Flatrate für 99 DM einführte, war der Ansturm so groß, dass das Angebot kurz darauf wieder eingestellt werden musste. Viele andere Flatrates folgten und wurden ebenso eingestellt; die Mischkalkulation der Provider ging nicht auf. Im Frühjahr 2000 führte T-Online eine Flatrate für Analog- und ISDN-Nutzer ein, die aber ein Jahr später wieder eingestellt wurde, da die 79 DM Gebühren pro Monat zuzüglich der Basiskosten für den Telefonanschluss sich angeblich als Verlustgeschäft erwiesen. Diejenigen, die zu diesem Zeitpunkt nicht auf DSL umstiegen, konnten sich auf das Verwirrspiel verschiedener Internet-by-Call-Anbieter einlassen, die zwischen 1 und 4 Pfennig pro Minute nahmen, aber nur zu bestimmten Zeiten und zuzüglich einer Einwahlgebühr.

Die Preise für die analoge Einwahl haben sich seitdem kaum verändert, die Seiten im Web aber schon, wie im vorherigen Abschnitt ausgeführt, sodass das Surfen mit einem Modem nicht nur ein Geduldsspiel ist, sondern auch noch ins Geld geht.

Das schnelle DSL wurde 1999 als Paket aus ISDN- und T-DSL-Anschluss angeboten und kostete 98 DM plus 99 DM für T-Online inklusive 50 Freistunden. Ein Jahr später bot T-Online einen DSL-Pauschaltarif für 49 DM an, hinzu kamen die Kosten für den DSL-Anschluss von der Telekom. Was traumhaft klingt, war in der Realität ein Albtraum: Die DSL-Kurve in Abbildung 1.3 sieht zwar danach aus, dass ab dem Jahr 2000 das Surfen mit DSL fast so günstig war wie das Surfen mit einem analogen Modem, aber der Schein trügt allein deswegen, weil DSL noch gar nicht überall verfügbar war, ganz abgesehen davon, dass die Telekom wie im vorherigen Abschnitt beschrieben der Nachfrage nicht standhalten konnte.

In der Zeit, als der Ruhm der New Economy stieg und fiel, rechnete Deutschland noch, wann der günstigste Zeitpunkt zum Surfen ist, oder wartete auf einen schnellen DSL-Anschluss: Der Sturm auf die Flatrates zeigt, dass die Nutzer gerne mehr Zeit im Web verbringen wollten, manchen Firmen der New Economy fehlten die Nutzer. Nicht dass alle New-Economy-Firmen heute noch unter uns weilten, wäre das Web zu einem früheren Zeitpunkt schneller und günstiger ge-

wesen; dafür waren manche Geschäftsmodelle zu obskur. Andere Modelle aber
können erst heute funktionieren: Im Jahr 2000 oder 2001 Musik digital zu verkaufen war so gut wie unmöglich, da die Online-Kosten für den Download den
Benutzer schon teurer zu stehen kamen als der Preis für die gekaufte Datei.

1.4 Entwicklung der Nutzer

Es spricht einiges dafür, dass sich nicht nur die Technologien und Zugangsfakto-
ren geändert haben, sondern auch die Internetbenutzer selbst. Neben individuellen Erfahrungen haben sich Prinzipien für die Benutzbarkeit von Internetseiten
durchgesetzt, die von Usability-Gurus wie Jakob Nielsen seit den frühen Tagen
des Webs postuliert werden.[1] Diese Prinzipien werden zwar nicht von allen Web-
seitendesignern beachtet, sind aber auf so vielen Seiten zu finden, dass auf einer
Seite gesammelte Erfahrungen auf einer anderen Seite wieder verwendet werden
können.

Ein Beispiel ist das Prinzip der Gleichheit (Principle of Consistency), das aus der
Welt der PC-Anwendungen bekannt ist. Anwendungen sollen konsistent sein mit
sich selbst, früheren Versionen der Anwendungen und den Erwartungen der Benutzer. In einer PC-Anwendung erwarten Benutzer, dass der zweite Menüpunkt
„Bearbeiten" heißt und sich darin Befehle zum Widerrufen, Ausschneiden, Kopieren und Einfügen befinden (in der Regel auch in dieser Reihenfolge).

In der Online-Welt haben sich zum Beispiel die folgenden Regeln herauskristalli-
siert, von denen Benutzer erwarten, dass sie auf Webseiten eingehalten werden:

- Mit einem Klick auf das Logo oben auf einer Seite gelangt man auf die Startseite einer Site.
- Eine Navigationsleiste befindet sich oben, links oder rechts und ist visuell zu
  unterscheiden von anderen Hyperlinks.

Diese Regeln sind trivial, vor allem für erfahrene Benutzer; neue Internetsurfer
müssen sie aber zunächst lernen, bevor sie ihnen „ins Blut übergehen" wie das
Wissen, dass sich das Gaspedal in einem Auto immer rechts befindet. Wie viele Neulinge hatten zunächst einen Doppelklick auf einem Hyperlink ausgeführt?
Umgekehrt bedeutet das, dass neue Internetbenutzer ausreichend Zeit online verbringen müssen, um diese Erfahrungen zu machen, und dies für die breite Masse
erst attraktiv ist, wenn sich die zuvor besprochenen Online-Kosten auf einem ausreichend niedrigen Niveau befinden. Umgekehrt muss eine ausreichende Anzahl
von Benutzern dieses Wissen mitbringen, um eine kritische Masse für bestimmte
Webanwendungen bilden zu können.

Wie viel Einfluss diese Weiterentwicklung der Nutzer auf die Weiterentwicklung des Netzes hatte, lässt sich kaum mit Zahlen belegen. Allerdings können

---

[1] Siehe vor allem http://www.useit.com

die Zahlen der Online-Werbung zurate gezogen werden, denn das für Webseiten
erwünschte Prinzip der Gleichheit ist für Werbung eher nachteilig. So war zum
Beispiel gegen Ende der New Economy von einer „Banner Blindness" die Rede. Online-Surfer hatten mittlerweile verstanden, dass bestimmte Bilder auf einer
Seite nicht zur Seite selbst gehörten, sondern Werbung waren. Da sich bestimmte
Bannerformate durchgesetzt hatten, also gleich waren in ihren Abmessungen, waren diese Banner für erfahrene Benutzer leicht zu identifizieren beziehungsweise
innerlich auszublenden.[2] Eine ähnliche Entwicklung ist heute bei den werbefinanzierten Suchergebnissen auf Suchmaschinen zu beobachten. Bei verschiedenen
Werbeformen sind sinkende Klickraten zu beobachten, je länger die Werbeform
im Netz genutzt wird. Die Werbeform erleidet eine Abnutzung, weil die Benutzer
sich an sie gewöhnt haben.

Die Internetgemeinde hat aber nicht nur die Benutzung von Webseiten gelernt,
sie hat auch Vertrauen in das Internet gewonnen und einen Nutzen im Web erkannt. Dieser Nutzen ist so groß, dass die Benutzer bereit sind, dafür zu bezahlen
(schließlich stellen die Online-Kosten in den meisten Haushalten eine zusätzliche
Belastung dar). Während die Early Adopter risikofreudig sind und auch mehr bezahlen, um etwas Neues auszuprobieren, wartet die darauffolgende Gruppe der
sogenannten Early Majority darauf, wie andere Nutzer mit einem neuen Produkt
umgehen und es nutzen; die Early Majority wird vor allem dadurch angetrieben,
dass etwas praktisch ist. Neben den Kosten und den Zugangsgeschwindigkeiten
ist das Erlernen, wie das Web einem selbst nutzen kann, eine notwendige Voraussetzung für die Verbreitung des Webs. Und je mehr gute Erfahrungen mit Internet-
diensten wie E-Mail und Webfirmen wie eBay und Amazon gesammelt wurden,
desto weiter verbreitete sich das gewonnene Vertrauen, und auch die sogenannte
Late Majority wird davon ergriffen, weil es mittlerweile Standard ist, eine E-Mail-
Adresse zu haben.

Die Entwicklung ähnelt der der Verbreitung von Videorekordern: Die Early Adopter haben Videorekorder gekauft, weil sie die Idee klasse fanden, das nötige
Kleingeld hatten und genug Mut aufbrachten, sich mit den neuen Geräten zu
beschäftigen. Sie gingen das Risiko ein, eventuell in die falsche Technologie zu investieren (siehe VHS versus Betamax). Die Early Majority kaufte erst dann einen
Videorekorder, als der Wettlauf zwischen den konkurrierenden Technologien entschieden war und die Geräte keine Kinderkrankheiten mehr hatten. Die Late Majority kaufte einen Videorekorder, als viele Bekannte in der eigenen Umgebung
über solche Geräte verfügten und man etwas verpasste, wenn man sich keinen
Film vom Nachbarn leihen konnte.

Wir befinden uns nun bei der Late Majority, und selbst wenn kostenlose Wochen-
zeitungen neben Berichten über die Eröffnung einer neuen Fleischerei immer noch
mit Artikeln über eBay-Betrüger und E-Mail-Phishing vor dem Internet warnen
und damit vor allem die ältere Bevölkerung aufschrecken, so beweisen die Um-

---

[2] Was uns die Interstitials beschert hat, die man nicht ausblenden kann, sofern sie überhaupt zu schließen sind.

satzzahlen der Online-Verkäufer, dass Vertrauen bei der Zielgruppe vorhanden ist, die auch im Internet kauft. Dies wiederum hat es ermöglicht, dass bestimmte Geschäftsmodelle funktionieren.

1.5   Funktionierende Geschäftsmodelle

Der Untergang von Boo.com im Mai 2000 wird oft als Wendepunkt der New Economy gesehen.[1] 135 Millionen Dollar soll das Unternehmen verbrannt haben.[2] Dem Mode-Verkäufer folgten viele weitere Dot.com-Unternehmen in den Abgrund. Der Euphorie folgte ein Pessimismus, durch den auch solchen Unternehmen der Geldhahn zugedreht wurde, die eventuell eine Chance gehabt hätten, aber noch etwas Zeit brauchten. Dass es bereits im Jahr 2000 und früher funktionierende Geschäftsmodelle gab, wenngleich wenige wie das von eBay, wurde vergessen. Der Ruf der Internetbranche war ramponiert. Mancher Angestellter der New Economy suchte – freiwillig oder unfreiwillig – die Sicherheit der Old Economy, und die immer noch in der Internetbranche Beschäftigten bemerkten die sorgenvollen Blicke ihres Umfelds.

Den Grund für den Untergang vieler Internetunternehmen sahen Analysten neben fragwürdigen Geschäftsmodellen in pompösen Ausgaben für Marketing, schicke Büros und aufwendigen Reisen. Im Fall von Boo.com war aber auch die Komplexität der Verkaufsplattform nicht zu unterschätzen: 18 verschiedene Technologieanbieter waren an der Plattform beteiligt, und die Zusammenarbeit schien so komplex gewesen zu sein, dass der Starttermin fünf Mal verschoben werden musste. Danach konnte es immer noch eine gute Stunde dauern, bis eine Bestellung abgeschickt werden konnte.

Boo.com ist ein extremes Beispiel, der Generalverdacht betraf aber auch Firmen, die heute Gewinne schreiben wie Amazon; so titelte der Heise Newsticker am 27.4.2000: „Amazon.com: Der König der roten Zahlen".[3] Bereits ein Jahr später verzeichnete Amazon das erste Quartal mit schwarzen Zahlen, 2003 stand unterm Strich ein Gewinn. Seitdem war Amazon nur noch in den Schlagzeilen, wenn die Gewinnerwartungen stark verfehlt wurden, denn es gab kein einziges Quartal mehr mit Verlusten. Neben den Pionieren des E-Commerce hatten auch Vertreter der Old Economy das Internet als Chance entdeckt und können wie der Versandhändler Otto das Online-Geschäft heute als Wachstumsmotor nutzen.

Aber nicht nur der E-Commerce funktioniert. Nachdem lange behauptet wurde, dass mit Werbung im Web keine Profitabilität zu erreichen sei, bewies Google das Gegenteil. Angeblich hatte Google laut John Battelle kein Geschäftsmodell, als die beiden Gründer mit ihren Rechnern aus den Schlafzimmern des Universitäts-Campus in ein richtiges Büro zogen. Ende 2000 begann Google damit, Werbung

---

[1] http://www.heise.de/newsticker/meldung/9606
[2] http://zeus.zeit.de/text/2000/23/200023_erinnern_boo.com.xml
[3] http://www.heise.de/newsticker/meldung/9251

auf den eigenen Suchergebnisseiten zu verkaufen, zunächst auf *CPM*-Basis, ab 2002 auf dem heute noch gültigen Pay-For-Performance-Modell. Bei diesem Modell bezahlt der Werbende nur dann, wenn auf die Werbung geklickt wird, nicht aber für die Einblendung wie zuvor auf CPM-Basis. Das Risiko für den Werbetreibenden wird dementsprechend reduziert, was den Erfolg dieses Modells begründete. Ein zweiter wesentlicher Erfolgsfaktor ist die Relevanz der Werbung. Die AdWords-Werbung wird für bestimmte Schlüsselwörter gebucht, sodass sie nur von Besuchern gesehen werden kann, die diese Schlüsselwörter in die Suchmaschine eingegeben haben; es besteht also ein Bedürfnis nach dem Gesuchten.

2003 startete Google dann damit, Werbung auch auf Content-Seiten einzubinden, die sich dem Partnernetzwerk Googles anschließen. Im gleichen Jahr öffnete Google dieses Programm für Seitenbetreiber unter dem Namen AdSense; jeder Webmaster mit eigenen Seiten kann sich über ein Selfservice-Interface für den Dienst anmelden und muss nur noch von Google bestätigt werden. Googles Software erkennt automatisch die wichtigen Begriffe auf der Webseite und liefert dazu passende Werbung. Somit ist auch für die Relevanz der Werbung gesorgt. Der dritte Erfolgsfaktor dieses Models besteht darin, dass Webseitenbetreiber sich nicht selbst um Werbung kümmern müssen; es reicht, den AdSense-Code in die eigenen Seiten einzubauen, und schon klingelt es in der Kasse, vorausgesetzt, dass sich die Inhalte für diese Art von Werbung eignen. Mehr dazu in Kapitel 8.

1.6 Entwicklung der Technologie: der Browser-Krieg und seine Folgen

Es gab eine Zeit, in der Webmaster neue Seiten in verschiedenen Netscape Navigator- und Internet Explorer-Versionen testen mussten. Vor allem die Versionssprünge von Internet Explorer 3 auf 4 sowie Netscape Navigator 3 auf 4 bereiteten vielen Entwicklern Kopfschmerzen. Mittlerweile hat Microsoft den Browser-Krieg gewonnen und dominiert den Browser-Markt mit dem Internet Explorer.[1] Lediglich Firefox hat dem populärsten Browser zweistellige Marktanteile abringen können, daneben tauchen Opera sowie Apples Safari in den Zugriffsstatistiken noch wahrnehmbar auf (siehe Abbildung 1.4).

Diese Entwicklung war für das Web vorteilhaft, so Tim O'Reilly.[2] Zuvor hatten Netscape und Microsoft verschiedene Ansätze vorgeschlagen, um bestimmte Funktionalitäten zu ermöglichen. Nach dem Sieg Microsofts gab es nur noch einen Browser, für den Code geschrieben werden musste. O'Reilly erwähnt in diesem Zusammenhang nicht, dass dies die Entwicklungs- und Qualitätssicherungskosten gesenkt hat, da weniger Browser-/Betriebssystemkonstellationen getestet

---

[1] Zwar gab es den Microsoft Internet Explorer auch für den Apple Macintosh, aber Apple Computer veröffentlichte im Januar 2003 den eigenen Browser Safari, der auf KHTML basiert. 2005 stellte Microsoft den Support für die Mac-Version des Internet Explorers ein.
[2] http://www.oreilly.de/artikel/web20.html

Browseranteile

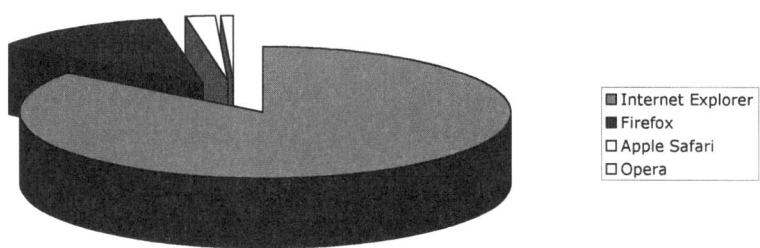

Abbildung 1.4: Marktanteile der Browser im Mai 2006 (Quelle: OneStat)

werden mussten. Anstatt eine Webapplikation für einen zweiten Browser komplett neu schreiben zu müssen, reichten nun kleinere Anpassungen von Browser zu Browser.

Vielleicht erwähnt O'Reilly dies auch nicht, weil die gewonnene Zeit für das Erforschen der nun zur Verfügung stehenden Möglichkeiten genutzt wurde. So ist ein weiteres Resultat des Browser-Krieges, dass *Rich User Interfaces* entstanden sind. Diese Benutzerschnittstellen bieten mehr Funktionalitäten als herkömmliche Webseiten und kommen dem Funktionsreichtum der PC-Anwendungen immer näher. In mancher Hinsicht sind diese Webanwendungen dadurch einfacher zu bedienen.

1.7   Unternehmen und das World Wide Web

Nicht nur Privatanwender haben von der Entwicklung sinkender Preise und schnellerer Zugänge profitiert; auch für Unternehmen war die Preisentwicklung vorteilhaft. War die eigene Webpräsenz in den frühen Tagen relativ teuer, besitzen heute genug Entscheider in den Unternehmen das Wissen darüber, was eine Webpräsenz kosten darf und was nicht. Gleichzeitig sind die Kosten für professionell genutzten Webspace dramatisch gefallen, zusammen mit der Software, die für die Realisierung einer akzeptablen Lösung notwendig ist. Waren die frühen Projekte gekennzeichnet von der Anschaffung sündhaft teurer Content-Management-Systeme sowie dahinter arbeitenden und ebenso sündhaft teuren Oracle-Datenbanken, kann heute eine ähnliche Funktionalität mit Open-Source-Software und MySQL realisiert werden.

Diese Senkung der Kosten bezieht sich nicht allein auf die Kosten für eine einfache Webseite eines Unternehmens. Auch ambitionierte Vorhaben wie das Erstellen einer eigenen eCommerce-Plattform sind nicht mehr mit hohen Einstiegskosten verbunden; Programmierbibliotheken finden sich für fast jede Aufgabe als Open-Source-Lösung im Netz, und die Arbeit, die früher mehrere Personenmonate gekostet hätte, kann heute in wenigen Wochen erledigt werden. Die Gründer von Boo.com hatten das Problem, dass sie auf kaum etwas zurückgreifen konnten, was schon vorhanden war, denn sie waren Pioniere. Hinzu kommt, dass die heutigen Entwickler auf Erfahrungen zurückgreifen können, die sie bei anderen Projekten gesammelt haben, ganz abgesehen davon, dass andere Vorgehensweisen bei der Entwicklung gewählt werden (die in Kapitel 7 besprochen werden).

1.8 Was ist das Web 2.0?

Als der Begriff Web 2.0 bei einer vom Verleger Tim O'Reilly veranstalteten Brainstorming-Session im Jahr 2004 geprägt wurde, ging es zunächst einmal darum, die Prinzipien zu identifizieren, welche die Firmen teilen, die den Crash der New Economy überlebt haben und heute erfolgreich sind. O'Reilly und Co gehen so gut wie gar nicht auf die Veränderungen ein, die das Web durchgemacht hat; die Beispiele, die O'Reilly aber in seinem Artikel „What is Web 2.0?" wählt, sei es iTunes oder FlickR, sind genau die, die früher nicht in der jetzigen Form hätten erfolgreich sein können.[1] Stattdessen beschreibt O'Reilly die Kernkompetenzen, von denen erfolgreiche Firmen mindestens eine besitzen:

- Nutzung des Webs als Plattform (siehe Kapitel 6)

- Einbeziehung der kollektiven Intelligenz der Nutzer, sei es durch Blogs, von Benutzern geschaffene Strukturen wie die einer Folksonomy oder die Zusammenarbeit von Benutzern mittels Social Software (siehe die Kapitel 2, 4 und 5)

- Zugang zu Daten, die schwer oder teuer zusammenzustellen sind und die umso wertvoller werden, je häufiger sie genutzt werden (siehe Kapitel 4 und 5)

- Eine neue Vorgehensweise bei der Entwicklung von Software, die auch die Benutzer einbezieht (siehe Kapitel 7)

- „Leichtgewichtige" Modelle, die sowohl die Programmierung, die Benutzerschnittstellen als auch die Geschäftsmodelle betreffen (siehe Kapitel 7)

- Software, welche die Grenzen einzelner Geräte überschreitet (siehe Kapitel 6)

- Einbeziehen der sogenannten „Long Tail" durch Systeme, die einen Self-Service ermöglichen (siehe Kapitel 8)

---

[1] http://www.oreillynet.com/pub/a/oreilly/tim/news/2005/09/30/what-is-web-20.html

Die in Abbildung 1.5 dargestellte Mindmap von Markus Angermeier visualisiert die Prinzipien sowie die damit zusammenhängenden Facetten. Neben diesen
Prinzipien, die in den folgenden Kapiteln detaillierter behandelt werden, werden
von verschiedenen Seiten einzelne Aspekte dieser Prinzipen oder auch nur Facetten allein herausgehoben, die dann den ganzen Begriff ausfüllen sollen:

- „Das demokratische Netz, an dem alle teilhaben und zu dem alle beitragen."
  (Spiegel Online)[2]

- „Von Vertrauen ist die Rede, von Reputation und Authentizität. Die Änderungen sind so gravierend, dass viele bereits vom ‚Web 2.0‘ sprechen"(Zeit.de)[3]

- „Unter dem Schlagwort ‚Web 2.0‘ suchen Fachleute nach neuen Wegen für
  mehr Kommunikation und Interaktion." (Stern.de)[4]

- „Was ist Web 2.0? Das neue Web sei nicht mehr bloß eine Ansammlung von
  Webseiten, sondern eine Plattform." (Neue Zürcher Zeitung)[5]

- „Um das Web 2.0 nutzen zu können, ist ein Browser mit eingeschaltetem JavaScript nötig." (ARD)[6]

Es ist diese Dehnbarkeit des Begriffes, die zu heftigen Diskussionen geführt hat,
was das Web 2.0 wirklich ist. Die Diskussionen um das Web 2.0 bewegen sich zwischen zwei Polen, von denen der eine Pol die Existenz eines Web 2.0 verneint, der
andere Pol das Web 2.0 als die Erfüllung eines Menschheitstraums verkauft. Ob
es das Web 2.0 gibt oder nicht, das hängt von der Betrachtungsweise ab; entweder man lässt sich auf die Gedanken dahinter ein und akzeptiert den Begriff, oder
man tut es eben nicht. Für beide Seiten gibt es Argumente.

Es ist offensichtlich, dass sich das Web und seine Nutzer seit der New Economy verändert haben. Trotzdem wurde immer noch vom „Web"gesprochen, dem
Web, das mancher Anleger in unguter Erinnerung hat und das für viele nicht ein-
gelöste Versprechen steht. Das ist aber nicht mehr das Web von heute. Menschen
haben gerne einen Begriff für etwas, um es begreifen zu können.[7] Es gab keinen
Begriff, mit dem sich die Veränderungen, durch die das Web und sein Umfeld
gegangen waren, hätten umfassen lassen. Tim Berners-Lee hatte seiner Idee den
Namen World Wide Web gegeben,[8] danach aber hatte niemand mehr das Defini-

---

[2] Siehe http://www.spiegel.de/netzwelt/netzkultur/0,1518,411147,00.html

[3] Siehe http://www.zeit.de/2005/35/C-Humannetz

[4] Siehe http://www.stern.de/computer-technik/computer/:Cebit-2006-IT-Gipfel-Hannover/556779.
html

[5] Siehe http://www.nzz.ch/2006/01/13/em/articleDHFG7.html

[6] http://www.ard.de/ratgeber/multimedia/internet/-/id=274506/nid=274506/did=421004/9e44lw/
index.html

[7] Das Wort „Begriff"kommt von „greifen", was vom Althochdeutschen „bigrifan" (berühren, umfassen,
verstehen) kommt.

[8] Nachdem er Namen wie „Mesh", „Information Mesh", „Mine of Information (MOI)"und „The Information Mine (TIM)"verworfen hatte (Berners-Lee 23).

Abbildung 1.5: Mindmap zum Thema Web 2.0, erstellt von Markus Angermeier (http://nerdwideweb.com/); Abdruck mit freundlicher Genehmigung

tionsrecht, über einen Namen für etwas zu entscheiden, das nicht in einem *RFC* spezifiziert war.

Wahrscheinlich hätte sich dieser Begriff nicht so verbreitet, wenn er nicht aus dem Umkreis dieses Verlags gekommen wäre; Tim O'Reillys Verlag O'Reilly Media veröffentlichte 1992 das erste populäre Buch über das Internet, „The Whole Internet User's Guide & Catalog", und hat seitdem viele Bücher verlegt, die als Kult unter den Technophilen gelten (zum Beispiel die legendäre Perl-Reihe).

Auf der anderen Seite besitzt der Begriff selbst eine gewisse Attraktivität, denn er hätte sich wahrscheinlich auch nicht verbreitet, wenn er sich nicht in gewisser Weise geeignet hätte für das, was er beschreiben soll. Die Nomenklatur der Software-Welt, die Verwendung von Versionsnummern, impliziert Veränderung:

> Eine Version kennzeichnet die Ausprägung eines Software-Elements zu einem bestimmten Zeitpunkt. Unter Versionen werden zeitlich nacheinander liegende Ausprägungen eines Software-Elements verstanden. [...] Die Versionsnummer besteht im Allgemeinen aus zwei Teilen:

> ■ der Release-Nummer und

> ■ der Level-Nummer.

> Die Release-Nummer [...] steht, getrennt durch einen Punkt, vor der Level-Nummer. [...] Bei jeder größeren oder gravierenden Änderung an dem Software-Element wird die Release-Nummer um 1 erhöht und gleichzeitig die Level-Nummer auf 0 gesetzt. (Balzert 238)

Gleichzeitig, und das ist der inoffizielle Teil der Software-Welt, ist eine Version
1.0 meistens mit Vorsicht zu genießen. Denn auch wenn die 1 vor dem Punkt
eine gewisse Stabilität suggeriert, heißt das noch lange nicht, dass alle Funktionalitäten so genutzt werden können wie erwartet oder wie von der Marketingabteilung versprochen (wer erinnert sich noch an Windows 1.0?). Der Begriff Web
2.0 impliziert also zum einen, dass die Version 1.0 des Webs vielleicht nicht ganz
so optimal war (was niemand angesichts der zu New-Economy-Zeiten nicht ein-
gehaltenen Versprechen bezweifeln würde), zum andern beinhaltet die Versionsnummer die Aussage, dass sich seitdem etwas gravierend geändert hat. Zu guter
Letzt bedeutet die Version 2.0 aber auch, dass Version 1.0 so erfolgreich war, dass
weiter daran gearbeitet wurde, denn nur eine nicht erfolgreiche Software wird
nicht weiter entwickelt. Ist dieses Bild erst einmal aufgebaut, so können sich viele
darin wiederfinden, welche die Irrungen und Wirrungen der New Economy mit-
gemacht haben und nun sehen, dass die „Ausprägung"des heutigen Webs viele
der Versprechungen einhält, welche die erste Version nicht einhalten konnte.

Das Problem mit diesem Begriff ist aber, dass er wie ein Netz nachträglich um
etwas geworfen wurde, das man gerne erfassen möchte, und so funktioniert die
Vergabe von Versionsnummern in der Regel nicht. Versionsnummern entstehen
in der Software-Technik in einer Release-Planung, das heißt, ein Produktmanager hat nach Benutzeranforderungen und wirtschaftlichen Überlegungen einen
Plan entworfen, welche Funktionalitäten in welcher Reihenfolge in welchem Release enthalten sind. Das World Wide Web Consortium, das noch am ehesten als
Produktmanager des Webs verstanden werden könnte, entwickelt zwar Webstandards wie XHTML 2.0 oder eine Web Services Policy, aber die Release-Nummer
des Webs zu erhöhen ist dem W3C bisher noch nicht eingefallen. Ganz abgesehen
davon gibt es nicht mal eine definierte Version 1.0, wie kann man da von einer Version 2.0 sprechen, zumal nicht alle Aspekte des Web 2.0 gleichzeitig kamen, wie
es bei einer neuen Software-Version üblich ist? War die Version des Webs, die Tim
Berners-Lee auf seinem NeXT-Computer am CERN entwickelte, schon die Version 1.0 oder noch eine frühe Alpha?[9] Könnte es nicht auch sein, dass wir schon bei
Version 4.0 sind, weil wir schon mehrere bedeutende Weiterentwicklungen erlebt
haben? Oder sind wir beim Web 3.11 für Workgroups?

Hinzu kommt, dass mit dem Begriff Web 2.0 nicht alleine eine technische Weiterentwicklung umschrieben werden soll, die zumindest noch spezifierbar wäre. Der
Begriff steht für alles, was sich im Netz und um das Netz herum weiter entwickelt
hat, seien es die wirtschaftlichen Aspekte des Webs, seien es soziale Phänomene wie Partizipation. Wer aber darf bestimmen, was sich unter dem Begriff Web
2.0 tummeln darf und was nicht? Die fehlende Autorität und die damit einher-
gehende fehlende verbindliche Definition dieses Begriffs hat ihn auch zu einem

---

[9] Tatsächlich sieht Berners-Lee seine Version als 1.0 an, die bereits alle Features des heute so genannten
Web 2.0 enthielt. In einem IBM-Podcast sagte er: *Web 1.0 was all about connecting people. It was an
interactive space, and I think Web 2.0 is of course a piece of jargon, nobody even knows what it means. If Web
2.0 for you is blogs and wikis, then that is people to people. But that was what the Web was supposed to be all
along.* (http://www-128.ibm.com/developerworks/podcast/dwi/cm-int082206.html)

Marketing-Schlagwort werden lassen, denn jeder kann ihn so verwenden, wie er will (es sei denn, man möchte eine Web 2.0-Konferenz veranstalten).[10]

Zu guter Letzt werden einige Entwicklungen, die unter dem Begriff Web 2.0 zusammengefasst werden, von Kritikern als Modeerscheinungen interpretiert. Frei nach dem Motto „Hatten wir schon, kenne ich schon, hat damals nicht funktioniert, wird heute auch nicht funktionieren" meint man, alten Wein in neuen Schläuchen wieder zu erkennen, sodass alles, was mit diesem Begriff zusammenhängt, verurteilt wird. Und tatsächlich, wie bereits oben beschrieben, ist nicht alles neu; die Frage ist aber, ob man das Alte nun als neu akzeptiert, da es unter anderen Bedingungen genutzt wird? Und was wäre die Alternative?

Die Frage, ob es das Web 2.0 gibt oder nicht, was dazugehört und was nicht, kann hier nicht abschließend geklärt werden; der Autor dieses Buches besitzt das Definitionsrecht ebenso wenig wie jeder andere auch. Stattdessen wird hier beschrieben, was einige Protagonisten des Web 2.0 unter dem Begriff verstehen und was für oder gegen diese Sichtweise spricht; der Leser möge selbst entscheiden, was er davon annehmen will und was nicht. Dass das Web nun ein anderes ist als vor zehn Jahren, kann niemand bestreiten, und dafür gibt es wie zuvor dargelegt auch zu viele Fakten; welcher Begriff dafür gewählt wird, darüber lässt sich streiten.

---

[10] Dazu mehr in Kapitel 2

Kapitel 2

Jeder kann publizieren: Blogs

2.1 Was ist ein Blog?

Ein Blog ist auf den ersten Blick eine regelmäßig aktualisierte Webseite mit chronologisch sortierten Beiträgen, beginnend mit dem aktuellsten Beitrag auf der Startseite, dem ältere Beiträge folgen. Der Begriff *Blog* ist eine Abkürzung des Begriffs *Weblog*, in dem wiederum die Begriffe „web" und „log"(Protokoll oder Log wie in Logbuch) stecken. Geprägt wurde der Begriff angeblich von Jorn Barger, der damit den Prozess des „logging the web" beim Websurfen beschreiben wollte und 1997 mit dem Bloggen begann.[1] Ein Blog ähnelt in gewisser Weise einem Tagebuch oder einem Journal, nur dass es im World Wide Web veröffentlicht wird. Schon bevor der Begriff *Blog* existierte, führten Autoren Journale im Internet, doch erst mit der Verfügbarkeit von einfach zu benutzender Blogging-Software wurde es jedermann ermöglicht, ein solches Blog zu führen.

Behandelten die frühen Tagebücher im Netz vor allem Fundstellen im Netz und eventuell private Ereignisse, beschäftigen sich Blogs heute mit allen möglichen Themen:

- *Watchblogs*, die Medien und Firmen kritisch beobachten
- *Litblogs*, die sich mit Literatur beschäftigen
- *Corporate Blogs* von Firmen
- *Blawgs*, Blogs mit juristischen Themen
- Fotoblogs, in denen vor allem Fotos veröffentlicht werden
- und viele mehr

Jeder, der Zugang zu einem Computer hat, kann kostenlos ein Blog schreiben;

---

[1] Andere sehen Peter Merholz als Schöpfer des Begriffes, siehe zum Beispiel Stone 35.

mehr als die üblichen Kenntnisse im Umgang mit Computern sind nicht notwendig, und so ist es nicht verwunderlich, dass über fast jede Facette des Lebens gebloggt wird. Ein Blog kann von einer Person alleine geführt werden, aber auch von mehreren Personen in einem *Group Blog oder auch textitMultiautoren-Blog.*

Ein Blog ist aber mehr als ein im Internet geführtes thematisches Tagebuch. Die meisten Blogs bieten neben den Inhalten zusätzliche Funktionen, über welche die meisten „normalen" Webseiten nicht verfügen. So ist es in vielen Blogs möglich, dass die Leser des Blogs Beiträge kommentieren. *Partizipation* ist hier das Stichwort: Die Leser sollen nicht einfach nur lesen, sondern sie sollen teilnehmen, den Autor auf Schwachstellen hinweisen, weitere Aspekte des Themas aufgreifen. So entstehen in populären Blogs lebendige Diskussionen in den Kommentaren. 50 oder mehr Kommentare zu einem Beitrag sind keine Seltenheit.

Diese Diskussionen verleiten Kritiker zu der Auffassung, dass Blogs nichts anderes als Foren oder eine moderne Form der Newsgroups seien, nur dass sich die Forumsteilnehmer auf viele Blogs verteilen. Der Unterschied zu einem Forum aber ist, dass nicht jeder Besucher eine neue Diskussion starten kann, da der Originalbeitrag der Ausgangspunkt jeder Diskussion ist (wenngleich Diskussionen ausufern können). Eine sehr schöne Differenzierung zwischen Blogs und Foren stammt von Robert Basic aus dem Basic Thinking-Blog:

> *Blogs sind keine Gemeinschaftswohnungen. Es gibt einen Hausbewohner, den Gäste je nach Bedarf besuchen, weil er möglicherweise leckeren Kaffee und Kuchen anzubieten hat. Auf Foren und Newsgroups machen die Hausbewohner gemeinsam die Musik, jeder kann dazu seinen Kuchen mitbringen. Party! Auf einem Blog macht nur einer die Musik, er bestimmt die Lautstärke, er backt den Kuchen.[2]*

Kommentare werden von einigen Protagonisten der Blogosphäre (der Gemeinschaft der Blogs, siehe Kapitel 2.4) als vitale Funktion eines Blogs angesehen; Blogs, die keine Kommentare zulassen, wären somit keine Blogs.

Das Zitat von Robert Basic enthält einen weiteren Punkt, der die Blogs von den Foren und auch anderen Webseiten unterscheidet: Die Persönlichkeit des Bloggers, die den Stil des Blogs bestimmt (schließlich bestimmt er die Musik). Die Originalität und die Persönlichkeit eines Bloggers übertragen sich auf das Blog, und das kann anziehend oder abstoßend sein oder den Leser gleichgültig lassen. Bei einigen Blogs, die über einen längeren Zeitraum verfolgt werden, wird der Eindruck gewonnen, dass man diese Person kennt. Biz Stone geht sogar so weit, Blogs über die Persönlichkeit zu definieren:

> *A blog is a collection of digital content that, when examined over a period of time, exposes the intellectual soul of its author or authors.[3]* (35)

---

[2] http://www.basicthinking.de/blog/2005/12/21/unterschied-forum-chatnewsgroup-blog/

[3] *Ein Blog ist eine Sammlung digitaler Inhalte, die, wenn sie über einen längeren Zeitraum untersucht werden, die intellektuelle Seele der Autoren oder des Autors offenbaren.*

Eine weitere und auf klassischen Webseiten nicht vorhandene Funktion ist der von der Firma *Six Apart* entwickelte *Trackback*. Diese Funktion informiert eine Blog-Software, wenn auf einen Eintrag des Blogs in einem anderen Blog Bezug genommen wird. Trackbacks sind den Kommentaren nicht nur ähnlich, weil sie oft wie die Kommentare unter dem Originalartikel mit einem Textauszug des Bezug nehmenden Blogs vermerkt werden. Vielmehr stellt der Trackback auch inhaltlich in der Regel einen Kommentar dar, auch wenn dieser in einem anderen Blog veröffentlicht wird.

Eine weitere, neue Funktion sind *Permalinks*; darunter wird die Webadresse verstanden, unter der ein einzelner Eintrag permanent aufgerufen werden kann. Jeder Eintrag erhält seine eigene Adresse. So können einzelne Beiträge leicht weiter empfohlen beziehungsweise über einen Trackback oder andere Mittel kann Bezug auf sie genommen werden. Was zunächst trivial klingt, hat einen enormen Einfluss auf die Blogosphäre: Trackbacks wie auch Permalinks haben zu einer guten Vernetzung untereinander verholfen, sodass sich neue Themen schnell ausbreiten können (siehe dazu auch die Abschnitte 2.2 und 2.4). Um auf einen Beitrag eines Blogs Bezug zu nehmen, reicht es aus, den Permalink des Beitrags im eigenen Blog zu verlinken; automatisch entsteht ein Trackback, durch den Besucher von dem Originalbeitrag auf das eigene Blog kommen können.[4]

Das Bereitstellen von *Feeds* ist keine Funktion, die exklusiv den Blogs vorbehalten ist, aber durch Blogs eine gewisse Popularität erreicht hat. Auch klassische Nachrichtenseiten bieten Feeds an, XML-Dateien, die stets die aktuellsten Einträge beziehungsweise Ausschnitte daraus enthalten und von Lesern abonniert werden können. Dadurch können sich Leser Inhalte nach ihren Vorlieben zusammenstellen. Mehr dazu findet sich in Abschnitt 2.11.2.

Blogs müssen nicht über alle oben genannten Funktionen verfügen; das populäre BILDblog (http://www.BILDblog.de) erlaubt zum Beispiel nicht das Kommentieren von Artikeln, und es wird daher von einigen nicht als echtes Blog angesehen. Das wichtigste Merkmal ist die chronologische Sortierung der Einträge, ohne diese wäre ein grundlegendes Merkmal nicht erfüllt und die Seite definitiv kein Blog.

Ein weiteres Merkmal von Blogs ist die muntere Nutzung von Links. Natürlich sind Links keine neue Erfindung; zu Beginn des World Wide Web herrschte eine regelrechte Hypertext-Euphorie, die aber mit der Kommerzialisierung des Webs zunehmend abflachte. Insbesondere Portale versuchten (und versuchen noch immer), die Benutzer auf ihren eigenen Seiten zu halten, denn nur auf den eigenen Seiten kann durch das Einblenden der Werbung verdient werden. Fairerweise muss aber auch erwähnt werden, dass es für Portale eine Gefahr darstellt, nach „draußen" zu linken: Der Inhalt einer verlinkten Seite kann sich jederzeit ändern, und ein anstößiger Inhalt könnte auf das Portal zurückfallen.

Dennoch entsprechen Links der Grundidee des Webs, und die Rückkehr zur Verwendung von Hyperlinks ist eine Abkehr von dem Gedanken, Besucher so lan-

---

[4] Vorausgesetzt, dass Trackbacks aktiviert sind.

Abbildung 2.1: Aufbau eines typischen Blogs

ge wie möglich auf den eigenen Seiten zu behalten; stattdessen steht im Vordergrund, Verbindungen zu schaffen, die es dem Benutzer ermöglichen, Hintergrundinformationen und andere Meinungen zu einem Thema zu erhalten erhalten.

Viele Blogs haben einen ähnlichen Aufbau, die Überschrift eines Eintrags (Nummer 1 in Abbildung 2.1) ist gleichzeitig der permanente Link zu der Seite, auf welcher der Eintrag zu erreichen ist, wenn er nicht mehr auf der Homepage gelistet wird; oft sind Permalinks auch unter dem Eintrag zu finden, wo sich der Link zu den Kommentaren findet (Nummer 2 in der Abbildung). Ältere Beiträge sind auch über das Archiv erreichbar (Nummer 3), ebenso in den Kategorien, in denen einzelne Beiträge abgelegt werden. Die *Blogroll* (Nummer 4) ist eine Liste der Blogs, die der Blogautor selber verfolgt.

2.2   Was ist so neu an Blogs?

Das Web entwickelte sich in den Jahren des ersten Booms anders als von seinem Erfinder Tim Berners-Lee vorgesehen. Tatsächlich hatte Berners-Lee das Erstellen und Verändern von Dokumenten als gleichberechtigte Bestandteile des Netzes vorgesehen. Während die ersten Nutzer aus dem universitären Umfeld stammten und sich die Seitenbeschreibungssprache HTML leicht aneignen konnten, stellten das Erlernen dieser Sprache sowie die anderen notwendigen Schritte eine nicht zu unterschätzende Hürde für die breite Masse dar. Berners-Lee war darum auch alles andere als erfreut, als er feststellte, dass die Hersteller der ersten kommerziellen Browser wenig Interesse daran hatten, einen Editor für das Web zu bauen.

Die Idee, dass das World Wide Web das Publizieren für jedermann ermöglichen würde, wurde dennoch nicht begraben. Firmen wie GeoCities oder Tripod boten schon früh die Möglichkeit, kostenlos eine eigene Homepage zu erstellen. Nicht einmal HTML musste erlernt werden, um eine eigene Seite gestalten zu können. Und tatsächlich wurden Millionen von Homepages gebaut, eine Vielzahl nach dem Prinzip: „Das bin ich, das sind meine (Katzen-)Fotos, hier sind ein paar Links, und bald kommt mehr" (was aber selten kam). Es steht außer Frage, dass auch eine Vielzahl Homepages erstellt wurde, die interessante Inhalte anbieten und auch heute noch gepflegt werden. Ihnen gegenüber steht aber die Unzahl nicht mehr aktualisierter Homepages mit zum Teil diskussionswürdigem Informationsgehalt.

Gleichzeitig wurde in Foren und Produktbewertungsseiten diskutiert, bewertet, ge- und verurteilt. Anscheinend hatte die breite Masse der Internetnutzer etwas zu sagen, nur war das Medium Homepage nicht für das geeignet, was sie zu sagen hatten. In der Regel handelte es sich bei den Inhalten der Homepages nicht um solche, die häufig aktualisiert wurden. Die Publikationsmöglichkeiten zu dieser Zeit waren nicht für schnelle Änderungen ausgelegt. Nur wenige Homepage-Autoren konnten HTML-Dateien direkt über ein Terminalfenster auf einem Internetserver verändern. Der Arbeitsablauf der frühen HTML-Bastler hingegen sah ungefähr wie folgt aus:

1. Erstellen oder Modifizieren der Dateien auf der lokalen Festplatte (und da man sich nicht sicher war, ob man wirklich die aktuellste Version in einem Ordner hatte, lud man sich lieber die Version vom Server herunter und veränderte sie dann)

2. Einwählen via Modem

3. Verbinden mit dem Web- oder FTP-Server, dann Einloggen

4. Passendes Verzeichnis auswählen

5. Hochladen der Inhalte

6. Kontrollieren der Inhalte im Webbrowser

7. Sollte irgendwas nicht passen, dann zurück zu Schritt Nummer 1

Die *WYSIWYG*-Editoren der kostenlosen Webhoster wie GeoCities und Tripod erforderten ebenfalls zunächst die Modemeinwahl in das Internet, das Einloggen, das Auswählen der zu verändernden Seite, das Einpflegen der Inhalte und das

Abbildung 2.2: Suchmaschinen-freundliche URL, erzeugt von der Blogging-Software
WordPress

Freischalten. Und auch wenn Letzteres sich von dem heutigen Blogging-Ablauf
nicht so stark unterscheidet, so darf nicht vergessen werden, dass dieser Ablauf
wie in Abschnitt 1.3 und 1.2 ausgeführt eine meditative wie auch teure Angelegenheit war. Mehr als einmal wurden unzuverlässige Modemverbindungen getrennt, und man konnte von vorne beginnen. Selbst wenn die Telefonverbindung
in den USA nicht so teuer war wie in Deutschland, so ließ der initiale Zeitaufwand
wenig Raum für eine kreative Kurzschlusshandlung.

Darüber hinaus mussten in dem alten Homepage-Modell nicht nur der neue Inhalt erstellt und die technischen Schritte absolviert werden, neue Inhalte mussten
auch noch in eine vorhandene Informationsarchitektur eingebettet werden. Wo
passt das soeben Erlebte hinein in die „Das bin ich, das sind meine Fotos, hier
sind ein paar Links, und bald kommt mehr"-Struktur? Sollte man dafür einen
neuen Menüpunkt in der Navigation einführen (und damit auch alle anderen Seiten ändern müssen)? Es war viel einfacher, seine Meinung oder frisch Erlebtes in
einem Forum loszuwerden, als dafür die eigene Homepage zu ändern, ganz abgesehen davon, dass man in einem Forum auch noch Feedback bekam, auf den
Homepages in der Regel nicht.

Erst mit den aktuellen Blog-Systemen wurde das Erstellen von Dokumenten so
einfach wie das Betrachten von Webseiten selbst. Die Barriere, selber zu publizieren, ist gefallen: Hatte die Druckpresse es ermöglicht, dass mehr Menschen
Zugang zu Informationen bekommen haben, erlaubt das Web nun das Veröffentlichen von Informationen durch jedermann. Ein altes Versprechen des Webs ist
mit einfach zu benutzender Blogging-Software erfüllt worden.

Die Blogging-Software erleichtert aber nicht nur das Publizieren selbst: Die Struk-
tur vieler Blogs ist vorteilhaft für die Auffindbarkeit und die Platzierbarkeit
der publizierten Inhalte in Suchmaschinen.[1] So sind viele Systeme ab Werk mit

---

[1] Allerdings hat Google vielen Bloggern im ersten Halbjahr 2006 eine harte Zeit beschert, da die Blogs
von einem Tag auf den anderen im Ranking abfielen und kurz darauf wieder nach oben kamen.

suchmaschinenfreundlichen Funktionalitäten ausgerüstet, so dass auch Nicht-Experten bereits hervorragend optimierte Seiten mit Inhalten füllen können:

- Die Internetadressen einzelner Artikel sind suchmaschinenfreundlich, da sie den Titel eines Eintrags in die Adresse übernehmen. Anstatt einer kryptischen Adresse wie http://www.[meinblog].de/?p=876 werden Adressen wie http://www.[meinblog].de/[titel-des-artikels] angezeigt. Mit den frühen Homepages war das kaum möglich, der Homepage-Autor musste um die Wichtigkeit der „sprechenden URLs"[2] wissen und diese in seiner Dateistruktur selbst berücksichtigen. Nur wenig technisch versierte Homepage-Autoren wussten dies und setzten es auch um.

- Viele Blogs bestehen hauptsächlich aus Text; Artikeltext steht wenig anderem Text (Navigation, Werbung etc.) gegenüber, was für die Relevanzberechnung in textorientierten Suchmaschinen einen Vorteil darstellt. Die frühen Homepages waren dagegen eher Experimente mit den Möglichkeiten des Netzes, blinkende Schlagwörter und animierte Bilder überwogen reine Texte.

- Wie schon in Abschnitt 2.1 beschrieben verlinken Blogs gerne untereinander und auch nach „draußen". Fast alle Suchmaschinen beziehen die Linkpopularität in ihr Ranking ein. Eine Seite, auf die viele andere Seiten verlinken, wird als relevanter angesehen als eine Seite, auf die nur wenige andere Seiten verlinken. Gleichzeitig zählt ein Link von einer Seite, auf die viele andere Seiten verlinken, mehr als Links von einer Seite, auf die nur wenige Seiten verlinken. Ebenso wird das Verlinken nach „draußen" positiv bewertet, wenn der Link thematisch passt und zu einer Autorität führt. Ein gut verlinktes Blog hat daher gute Chancen, auch in den Suchmaschinen obere Ränge zu belegen.

Jedermann kann also nicht nur publizieren, er hat auch eine bessere Chance, gelesen zu werden und Feedback zu bekommen, was zu Zeiten der kostenlosen Homepages kaum der Fall war.

2.3 Blogs als Textform

Der Prozess des Schreibens selbst ist ein wichtiger Aspekt des Bloggens, einige Blogger gehen so weit, das Bloggen als eigenes Genre zu sehen. Blogs werden zur öffentlichen Reflexion genutzt, die wiederum den Blogger selbst verändert. Diese These wird unterstützt, wenn man Schreiben generell als Technologie versteht:

> *Technologien bieten nicht nur äußerliche Hilfe, sondern sie haben auch eine innere Komponente, sie sind innerliche Bewußtseinsentwicklungen, und sie sind es*

---

[2] Diese sprechenden URLs, im Englischen auch „Clean URLs", spielen bei vielen Web 2.0-Applikationen eine Rolle: Anstatt einer URL wie http://mein.server.name/?p=9867 werden die URLs umgewandelt in http://mein.server.name/darum-gehts-hier; viele solcher URL-Änderungen werden mit dem Apache-Modul mod_rewrite realisiert.

besonders dann, wenn sie sich auf das Wort auswirken. [...] Das Schreiben steigert die Bewußtheit. Entfernung vom natürlichen Milieu kann uns nützen, sie ist in vieler Hinsicht unabdingbar für das menschliche Leben. Um zu leben, um voll zu verstehen, benötigen wir nicht nur Nähe, sondern auch Entfernung. Schreiben schafft diese Entfernung, dient so, wie nichts anderes, dem Bewußtsein. (Ong 85)

Das Bloggen reiht sich ein in die heute wenig verbreitete Tradition des Tagebuchschreibens oder des Briefwechsels mit Gleichgesinnten oder intellektuellen Herausfordererns, und geht sogar darüber hinaus, denn ein Blog-Eintrag ist mehr als ein Text im klassischen Sinne:

> *Man kann einen Text nicht unmittelbar zur Verantwortung ziehen. Nach totaler und vernichtender Kritik bleibt er doch stets der alte. Dies ist ein Grund dafür, daß der Ausdruck „Es steht geschrieben" gewöhnlich wie der Ausdruck „es ist wahr" verstanden wird. Es ist auch ein Grund dafür, daß Bücher verbrannt worden sind. Wenn ein Text etwas behauptet, das der Meinung der ganzen Welt zuwiderläuft, dann tut er das, solange er als Text existiert. Texte sind per se widerspenstig.* (Ong 81)

Diese Aussage wird durch Blogs überholt: Durch die Kommentarfunktion kann ein Autor befragt werden, andere Meinungen kommen zu dem ursprünglichen Beitrag hinzu, und Trackbacks sorgen für eine Diskussion in einem anderen Umfeld. Text wird öffentlich, angreifbar, seine Entstehung ist an andere Bedingungen geknüpft als andere Textformen. Blogs geben Texten ein Stück Oralität zurück, denn ein Eintrag kann nur ein (nicht zu Ende gedachter) Gedanke sein.

Das bedeutet gleichzeitig, dass von der Erwartung, etwas Geschriebenes sei a priori wahr, mehr und mehr Abstand genommen werden muss; die Kompetenz zur Differenzierung verschiedener Quellen wird mit zunehmender Bedeutung der Blogs eine der wichtigsten Fähigkeiten sein.

Auf der anderen Seite ist nicht alles, was in Blogs geschrieben steht, unwahr; Tim O'Reilly geht sogar davon aus, dass die kollektive Intelligenz als eine Art Filter des Bloggens genutzt wird, und verweist auf James Suriowickis „Wisdom of Crowds". Gleichzeitig betont er, dass die traditionellen Medien genau aus diesem Grund nicht einzelne Blogs als Konkurrenz ansehen, sondern die ganze Blogosphäre. Zeit also, sich die Blogosphäre genauer anzusehen.

2.4   Die Blogosphäre

Laut *Technorati*, einer der bekanntesten Blog-Suchmaschinen, entstehen weltweit täglich 75.000 neue Blogs. Zwar wird nicht jedes angefangene Blog kontinuierlich weitergepflegt, dennoch wächst die Gemeinde der Blogger und der Blog-Leser beständig. Deutschland ist in Bezug auf Blogs allerdings eher ein Entwicklungsland. Konkrete Zahlen sind Mangelware, die letzten Zahlen aus dem April

2005 wiesen Millionen von Blogs in anderen Ländern aus, aber nur 280.000 für Deutschland.[1] Im April 2006 war von 200.000 Blogs die Rede, im Vergleich zu den Vereinigten Staaten mit 30 Millionen Blogs.[2] Alle diese Zahlen sind mit Vorsicht zu genießen, denn eine Trennung von aktiven und nicht mehr aktiven Blogs wird hier nicht vorgenommen. Es ist aber auch fraglich, ob inaktive Blogs nicht mehr zur Blogosphäre hinzugezählt werden sollten oder nicht; manche Blogs werden nur zu bestimmten zeitlich begrenzten Anlässen angelegt (zum Beispiel zur Fußball-WM), deren Einträge auch nach dem Ende des Projekts interessant sein können.

In vielen Ländern wie den USA, aber auch Frankreich wird ein Großteil der Blogs von Jugendlichen geschrieben, die über ihren Alltag berichten und deren Blogs eher Tagebüchern entsprechen. Diese Art von Blogs ist nicht mit denen zu vergleichen, die zum Beispiel Don Alphonso und Kai Pahl für ihr „Blogs!"-Buch ausgewählt haben. Dies soll keine Kritik an den Blogs Jugendlicher darstellen, ganz im Gegenteil, denn ebenso würde niemand behaupten, dass das Schreiben eines Tagebuches eine Grimme-Preis-kompatible Qualität wie die des Spreeblick-Blogs erreichen muss. Abgesehen davon garantiert das Vorhandensein einer geeigneten Publikationstechnologie nicht, dass aus jedem Menschen ein talentierter Schreiber wird. Dies wird erwähnt, weil ein erster Blick auf Blogs zu dem Eindruck führen könnte, dass die Inhalte der Blogs grundsätzlich belangloser Natur wären. Dies ist nicht der Fall. Insbesondere viele Blogs Jugendlicher werden eher mit dem Ziel geschrieben, um mit anderen in Kontakt zu bleiben oder auch um in Kontakt zu kommen. Die myspace-Plattform (http://www.myspace.com/) ist ein gutes Beispiel dafür. Andere Blogger sehen, wie in Abschnitt 2.3 behandelt, das Bloggen als eigenes Genre und nutzen es als Möglichkeit zur Reflexion.

Diese unterschiedlichen Verwendungsarten machen sich auch in den Verlinkungsstrukturen der Blogosphäre bemerkbar. In Abschnitt 2.1 wurde die starke Verlinkung der Blogs untereinander erwähnt, die durch die zur Verfügung stehenden Technologien vereinfacht wurde. Tatsächlich ist aber nicht jedes Blog mit jedem verlinkt, und nur wenige Blogs sind von vielen anderen Blogs verlinkt. Mit anderen Worten, es gibt einen Kern, der sehr stark untereinander vernetzt ist, und viele Blogs, die mit wenig anderen Blogs vernetzt sind und kaum Berührungspunkte mit dem Kern haben.

Dies entspricht einer im Jahr 2000 veröffentlichten Studie von Forschern von IBM, Compaq und Altavista, aus der die „Bow Tie"-Theorie entstand:[3] Danach gibt es vier Regionen des Webs, die in einer Visualisierung aussehen wie eine Smoking-Fliege, welche im Rahmen der Veröffentlichung von vielen Fachzeitschriften abgedruckt wurde:

---

[1] http://www.blogherald.com/2005/07/19/blog-count-for-july-70-million-blogs/
[2] http://www.heise.de/newsticker/meldung/71792
[3] http://www.almaden.ibm.com/almaden/webmap_release.html

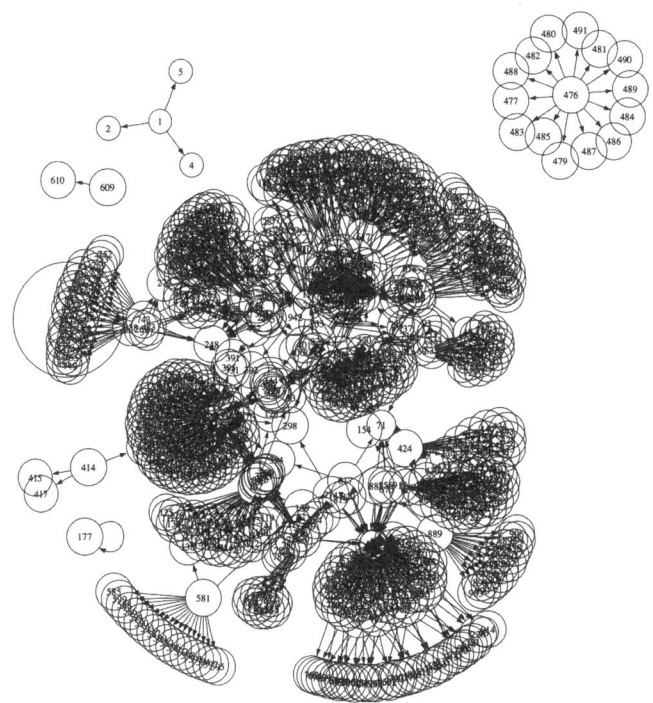

Abbildung 2.3: Visualisierung eines Ausschnitts der Verlinkung in der deutschen
Blogosphäre

- „strongly-connected core": Seiten, die sehr gut untereinander verlinkt sind

- „origination": Seiten, von denen man in den Kern kommt, aber nicht wieder
  zurück

- „termination": Seiten, zu denen man aus dem Kern kommt, aber nicht wieder
  zurück

- „disconnected": Seiten, zu denen man von den „origination"- und „termination"-Seiten kommt, aber die keine Verbindung zu dem Kern haben

Die Blogosphäre, zumindest der deutsche Teil, sieht ähnlich aus.[4] Eine Visualisierung eines Ausschnitts der Verlinkungen innerhalb der deutschen Blogosphäre
ist in der Abbildung 2.3 zu sehen. Es gibt einen Kern von Blogs, die stark verlinkt
sind und die vereinzelte Links zu Blogs setzen, die nicht zu diesem Kern gehören.
Diese weniger verlinkten Blogs setzen Links in den Kern, es gibt aber auch kleine Blog-Kerne, die untereinander vernetzt sind und so gut wie nichts mit dem
eigentlichen Kern der Blogosphäre zu tun haben.

---

[4] Diese Ergebnisse stammen aus eigenen Untersuchungen des Autors, für welche die Blogosphäre mit
   einem eigenen Crawler besucht und analysiert wurde.

Die Blogosphäre ist kein in sich geschlossener Raum (schließlich war eine Grundidee der Blogs, über das im Netz Gesehene zu bloggen); neben Verweisen auf Ku-
rioses im Netz gehen viele Links aus der Blogosphäre auf die Online-Ausgaben
der traditionellen Medien. Dies hängt damit zusammen, dass Nachrichten der traditionellen Medien in der Blogosphäre besprochen und zum Teil kritisch hinter-
fragt werden; siehe dazu auch Kapitel 2.6. Es entspricht auch den Untersuchungen
von Barabási, der die Entwicklung von Netzwerken untersuchte; dabei sind seine
Ergebnisse sowohl auf das Web anzuwenden wie auch jedes andere Netzwerk, sei
es die Verbindungen zwischen Hollywood-Schauspielern oder Zellkulturen (siehe dazu auch das Kapitel über Social Software).

Die in dem untersuchten Ausschnitt am häufigsten verlinkten Seiten sind:[5]

1. http://www.spiegel.de

2. http://www.heise.de

3. http://www.bildblog.de

4. http://www.spreeblick.com

5. http://www.zeit.de

6. http://couchblog.de

7. http://www.sueddeutsche.de

8. http://unknowngenius.com/blog/

9. http://www.faz.net

10. http://www.tagesschau.de

11. http://www.taz.de

12. http://www.shopblogger.de

13. http://lumma.de

14. http://don.antville.org

15. http://wirres.net

16. http://www.lawblog.de

17. http://www.welt.de

18. http://www.netzeitung.de

19. http://www.lyssas-lounge.de

20. http://www.shesaiddestroy.org

---

[5] Es wurden die Seiten aus der Wertung herausgenommen, die nur deswegen gut verlinkt sind, weil
zum Beispiel die Blog-Software automatisch einen Link setzt (twoday.net, Wordpress etc.). In die
Wertung einbezogen wurden hingegen die Seiten, auf die bewusst vom Blogger gelinkt wurde. Es
wurden außerdem die Services aus der Wertung genommen, auf die ein Blogger zwar bewusst verlinkt hat, die aber nicht wesentlich für den Inhalt sind (zum Beispiel FlickR, del.icio.us, YouTube).

Die neben den Seiten der traditionellen Medien aufgelisteten Blogs gehören zu
dem viel verlinkten Kern der Blogosphäre; ihnen folgt eine lange Liste von weniger verlinkten Blogs bis hin zu so gut wie gar nicht verlinkten Blogs (siehe dazu
Abschnitt 8.1 über die „Long Tail").

2.5   Virale Effekte in der Blogosphäre

Die im vorherigen Abschnitt besprochenen Unterschiede in der Verlinkung sollten nicht zu der Annahme verleiten, dass nur von diesen gut verlinkten Blogs ein
viraler Effekt ausgehen kann. Unter einem viralen Effekt versteht man das Ergebnis, wenn bestehende soziale Netzwerke genutzt werden, um eine Information
zu verbreiten, vergleichbar mit einem Virus, der sich in einer Population verbreitet. Wenn wir uns die Abbildung 2.3 noch einmal ansehen und mit der Karte eines Dorfes vergleichen, dann würde sich ein Virus im Zentrum des Dorfes, wo
die Bewohner dicht beieinander wohnen, schneller verbreiten als weiter draußen,
wo die Entfernungen von Bewohner zu Bewohner größer sind. Aber da es immer
noch Verbindungen von außen zur Mitte und umgekehrt gibt, kann ein Virus auch
hier weitergegeben werden. Übertragen auf die Verlinkungen der Blogosphäre,
wo jeder Link eine Nähe herstellt, bedeutet dies, dass nicht jede Aussage sofort
weitergetragen wird, denn es wird zunächst geschaut, von wem sie kommt. Hier
funktioniert die Kommunikation zwischen den Blogs wie die klassische Mund-
zu-Mund-Propaganda. Es ist also weniger wahrscheinlich, dass ein kaum verlinktes Blog einen viralen Effekt auslöst. Nur dass es weniger wahrscheinlich ist,
heißt nicht, dass es gar nicht passieren wird, denn das Zusammenspiel von Kommentaren, Trackbacks und Suchmaschinen führt zu Kettenreaktionen, mit deren
Auswirkungen kaum jemand rechnet. Die bisherigen Fälle, in denen die viralen
Effekte der Blogosphäre Aufsehen erregt haben, belegen diese These. Gleichzeitig bedeutet dies, dass es schwierig sein wird, die Blogosphäre gezielt für virales
Marketing zu instrumentalisieren.

Im September 2004 wurde zum Beispiel in einem US-Forum (nicht in einem Blog)
erwähnt, dass ein Schloss der Firma Kryptonite mit einem Stift geöffnet werden
kann. Doch erst als die Blogosphäre diese Nachricht aufgriff, wurde sie schnell
verbreitet und zwang Kryptonite angeblich zu einer Reaktion.[1]

Im Dezember 2004 veröffentlichte das Spreeblick-Blog eine satirische Auseinandersetzung mit den Geschäftspraktiken der Firma Jamba, die vor allem durch
die Klingelton-Werbung auf vielen Fernsehkanälen bekannt ist.[2] Unter den Kommentaren fanden sich auch positive Äußerungen über Jamba, die angeblich von
Jamba-Mitarbeitern stammten. Wenige Tage später griff Spiegel Online das Thema auf.[3]

---

[1] Kryptonite selbst behauptet, dass sie vom ersten Tag von dem Forumseintrag und auch von den
Blogs gewusst hätten, sie aber nicht so schnell reagieren konnten, auch wenn sie wollten. Siehe dazu
http://www.intuitive.com/blog/

[2] http://spreeblick.com/index.php?p=324

Der Werbefachmann Jean-Remy von Matt entschuldigte sich im Januar 2006 öffentlich bei den Bloggern, nachdem er die Blogs in einer internen E-Mail als „Klowände des Internets" bezeichnet hatte und diese E-Mail in die Blogosphäre gelangte.[4] Zuvor war die „Du bist Deutschland"-Kampagne, an der auch die Agentur Jung von Matt beteiligt war, in der Blogosphäre kontrovers diskutiert worden. Von Matt kritisierte, dass sowohl die Journalisten als auch die Blogger eine gewisse Undankbarkeit an den Tag legten, denn schließlich hatten die an der Kampagne Beteiligten auf ihr Honorar verzichtet und das Ziel verfolgt, das positive Denken in Deutschland zu fördern. Ähnlich wie bei den Diskussionen um den Jamba-Eintrag beim Spreeblick kommentierten auch hier angeblich Mitarbeiter der Werbeagentur Jung von Matt mit, die sich als normale Benutzer ausgaben und Jamba in Schutz nahmen. Das Besondere an diesem Fall ist aber, dass nicht irgendwer die viralen Effekte der Blogs unterschätzt hat, sondern ein Experte in Sachen Kommunikation und Werbung. Andererseits hatte dieser Vorfall auch einen üblen Beigeschmack, denn schließlich wurde eine firmeninterne E-Mail von Jean-Remy von Matt an das Licht der Öffentlichkeit gezerrt.

Die gegen Korruption kämpfende Organisation Transparency International ging im März 2006 juristisch gegen eine Bloggerin vor, nachdem diese über das ihrer Meinung nach unfaire Vorgehen der Organisation gegenüber einer Freundin gebloggt hatte (ohne aber die Organisation zu nennen). Das harte Vorgehen wurde der Organisation in der Blogosphäre übel genommen, und es dauerte nicht lange, bis auch die etablierten Medien über den Vorfall berichteten. Darunter war auch die Online-Ausgabe der Tagesschau, die auffällig positiv gegenüber Transparency International schrieb.[5] Es stellte sich heraus, dass ein Vorstandsmitglied von Transparency International Redakteur bei der ARD war. Zwei Tage später wurde der Artikel in einer neuen Fassung online gestellt, die weniger TI-gefällig war.[6] Noch im Juli 2006, mehr als drei Monate nach diesem Zwischenfall, finden sich bei einer Suche nach „Transparency International" noch Hinweise auf den Vorfall auf der Suchergebnisseite von Google (siehe Abbildung 2.4).

Auch im März 2006 verhalfen die viralen Effekte der Blogosphäre der „Grup Tekkan" zum Erfolg. Nachdem das Video zu dem Lied „Wo bist Du, mein Sonnenlicht?" auf verschiedenen Blogs, darunter auch das Spreeblick-Blog (siehe Interview in Kapitel 10.1), eingebunden war, griffen die etablierten Medien die Story um die Band auf und sorgten so dafür, dass die Band innerhalb von wenigen Wochen in Deutschland berühmt wurde.

Die virale Wirkung traf auch Tim O'Reilly, aus dessen Umkreis der Begriff „Web 2.0" stammte und der die Blogosphäre im Zusammenhang mit kollektiver Intelligenz als „das Äquivalent zur ständigen geistigen Aktivität im Vorderhirn dar[stellt], die Stimme, die wir alle in unseren Köpfen hören".[7] Die Fir-

---

[3] http://www.spiegel.de/netzwelt/netzkultur/0,1518,335622,00.html
[4] http://www.jensscholz.com/2006_01_01_archive.htm#113762765814900254
[5] http://www.tagesschau.de/aktuell/meldungen/0,1185,OID5377528,00.html
[6] http://www.tagesschau.de/aktuell/meldungen/0,1185,OID5374766,00.html

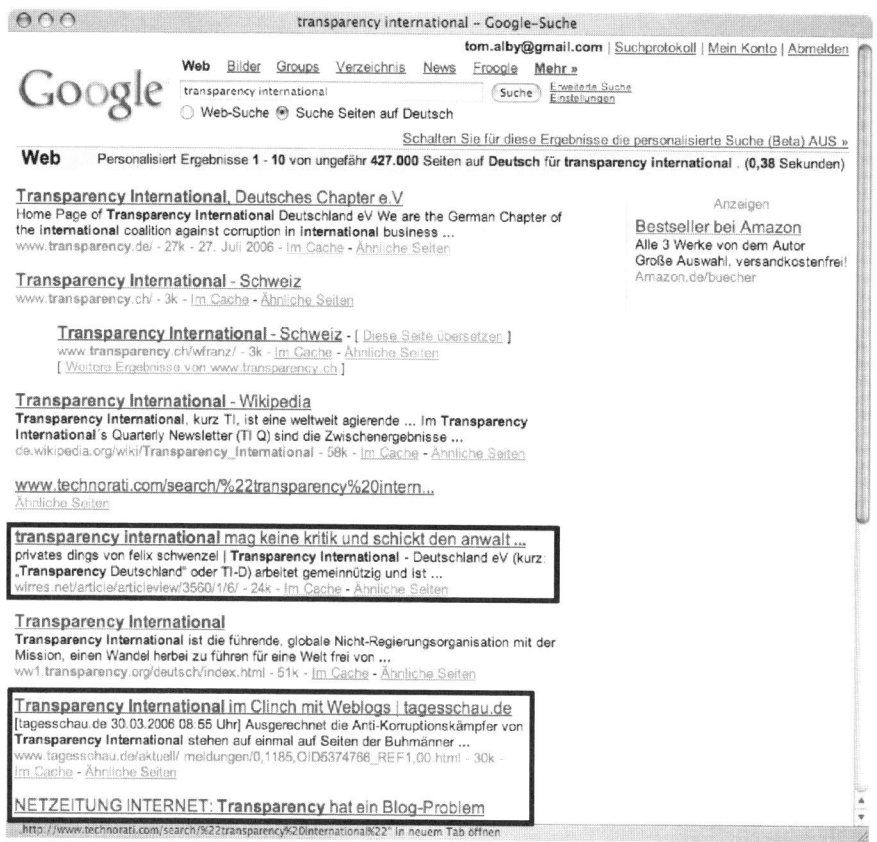

Abbildung 2.4: Bei einer Suche nach Transparency International finden sich Monate nach dem Zwischenfall immer noch Hinweise darauf auf der ersten Suchergebnisseite von Google.

ma CMP, mit welcher der Verlag O'Reilly die Web 2.0-Konferenzen gemeinsam durchführt, hatte sich den Begriff „Web 2.0" im Zusammenhang mit Konferenzen schützen lassen. Während des Urlaubs des Verlegers schickte die Rechtsabteilung eine Unterlassungsanordnung an einen Konferenzveranstalter, der eine Web 2.0-Konferenz mit dem Begriff im Namen veranstalten wollte. Der Veranstalter bloggte darüber, woraufhin ein Sturm der Entrüstung durch die Blogosphäre wütete; auch hier übernahmen die etablierten Medien das Thema.[8] Nachdem Tim O'Reilly aus dem Urlaub zurückgekehrt war, rückte er einige Missverständnisse zurecht, erwähnte aber auch seine aufgekommenen Zweifel an der kollektiven Intelligenz der Blogosphäre.[9] Tatsächlich, so O'Reilly, war die New York Times ne-

---

[7] Deutsche Übersetzung des Originaltextes, siehe
http://twozero.uni-koeln.de/content/e14/e30/index_ger.html

[8] Siehe zum Beispiel den Spiegel Online-Artikel „O'Reilly will ‚Web 2.0' besitzen" unter
http://www.spiegel.de/netzwelt/politik/0,1518,418630,00.html

ben wenigen Bloggern die einzige, welche die Fakten genau überprüft und darauf basierend einen ausgewogenen Artikel veröffentlicht hatte.

Die unvorhersehbaren viralen Effekte, aber auch die Gefahr des unfairen Aufhetzens, verleiten manchen PR-Manager wie Peter Wolff zu einer Darstellung der Blogosphäre als Gefahr, vor der sich jeder schützen solle (doch wie das geschehen soll, darauf weiß Wolff auch keine überzeugende Antwort):

> *Buchstäblich Jedermann* (sic) *kann mittlerweile unzensiert und damit auch ungeprüft Behauptungen in die (virtuelle Internet-) Welt setzen - und sind* (sic) *somit mittels manipulierbarer öffentlicher Meinung ein einflussreicher Machtfaktor geworden. Wer sich als Unternehmer oder Politiker mit ihm nicht auseinandersetzt, reagiert leichtfertig, denn die Gefahr ist groß, Einfluß auf die Öffentliche* (sic) *Meinung und damit auf Verbraucher, staatliche Stellen/Genehmigungsbehörden etc. zu verlieren.* (Wolff 5)

Das Interessante an dieser Aussage ist, dass von einer Gefahr der Manipulation der öffentlichen Meinung durch jedermann gesprochen wird, die durch Medien und Unternehmen herrschende Manipulation aber ausgeklammert wird.[10] Hetzkampagnen, einseitige oder sogar falsche Berichterstattung sind kein Relikt aus vergangenen und lieber verdrängten Zeiten, sondern immer noch Realität. Die Kritik an Jürgen Klinsmann in den deutschen Medien veränderte sich erst dann zu einer Lobhudelei, als der Erfolg bei der WM nicht mehr von der Hand zu weisen war.[11] Im Juni 2006 veröffentlichte die Budapester Boulevardzeitung Blikk die Meldung, dass Robbie Williams bei einer Hochzeitsfeier in Ungarn aufgetreten sei, was von internationalen Medien aufgegriffen wurde, sich aber im Nachhinein als Ente herausstellte.[12] Und dies sind lediglich Beispiele, die weniger weitreichende Folgen hatten. Es genügt ein nicht ganz so weiter Blick zurück in die Geschichte der Bundesrepublik, um Beispiele ganz anderer Kaliber zu finden. Es ist nicht so, dass die Medien oder Unternehmen auf der einen Seite für das Gute stünden und aus den Blogs lediglich die Gefahr der unfairen Hetze drohe. Auch stellt nicht jedermanns Blog einen Machtfaktor dar; es bedarf eines durch gute Artikel erreichten Status, bevor ein einzelnes Blog wirklich eine Bewegung anstoßen kann.

Dennoch mögen Unternehmen, Medien und die Politik die Blogosphäre als Bedrohung wahrnehmen, denn schließlich bedeutet die Existenz von Blogs, dass nicht mehr alles kommentarlos geschluckt und Kritik nicht mehr bierselig am Stammtisch, sondern öffentlich geäußert und rezipiert wird.

Auf der anderen Seite sind aber auch die Blogs nicht von vornherein der gute David, der gegen den bösen Goliath kämpft, wie wir zuvor gesehen haben. „Blogger

---

[9] http://radar.oreilly.com/archives/2006/05/web_20_service_mark_controvers.html

[10] Ganz abgesehen davon, dass dies auch schon vorher ging, die Technik aber zu kompliziert und die Zugänge zu langsam und zu teuer waren (siehe Kapitel 1).

[11] Aufbereitet wurde dies zum Beispiel vom BILDblog unter http://www.BILDblog.de/?p=1516

[12] http://www.netzeitung.de/medien/417757.html

sind keine besseren Menschen", so Don Alphonso; hinter beiden Seiten stehen Menschen, und Menschen machen Fehler; der einzige Unterschied zu vorher ist, dass die eine Seite, die früheren Nur-Leser, nun auch die Möglichkeit hat, zu publizieren und nicht mehr nur zu konsumieren. Dies ist keine neue Entwicklung, von Walter Benjamin wurde sie schon 1936 beschworen:

> *Mit der wachsenden Ausdehnung der Presse, die immer neue politische, religiöse, wissenschaftliche, berufliche, lokale Organe der Leserschaft zur Verfügung stellte, gerieten immer größere Teile der Leserschaft – zunächst fallweise – unter die Schreibenden. Es begann damit, dass die Tagespresse ihnen ihren ‚Briefkasten' eröffnete, und es liegt heute so, dass es kaum einen im Arbeitsprozess stehenden Europäer gibt, der nicht grundsätzlich irgendwo Gelegenheit zur Publikation einer Arbeitserfahrung, einer Beschwerde, einer Reportage oder dergleichen finden könnte. Damit ist die Unterscheidung zwischen Autor und Publikum im Begriff, ihren grundsätzlichen Charakter zu verlieren. [...] Der Lesende ist jederzeit bereit, ein Schreibender zu werden. (29)*

Der einzige Unterschied zu Benjamins Aussage und der heutigen Zeit ist, dass die Hürde einer filternden Redaktion gefallen ist. Konnten Redaktionen zuvor noch die Leserzuschriften auswählen, bevor sie abgedruckt werden, kann jeder heute selbst entscheiden, was publiziert wird.

2.6 Die traditionellen Medien und die Blogosphäre

Blogs stehen in Deutschland noch am Anfang ihrer Entwicklung. Etwas mehr als die Hälfte der Deutschen ist online, und von den Deutschen, die online sind, besuchen bisher nur wenige die populären Blogs, die im besten Fall auf durchschnittlich fünfstellige Besucherzahlen täglich kommen.[1]

Das bedeutet aber nicht, dass Blogs keinen Einfluss hätten auf die Medienlandschaft und die Leser traditioneller Publikationen. Tatsächlich haben Blogs bereits heute Einfluss auf diejenigen, die Blogs noch nicht einmal kennen. Das hat mehrere Gründe:

- Journalisten lesen Blogs; dadurch werden Themen der Blogs aufgenommen und für eigene Artikel verwendet. Ein Beispiel ist ein Artikel aus der Blogosphäre mit einem Foto aus der NS-Zeit, auf dem ein Transparent mit der Aufschrift „Denn Du bist Deutschland" zu sehen war. Angesichts der eh schon kritisch beäugten „Du bist Deutschland"-Kampagne zirkulierte das Bild zunächst in der Blogosphäre, bevor es von den klassischen Medien aufgenommen wurde.[2] Leser und Zuschauer traditionel-

---

[1] ... was auch schon eine Menge ist, aber immer noch wenig im Vergleich zu den „großen" Medienseiten im Internet.

[2] http://www.n24.de/wirtschaft/multimedia/index.php/n2005112411272500002

ler Medien erhalten somit auch Informationen, die aus der Blogosphäre kommen, zum Teil ohne es zu wissen. Die Blogs sind mehr als „isolierte Öffentlichkeiten", wie es die NZZ am 13.1.2006 schrieb (siehe http://www.nzz.ch/2006/01/13/em/articleDHFG7.html).

- Journalisten sind sich bewusst, dass sie überprüft werden. Schreiben Journalisten über ein Thema, so sind sie in den seltensten Fällen selber Experten darin. Dadurch entstehende Fehler können von Experten in eigenen Blogs aufgezeigt werden, was Journalisten diskreditieren kann. Es ist unwahrscheinlich, dass der Axel Springer-Verlag auch nur eine einzige Bild-Zeitung weniger verkauft, weil es das BILDblog gibt, denn hier werden unterschiedliche Zielgruppen bedient. Deutlicher wird der Einfluss der Blogosphäre auf die Journalisten der traditionellen Medien im Fall von Transparency International, über den tagesschau.de zunächst sehr freundlich gegenüber Transparency International berichtete, diese Berichterstattung später aber änderte.

Die traditionellen Medien können zudem nicht mehr als Filter agieren, eine Themenplanung entfällt ebenso wie das „angenehme publizistische Umfeld", wie Don Alphonso es ausdrückt. Und auch wenn zuvor gesagt wurde, dass Blogs noch nicht die Popularität genießen wie in Amerika, so bedeutet das nicht, dass man beim Surfen im Internet nicht auf Blogs stoßen würde. Die bereits angesprochenen Vorteile bei den Suchmaschinen sorgen dafür, dass ein Blog auf der Suchergebnisseite höher gelistet sein kann (und es auch häufig ist) als die Seite eines traditionellen Medienunternehmens. Gleichzeitig, so Don Alphonso, stehen den Medien nicht mehr Möglichkeiten zur Verfügung als den Bloggern, sie haben nicht mehr Platz im Browser-Fenster, und ihre Seiten laden auch nicht schneller als die eines Blogs.

Hinzu kommt, dass jede Minute, in der ein Internetsurfer in einem Blog liest, die gleiche Minute nicht auf einer Seite der klassischen Medien verbringen und mit Werbung konfrontiert werden kann. Mit anderen Worten, der Tag hat nur 24 Stunden, und die Zeit, die ich mit dem Lesen von Blogs verbringe, wird von meiner Zeit bei Spiegel Online abgezogen.

Don Alphonso sieht außerdem den Vorteil der Blogs, dass die Blogger aus ihrem persönlichen Umfeld berichten und somit einen Stadtteiljournalismus bieten, dem die traditionellen Medien nichts entgegenzusetzen haben (27). Ein Blick auf die Seite blogplan.de führt zu einer Deutschlandkarte, auf der einzelne Städte ausgewählt werden können, bei denen Blogs anhand von ÖPNV-Plänen eingezeichnet sind (siehe Abbildung 2.5). Allerdings, so ergab eine Stichprobe, behandelten nur die wenigsten Blogs lokale Themen. Fairerweise muss dazu gesagt werden, dass blogplan.de nur wenige tausend Blogs auflistet und dieser Ausschnitt nicht repräsentativ ist. Außerdem bedeutet die Abwesenheit eines lokalen Bezugs nicht, dass dieser nicht erstellt wird, wenn es sich anbietet. So waren schon kurz nach dem Terroranschlag in London im Jahr 2005 Einträge und Fotos in Blogs zu finden, schneller als die traditionellen Medien agieren konnten. Und es müssen nicht

Abbildung 2.5: Die Hamburgseite von blogplan.de

erst Anschläge eine Stadt erschüttern, um die Vorteile eines Blogs auszuspielen: Wer sich auf einer Veranstaltung langweilt, kann dies über *Moblogging*, dem Zusammenspiel eines Blogs mit einem mobilen Gerät wie einem Handy, in seinem Blog kundtun. Durch die schnelle Aufnahme in die darauf spezialisierten Blog-Suchmaschinen können wir sofort erfahren, was wo los ist.[3]

Im Zusammenhang mit der Blogosphäre wird auch von dem Triumph der Amateure gesprochen und die Qualität der Berichterstattung in der Blogosphäre kritisiert. Ein Beispiel dieser Kritik stammt von Nicholas Carr, der befürchtet, dass die Blogs die Ökonomie der kreativen Arbeit gefährden:

> *Forced to choose between reading blogs and subscribing to, say, the New York Times, the Financial Times, the Atlantic, and the Economist, I will choose the latter. I will take the professionals over the amateurs.*
> *But I don't want to be forced to make that choice.*[4]

---

[3] Im Februar 2006 besuchte der Autor eine Konferenz in London, The Future of Web Apps. Der Veranstalter Ryan Carson rief die Teilnehmer auf, ihre Fotos und Einträge mit dem *Tag* „futureofwebapps" zu versehen, sodass während der Veranstaltung schon eine Dokumentation derselben entstand. Siehe zum Beispiel http://www.flickr.com/photos/tags/futureofwebapps/

Als Beispiel bringt er die Wikipedia, die er allein deshalb im Vorteil sieht, weil sie kostenlos ist, und etwas Kostenloses, so seine These, gewinnt immer über Qualität, zum Beispiel über die der kostenpflichtigen Enzyklopädien. Warum sollte viel Geld in eine Enzyklopädie investiert werden, wenn es ein um einiges umfangreicheres und aktuelleres Nachschlagewerk kostenlos im Web gibt? Auf der anderen Seite sind die Artikel der Wikipedia, so Carr, unzuverlässig hinsichtlich der Faktentreue.

Der Vergleich zwischen den Lexika hat zu kontroversen Diskussionen geführt, zum Beispiel durch die Tests des Nature-Magazins: In einer Auswahl von Artikeln wurden 162 Fehler in der Wikipedia und 123 in der Enzyklopaedia Britannica gefunden.[5] Auch wenn in der Wikipedia mehr Fehler gefunden wurden, so ist es verwunderlich, dass die Enzyklopaedia Britannica überhaupt Fehler beinhaltete, so der Economist (The Wiki Principle, 20. April 2006). Carr verwies als Folge dessen darauf, dass die Wikipedia generell bei wissenschaftlichen Artikeln eine gute Qualität habe, aber auch, dass die Fehler unterschiedlicher Schwere gewesen seien; er sieht die Britannica immer noch im Vorteil.[6]

Übertragen auf die Blogosphäre wurde im vorherigen Abschnitt bereits diskutiert, dass auch etablierte Medien nicht fehlerfrei sind; das Erscheinen eines Artikels in einer Zeitung mit hoher Auflage ist kein Garant dafür, dass der Artikel ausgewogen und wahrheitsgemäß geschrieben ist. Und der Vergleich hinkt auch insofern, dass mancher Blogger ein Experte ist, der Journalist aber nur ein Generalist. Die Frage der Zukunft wird dennoch sein, auf welche Informationen wirklich Verlass ist und wie viel Geld man für wie viel Qualität zu zahlen bereit ist.

2.7 Unternehmen und die Blogosphäre

Der 2. Mai 2005 wird von Holtz und Demopoulos als Wendepunkt für das Blogging gesehen; an diesem Tag veröffentlichte die Business Week die Titelstory „Blogs will change your business", und Blogs waren auf einen Schlag in der Unternehmenswelt angekommen.[1]

Holtz und Demopoulos sehen neben den in Kapitel 1 behandelten Entwicklungen zwei parallel verlaufende Trends:

■ Unternehmen sind immer weiter von ihren Kunden entfernt (wobei Holtz und Demopoulos unter Kunden jeden verstehen, mit dem eine Organisation Berührungspunkte hat).

---

[4] *Wäre ich gezwungen zu wählen zwischen dem Lesen von Blogs und dem Abonnement der New York Times, der Financial Times, des Atlantic und des Economist, dann würde ich letzteres wählen. Ich gebe den Profis Vorrang vor den Amateuren. Aber ich möchte nicht gezwungen werden, diese Wahl zu treffen.* http://www.roughtype.com/archives/2005/10/the_amorality_o.php

[5] http://www.nature.com/nature/journal/v438/n7070/full/438900a.html

[6] http://www.roughtype.com/archives/2006/02/community_and_h.php

[1] http://www.businessweek.com/magazine/content/05_18/b3931001_mz001.htm

■ Das Fehlverhalten von Unternehmen wird immer offensichtlicher, sodass ihnen immer weniger geglaubt und ein Verlangen nach mehr Transparenz geschaffen wird.

Hatten Unternehmen früher vor allem einen lokalen Bezug, so ist das in Zeiten der
Globalisierung nicht mehr der Fall. Produkte müssen so genommen werden, wie
sie im Angebot sind. Zwischen den Unternehmen und dem Endverbraucher sitzen Großhändler, Zwischenhändler und Einzelhändler, die nicht die Verantwortung für Produkte tragen können und wollen. Ein Problem mit einem Produkt
oder einem Service bleibt irgendwo stecken oder wird bereits in einem Callcenter
heruntergespielt und abgewiesen. Jeder, der einmal eine Beschwerde bei der Deutschen Telekom oder bei der Deutschen Bahn vorbringen wollte, kennt die Floskeln
der geschulten Callcenter-Mitarbeiter oder die aus Satzbausteinen zusammen-
geklickten Briefe des geheuchelten Bedauerns. Kein Einfluss, keine Wahlmöglich-
keit und die Arroganz der Unternehmen haben dazu geführt, dass Kunden die
Nase voll haben.

Gleichzeitig haben sich viele Unternehmen in den letzten Jahren in der Darstellung der Medien nicht gerade mit Ruhm bekleckert, sei es durch Bilanzfälschung,
Unterschlagung, hohe Abfindungen für scheidende Manager, Prostituierte für
den Vorstand oder Schmiergeldzahlungen; die Liste der in Skandale verwickelten
Unternehmen ist lang und international. Derweil entlassen Unternehmen Mitarbeiter und zahlen angeblich keine oder kaum Steuern, obwohl sie steigende Gewinne verzeichnen können und Vorstände hohe Boni kassieren. Sachzwänge werden angeführt, die wirtschaftswissenschaftlich sicherlich belegt werden können,
für den Normalkunden aber bleiben solche Vorgänge unverständlich. Stattdessen
gewinnen Kunden den Eindruck, dass sich Firmen nicht mehr für die Bedürfnisse
der Kunden interessieren und gleichzeitig versuchen, jeden Cent aus ihnen her-
auszuholen, der in den Taschen derjenigen landet, die eh schon genug haben.

Das i-Tüpfelchen bildet dann die von den Unternehmen gewählte Kommunikation, insbesondere wenn bittere Schicksale in Euphemismen verpackt werden (zum
Beispiel „Menschen dem Arbeitsmarkt zur Verfügung zu stellen" als Beschreibung für Entlassung in die Arbeitslosigkeit):

> *Representatives of companies would respond that they **do** communicate.
> Through press releases, riddled with corporate jargon, companies explain their
> positions, promote their products and services, and tout their value as an invest-
> ment. They distribute these releases to the media and post them on their companies'
> Web sites and pat themselves on the back for having communicated so effectively.*[2]
> (Holtz und Demopoulos 26)

---

[2] *Firmen-Repräsentanten würden erwidern, **dass** sie kommunizieren. Durch Pressemitteilungen, im Unterneh-
mensjargon rätselhaft verpackt, erklren Firmen ihre Positionen, werben für ihre Produkte und Services und
preisen ihren Wert für ein Investment übermäßig an. Sie verteilen diese Pressemitteilungen an die Medien,
veröffentlichen sie auf den Unternehmens-Webseiten und klopfen sich gegenseitig auf den Rücken, dass sie so
effektiv kommuniziert haben.*

Kein Wunder also, dass die Möglichkeit, eine Meinung über ein Blog zu kommunizieren und mit anderen zu diskutieren, mit Begeisterung aufgenommen wird. Schließlich hat die Blogosphäre es in der Vergangenheit schon geschafft, Unternehmen zum Einlenken zu bewegen (siehe Abschnitt 2.5).

Die Angst vor einem solchen PR-Gau hat manche Unternehmen dazu gebracht, sich näher mit der Blogosphäre zu beschäftigen und Blogs zu beobachten. Es werden bereits mehrere Services angeboten, die Blogs für Unternehmen „monitoren" oder einen sogenannten „Clipping-Service" anbieten, durch den ein Unternehmen alle Erwähnungen in Medien zugesandt bekommt. Solche Dienste sind teuer, in dem Test des Autors waren sie nicht einmal gut. Bevor ein wirklich guter Service dieser Art angeboten wird, empfiehlt sich, die in Abschnitt 2.11.1 behandelten Blogsuchmaschinen automatisch suchen zu lassen; dies ist nicht nur günstiger, sondern momentan auch noch besser. Eine genaue Anleitung findet sich in Abschnitt 2.11.1.

Was aber tut man, wenn ein Problem in der Blogosphäre auftaucht? Wenn ein Kunde ein Unternehmen in einem Blog kritisiert, dann sollte das Unternehmen dem Blogger nicht offline antworten, da die Blogleser den Fall verfolgen, so empfiehlt Wolff. Darüber hinaus rät er dazu, den *„gesamten Prozess der Lösungsfindung öffentlich zu belassen"*, je nachdem, wie viel Einfluss der Blogeintrag hat:

> *Generell gilt in der Außenkommunikation, dass Versöhnungen gut angenommen werden. Dies deckt sich wieder mit der* (sic) *Eigenschaften der Weblogs: Sie sind emotional.* (S. 79)

Die Blogosphäre ist jedoch nicht nur eine Gefahr, sie sollte vor allem positiv gesehen werden als eine Möglichkeit, (potenzielle) Kunden besser zu verstehen, die Benutzung von Produkten und Services im realen Leben nachzuvollziehen und Bedürfnisse wie auch Trends zu erkennen. Noch nie konnten Unternehmen ihren Kunden so nah sein, so hautnah spüren, was in ihnen vorgeht. In den Blogs, so Peter Wolff, „tummelt sich die technische Avantgarde einer Bevölkerung", und „was hier diskutiert wird [...] wird über kurz oder lang auch Einzug halten in viele gesellschaftliche oder wirtschaftliche Bereiche" (106).

2.8   Unternehmensblogs

Die Blogger außerhalb von Unternehmen führen zum Teil kontroverse Diskussionen, ob Blogs von Unternehmen zur Blogosphäre gezählt werden sollten oder nicht. Sehen die einen die Unabhängigkeit des Bloggers als notwendiges Kriterium für ein „richtiges" Blog, erkennen andere die Vorteile einer Kommunikation über ein Unternehmensblog.

Das Umgehen von Filtern der traditionellen Medien wurde zuvor als ein wesentliches Element der Blogs angesehen; warum sollte dies also nicht für Unternehmen gelten? Auch Unternehmen beklagen sich über unfaire Berichterstattung, und ein Blog kann ein besseres Forum bieten als die Teilnahme in Sabine Christiansens Talkrunde. Abgesehen davon sind Blogs eine Möglichkeit zur authentischen Kommunikation fernab von dem Marketing-Blabla der Pressemitteilungen. Wird das Unternehmensblog mit dem gleichen Blabla aus den Pressemitteilungen und Hochglanzprospekten gefüllt, so kann man das Geld und die Arbeit für ein Unternehmensblog auch gleich einsparen.

Blogs von Unternehmen lassen sich nicht über einen Kamm scheren; Holtz und Demopoulos unterscheiden zum Beispiel zwischen:

- CEO-Blogs
- Blogs, die von Mitarbeitern eines Unternehmens gefüllt werden
- Blogs, für die professionelle Blogger engagiert werden
- Produkt-Blogs
- Kampagnen-Blogs
- Support-Blogs

Ein häufig zitiertes Beispiel ist das Frosta-Blog, das von Mitarbeitern der Firma geführt wird, aber auch der Unternehmensvorstand bloggt mit (siehe Abbildung 2.6 und http://www.blog-frosta.de/). Das Erfrischende hier ist, dass hier richtige Menschen bloggen, die auch eine persönliche Sicht der Dinge in einem persönlichen Ton schildern. Es wirkt authentisch, und der Leser erhält Hintergrundinformationen in einer Art und Weise, die zum Teil an die (nicht nur für Kinder interessanten) Sachgeschichten in der Sendung mit der Maus erinnert, zum Beispiel wenn es darum geht, wie Erbsen geerntet werden. Zwar wird auch hier von Zeit zu Zeit kritisiert, dass alles immer nur positiv dargestellt werde, aber allein schon durch die Abwesenheit des ansonsten üblichen Marketingvokabulars liest sich das Blog angenehm, ganz abgesehen davon, dass es tatsächlich etwas interessantes zu lernen gibt .

Peter Wolff geht davon aus, dass ein Unternehmensblog Probleme in der Blogosphäre abfangen könnte, denn schließlich könnten Kritiker ihren Unmut dann in diesem Blog äußern und man müsse den Eintrag nicht durch ein Monitoring suchen. Dieser Vorschlag ist kritisch zu betrachten. Zunächst einmal müsste der Kritiker wissen, dass es überhaupt ein Blog des Unternehmens gibt. Und wer bereits ein eigenes Blog führt, der wird mit einer nicht zu geringen Wahrscheinlichkeit seine Kritik auch oder nur in seinem Blog äußern.

Das bedeutet aber nicht, dass ein Unternehmensblog generell keinen Sinn macht: Nicht jeder Unzufriedene hat ein Blog, in dem er seine Meinung dokumentieren könnte. Abgesehen davon bringt die Kritik im Blog des Unternehmens zumindest Aufmerksamkeit, denn hier gilt das gleiche Argument wie zuvor, dass ein externer Blogeintrag erst einmal von dem Unternehmen gefunden werden müsste, bevor es handeln kann. Legt der Kritiker es darauf an, dass seine Kritik auch wahrgenommen wird, so steht die Chance nicht schlecht, dass sie in dem Unterneh-

Abbildung 2.6: Das Blog der Firma Frosta

mensblog landet. Dennoch kann sie dann immer noch zusätzlich im privaten Blog landen. Holtz und Demopoulos weisen außerdem darauf hin, dass jeder Versuch einer Organisation, den Abstand zu seinen Kunden zu verringern, positiv aufgenommen wird (28).

Neben einem reinen Blog wurde die Blogosphäre von Unternehmen aber auch für virales Marketing genutzt: So wurden vier Bloggern vier Opel Astra für vier Wochen zur Verfügung gestellt (http://astra.blogg.de/). Dies wurde in der Blogosphäre kontrovers diskutiert, einige sahen die Unabhängigkeit der Blogosphäre dadurch bedroht.

Abgesehen von öffentlich zugänglichen Blogs können Blogs auch innerhalb des Unternehmens wertvoll sein. Die Kommunikation in Unternehmen ist regelmäßig ein Kritikpunkt, unter anderem auch in der Projektarbeit. Gerade für das Projektmanagement eröffnen sich hier neue Möglichkeiten: Wie oft hat ein Projektteilnehmer schon gesagt, dass eine Information nicht bei ihm gelandet wäre, diese aber dringend benötigt war? Ein Projektblog kann hier Abhilfe schaffen:

■ Das Blog beinhaltet alle Informationen zum Projekt, die Kommunikation wie auch Entscheidungen werden in dem Blog archiviert und stehen zur Verfügung für Rückfragen, aber auch für die Analyse historischer Daten (Wie wurde ein solches Projekt in der Vergangenheit angegangen, welche Probleme gab es, und wie wurden sie angegangen?).

■ Stakeholder erhalten jederzeit einen Einblick in den Status eines Projektes und können auch an Diskussionen teilnehmen.[1]

■ Die E-Mail-Flut könnte eingedämmt werden; Projektteilnehmer können den *Feed* des Projektblogs abonnieren und dadurch immer auf dem Laufenden bleiben.

Blogs im Projektmanagement sind noch relativ neu, und dies sind nur einige Punkte der möglichen Nutzung und Vorteile. Ein Beispiel für die Nutzung von Blogging-Techniken im Projektmanagement bietet das Produkt Basecamp von 37 Signals.[2] Auch andere Möglichkeiten von Blogs innerhalb eines Unternehmens sind denkbar, sei es das interne CEO-Blog, in dem die Mitarbeiter über die Lage des Unternehmens unterrichtet werden, sei es ein Blog der Marketingabteilung, in dem die Belegschaft erfährt, wie über das eigene Unternehmen berichtet wird.

2.9   Blogs in der Bildung

In Deutschland noch stiefmütterlich behandelt, in den USA aber schon über das experimentelle Stadium hinaus ist die Nutzung von Blogs in Schulen. Wie in Abschnitt 2.3 behandelt, kann Blogging als eigenes Genre begriffen werden, das die eigene Bewusstheit fördert; gleichzeitig erwerben die Schüler im Umgang mit dem Netz Medienkompetenz und lernen so, die Vertrauenswürdigkeit eines Textes einzuschätzen. So wird die Wikipedia zum Beispiel von vielen Schülern als Referenz gesehen, wohingegen Lehrer (zumindest die, die sich damit beschäftigt haben) die Wikipedia als Startpunkt ansehen, aber nicht als einzige Referenz empfehlen.

Blogs bieten eine Menge Möglichkeiten für den Einsatz im Unterricht:

■ Ein Blog als Kursportal bietet Kursteilnehmern und Eltern die Möglichkeit, jederzeit auf die Kursmaterialien und Aufgaben zuzugreifen. Schüler, die eine Unterrichtseinheit verpasst haben, müssen nicht auf die nächste Einheit warten, bis sie wieder auf den gleichen Stand kommen. Gleichzeitig ist die Ausrede, dass man nichts von Hausaufgaben wusste, obsolet, so Will Richardson (21).

---

[1] Das kann natürlich nachteilig sein, denn bei manchen Diskussionen wünscht man sich, dass nur diejenigen an der Diskussion teilnehmen, die Ahnung von der Materie haben UND wirklich was zu sagen haben ...

[2] http://www.basecamphq.com/

■ Blogs können für die gemeinsame Arbeit verwendet werden, zum Beispiel für eine Gruppenaufgabe. Richardson weist zudem darauf hin, dass in einem solchen virtuellen Raum der Zusammenarbeit auch Experten von außerhalb mit den Schülern zusammenarbeiten können.

■ Auch das Lesen von Experten-Blogs sollte Einzug in die Schule halten, denn zum einen bieten viele Blogs wertvolle Inhalte, zum anderen werden die Schüler damit auf ihr Berufsleben vorbereitet, in dem sie ständig auf dem Laufenden bleiben und wichtige von unwichtigen Informationen differenzieren lernen müssen.

Allerdings bringen viele Schüler mehr Erfahrung im Umgang mit dem Netz mit als ihre Lehrer. Während sich ihre Schüler bereits bei myspace.com & Co. tummeln, haben viele Lehrer nicht einmal den Begriff „Blog" gehört.

2.10   Blogs in der Politik

Eines der meistgelesenen Blogs in Amerika ist ein Blog mit politischen Themen, Instapundit.com. Umgekehrt nutzen Politiker in den USA Blogs, um Einsicht zu geben in den Alltag des Wahlkampfes. Aber nicht nur eigene Blogs werden geführt, es wird auch darauf geachtet, dass meinungsbildende Blogs auf der Seite des eigenen Kandidaten sind. So hatte Ned Lamont im August 2006 überraschend die Vorwahlen für den Senatsanwärter der Demokraten in Connecticut gewonnen; er hatte es zuvor geschafft, das Team um Markos Moulitsas Zuniga des Blogs Daily Kos und MyDD (My Direct Democracy) auf seine Seite zu bringen, die gegen den Konkurrenten Joe Liebermann wetterten.

Auch in Deutschland wurden für die Bundestagswahl 2005 massenweise Politikerblogs ins Netz gestellt, von denen nur wenige die Wahl überlebt haben (siehe zum Beispiel Abbildung 2.7 für das Beispiel des CDU-Blogs). Viele hatten nicht einmal Kommentare zugelassen, und Diskussionen mit den Politikern entstanden so gut wie gar nicht. Einige Politiker bloggten temporär bei den Medien selbst wie zum Beispiel Dr. Hermann Otto Solms bei AOL, andere Politiker, die es nicht mehr in den Bundestag geschafft haben wie zum Beispiel Oswald Metzger, bloggen kontinuierlich bei Focus Online (http://blog.focus.msn.de/metzger).

Generell scheint bei den Grünen etwas mehr Aufgeschlossenheit gegenüber den Blogs zu herrschen, Claudia Roth lud die Leser des Grünen-Blogs sogar dazu ein, „mit uns über zukünftige grüne Politik zu diskutieren und Euch in die Debatte im Vorfeld des Zukunftskongresses von Bündnis 90/Die Grünen einzubringen" (http://blog.gruene.de).

Wenig Durchhaltevermögen beim Aufbau einer treuen *Blaudience*, wie die regelmäßigen Besucher eines Blogs auch genannt werden, beweisen auch viele Lokalparteien. Das Blog der SPD Hamburg (http://blog.spd-hamburg.de) wurde seit November 2005 nicht mehr aktualisiert, die FDP hat nicht einmal eines. Eine

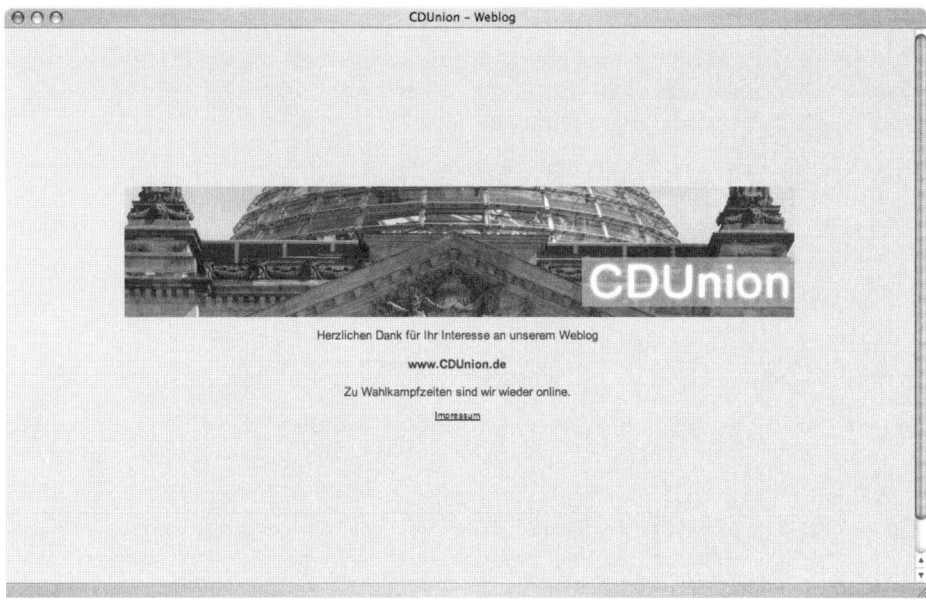

Abbildung 2.7: Gebloggt wird nur zur Wahl: Das CDU-Blog

interessante Ausnahme bietet die Hamburger Grünenpolitikerin Katja Husen, die neben einem eigenen MMS-Blog (http://www.katja-husen.de/blog/) zusammen mit der Grünenpolitikerin Marie Ringler aus Österreich ein SMS-Blog unter http://keinmaedchenpensionat.org/ betreibt; es entsteht dabei nicht nur ein Dialog zwischen den beiden Politikern, sondern auch mit den Lesern, die nach Anmeldung kommentieren können.

2.11   Blogs lesen

2.11.1   Blogs finden

Sehr wahrscheinlich ist fast jeder Websurfer schon auf einem Blog gelandet, denn da es Blogs zu fast allen erdenklichen Themen gibt, sind Blogs auch häufig für viele Suchbegriffe aus den in Abschnitt 2.2 genannten Gründen oben in den Suchergebnisseiten der Suchmaschinen zu finden.

Hat man ein Blog mit interessanten Inhalten gefunden, so lohnt sich ein Blick in die Blogroll. Autoren wie Peter Wolff sind der Meinung, dass Blogrolls im Zeitalter der *Feeds* keinen Sinn machen (weil die Blogroll in den Feeds ja nicht enthalten ist, mehr darüber in Abschnitt 2.11.2), aber neue interessante Blogs werden nicht allein durch den Konsum bereits abonnierter Blogs entdeckt. Ganz im Gegenteil, dadurch, dass Blogs viele Besucher durch Suchmaschinen erhalten, wird die Blogroll auch diesen Besuchern präsentiert. Tatsächlich ist sogar davon auszugehen, dass die Minderheit der Blogleser über *Feeds* kommt; die Business Week ging im Mai 2005 davon aus, dass nur 5 Prozent aller Internetnutzer einen *Feedreader* installiert haben. Eine kleine Auswahl von Blogs ist auf der Webseite zum Buch, http://www.web20buch.de, zu finden.

Neben dem Surfen selbst sind die Blogsuchmaschinen erste Anlaufstelle für eine Recherche in den Blogs. Populäre Blogsuchmaschinen sind:

- Technorati: eine der populärsten Blogsuchmaschinen, die von den meisten Blogs ange*pingt* (benachrichtigt) wird, wenn ein neuer Eintrag erstellt wurde; somit bietet Technorati einen sehr aktuellen Service. Siehe http://www.technorati.com.

- Im Mai 2006 launchte Ask.com eine neue Blog- & Feedsuche, die anders als Technorati die eingehenden Links eines Blogs in der Relevanzberechnung gesondert berücksichtigt. Siehe http://www.ask.de/blogsearch.

- Google stellte seine Blogsuche bereits im September 2005 vor; Google sammelt Blogartikel seit dem Juni 2005, sodass ältere Artikel vor diesem Datum nicht über diese Suche gefunden werden können, siehe http://www.google.de/blogsearch.[1] Das bedeutet aber nicht, dass Blogs nicht in der normalen Websuche zu finden wären; ganz im Gegenteil, viele Blogs besetzen bei vielen Themen die oberen Plätze.

Alle Anbieter bieten zusätzlich den Service, Suchergebnisse zu abonnieren und somit immer die neusten Einträge zu einem Thema zu erhalten.[2] Dies ist insbesondere interessant für Firmen und Unternehmen, die wissen möchten, was über sie, ihren Markt oder über Marktbegleiter geschrieben wird. Zwar gibt es keine Garantie, dass wirklich jedes Blog von den Suchmaschinen erfasst wird; wenn es aber nicht erfasst wird, dann ist die Chance sehr gering, dass es mit anderen Blogs so vernetzt ist, dass ein Thema sich viral ausbreiten kann.

Am Beispiel von Technorati soll dies verdeutlicht werden. Dazu benötigt man zunächst einen Technorati-Account, der kostenlos ist und innerhalb weniger Minuten angelegt werden kann. Etwas versteckt (ganz oben links auf der Seite) befindet sich ein Link „Watchlists", der zu den eigenen Watchlists führt. Eine Watchlist ist eine Suche nach einem Begriff in dem Technorati-Index oder einer URL, die einmal pro Stunde ausgeführt wird. Sollten Sie sich zum Beispiel dafür interessieren, was in Ihrem Stadtteil Altona in Hamburg passiert, so geben Sie einfach „Altona" links in die Suchbox ein, und schon haben Sie eine Watchlist für den Begriff „Altona" erstellt. Künftig werden alle Erwähnungen des Begriffs beobachtet und in der Watchlist aufgelistet (siehe Abbildung 2.8). Eine ähnliche Funktion bieten sowohl Bloglines (siehe Abschnitt 2.11.3) als auch der Google Reader (siehe Kapitel 2.11.4).

---

[1] Google arbeitet an einer Lösung, siehe http://www.google.com/help/about_blogsearch.html #old-posts
[2] Ask bietet dies über Bloglines an, siehe 2.11.3.

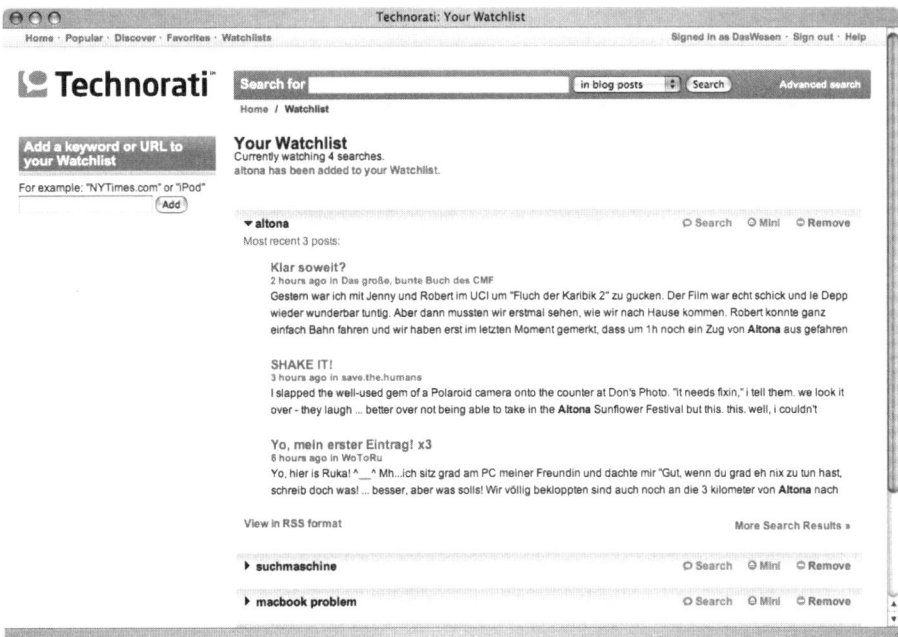

Abbildung 2.8: Watchlists bei Technorati anlegen, eine günstige und einfache Möglichkeit zum Beobachten von interessanten Themen

In der Regel ist mehr als ein Begriff interessant, sodass das Beobachten von vielen Begriffen schnell unübersichtlich wird. Abhilfe schafft hier die Möglichkeit, Watchlists als *Feeds* zu abonnieren, sodass in einem Feedreader automatisch neue Ergebnisse angezeigt werden, sobald sie in der Watchlist auftauchen. Die Möglichkeiten, die *Feeds* bieten, werden in dem nächsten Abschnitt behandelt.

2.11.2   Feeds

Feeds sind keine neue, erst durch die Blogs oder das Web 2.0 entwickelte Technologie. Schon 1999 nutzte Netscape *Feeds* für „My Netscape Network", eine Nachrichtenseite, die Nutzer an ihre Bedürfnisse anpassen konnten. Rein technisch gesehen sind *Feeds* Daten in einem bestimmten Datenformat, das nicht für Menschen bestimmt ist, sondern von Programmen gelesen und aufbereitet werden kann. Jedes Mal, wenn eine neue Nachricht, ein neuer Blogeintrag oder eine andere Art von Information publiziert wird auf der Webseite, wird gleichzeitig oder zeitlich leicht verzögert der *Feed* aktualisiert und diese neue Information hinzugefügt. Für eine genauere technische Beschreibung wird auf das Kapitel 7 verwiesen.

Die folgenden Beispiele sind nur eine kleine Auswahl der generell über Feeds zur Verfügung stehenden Daten:

Abbildung 2.9: Neue Inhalte in den Feeds machen sich bemerkbar wie E-Mails, hier am
Beispiel von Vienna (siehe auch Abschnitt 2.17).

- Blogs
- Nachrichten
- Musik- und Film-Charts
- Wetterdaten
- Job-Angebote
- Suchergebnisseiten
- Reisedaten von Freunden (siehe dopplr.com)

Feeds ermöglichen die individuelle Zusammenstellung von Inhalten, die *syndiziert*
werden. Webseiten können Inhalte anderer Webseiten aufbereiten und dadurch
eine neue Sicht auf die Inhalte ermöglichen. Dabei werden die durch Feeds syn-
dizierten Inhalte regelmäßig abgeholt und auf neue Einträge überprüft. Wird ein
neuer Inhalt gefunden, so wird das eigene Angebot damit aktualisiert. Zum Beispiel können Nachrichten über Geschehnisse in Hamburg mit Blogeinträgen aus
einer Technorati-Watchlist über Hamburg mit Hamburg-Wetterdaten kombiniert
werden, um ein Hamburg-Portal zu bestücken. Hier spielen aber auch rechtliche
Aspekte eine wichtige Rolle, die in Abschnitt 2.12.8 behandelt werden.

Die sogenannten *News-* oder *Feedreader*, auch *Aggregatoren* genannt, die im
nächsten Abschnitt behandelt werden, erlauben Benutzern das Management und
die Zusammenstellung und Betrachtung der Feed-Inhalte. Im Gegensatz zu Webseiten, die der Benutzer selbst ansteuern muss, um neue Inhalte zu finden, holt der
Newsreader die Feeds in regelmäßigen Abständen ab und informiert den Benutzer, wenn neue Inhalte vorhanden sind.[3] Abbildung 2.9 zeigt das Icon von Vienna
im Dock von Mac OS X; ähnlich wie das Icon der Mail-Anwendung links daneben
wird die Anzahl der neuen Nachrichten darin abgebildet.

Nicht der Benutzer geht zu den Inhalten, die Inhalte kommen zu dem Benutzer,
und der Benutzer wählt die Inhalte aus, die ihn interessieren. Dieses Vorgehen
spart dem Benutzer Zeit, denn er muss die neuen Inhalte nicht suchen. Dies erinnert an die heißen Push- und Pull-Diskussionen der New Economy; auch hier ist

---

[3] Wolff geht davon aus, dass er Kenntnis von einer neuen Nachricht erhält, sobald diese ins Netz
gestellt wird (S. 10). Dies ist aber nicht der Fall, es sei denn, er hat seinen Feedreader so eingerichtet,
dass er jede Minute alle Feeds auf Aktualisierungen überprüft. Das sollte man nicht unbedingt tun,
denn schließlich belastet man den Server des Anbieters damit unnötig.

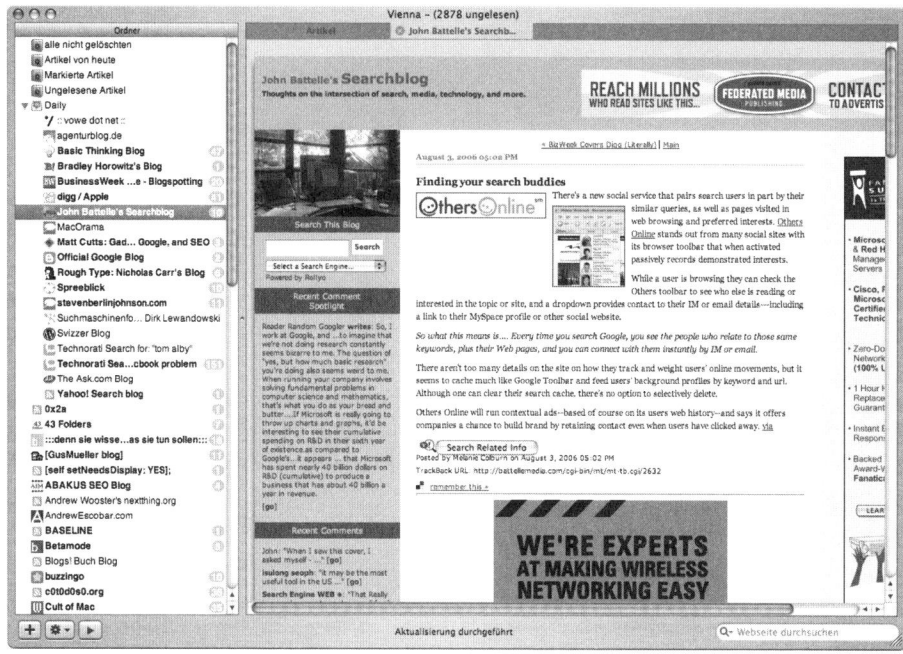

Abbildung 2.10: Einige Feedreader wie Vienna können einen Blogeintrag anzeigen, wie man es von einem Internetbrowser gewohnt ist; sogar das sogenannte „Tabbed Browsing" ist möglich.

ein Versprechen wahr geworden, wenn auch Jahre später.

Das Bereitstellen von Feeds hat wirtschaftliche Implikationen: Wenn die Inhalte über Feeds gelesen werden, dann kommen die Leser nicht mehr auf die eigenen Seiten und können nicht mehr die Werbung sehen und anklicken. Daher bieten viele Verlage, aber auch einige Blogs, nur einen Ausschnitt der Inhalte an, die einen Link zu dem vollen Artikel enthalten; dies hat auch den Vorteil, dass die Inhalte nicht „geklaut" werden können. Gleichzeitig wird überlegt, wie Werbung in die Feeds eingestreut werden kann. Für Benutzer ist das zum Teil ärgerlich, denn wer seine Abonnements offline lesen will (weil man zum Beispiel im Zug Zeit hat), der kann mit den Ausschnitten wenig anfangen. Dennoch sind Feeds eine charmante Lösung, um bei bestimmten Themen auf dem Laufenden zu bleiben, wenngleich die schiere Menge an interessanten Feeds auch zu einer Reizüberflutung führen kann (die über 1.000 ungelesenen Beiträge in der Abbildung 2.9 kommen nicht von ungefähr). Eine Auswahl von Feedreadern wird im nächsten Abschnitt vorgestellt.

Die Feedreader ermöglichen einen zeitsparenden Zugriff auf die abonnierten Inhalte, gleichzeitig geht aber auch etwas von der Ästhetik einer Seite verloren. Einige Desktop-Feedreader zeigen wie ein Browser die komplette Seite eines Blogeintrags, nachdem ein Eintrag angeklickt wurde (siehe Abbildung 2.10).

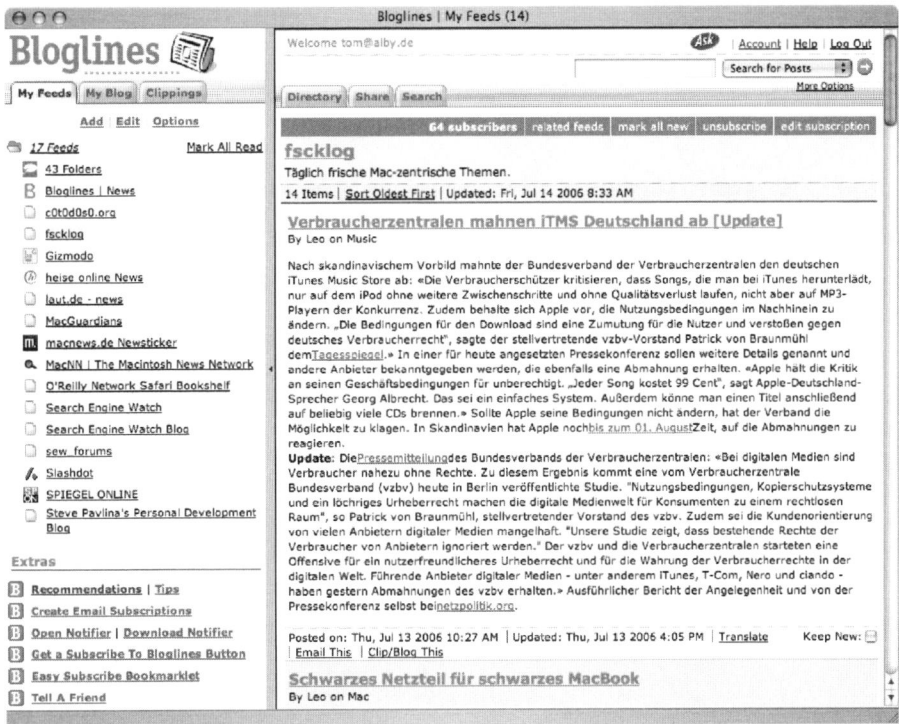

Abbildung 2.11: Bloglines, der Online Feedreader von Ask.com

2.11.3 Bloglines

Bloglines ist einer der populärsten webbasierten Reader für die Verwaltung und
das Lesen von Feeds; die Benutzer-Schnittstelle im Web ist denen der später besprochenen Desktop-Applikationen sehr ähnlich (siehe Abbildung 2.11). Der zu
Ask.com gehörende kostenlose Dienst wartet neben den Feedreader-Funktionen
mit einer ganzen Reihe von Extras auf. Die bereits zuvor erwähnte Ask.com Blog-
& Feedsuche liefert Ergebnisse bei der Recherche nach interessanten Blogs. Eine
bestehende und im *OPML*-Format[4] vorliegende Feedsammlung kann importiert
werden; aus Bloglines heraus kann im gleichen Format auch exportiert werden.
Bloglines empfiehlt außerdem Blogs, die zu den eigenen Blog-Abonnements passen. Blogeinträge können als Clippings gespeichert oder in einem eigenen Blog
zitiert werden. Ein eigenes Blog wird von Bloglines selbst angeboten; die abonnierten Feeds werden dann automatisch in einer Blogroll übernommen. Aber auch
für Blogs, die nicht von Bloglines betrieben werden, gibt es Werkzeuge wie die automatisch aktualisierten Blogrolls und kleine Buttons, die von dem eigenen Blog
gleich zu der Abonnementseite bei Bloglines führen.

---

[4] http://www.opml.org/

Neben den Blog- und Newsfeeds sind auch Abonnements anderer Dienste möglich, zum Beispiel:

- die Verfolgung von Sendungen, die über UPS, FedEx und United States Postal Service verschickt wurden
- E-Mail-Newsletter
- Wettervorhersagen für bestimmte Orte
- Suchergebnisse, mit denen zum Beispiel die neuesten Blogeinträge zu einem bestimmten Thema automatisch beobachtet werden (siehe Kapitel 2.11.1)

Bloglines ist nicht nur als Webinterface unter http://www.bloglines.com verfügbar, sondern auch als Version für mobile Geräte.[5] Darüber hinaus werden Benachrichtigungstools für verschiedene Browser und Betriebssysteme angeboten, sodass der Benutzer informiert wird, wenn ein neuer Eintrag in einem der Abonnements auftaucht. Und wer selbst eine Schnittstelle zu den Bloglines-Diensten programmieren möchte, der kann sich der Bloglines-*API* bedienen;[6] Desktop-Applikationen wie NetNewsWire und FeedDemon bieten bereits heute die komfortable Synchronisation mit Bloglines an (siehe Kapitel 2.11.7).

Auch zur Trendsuche ist Bloglines nützlich: Neben einer Liste der am häufigsten gelesenen Blogs stellt eine weitere Funktion die populärsten Themen vor.

2.11.4 Google Reader

Der ebenfalls kostenlos im Web nutzbare Google Reader wurde im Oktober 2005 von Google vorgestellt und ist unter http://www.google.com/reader erreichbar. Die Oberfläche wirkt (wie fast alle neuen Google-Produkte) spartanisch (siehe Abbildung 2.12). In den Reader ist eine Blogsuche integriert, aus der Feeds direkt abonniert werden können. Wie bei Bloglines ist es auch bei dem Google Reader möglich, vorhandene und im OPML-Format vorliegende Feeds zu importieren. Die News aus den abonnierten Feeds können in die personalisierte Google-Startseite integriert werden. Feeds können mit Labels versehen und Einträge markiert werden; die Benutzung des Google Readers gleicht hier der von Google Mail. Feeds können auch mit anderen über die „Share"-Funktion geteilt werden. Neben dem reinen Webfrontend existiert auch eine Version für mobile Endgeräte.

2.11.5 Firefox

Der Browser Firefox der Mozilla Foundation bringt von Haus aus keinen RSS-Reader mit, es ist aber mit Bordmitteln möglich, einen Feed zu abonnieren, indem man auf das Feedsymbol klickt und den entsprechenden Feed auswählt (siehe

---

[5] http://www.bloglines.com/mobile
[6] Siehe http://www.bloglines.com/services/api/

Abbildung 2.12: Online-Reader von Google

Abbildung 2.13; gibt es nur einen Feed, dann kann der Benutzer auswählen, wo dieser abgelegt werden soll). Der Feed wird als dynamisches Lesezeichen abgelegt, und beim Auswählen des Links klappt ein Untermenü mit allen aktuellen Einträgen des Feeds auf. Gerade bei vielen Feeds kann das unübersichtlich werden, auch wenn die Lesezeichen in der Sidebar geöffnet werden und die einzelnen Feeds dort der Reihe nach durchgesehen werden können.

Durch die Plugin-Architektur kann Firefox um viele nützliche Funktionen erweitert werden, und ein solches Plugin, Sage, erweitert Firefox um eine komfortable Funktion zum Lesen und Verwalten von Feeds (siehe Abbildung 2.13). Dies beginnt damit, dass eine bestehende und in OPML vorliegende Liste von Feeds

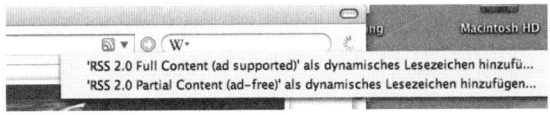

Abbildung 2.13: Dynamische Lesezeichen unter Firefox

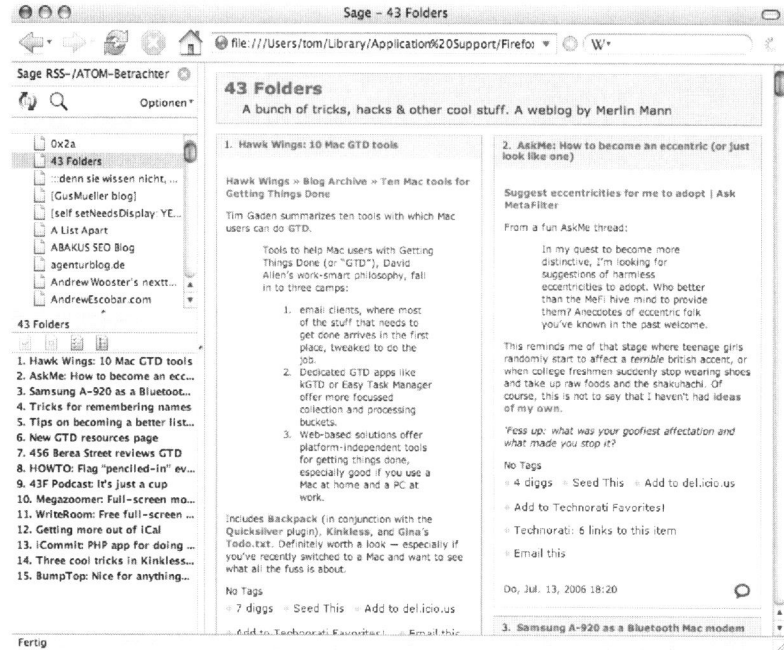

Abbildung 2.14: Das Sage-Plugin, welches das Lesen von Feeds im Firefox-Browser
ermöglicht

importiert werden kann, was Firefox mit Bordmitteln nicht leisten kann. Das Sage-
Plugin kann kostenlos unter http://sage.mozdev.org/ heruntergeladen werden.
Natürlich ist das Sage-Plugin nicht das einzige Feedreader-Plugin für Firefox;
es wird hier stellvertretend für alle Plugins vorgestellt. Eine Übersicht aller zur
Verfügung stehenden Plugins ist unter https://addons.mozilla.org zu finden.

2.11.6   Thunderbird

Das Open-Source-Programm der Mozilla Foundation beherrscht nicht nur den
Umgang mit E-Mails und Newsgroups, sondern kann anders als Firefox ohne Erweiterungen auch mit Feeds umgehen (siehe Abbildung 2.15). Es steht kostenlos
für Windows, Mac OS X, Linux und Solaris zur Verfügung.

Der Vorteil von Thunderbird besteht darin, dass kein weiteres Programm heruntergeladen werden muss, wenn man schon Thunderbird als Mail-Programm
nutzt. Allein für das Lesen von Feeds ist Thunderbird wahrscheinlich nicht
die erste Wahl, denn dafür fehlen Thunderbird einige Funktionen, die andere
kostenlose Programme bieten. Das Programm kann unter http://www.mozilla-
europe.org/de/products/thunderbird/ bezogen werden.

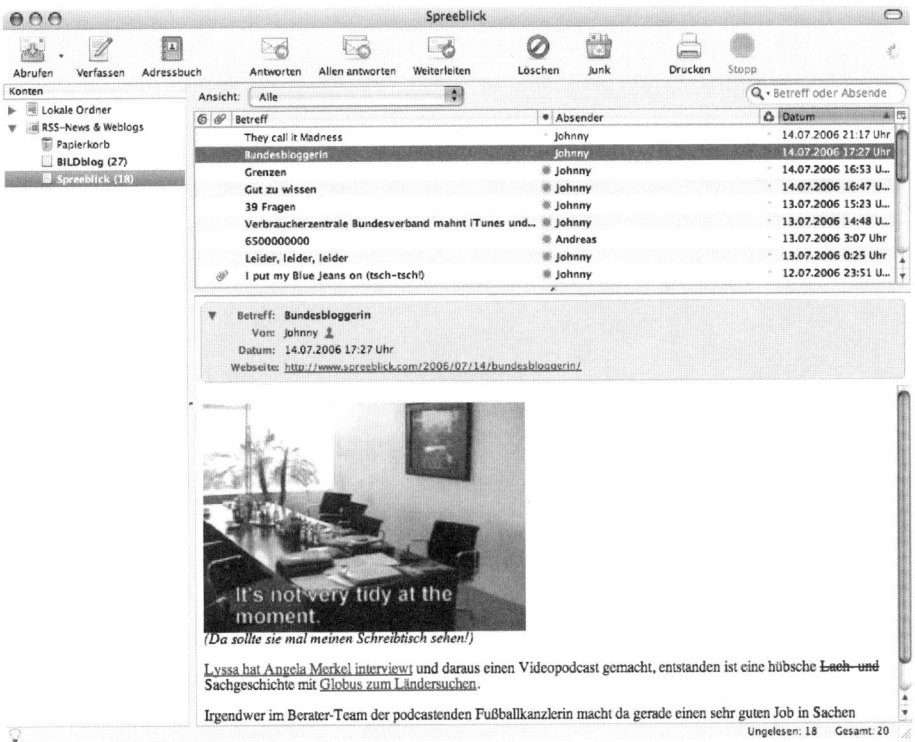

Abbildung 2.15: Feeds lesen ohne Erweiterungen mit Thunderbird

2.11.7   NetNewsWire und FeedDemon

Einer der beliebtesten Newsreader auf dem Apple Macintosh ist NetNewsWire (siehe Abbildung 2.16 und http://www.ranchero.com/). Er steht in zwei Varianten zur Verfügung, einmal kostenlos als NetNewsWire Lite, einmal als Bezahlware für knappe 30 Dollar. Beide Versionen können unter http://www.newsgator.com heruntergeladen werden, die Bezahlversion kann für 30 Tage getestet werden.

Eines der bestechendsten Features ist die Synchronisation mit dem in Abschnitt 2.11.3 besprochenen Online-Reader Bloglines und dem eigenen Dienst NewsGator, einem weiteren Online-Reader. Dadurch kann man auch von unterwegs auf seine Feeds zugreifen, und im Webinterface gelesene Einträge werden auch im Desktop-Interface als gelesen markiert. Eine weitere interessante Funktion von NetNewsWire ist das Sortieren der Abonnements nach der Aufmerksamkeit, die man ihnen bisher geschenkt hat.

FeedDemon für Windows kommt auch aus dem Hause Newsgator wie Net-NewsWire und verfügt über sehr ähnliche Features. So kann zum Beispiel Net-NewsWire auf dem heimischen Mac verwendet werden, FeedDemon auf dem Windows-Rechner im Büro und Bloglines oder Newsgator unterwegs; durch die

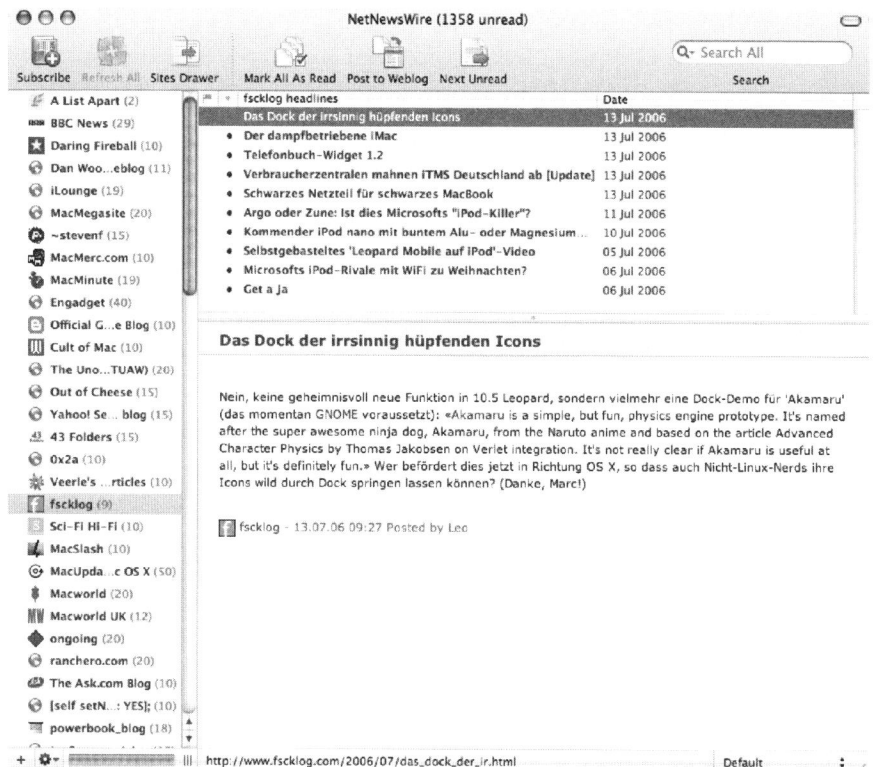

Abbildung 2.16: Der beliebte Newsreader NetNewsWire für Mac OS X

Synchronisation miteinander wird kein Eintrag doppelt gelesen werden, und ein in einem Reader hinzugefügter Feed ist automatisch auch in den anderen Readern vorhanden.

Darüber hinaus existiert auch ein Feedreader für mobile Geräte mit dem Namen „Newsgator Go!", der sich ebenso wie alle anderen Produkte mit dem Server synchronisiert.

2.11.8 Vienna

Das Programm Vienna ist ein kostenloser Newsreader für den Apple Macintosh (und gleichzeitig der Favorit des Buchautors; siehe Abbildung 2.17 und http://www.opencommunity.co.uk/).[7] Eine schöne Funktion dieses Newsreaders ist die Nutzung der intelligenten Ordner, die Apple im Mac OS X auch in andere Programme integriert hat. Diese intelligenten Ordner erlauben die Konfiguration der Kriterien, ob etwas angezeigt werden soll oder nicht. So kann zum

---

[7] Auf der Seite des Entwicklers steht zwar, dass der Newsreader ein Open-Source-Produkt sei, der Quellcode kann aber nicht heruntergeladen werden.

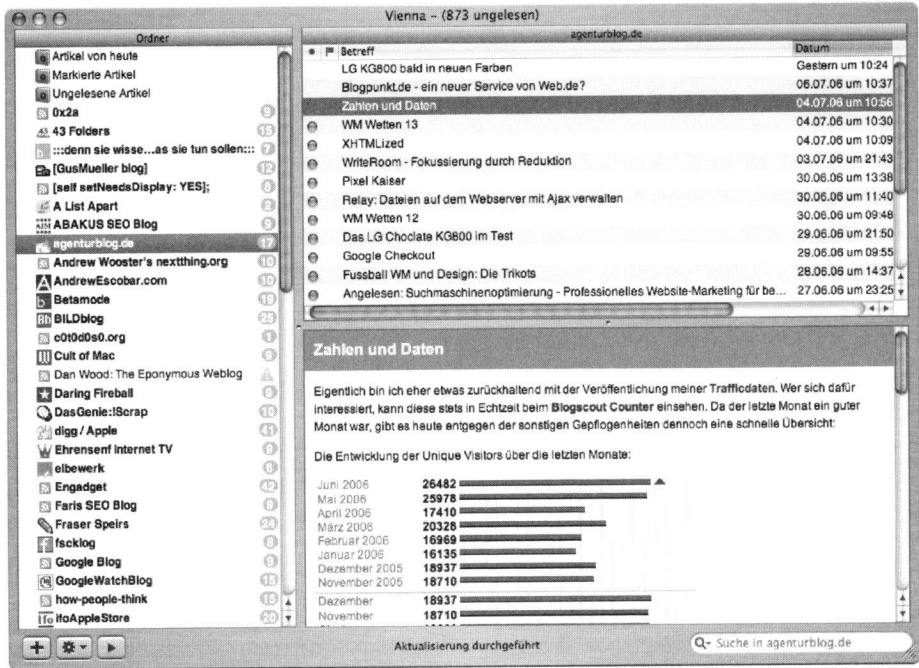

Abbildung 2.17: Der kostenlose Newsreader Vienna für den Apple Macintosh

Beispiel ein Ordner angelegt werden, in dem nur ungelesene Postings von heute angezeigt werden. Einträge können gespeichert bleiben, selbst wenn sie nicht
mehr im RSS-Feed des Anbieters enthalten sind. Feedlisten können via OPML
im- und exportiert werden. Eine Suche über alle Einträge rundet diesen schnellen
Reader ab.

2.11.9   RSS Bandit

Das Programm RSS Bandit ist ein kostenloser RSS/Atom-Aggregator für Windows, der Quelltext liegt offen bei SourceForge vor. Das Programm ist unter
http://www.rssbandit.org/ erhältlich. Zur Installation wird das .Net Framework
benötigt, das kostenlos von der Microsoft-Seite heruntergeladen werden kann.
Die Darstellung kann angepasst werden (siehe Abbildung 2.18). Wie fast alle
Newsreader erlaubt RSS Bandit das Ansehen der Postings in einem programm-
internen Browser, der auf dem Internet Explorer basiert.

RSS Bandit erlaubt wie FeedDemon und NetNewsWire die Synchronisation mit
Newsgator, kann aber auch über FTP oder WebDaV synchronisiert werden.

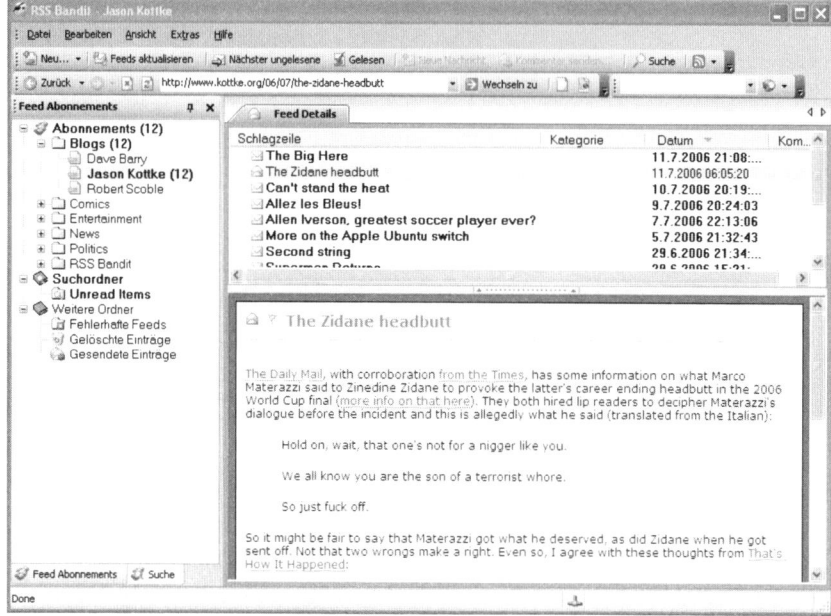

Abbildung 2.18: Der kostenlose Newsreader RSS Bandit für Windows

2.12   Blog schreiben

2.12.1   Erste Überlegungen

Um ein Blog zu schreiben, benötigt man nicht mehr als einen Computer mit Internetzugang. Eigentlich benötigt man nicht einmal den, denn *Moblogs* können allein mit einem Mobiltelefon, einem Fotohandy oder einem PDA (Personal Digital Assistant) gefüttert werden.[1] Mit dem Zugang zum Internet stehen dem Blogger in spe verschiedene Provider zur Verfügung, über die ein Blog geführt werden kann. Mehr ist nicht nötig, abgesehen davon, dass man auch ein paar Ideen haben sollte, worüber man bloggen will. Neben blog.de und blogger.com, die in Kapitel 2.12.2 und 2.12.3 vorgestellt werden, existiert eine Vielzahl von Blog-Providern; eine nicht vollständige Liste ist auf der Webseite zum Buch zu finden.

Ist der Entschluss zu bloggen gefasst, so kann neben den Angeboten der Blog-Provider auch die Installation einer Blog-Software auf einem eigenen beziehungsweise gemieteten Server interessant sein. Die Voraussetzungen dafür unterscheiden sich je nach Blogging-Software. Viele dieser Software-Pakete sind relativ einfach zu installieren und bringen eine ausführliche Dokumentation mit. In der Regel benötigen sie als Grundlage nur Open-Source-Software wie PHP und MySQL, und wenn dies schon vorhanden ist (wie bei den meisten Hosting-Paketen), dann

---

[1] Allerdings müssen Moblogs auch erst einmal mit einem Computer eingerichtet werden.

werden lediglich die Zugangsdaten benötigt, um unbeschadet durch das web-basierte Installationsmenü zu gelangen.. Eine kleine Übersicht findet sich in den Kapiteln 2.12.5, 2.12.4 und 2.12.6, ebenso im Anhang bei den Weblinks.

Beide Varianten, Blog-Provider oder Selbstinstallation, haben Vor- und Nachteile: Ein gehostetes Blog kann innerhalb weniger Minuten begonnen werden, aber gleichzeitig sind die Gestaltungsmöglichkeiten in Bezug auf Design und Funktionalitäten eingeschränkt oder zumindest mit zusätzlichen Kosten verbunden.

Zudem finanzieren sich einige Hoster damit, dass sie Werbung einblenden. Diese Werbung kann mehr oder weniger lästig sein, vor allem dann, wenn Produkte oder Services beworben werden, mit denen man sich nicht identifizieren kann oder die im Kontrast zu dem stehen, über das man gerade gebloggt hat (siehe hierzu Abschnitt 8.2 über Google AdSense). Die meisten Blog-Provider bieten neben den kostenlosen Paketen auch werbefreie Pakete an, für die sie eine geringe monatliche Gebühr verlangen.

Ein Nachteil der Blog-Provider ist, dass nur wenige den Export der eigenen Einträge erlauben, wenn man mit dem Blog umziehen möchte. Die Einträge befinden sich in der Datenbank des Providers, und auch wenn man die letzten Einträge über den *Feed* herausziehen kann, so können ältere Beiträge, Kommentare und Trackbacks nur manuell übertragen werden, was vor allem bei lebendigen Blogs eine Sisyphos-Arbeit bedeutet.

2.12.2 blog.de

blog.de ist ein kostenloser Service aus Berlin, der mittlerweile in mehreren europäischen Ländern lokalisiert angeboten wird (siehe hierzu auch das Interview mit den beiden Geschäftsführern in Kapitel 10.2). Ein Blog kann innerhalb von fünf Minuten eingerichtet werden, die Registrierung erfordert nur wenige persönliche Angaben.

Nach der Registrierung ist es nicht mehr weit zum ersten Blogeintrag: Einfach auf den Link „Schreiben" klicken, und schon wartet das Textfenster auf eine Eingabe. Der Editor erlaubt die Formatierung des Textes und das Einfügen von Bildern und Links, ohne selber HTML-Kenntnisse haben zu müssen (siehe Abbildung 2.19).

Bei der kostenlosen Variante des blog.de-Angebots wird relativ diskret Werbung eingeblendet; für weniger als 4 Euro pro Monat erhält man ein Paket, bei dem man neben Werbefreiheit weitere Vorteile wie bis zu 100 Blogs pro Benutzer, eine unbegrenzte Anzahl von Co-Autoren, mehr Speicherplatz, Anpassung des Designs und vieles mehr genießt. Außerdem kann der Benutzer selber Geld verdienen mit der Einblendung von Werbung, das heißt, dass blog.de die Benutzer partizipieren lässt an den Werbeeinnahmen.

Die kostenlose Variante ist eine vollständige Bloglösung, angefangen mit der eigenen Subdomain nach dem Muster http://[mein-Wunschname].blog.de, RSS-Feeds, Moblogging, Kommentarfunktion, Statistiken und dem *Taggen* von Einträgen. Auf der Startseite werden die populärsten *Tags* der letzten 24 Stunden

Abbildung 2.19: Einen Blogeintrag bei blog.de hinzufügen: Text eintippen, auf
„Speichern" klicken, und schon ist der Text veröffentlicht.

sowie die letzten Einträge angezeigt, sodass es relativ sicher ist, dass andere Benutzer auf das eigene Blog aufmerksam werden, wenn man einen neuen Eintrag
erstellt hat.

In der kostenlosen wie auch in der Premium-Variante können Benutzer zudem
Dateien hochladen und in Alben ablegen, die dann öffentlich, nur für einen selbst
oder für einen definierten Freundeskreis sichtbar sind. Diese Daten können Fotos,
Videos, Audiodateien, aber auch Office- und PDF-Dokumente sein, alle Dateien
können auch in das eigene Blog übernommen werden. Somit können Alben erstellt werden, für die außerdem individuelle Zugriffsrechte eingerichtet werden
können. Dies ist zum Beispiel interessant, wenn man die Fotos einer Party nur
denen zur Verfügung stellen will, die Gast bei der Party waren. Ein anderes Anwendungsbeispiel ist das Erstellen von Alben für den Familienkreis, die nur der
(weit verstreuten) Familie und sonst niemandem zugänglich gemacht werden sollen.

Ebenso ist es möglich, private Einträge im Blog zu schreiben und diese nur für
bestimmte Personen oder Gruppen zu öffnen, nicht für die breite Öffentlichkeit.
Dies ist nach eigenen Angaben eine stark genutzte Funktion bei blog.de.

Abbildung 2.20: Die Blogger-Schaltfläche in der Google-Toolbar

2.12.3 blogger.com

blogger.com wurde 1999 von Pyra Labs gegründet und gilt als eines der ersten Blogging-Systeme. Pyra Labs wurde im Februar 2003 von Google gekauft, was viele überraschte, denn zum ersten Mal beschäftigte sich Google mit einem Bereich, der nicht direkt mit den Suchdiensten zusammenhing.

Wenige Monate später, im Juni 2003, wurde die Google Toolbar um eine Schaltfläche ergänzt, die es Benutzern ermöglichte, mit einem Klick über die aktuelle Seite im Browserfenster zu bloggen (siehe Abbildung 2.20). Was zunächst wenig spektakulär klingt, hatte eine enorme Wirkung, denn von einem Tag auf den anderen wurde Blogging bekannt, wenn auch nur in Form einer Schaltfläche.

Wie bei blog.de erhalten Nutzer auch bei blogger.com eine Subdomain nach dem Muster http://[mein-Wunschname].blogspot.com. Moblogging ist ebenso möglich wie das Veröffentlichen von Fotos und Bloggen in Teams. Darüber hinaus ermöglicht Blogger.com in den USA auch das Audioblogging Auch wenn alle Funktionalitäten kostenlos sind, so muss der Benutzer im Gegenzug damit leben, dass über seinem Blog ein Balken angezeigt wird, in dem eine globalgalaktische blogger.com-Navigation untergebracht ist.

2.12.4 WordPress

WordPress ist ein unter der GNU General Public License erhältliches Blogsystem, das auf PHP und MySQL basiert und wie Movable Type relativ einfach zu installieren ist. Da das Blog zu diesem Buch auf WordPress basiert, soll die Installation und Konfiguration hier ausführlich dargestellt werden (das Blog finden Sie übrigens unter http://www.web20buch.de, falls Sie das Vorwort übersprungen haben sollten); die Installation erfolgt in den folgenden Schritten:

■ Herunterladen der aktuellen WordPress-Version unter http://wordpress.de/

■ Hochladen der Dateien auf den eigenen Server (Voraussetzungen beachten!)

■ Browser auf die Adresse http://[mein-webserver]/[WordPress-Verzeichnis] lenken[2]

■ wp-config.php erstellen: Dies können Sie entweder online versuchen (was

---

[2] Sollten Sie nun einen Fehler angezeigt bekommen, dann könnte das daran liegen, dass Ihr Server die index.php nicht automatisch als Directory-Index auswählt. Dies können Sie dadurch ändern, dass Sie eine Datei .htaccess in das Verzeichnis Ihrer WordPress-Installation legen, die den Eintrag DirectoryIndex index.php hat.

○ ○ ○   WordPress › Setup Configuration File

WordPress
DE-Edition

Hier musst du die Angaben zu deiner Datenbankverbindung machen. Wenn du dir
nicht sicher bist, kontaktiere deinen Provider.

Name der Datenbank	wordpress	Der Name der Datenbank unter der WordPress laufen soll.
Benutzer Name	username	Dein MySQL-Benutzername
Passwort	password	...und MySQL Passwort.
Datenbank Host	localhost	mit 99%iger Wahrscheinlichkeit musst du dies nicht ändern. (*MySQL Serveradresse*)
Tabellen-Präfix	wp_	Wenn du auch andere Scripte oder mehrere WordPress Installationen über deine Datenbank laufen lassen möchtest ändere das Präfix.

(absenden)

Abbildung 2.21: Der einzige schwierige Schritt in der WordPress-Installation: die Eingabe
der Datenbankdaten

meistens klappt, siehe Abbildung 2.21) oder durch Änderung der Vorlage wp-
config-sample.php

▪ Eingeben der Datenbankdaten in das Online-Interface oder in die Datei wp-
  config.php (gegebenenfalls Hochladen der Datei, wenn Sie sie nicht auf dem
  Server editiert haben sollten)

▪ Installation der Datenbank (geschieht auf Knopfdruck)

▪ Eingabe des Namens des Blogs und einer E-Mail-Adresse

▪ Fertig!

Nach ein paar Minuten (die Dauer des Hochladens nicht mit eingerechnet) ist die
WordPress-Installation abgeschlossen. Dann kann man sich zum allerersten Mal
einloggen und landet bei WordPress im Dashboard, in der deutschen Übersetzung
seltsamerweise „Tellerrand" genannt (siehe Abbildung 2.22). In dem Dashboard:

▪ können Sie Ihr Blog konfigurieren

▪ erhalten Sie Statistiken über Ihr Blog (zum Beispiel wie viele Einträge, wie vie-

Abbildung 2.22: Nach dem Einloggen: Wer linkt auf mein Blog, wer hat kommentiert, und welche Updates gibt es?

le Kommentare, welche Seiten auf das Blog verlinken, etc.) sowie Nachrichten aus der Wordpress-Welt

■ gleich zur Tat schreiten und einen Eintrag verfassen

Zunächst aber sollte das Admin-Passwort geändert und ein weiterer Benutzer mit weniger Rechten angelegt werden, der für das eigentliche Blogging verwendet wird. So wird verhindert, dass „aus Versehen" die Konfiguration verändert wird.

Für das Schreiben eines Eintrags steht ein komfortabler Editor zur Verfügung (siehe Abbildung 2.23). Ohne die Kenntnis von HTML kann der Text formatiert und können Elemente wie Bilder und Links eingefügt werden. Neben dem eigentlichen Beitrag können zusätzliche Informationen bearbeitet werden, zum Beispiel:

■ Kategorien

■ Aktivierung und Deaktivierung von Kommentaren und Pings

■ Zeitstempel (das ist besonders interessant, wenn Sie während der Arbeitszeit bloggen, aber nicht wollen, dass der Eintrag während der Arbeitszeit veröffentlicht wird; das können Sie auch nachträglich ändern, wenn Sie erst jetzt merken, dass man aufgrund Ihres Blogs sehen kann, wann Sie nicht gearbeitet haben :-) Allerdings gibt es immer noch Dienste wie das Internet Archive oder Trackbacks, auf denen man die Originalzeit des Postings nachvollziehen kann.)

Sie müssen nicht sofort alles veröffentlichen, was Sie gebloggt haben; Sie können nicht zu Ende geführte Einfälle auch als Entwurf speichern. Was Sie aber auf jeden Fall tun sollten, wenn Sie WordPress zunächst nur testen wollen, ist das Deaktivieren der Pings unter „Optionen" – „Schreiben". WordPress *pingt* ab Version 2.0 automatisch die Dienste

- http://rpc.pingomatic.com/ und
- http://ping.wordblog.de/

an, wenn Sie einen Eintrag veröffentlichen. Pingomatic leitet den Ping dann an mehrere andere Dienste weiter, darunter auch Technorati, Feedster und Newsgator. Diese beiden Adressen sollten Sie löschen und erst wieder eintragen, wenn Sie sich absolut sicher sind, dass Sie wirklich loslegen wollen. Ansonsten wird nämlich jeder Testbeitrag, den Sie schreiben, gleich in der Blogosphäre veröffentlicht.

WordPress ist mittlerweile bereits mehr als ein Blogsystem; so können auch statische Seiten angelegt werden, was WordPress in die Nähe der Content-Management-Systeme rücken lässt. Darüber hinaus bietet WordPress ein einfach zu bedienendes Template-System, durch welches das Aussehen eines Blogs mit einem Mausklick geändert werden kann. Ebenso wie Movable Type beherrscht WordPress Trackbacks und Pingbacks. Auch existiert eine Vielzahl von Plugins, die von Dritten programmiert wurden und welche die Funktionalitäten von WordPress erweitern.

Wie zuvor erwähnt erzeugen viele Blogging-Systeme suchmaschinenfreundliche URLs, auch WordPress ist hier keine Ausnahme. Dies muss aber noch aktiviert werden unter „Optionen" – „Permalinks". Es ist empfehlenswert, die Option „Basierend auf Datum und Name" zu wählen, da hier der Titel eines Eintrags in die URL übernommen wird, was für die Positionierung in Suchmaschinen optimal ist.

Ein weiteres schönes Feature von WordPress ist die Linkverwaltung. Unter dem Menüpunkt „Links" können Links und Linkkategorien verwaltet werden. Sie müssen Links also nicht selber in die Sidebar Ihres Blogs einpflegen. WordPress unterstützt das XHTML Friends Network, XFN abgekürzt, das es erlaubt, menschliche Beziehungen in Hyperlinks zu beschreiben. So werden zum Beispiel verschiedene Arten der Freundschaft unterschieden in:

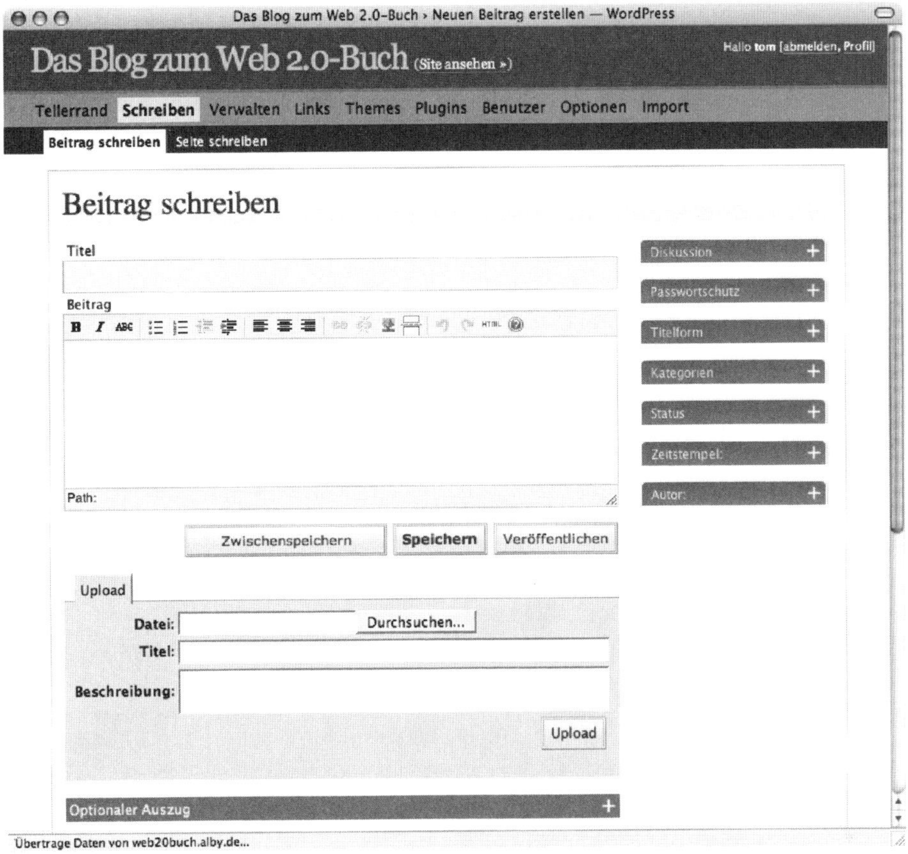

Abbildung 2.23: Der WordPress-Editor zum Schreiben eines Eintrages

- Freund
- Kontakt
- Bekanntschaft
- nichts von alldem

Neben der Software zum Herunterladen unter http://wordpress.org/ wird unter wordpress.com auch eine Variante angeboten, bei der man sofort loslegen kann. Hinter WordPress steht das Unternehmen Automattic, das im August 2005 gegründet wurde; anders als bei Six Apart gibt es für WordPress aber keine kommerziellen Lizenzen.

2.12.5   Movable Type

Movable Type ist ein weiteres populäres Blogging-System zur Selbstinstallation, angeboten von der Firma Six Apart, die von den Eheleuten Ben und Mena Trott gegründet wurde. Der Name Six Apart kommt angeblich daher, dass die Geburtstage der beiden Gründer nur sechs Tage auseinanderliegen.

Die in Perl geschriebene Software erfordert neben Perl-Unterstützung eine Datenbank wie MySQL, Berkeley DB, PostgreSQL oder SQLite. Movable Type unterstützt außerdem Flatfiles, das heißt, dass Seiten nicht bei jedem Aufruf aus der Datenbank generiert werden, sondern aus vorher erstellten HTML-Dateien, was der Performance sehr zum Vorteil gereicht.

Mit der Version 3.0 führte Six Apart ein neues Lizenzmodell ein, das die kostenlose Nutzung stark einschränkte. Dies führte dazu, dass viele Nutzer wechselten, vor allem zu dem im vorigen Abschnitt behandelten WordPress. Mit der Version 3.3 wurde zumindest die Nutzung der Personal Edition wieder kostenlos, auch ist es wieder möglich, eine unlimitierte Anzahl von Blogs anzulegen.

Die Installation von Movable Type ist relativ einfach; neben der Benutzung eines FTP-Programms, der Anpassung von Rechten sowie der Datenbankkonfiguration sind keine weiteren Schritte notwendig. Auch die Installation von Plugins, die von Dritten angeboten werden, ist keine große technische Herausforderung. Weitere Informationen zu der Blog-Software Movable Type sind unter http://www.sixapart.com/movabletype/ zu finden. Für die Nutzer, welche die Installation scheuen, wird ein kostenpflichtiger Installationsservice angeboten, ebenso gibt es zwei verschiedene Angebote, bei denen Blogs von Six Apart gehosted werden, *TypePad* und *LiveJournal*.

Auch Movable Type erzeugt suchmaschinenfreundliche URLs, kürzt diese aber nach einer bestimmten Anzahl von Zeichen ab.

2.12.6   Weitere Systeme und kleine Helferlein

Movable Type und WordPress sind die am weitesten verbreiteten Systeme für den Selbstbetrieb eines Blogs, es soll aber nicht verschwiegen werden, dass es auch noch andere Software gibt. Eine Auswahl findet sich auf der Webseite zum Buch http://www.web20buch.de.

Neben den eigentlichen Blogging-Systemen existiert noch eine Vielzahl von Tools, mit denen die Blogging-Software angesteuert werden kann, sogenannte *Blog Clients*. Ein Beispiel dafür ist das WordPress-Widget,[3] mit dem man aus dem Mac OS X Dashboard heraus bloggen kann (siehe Abbildung 2.24); ähnliche Systeme existieren auch für andere Betriebssysteme. Anstatt sich einloggen zu müssen, kann sofort nach dem Aufruf des Widgets gebloggt werden.

Eine ähnliche Funktionalität bieten andere Desktop Blogging Clients wie zum Beispiel Ecto, das verschiedene Blogsysteme ansteuern kann (unter anderem Blog-

---

[3] http://www.paniris.com/wordpressdash/

Abbildung 2.24: WordPressDash für Mac OS X

ger, Blojsom, Drupal, Movable Type, Nucleus, TypePad und WordPress, siehe
http://ecto.kung-foo.tv/). Dadurch kann auch offline gebloggt werden, und Beiträge werden dann veröffentlicht, sobald Ecto wieder eine Verbindung zu dem
Blogging-System aufbauen kann.

Einige Blogsysteme erlauben auch das Bloggen via Mail. WordPress verlangt
dafür zum Beispiel, dass eine eigene E-Mail-Adresse angelegt wird. Alle E-Mails,
die an diese Adresse gehen, werden dann in dem Blog veröffentlicht. Da viele
Handys auch die Möglichkeit des E-Mail-Versands bieten, kann diese Funktionalität auch dafür genutzt werden, von unterwegs zu bloggen (*Moblogging* für Mobile Blogging). Es wird nicht mehr lange dauern, bis die ersten Blogging-Clients
für Mobiltelefone erhältlich sind.

Gebloggt werden kann aber auch aus anderen Webseiten; FlickR-Mitglieder finden zum Beispiel über den eigenen wie auch über fremden Fotos einen Link
„Blog this", der das Bild in das eigene Blog einbindet (siehe Abbildung 2.25). Dies
ist ein weiteres Beispiel dafür, wie das Web als Plattform genutzt werden kann
und Webanwendungen untereinander kommunizieren und zusammenarbeiten
können (siehe dazu vor allem das Kapitel 6). Allerdings hat genau diese Funktion
auch dafür gesorgt, dass ein Blogger eine saftige Abmahnung bezahlen musste,
denn das Bild, worüber er gebloggt hatte, war rechtlich geschützt. Nur weil etwas
frei im Netz zu sehen ist, bedeutet es noch nicht, dass man es nutzen kann, wie
man will.

Ein anderes Beispiel ist die bereits oben erwähnte Google Toolbar, mit der
Blogger.com-Blogs angesteuert werden können. Viele Blogging-Systeme bieten
auch sogenannte Bookmarklets an, mit denen mit einem Mausklick sofort über
die gerade besuchte Webseite gebloggt werden kann.

2.12.7   Zehn Blogging-Tipps

Die folgenden Tipps stammen aus verschiedenen Gesprächen, Blogs und Beob-
achtungen, zum Teil stammen sie aber auch von anderen Autoren, die über Blogging geschrieben haben.

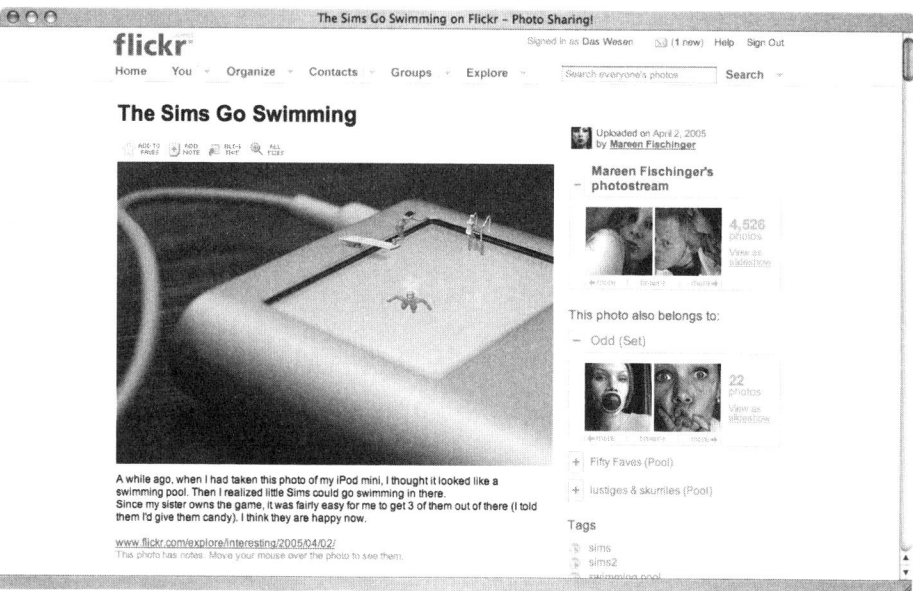

Abbildung 2.25: FlickR-Mitglieder können über ein bei FlickR veröffentlichtes Foto mit einem Klick bloggen, egal ob es ihr eigenes ist oder nicht; Abdruck dieses Fotos mit freundlicher Erlaubnis von Mareen Fischinger (http://fotografischinger.de).

1. Nüchtern bloggen: Klingt seltsam, sollte aber unbedingt beachtet werden. Ist ein Eintrag erst einmal im angetrunkenen Zustand gepostet, so kann er auch schon via Ping in die Blogosphäre verbreitet worden sein. Wacht man am nächsten Tag nüchtern auf und bemerkt einen Fauxpas, so haben andere Blogger vielleicht schon aus dem Eintrag zitiert, und es wird schwer bis unmöglich, Schadensbegrenzung zu betreiben.

2. Die eigene Identität schützen: Wer bloggt, kann nicht davon ausgehen, dass das Blog unbemerkt bleibt. Gegebenenfalls wird es von Personen gefunden, die es besser nicht sehen sollten. Entweder ist es der Kollege, über dessen geschmacklose Norweger-Pullover gerade erst gebloggt wurde, oder ein potenzieller Arbeitgeber, der das Rumgepöbel im Blog als Grund zur Absage auf eine Bewerbung versteht. Daher wählen einige Blogger Pseudonyme und gleichzeitig Bloghoster, durch die ihre wahre Identität nicht preisgegeben wird.[4] Auf der anderen Seite kann das Nichtpreisgeben der eigenen Identität auch als Feigheit verstanden werden. Wer eine Breitseite nach der anderen verteilt, sollte auch dazu stehen können.

---

[4] Bitte beachten, dass eine eigene Domain es jedem leicht macht, den Eigentümer der Domain ausfindig zu machen! Es gibt allerdings unter anderem in den USA die Möglichkeit, eine Domain zu registrieren ohne seine Identität preiszugeben. Dazu wird ein Proxy-Registrar gewählt

3. Den Arbeitgeber schützen: Dieser Tipp schließt sich an den vorhergehenden an, denn die Äußerungen eines Bloggers können in ungünstigen Fällen als repräsentativ für dessen Arbeitgeber verstanden werden. Hier kann ein Disclaimer helfen, der darauf hinweist, dass die im Blog geäußerten Ansichten lediglich die des Bloggers darstellen und nicht die des Arbeitgebers. Auf jeden Fall muss der Arbeitgeber über das Blog informiert sein, und zwar am besten **bevor** er es selbst entdeckt. Beispiele für Konflikte zeigen die Entlassungen von bloggenden Mitarbeitern bei Google[5] und Microsoft.[6]

4. Impressum: Ob eine private Seite ein Impressum benötigt oder nicht, ist umstritten, auf der sicheren Seite ist ein Blogger auf jeden Fall mit einem Impressum.[7] Dies gilt insbesondere dann, wenn der Blogger selbst Werbung auf dem Blog schaltet (also nicht nur Werbung vom Blog-Hoster eingeblendet wird) oder eine eigene Domain besitzt. Dies widerspricht dem vorherigen Punkt „Identität schützen", und so sollte man sich entscheiden, was einem selbst wichtiger ist, Cash oder Anonymität. Ist Werbung drauf, so kann der Anbieter gegebenenfalls über den Werbenden herausgefunden werden.

5. Quellen würdigen: Es sind meistens die Geschehnisse um einen herum, die zum Bloggen bewegen, aber auch Informationen, die im Netz gefunden werden. Die Quellen für diese Informationen müssen genannt werden, alles andere führt zur Unglaubwürdigkeit und ist nicht nur schlechter Stil. Vor allem dürfen Texte, Bilder und andere Daten nicht kopiert wiedergegeben werden, es sei denn, dass dies explizit erlaubt ist.

6. Kommentare: Manche Blogger schalten Kommentare erst nach Durchsicht frei, andere lassen jeden kommentieren und löschen Kommentare nur, wenn sie aus dem Rahmen schlagen. Doch was ist der Rahmen? Das Blog ist das Haus des Bloggers, und er selbst kann entscheiden, welches Benehmen und welche Äußerungen er in seinem Haus akzeptiert und welche nicht. Der Umgang des Blogautors mit unliebsamen Kommentaren kann als Qualitätsmerkmal angesehen werden.

7. Eigene Inhalte schützen: Siehe hierzu auch Abschnitt 2.12.8.

8. Testen: Wenn Sie mit dem Bloggen beginnen und vielleicht auch erst einmal nur die Blogging-Software testen wollen, dann sollten Sie *Pings* deaktivieren, da ein Testeintrag ansonsten in der Blogosphäre veröffentlicht würde (siehe Kapitel 2.12.4 für eine Beschreibung, wie das in WordPress konfiguriert werden kann).

9. Partizipieren: Das eigene Blog kann eine höhere Popularität erreichen, indem man in anderen Blogs Einträge kommentiert und dadurch einen Link zum eigenen Blog hinterlassen kann. Das soll keine Aufforderung sein, wahllos ir-

---

[5] http://www.netzeitung.de/internet/325026.html
[6] http://www.betanews.com/article/1067645731
[7] Siehe dazu das Dokument über Todsünden von Rechtsanwalt Dr. Bahr unter http://www.Dr-Bahr.com/download/lehmanns.pdf

gendwelche Einträge zu kommentieren; stattdessen sollten Beiträge nur dann
kommentiert werden, wenn man wirklich etwas zu sagen hat und im Idealfall
der Eintrag auch thematisch zu dem eigenen Blog passt.

10. Bleiben Sie authentisch und finden Sie Ihren eigenen Stil. Dies tun Sie am bes-
    ten, indem Sie regelmäßig bloggen. Die Regelmäßigkeit bindet die Leser, un-
    regelmäßig aktualisierte Blogs haben es schwer, eine treue Leserschaft aufzu-
    bauen.

2.12.8   Rechtliches: Wem gehören die Inhalte?

Da Bloginhalte ohne das Design über RSS-Feeds bezogen werden können, sind
diese Inhalte relativ einfach für andere Zwecke verwendbar. So haben einige
Blogarchive für manche Blogger den Beigeschmack einer Wiederverwertung ihrer
kreativen Leistungen, vor allem dann, wenn ihre recycelten Beiträge mit Werbung
umrandet werden, von deren Erlösen sie nichts zu sehen bekommen. In solchen
Fällen ist schnell von „Content-Klau" die Rede, und die andere Seite fragt sich,
warum die Inhalte dann überhaupt über Feeds verfügbar gemacht werden?

Dennoch bedeutet das Bereitstellen von Inhalten im Internet nicht, dass diese
kostenlos für andere Zwecke als das private Lesen zu haben sind. Eine technische Lösung ist, dass nicht mehr die kompletten Beiträge in den Feed gelangen,
sondern zum Beispiel nur die ersten 50 Wörter, sodass Abonnenten entscheiden
können, ob sie den Rest auf der Seite lesen wollen oder nicht. Doch abgesehen davon, dass dies alles andere als optimal ist für diejenigen, die ihre Feeds offline im
Zug lesen wollen, wird ein Grundproblem nicht damit angegangen: Welche Rechte werden überhaupt gewährt? Was darf mit den Inhalten geschehen, die über
einen RSS-Feed angeboten werden?

Eine charmante Lösung bieten die Lizenzverträge der Creative Commons, einer gemeinnützigen Organisation (siehe http://creativecommons.org/, deutsche Version unter http://de.creativecommons.org/). Im Gegensatz zu der Einschränkung „Alle Rechte vorbehalten" richten sich die Lizenzen der Creative
Commons nach dem Prinzip "Einige Rechte vorbehalten". Diese kostenlosen Lizenzverträge erlauben Künstlern und Autoren, anderen Rechte an der Nutzung
einzuräumen, ohne die eigenen Rechte an ihren Werken zu verlieren. Die folgenden Lizenzarten werden momentan angeboten:

- Namensnennung (by)
- Namensnennung – Keine Bearbeitung (by-nd)
- Namensnennung – Nichtkommerziell (by-nc)
- Namensnennung – Nichtkommerziell – Keine Bearbeitung (by-nc-nd)
- Namensnennung – Nichtkommerziell – Weitergabe unter gleichen Bedingun-
  gen (by-nc-sa)
- Namensnennung – Weitergabe unter gleichen Bedingungen (by-sa)

Abbildung 2.26: Creative Commons-Lizenz für die nichtkommerzielle Nutzung

Ein Beispiel für die Kurzform einer solchen Lizenz ist in Abbildung 2.26 zu sehen. Diese Kurzform, Commons Deed genannt, ermöglicht juristischen Laien zu verstehen, was ihnen diese Lizenz erlaubt und was nicht; gleichzeitig lädt diese Kurzform auch dazu ein, die Lizenz auch wirklich zu lesen (und nicht einfach wegzuklicken, wie es meistens bei allgemeinen Geschäftsbedingungen der Fall ist). Die Verwendung einer solchen Lizenz geschieht durch das Einbinden der jeweiligen Lizenz in das eigene Werk.[8]

Ein anderer Aspekt in Bezug auf die Frage, wem die Inhalte gehören, tut sich auf, wenn die Nutzungsbedingungen der Plattformen analysiert werden, auf denen die eigenen Inhalte abgelegt werden. So führte die Nachricht, dass die Video-Plattform YouTube weitgehende Nutzungsrechte an dem hochgeladenen Material erhält, zu einem Aufschrei bei den Beitragenden. Auch wenn das Lesen des Kleingedruckten lästig (und das Kleingedruckte oft auch unverständlich) ist, die Rechte an den Inhalten sollten nicht aus der Hand gegeben werden.

---

[8] Ein interaktives Werkzeug findet sich unter http://creativecommons.org/license.

2.12.9   Die eigene Identität schützen – und die anderer

In vielen sozialen Netzen (siehe Kapitel 4) wird nicht mehr wie früher mit Pseudonymen kommuniziert, sondern mit echten Namen. Somit kann online eine Reputation erstellt werden – sie kann aber auch zerstört werden. So können die *Flame Wars* der Vergangenheit einen üblen Nachgeschmack hinterlassen, wenn der potenzielle Arbeitgeber sich in den Suchmaschinen über den Bewerber informiert. Das soll nicht bedeuten, dass man zu den Pseudonymen zurückkehren soll, schließlich hat die Verwendung von realen Namen nicht von der Hand zu weisende Vorteile, wie wir in Kapitel 4 über Social Software sehen werden.[9] Allerdings sollte man sich der Verantwortung bewusst sein, wenn man veröffentlicht, denn das Veröffentlichte ist auch nach Jahren noch im Internet zu finden, auch wenn man es selbst von der eigenen Seite gelöscht hat. Die gerade erwähnten Content-Klauer lassen sich vielleicht noch zum Löschen bewegen, schwieriger wird es aber bei Blogeinträgen anderer Blogger, die sich auf den eigenen Eintrag beziehen. Die Vorteile der Blogosphäre, die einfache Verlinkung und die Lust am Verlinken, werden zum Problem desjenigen, der einen Eintrag rückgängig machen will oder muss.

Dazu gehört auch, sich zu überlegen, wie viel man von sich selbst preisgeben möchte. Fast jeder hat schon die Erfahrung gemacht, welche Konsequenzen das Herausgeben der eigenen E-Mail-Adresse haben kann, der tägliche E-Mail-Spam muss durch ausgefeilte Methoden von den wirklich relevanten E-Mails getrennt werden. Noch prekärer wird dies, wenn man über andere schreibt; auch wenn die Drohgebärden der Anwälte Unternehmen schon zum Nachteil gereicht haben (siehe Transparency International), so kann nicht davon ausgegangen werden, dass die Blogosphäre automatisch hinter jedem Blogger steht, der ein Unternehmen, eine Person oder eine Institution kritisiert hat. Eine Meinung sollte als solche deklariert werden, um die Gefahr einer Ruf- oder Geschäftsschädigung zu verringern. Don Alphonso weist in „Blogs! Text und Form im Internet" darauf hin, dass bei einer Geschäftsschädigung durch üble Nachrede zwar ein konkreter Schaden nachgewiesen werden muss, und selbst dann muss ein Gericht abwägen zwischen freier Meinungsäußerung und Geschäftsschädigung; gleichzeitig empfiehlt er aber, die eigenen Worte in Formeln zu packen, die den Inhalt abschwächen, oder sie gleich in künstlerischer Form zu äußern.

---

[9] Abgesehen davon nützt das Verwenden eines Pseudonyms im Zweifelsfall wenig: IP-Adressen von Kommentatoren werden automatisch geloggt und haben wie in diesen Fällen genug Aussagekraft, um Schaden anzurichten.

Kapitel 3

Der eigene Sender: Podcasts

3.1 Was ist ein Podcast?

Ein *Podcast* ist eine Art Radiosendung, die in den meisten Fällen kostenlos im Internet veröffentlicht wird. Jeder kann einen Podcast erstellen und publizieren, und auch bei der Themenwahl werden keine Grenzen gesetzt. Podcasts können wie News und Blogbeiträge über RSS-Feeds abonniert werden, sodass neue Folgen automatisch aus dem Web geladen werden. Das Bereitstellen des Podcasts über einen solchen Feed ist elementar, da ohne ihn kein Abonnement stattfinden kann und er auch in vielen Podcast-Verzeichnissen nicht gelistet würde. Dennoch werden auch Audiodateien als Podcast bezeichnet, die ohne einen Feed zum Download angeboten werden.

Podcasts haben unterschiedliche Längen; sie können wenige Minuten lang sein, aber auch mehrere Stunden. Einige bezeichnen Podcasts auch als AudioBlogs, wobei damit eher Blogs bezeichnet werden, die vor allem Audiodateien als Einträge beinhalten. Die Abgrenzung ist hier aber (noch) schwierig.

Der Begriff *Podcast* steht für eine Sendung beziehungsweise die Serie von Sendungen, *Podcasting* dagegen für das Produzieren und Anbieten von Podcasts. *Podcasting* ist eine Zusammensetzung aus dem Namen des populären MP3-Players „iPod" von Apple und dem englischen Wort „Broadcasting", was so viel wie „Sendung" oder „Übertragung" bedeutet. Es ist nicht geklärt, wer den Begriff *Podcast* erfunden hat; einige behaupten, es sei Dannie Gregoire gewesen, der den Begriff geprägt hätte, andere verweisen auf den Journalisten Ben Hammersley, der diesen Begriff in einem Artikel im Guardian verwendet haben soll.[1] Der Begriff steht zum Teil in der Kritik, weil der Apple iPod dadurch kostenlos beworben wird; auch führt der Begriff zu Missverständnissen, nämlich dass Apple das Podcasting erfunden hätte.

---

[1] http://technology.guardian.co.uk/opinion/story/0,16541,1690887,00.html

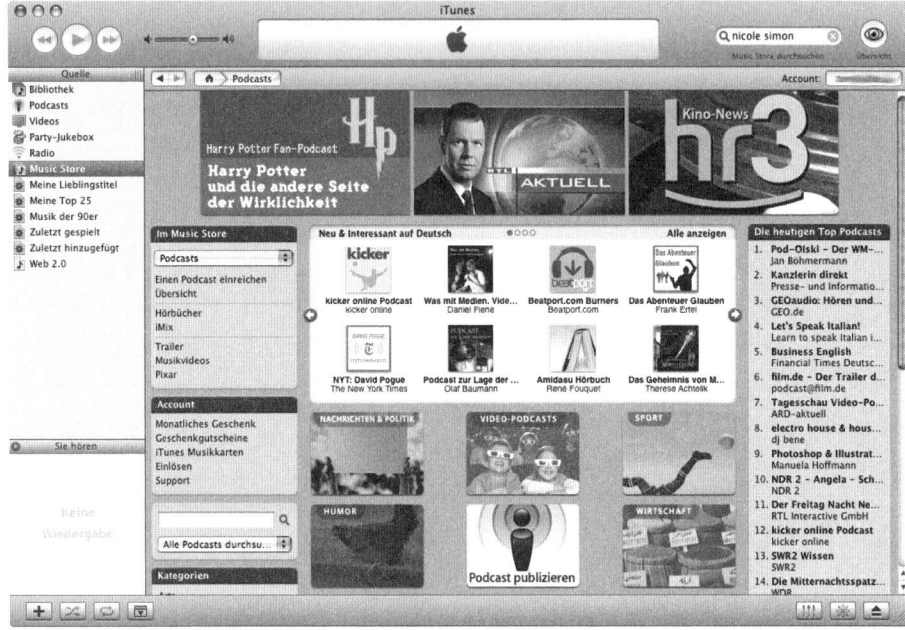

Abbildung 3.1: Podcasts im iTunes Music Store

Doch auch wenn Apple das Podcasting nicht erfunden hat, so hat Apple den Podcasts immens zur Popularität verholfen: Im Juni 2005 stellte Apple die Version 4.9 der kostenlosen Software *iTunes* vor, die neben all den anderen populären Funktionen eine Funktion zum Abonnement und zur Verwaltung von Podcasts beinhaltete (siehe Abbildung 3.1). Darüber hinaus war der erfolgreiche iTunes Music Store, über den Musik legal über das Internet erworben werden kann, um eine Podcast-Kategorie erweitert worden. Diese Podcast-Kategorie beinhaltet ein Verzeichnis verschiedener Podcasts, sei es aus dem Bereich Nachrichten & Politik, Sport, Humor, Wirtschaft, Technik oder Musik. Auch erlaubte iTunes nun das Abonnement von Podcasts, die nicht in dem Verzeichnis gelistet sind (siehe Abbildung 3.5).

Von einem Tag auf den anderen waren Podcasts nicht mehr der Geheimtipp einer kleinen Minderheit, sondern allen geläufig, die diese Software installiert hatten. Warum aber sollte man sich diese Software überhaupt installieren? Zumindest für iPod-Besitzer ist iTunes die erste Wahl, denn mit iTunes lässt sich der iPod automatisch befüllen. Da bis Juli 2006 laut Informationen des Daily Telegraph[2] mehr als 50 Millionen iPods verkauft worden sind, gibt es theoretisch auch 50 Millionen Benutzer der iTunes-Software.[3] Aber auch ohne iPod ist die iTunes-Software mehr als nützlich, sodass die Zahl der Nutzer wahrscheinlich weit über den ge-

---

[2] http://www.telegraph.co.uk/news/main.jhtml?xml=/news/2006/07/01/wipod01.xml
[3] Linux-Nutzer mit iPod lassen wir hier mal außen vor.

Abbildung 3.2: Blogging und Podcast-Unterstützung als Verkaufsargument: das MacBook von Apple

nannten 50 Millionen liegen dürfte. Gleichzeitig sind Podcasts kostenloses Futter für iTunes und iPods.

Die Podcasterin Annik Rubens vermutet, dass auch die gegenwärtige Medienlandschaft an der Popularität der Podcasts nicht ganz unschuldig ist, denn viele Radiosender spielen computergesteuert stets die gleiche Musik, veranstalten die gleichen Gewinnspiele und lassen ihre Moderatoren weich gespülte Witze reißen, die nur die ältere Generation in Wallung bringen. Wer mit dem Auto quer durch Deutschland fährt und Radio hört, wird fast überall von den „Megahits der 80er, 90er und dem Besten von heute" berieselt. Podcasts hingegen stehen für Individualität und Unangepasstheit.

Was ist neu an Audiodateien, insbesondere gesprochenen Inhalten im Internet? Natürlich gab es schon vorher radioähnliche Inhalte im Internet, die zum Download angeboten wurden. Mehrere Faktoren haben aber dazu geführt, dass diese speziellen Audiodateien bereits eine gewisse Popularität erreicht haben:

■ Audiodateien sind um einiges größer als Textdateien; durch die Komprimierung des MP3-Dateiformats sind Audiodateien kleiner und schneller herunterzuladen. Gleichzeitig sind die Zugänge schneller und günstiger geworden,

Abbildung 3.3: Das Podcaster-Logo, entworfen von Peter Marquardt (Quelle: http://www.Podcastlogo.com/)

wie in Kapitel 1 behandelt. Das Laden von Audioinhalten ist keine langwierige und teure Angelegenheit mehr.

■ Der iPod und andere MP3-Player sowie die dazugehörende Software haben Audioinhalten wie Hörspielen zu einer neuen Popularität verholfen. Natürlich gab es schon vor dem iPod Hörspiele, aber die Verbreitung des iPods bewirkte, dass Hörspiele eine neue Plattform bekamen.

■ Die Entwicklung, die bereits zu sehen war von der selbst gebastelten Home-page zu den *WYSIWYG*-Blogs, ist auch bei den Podcasts (und den in Ab-schnitt 3.5 behandelten Video-Podcasts) zu beobachten. Die Produktionsme-thoden sind einfacher und die Produktionsmittel erschwinglicher geworden. Jeder billige PC wird mit allem geliefert, was für die Erstellung von Podcasts notwendig ist. Mikrofone gibt es für 20 Euro in jedem Elektronik-Discounter, sofern sie nicht schon im Paket enthalten sind. So stellte zum Beispiel Apple im Mai 2006 das Consumer-Notebook MacBook vor und warb damit, dass das Gerät blog- und podcasting-fähig wäre (siehe Abbildung 3.2).

Neben *iTunes* gibt es weitere Programme, mit denen Podcasts heruntergeladen werden können, sogenannte *Podcatcher*. Viele von ihnen existierten schon, bevor Apple auf den Podcast-Zug aufgesprungen ist (oder, je nachdem, wie man es sieht, ihn ins Rollen gebracht hat). Populäre Podcatcher sind:

- Doppler für Windows (http://www.dopplerradio.net)
- Juice für Windows, Mac OS und Linux (http://juicereceiver.sourceforge.net/)
- Nimiq für Windows (http://www.nimiq.nl/)

Eine ausführliche Übersicht verschiedener Angebote findet sich im Internet unter http://www.podcastalley.com/forum/links.php?id=1. Den geeigneten Podcast findet man auch nicht nur über iTunes, sondern auch über mehrere verschiedene Verzeichnisse, zum Beispiel:

- http://www.podster.de
- http://www.podcast.de/

Eine Herausforderung stellt immer noch das Durchsuchen der Inhalte eines Podcasts dar. Suchmaschinen wie http://www.podscope.com beschränken sich zurzeit noch auf englische Inhalte, bieten dafür aber auch eine Anzeige, an welcher Stelle des Podcasts das Gesuchte gefunden wurde, sodass direkt diese Stelle abgehört werden kann. Vermutlich agiert hinter den Kulissen eine Spracherkennung, die mit den gleichen Tücken zu kämpfen haben wird wie die Spracherkennungen, die es für Textverarbeitungsprogramme gibt.

Erwähnung finden sollte auch das Podcaster-Logo, das die Podcast-Hörer in Deutschland, angeregt durch Annik Rubens, gewählt haben (siehe Abbildung 3.3). Das Logo wurde entworfen von Peter Marquardt und zeigt das Logo, das in der Regel für Feeds verwendet wird, mit Kopfhörern.

3.2 Podcasts erstellen

Ein Podcast lässt sich mit einfachen Mitteln erstellen, für höhere Ansprüche an Tonqualität und Komplexität findet sich Software und Hardware, deren Preise nach oben hin offen zu sein scheinen.

Bringt das Betriebssystem keine anständige Software zur Aufnahme mit, so ist Audacity eine gute und vor allem kostenlose Variante.[1] Audacity ist für Windows, Mac OS und Linux verfügbar und funktioniert wie ein Kassettenrekorder. Man kann wie im Radio alles „live" aufnehmen, das heißt, dass Einspielungen wie Interviews, Tonschnipsel, Intro und Outro während der Aufnahme des Podcasts eingespielt werden.[2] Die entsprechenden Tondateien werden vorher geöffnet, und es muss nur noch ein Knopf gedrückt werden, um sie abzuspielen. Etwas Übung gehört zum „Live"-Produzieren dazu.

---

[1] Siehe http://www.audacity.de/
[2] „Live" bedeutet hier also nicht, dass das Produzierte im gleichen Moment im Netz zu hören wäre, es bezieht sich nur darauf, dass im Nachhinein nichts mehr geschnitten oder geändert wird.

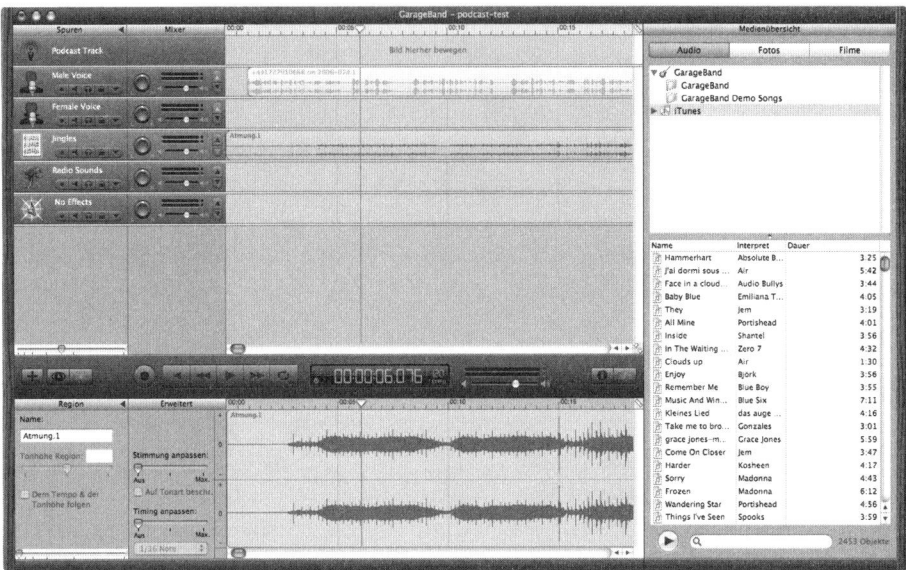

Abbildung 3.4: Podcasting inklusive: GarageBand, eine Software aus der iLife-Suite, die mit jedem neuen Apple Macintosh ausgeliefert wird

Alternativ wird nicht „live" aufgenommen, sondern der Podcast zusammenge-setzt aus verschiedenen vorher aufgenommenen Audiodateien. Dazu wird eine Software benötigt, die mit mehreren Spuren arbeiten kann, zum Beispiel eine Spur für das Intro, eine Spur für Effekte, eine Spur für den eigentlichen Podcast-Inhalt und so weiter. Sind die einzelnen Spuren zusammengefügt, so müssen sie noch gemixt werden. Auch hier kann Audacity ausreichen, denn Audacity ist multi-spurfähig.

Neue Macintosh-Rechner von Apple werden mit der Software iLife ausgeliefert, ein Softwarepaket, das neben Video- und Fotobearbeitungssoftware die Musik-produktionssoftware *GarageBand* enthält. *GarageBand* ist mit umfangreichen Funk-tionen zur Erstellung von Podcasts ausgestattet. Mit dem eingebauten Mikrofon eines Macs kann direkt Sprache aufgenommen werden, natürlich können auch andere Audiodateien importiert und mit anderen Spuren gemischt werden. Hin-tergrundspuren können gedämpft werden, zusätzlich können Markierungen und Daten wie Bilder und URLs in einen *enhanced Podcast* integriert werden. Mit Gara-geBand werden außerdem Loops geliefert, darunter auch professionell produzier-te Jingles, die per Drag and Drop auf eine Tonspur gelegt werden können (siehe Abbildung 3.4).

Ist alles gemixt, muss eine Entscheidung für ein Format gefällt werden; die fol-genden Formate sind populär:

Abbildung 3.5: Eine Möglichkeit, um den eigenen Podcast und seinen Feed zu testen: das Abonnieren des eigenen Podcasts mit der iTunes-Software

- mp3
- m4a (für enhanced Podcasts)
- mov, m4v, mp4 (für Video-Podcasts, siehe Abschnitt 3.5)

Neben den Audiodateien können die Feeds aber auch Verweise auf andere Inhalte als Audiodateien enthalten. Der Feed des Chaosradio Express des Chaos Computer Clubs enthält nicht selten Artikel oder sogar ganze Bücher als Beitrag oder als Ergänzung eines Audio-Podcasts.

Ist der Podcast produziert, soll er in der Regel auch veröffentlicht werden. Wie bei den Blogs gibt es auch hier die Wahl zwischen dem Service eines Dienstleisters und der Selbstinstallation auf einem eigenen Server. Einer der ersten Dienstleister in Deutschland war podhost.de, bei dem die Folgen hochgeladen, beschrieben und dann veröffentlicht werden. Monatlich sind 30 MB Speicherplatz zum Zeitpunkt des Verfassens dieses Buches kostenlos, weiterer Speicherplatz wird gegen eine monatliche Gebühr angeboten. Die Anzahl der Downloads des Podcasts spielen keine Rolle in der Preisgestaltung, was für den Podcaster den Vorteil bringt, dass ein eventueller Erfolg und die dadurch entstehende Masse an Downloads keine zusätzlichen Kosten verursachen. Podcaster erhalten zudem eine Statistik über die Anzahl der Downloads; bei der Anmeldung wird zudem angeboten, den Podcast in Verzeichnissen anzumelden.

Dies muss der Podcaster selber tun, wenn er nicht die Dienstleistungen eines Podhosters in Anspruch nehmen will, sondern auf eine eigene Installation setzt. Ein Content-Management-System, das speziell auf die Anforderungen von Podcasts ausgerichtet ist, ist LoudBlog (siehe http://loudblog.de/). Die Selbstinstallation hat, wie bei den Blogs, den Vorteil, dass man mit dem Podcast einfacher umziehen kann und sich unter Umständen nicht einmal der Feed ändert.

Viele der Blogging-Regeln treffen auch auf das Podcasten zu; vor allem die Regelmäßigkeit spielt hier eine wichtige Rolle, da viele Podcast-Verzeichnisse einen Podcast erst dann in ihren Katalog aufnehmen, wenn bereits drei oder mehr Folgen erschienen sind. Die bereits oben erwähnten Verzeichnisse zum Finden von Podcasts sind auch eine gute Anlaufstelle für das Anmelden von Podcasts.

Die Aufnahme in dem Podcast-Verzeichnis des iTunes Music Stores erfolgt über die iTunes-Software. Dazu muss der Podcaster zunächst einmal seine Episoden auf einem öffentlich erreichbaren Server abgelegt und einen *Feed* erstellt haben, welcher der RSS 2.0-Spezifikation entspricht (siehe dazu Kapitel 7.2). Apple bietet

Abbildung 3.6: Einen Podcast bei iTunes anmelden

zusätzliche RSS-*Tags* an, deren Verwendung notwendig ist, wenn man es auf die Podcast-Seiten des iTunes Music Stores schaffen will. Apple empfiehlt, dass der eigene Podcast-Feed zunächst einmal über die Abonnement-Funktion der iTunes-Software getestet wird (siehe Abbildung 3.5). Ist der Test erfolgreich und alle anderen Bedingungen sind erfüllt, so kann der Podcast in dem Podcast-Verzeichnis des iTunes Music Stores angemeldet werden (siehe Abbildung 3.6). Für diese Anmeldung wird ein iTunes-Account benötigt.

Um auf der Podcast-Seite von iTunes prominent vorgestellt zu werden (siehe Abbildung 3.1), sollten drei Folgen bereits erschienen und eine gewisse Regelmäßigkeit im Erscheinen zu erkennen sein; die letzte Folge sollte im letzten Monat erschienen sein. Manchmal wird ein Podcast aber schon nach der ersten Folge vorgestellt, wenn er der Redaktion gefällt oder bahnbrechend neue Eigenschaften hat. Dazu müssen aber auch zusätzliche Elemente in dem *Feed* des Podcasts aufgenommen werden (siehe dazu Kapitel 7.2).

3.3   Podcasts in der Bildung

Multimedia war eines der Schlagwörter der 90er-Jahre, so sollte Bildung durch multimediale Inhalte vereinfacht und an jedem Ort der Welt verfügbar gemacht werden. Die Bildungsrevolution ist seitdem eher leise vonstatten gegangen, und wie so oft hat sich die Realität anders entwickelt als die damaligen Visionen. Als es

Abbildung 3.7: Die iTunes-Startseite der Stanford University

um multimediale Bildung für alle ging, hatte noch niemand daran gedacht, dass ein gemeinschaftlich erarbeitetes Lexikon wie die Wikipedia dieses Versprechen einlösen könnte.

Neben den rein text- und bildbasierten Inhalten sind nun auch Podcasts ein Medium für die Vermittlung von Wissen geworden. Apple Computer hat es auch hier geschafft, ein Modellprojekt in das Rampenlicht der Medien zu schieben, „iTunes U".[1] Mit iTunes U können Universitäten und Colleges Inhalte über die iTunes-Plattform veröffentlichen. Eine der ersten Universitäten war die Stanford University (siehe Abbildung 3.7 und http://itunes.stanford.edu/), die einige Inhalte für alle iTunes-Nutzer veröffentlicht, andere Inhalte nur für Studenten der Universität. Die Studenten können somit Vorlesungen herunterladen, gegebenenfalls auf ihren iPod übertragen und noch einmal hören (oder erst gar nicht die Vorlesung besuchen, wie manche argwöhnen).

Auch die University of Berkeley bietet Vorlesungen kostenlos via iTunes an, darunter Vorlesungen aus der Physik, der Psychologie, der Informatik, aber auch der Philosophie und Literaturwissenschaft.[2] Andere Universitäten bieten sogar Video-Podcasts an, die aus dem Auditorium aufgezeichnet werden und somit

---

[1] Man möge dem Autor verzeihen, dass hier wieder einmal Apple Computer als Beispiel genannt wird; der Grund dafür liegt darin, dass der Bildungsmarkt in den USA ein sehr wichtiger Markt ist, nicht nur aufgrund der finanziellen Details, sondern auch für die Positionierung der eigenen Marke („Catch them young!").

[2] http://webcast.berkeley.edu/index.html

Abbildung 3.8: Algorithmen-Vorlesung als Video-Podcast: Prof. Dr. Vornberger

einen Blick auf die Tafel, Projektorfläche und andere visuelle Informationen erlauben. Ein Beispiel für einen solchen Podcast bietet die Algorithmen-Vorlesung
von Professor Dr. Vornberger von der Universität Osnabrück.[3] Zusammen mit
Materialien im Web kann der komplette Stoff erarbeitet werden.

Die Duke University ging noch einen Schritt weiter und verteilte im August 2004
mehr als 1.600 iPods an ihre Studenten. Zu den iPods wurden Mikrofone verteilt,
die an die iPods angeschlossen werden können, sodass die Studenten selber in der
Lage sind, Vorlesungen aufzunehmen. Diese Initiative wurde sehr kritisch beäugt,
allein schon wegen der trotz eines sicherlich gewährten Discounts entstandenen
Kosten.[4]

Dennoch ist die Kombination von iPod und Podcasts in der Bildung eine interessante Möglichkeit, denn nicht nur Universitäten bieten Podcasts zur Bildung oder
Weiterbildung an. So veröffentlicht hierzulande die Financial Times Deutschland
einen Business English Podcast, und neben Sprachkursen befinden sich zu fast
jedem Thema Podcasts im iTunes-Angebot, sei es Projektmanagement, Suchmaschinenoptimierung oder Yoga. Viele dieser Angebote sind kostenlos, was aber
nicht bedeutet, dass sie deswegen schlechter wären. Auch Dokumentationen und
Wissensmagazine wie das legendäre Quarks & Co des WDR sind kostenlos über
iTunes erhältlich.

Es wird nur eine Frage der Zeit sein, bis Fernstudiengänge die Möglichkeiten von
Podcasts nutzen werden. Zusammen mit Videochats wird auch ein weiteres Man-
ko des virtuellen Lernens verringert werden, das Fehlen der lebhaften Diskussion

---

[3] http://www-lehre.inf.uos.de/ãinf/2006/

[4] Im Juli 2006 hat Apple Studenten in den USA sogar einen iPod geschenkt, wenn sie sich ein bestimm-
tes Mac-Modell gekauft haben.

mit den Kommilitonen. Hinzu wird die Verwendung von *Social Software* (siehe Kapitel 4) kommen, die das Lernen mit ausgefeilten Plattformen unterstützen wird.

3.4 Verwendung von Musik in Podcasts

Auch wenn man den Lieblingssong der Lieblingsband gerne im eigenen Podcast verwenden möchte, sobald die Band bei der GEMA Mitglied ist, wird die Verwendung von kommerzieller Musik schwierig. Die GEMA (Gesellschaft für musikalische Aufführungs- und mechanische Vervielfältigungsrechte) vertritt die Urheber musikalischer Werke. Vereinfacht ausgedrückt, die GEMA sorgt dafür, dass der Komponist eines Hits auch Geld dafür bekommt, wenn dieser Hit im Radio gespielt oder von einer Coverband aufgeführt wird. Will ich dieses Lied in meinem Podcast spielen, so muss ich dafür zahlen.

Im Juli 2006 stellte die GEMA ein Lizenzmodell für die Verwendung von Musik in Podcasts vor; dieses Modell differenziert zwischen der Verwendung der Musik: Die Verwendung im Intro/Outro allein kostet 5 Euro pro Monat, will man zusätzlich Musik spielen, so gibt es weitere Lizenzen für 10 und 30 Euro im Monat. Voraussetzung ist unter anderem, dass:

- der Podcast nicht mit Gewinnabsichten betrieben wird (bis zu 300 Euro darf man aber einnehmen),
- der Podcast nicht länger als 30 Minuten ist,
- in die lizenzierte Musik hineinmoderiert wird, sodass ein Werk nicht herausgeschnitten werden kann,
- ein Werk nicht länger als zu 50% ausgespielt wird.

Die genauen Anforderungen können im GEMA-Lizenzshop eingesehen werden, wo die Lizenzen auch gleich erworben werden können.[1] Es ist übrigens nicht wahr, dass ein kurzer Ausschnitt von wenigen Sekunden kein Problem darstelle seitens der GEMA, auch wenn manche dies als „fair use"bezeichnen, unter anderem Adam Curry selbst, der Podcast-Pionier.

Eine andere Lösung stellt lizenzfreie Musik dar, im Zusammenhang mit Podcasts aber auch Podsafe Music, die zwar kostenlos in Podcasts genutzt werden kann, ansonsten in manchen Fällen aber wie jede andere Musik auch bezahlt werden muss, wenn sie in Radioshows genutzt wird; ein populäres Verzeichnis solcher Musik befindet sich unter http://music.podshow.com/. Dieser Ansatz hat nicht nur Vorteile für die Podcaster; auch unbekannte Bands, die in der Regel kein Airplay bei den Radiostationen bekommen, können sich hier bekannt machen.

---

[1] siehe https://lizenzshop.gema.de/lipo/portal

Abbildung 3.9: Toni Mahonis Video-Podcast ist eine der Perlen unter Spreeblick.com (Abdruck mit freundlicher Genehmigung des Spreeblick-Verlags)

3.5   Video-Podcasts

3.5.1   Was ist ein Video-Podcast?

Ein Video-Podcast ist ähnlich wie ein Audio-Podcast zunächst einmal eine Datei, die über einen Feed publiziert wird; in diesem Fall handelt es sich um eine Video- und nicht um eine Audiodatei. Ähnlich wie bei den Audiodateien hat die technische Entwicklung auch bei den Videos dafür gesorgt, dass eine gute Qualität nur noch einen Bruchteil der früher üblichen Dateigrößen beansprucht. Trotzdem ist auch hier wieder das Vorhandensein von Breitband-Internetanschlüssen die Voraussetzung für den wachsenden Erfolg der Video-Podcasts.

In Deutschland genießen vor allem zwei Video-Podcasts eine hohe Popularität:

- Toni Mahoni vom Spreeblick (http://www.spreeblick.com), der in unvergleichlicher Art über alltägliche Themen sinniert (siehe Abbildung 3.9).

- Ehrensenf (http://www.ehrensenf.de/), die das Format von Rocketboom (http://www.rocketboom.com) übernommen haben, eine tägliche Rundschau durch das Web mit exotischen Fundstücken.

Während Toni Mahoni während der Fußball-WM 2006 auf Focus Online zu sehen war, ist Ehrensenf auch bei Spiegel Online vertreten. Die Produzenten von Ehrensenf sind Profis; hinter den Kulissen wirken Autoren und Formatentwickler, die auch schon für RTL und SAT 1 gearbeitet haben.

Auch der Rest der Video-Podcast-Szene ist von Profis bevölkert: Die Tagesschau sowie Filme aus der Sendung mit der Maus sind ebenso als Video-Podcast erhältlich wie auch Angebote der Privatsender. Und selbst die Politik fühlt sich von den neuen Möglichkeiten inspiriert: Im Juni 2006 begann Bundeskanzlerin Merkel mit einem eigenen Video-Podcast; in den ersten Folgen las sie noch vom Teleprompter ab, nach einiger Kritik begann sie, frei vor der Kamera zu sprechen. Insgesamt war die Resonanz durchaus positiv, selbst die Süddeutsche sah Hoffnung aufkeimen, dass Frau Merkel nun zur Medienkanzlerin wachsen könne (siehe SZ vom 9. Juni 2006).

Der iPod spielt auch hier wieder eine wichtige Rolle; im Oktober 2005 stellte Apple Computer ein neues iPod-Modell vor, mit dem auch Videos abgespielt werden können. Zwar ist davon auszugehen, dass die Mehrheit der Nutzer sich die Videos auf den Computer herunterlädt und sich dort ansieht, aber schon jetzt werden viele Video-Podcasts iPod-kompatibel zum Herunterladen angeboten, damit sie ebenso wie Audio-Podcasts automatisch auf den iPod übertragen werden können.

Apple kann das Angebot kostenloser Video-Podcasts nur begrüßen, denn um den iPod zu füllen, sind interessante Inhalte notwendig, und die kostenpflichtigen Inhalte aus dem iTunes Music Store allein wären eine teure Angelegenheit; dasselbe Prinzip galt schon für die Audio-Podcasts.

Zwar stellt sich die Frage, wer Videos auf einem so kleinen Display sehen will, denn die Auflösung ist nicht geeignet für den Genuss künstlerisch anspruchsvoller Filme. Dennoch hat Apple Computer nach Schätzungen 1,8 Millionen Video-iPods in den ersten drei Monaten verkauft (wobei der größere Speicherplatz hier auch eine Rolle gespielt haben dürfte). Gleichzeitig sind viele der im Internet angebotenen Videos auch nicht von bester Bildqualität, sodass die Qualität des Displays ausreichen sollte.

Viel wichtiger aber sind die Möglichkeiten, die sich durch das Angebot ergeben. Der Benutzer stellt sich seine eigenen Inhalte zusammen, er benötigt kein von einem Sender zusammengestelltes Programm. Ein paar Filme aus dem Netz, ein mit einer DVBT-Karte aufgenommener Spielfilm, und schon ist das eigene Programm zusammengeklickt, das auf dem iPod konsumiert werden kann. Programme wie EyeTV erlauben mittels der Kommunikation zu Webdiensten von tvtv.de das Durchsuchen des Fernsehprogramms nach persönlichen Favoriten. Die in Abschnitt 2.11.2 behandelten Aggregatoren sind nicht auf Text beschränkt. Und was heute bereits bei den Blogs zu beobachten ist, die Dominanz der Amateurinhalte in den Suchmaschinen, wird sich unweigerlich auch auf andere Medien auswirken.

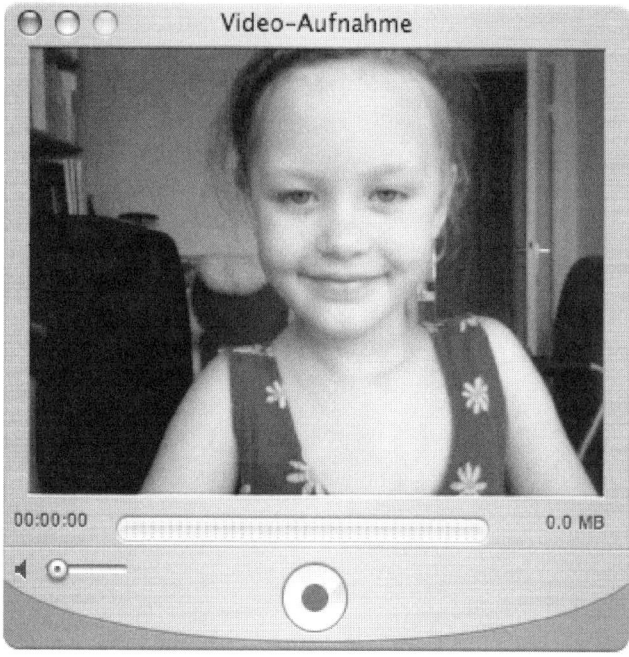

Abbildung 3.10: Video aufnehmen mit QuickTime Pro: einmal auf den roten Knopf
drücken, und der Video-Podcast kann kinderleicht aufgenommen werden.

3.5.2 Video-Podcast-Technik

Video-Equipment kostet heutzutage nicht die Welt, doch schon mit einer Webcam
ab 20 Euro können Videoaufnahmen erstellt werden (Toni Mahoni nimmt seine
Video-Podcasts zum Beispiel mit einer einfachen Webcam auf). Manche dieser Kameras werden mit Softwarepaketen verkauft, die das Schneiden von Aufnahmen
ermöglichen.

Für Macintosh-Benutzer mit einer FireWire-Kamera ist die Anschaffung von
QuickTime Pro zu empfehlen, einem Upgrade der weit verbreiteten Software von
Apple Computer, das etwa 30 Euro kostet. Mit dieser Software können Videos
mit einer FireWire-Kamera aufgenommen und bearbeitet werden. Ein Video mit
QuickTime Pro aufzunehmen ist denkbar einfach: Im Menü wird „Neue Video-
Aufnahme" ausgewählt, dann auf den Aufnahmeknopf gedrückt, und die Video-
aufnahme kann gestartet werden (siehe Abbildung 3.10).

Auch mit manchen Mobiltelefonen können qualitativ akzeptable Videoaufnahmen erstellt werden; somit ist kein Motiv mehr sicher vor einem Video-Podcast,
zumal davon auszugehen ist, dass die Qualität zunehmend besser und die Geräte
gleichzeitig weiter verbreitet sein werden.

Damit die Videos von möglichst vielen Nutzern gesehen werden können, sollte
ein Format gewählt werden, das weit verbreitet ist. Empfohlene Formate sind:

- m4v
- mp4
- QuickTime .mov
- Windows Media .wma
- 3GP (für Handys)

Diese Formate können mit den meisten Softwarepaketen erstellt werden. Zu beachten ist noch, dass es verschiedene Codecs für manche Formate gibt, MPEG ist nicht gleich MPEG. Es gibt kommerzielle Codecs wie DivX, kostenlose wie 3ivX und den in QuickTime enthaltenen Codec. Der H.264-Codec bietet hier eine gute Alternative, stellt aber auch höhere Ansprüche an die Rechenleistung.

Nach dem Erstellen der Dateien müssen sie nur noch in einen Feed eingepflegt werden, der dann veröffentlicht wird. Darüber hinaus kann das Video noch auf Video-Plattformen wie YouTube veröffentlicht werden (siehe dazu Kapitel 2.12.8 und 4.16).

Kapitel 4

Social Software

4.1 Definition

Ebenso wie der Begriff Web 2.0 ist auch der Begriff der Social Software nicht genau definiert. In dem bisher viel zitierten Web 2.0-Artikel Tim O'Reillys taucht lediglich der Begriff Social Networks auf, und im amerikanischen Wikipedia-Eintrag werden Social Networks als Unterkategorie der Social Software angesehen. Der Begriff Social Software selbst wird in der Regel für Systeme genutzt, mit denen Menschen kommunizieren, zusammenarbeiten oder auf eine andere Art interagieren können. Somit wäre jedes System, das mehr als einen Benutzer involviert, eine Social Software, zum Beispiel auch E-Mail oder ein SAP-System, das während eines Arbeitsablaufes verschiedene Menschen einer oder mehrerer Abteilungen einbezieht.

Da dies etwas zu weit gefasst erscheint, ist ein weiteres Kriterium für Social Software, dass sie den Aufbau und das Selbstmanagement einer Community fördern und unterstützen muss; eine solche Software sollte es der Community außerdem erlauben, sich selbst zu regulieren. Social Software ist gleichzeitig kein neues Phänomen, das erst mit dem Aufkommen des Web 2.0-Begriffs wahrgenommen wird. So zählen Wikis und auch die Wikipedia zur Social Software, und die ersten Wikis entstanden bereits 1997. Das Wikipedia-Projekt begann 2001, und die zunehmende Popularität in den letzten Jahren hat sicherlich dazu beigetragen, dass die Social Software gleichzeitig mit dem Web 2.0-Begriff eine gewisse Prominenz erlangt hat. Aber auch Webforen müssten nach den gewählten Kriterien als Social Software angesehen werden können.

Ein weiteres Beispiel für eine Social Software, die es schon seit langer Zeit gibt, sind die Chatsysteme; der Internet Relay Chat entstand bereits Ende der 80er-Jahre, also schon bevor es das World Wide Web gab, und in einem einzigen Channel können weit über 1.000 Menschen miteinander chatten. Der AOL Instant Messaging-Client (AIM) war bereits in den ersten Versionen der Client-Software enthalten, auch ICQ gab es bereits Mitte der 90er-Jahre. Instant Messaging ist einer der am häufigsten benutzten Dienste des Internets.

Schaut man noch weiter zurück, so sieht man erste Züge bereits in Vannevar Bushs legendären Artikel „As we may think"[1] aus dem Jahr 1945, der nicht nur die Vision eines modernen Computers namens Memex enthielt, sondern auch von den darin genutzten Hyperlinks sowie die Nutzung von Daten, die von vielen Benutzern eines solchen Systems erstellt werden:

> *So [a user of the memex] sets a reproducer in action, photographs the whole trail out, and passes it to his friend for insertion in his own memex, there to be linked into the more general trail.*
>
> *Wholly new forms of encyclopedias will appear, ready made with a mesh of associative trails running through them, ready to be dropped into the memex and there amplified. The lawyer has at his touch the associated opinions and decisions of his whole experience, and of the experience of friends and authorities. The patent attorney has on call the millions of issued patents, with familiar trails to every point of his client's interest. The physician, puzzled by a patient's reactions, strikes the trail established in studying an earlier similar case, and runs rapidly through analogous case histories, with side references to the classics for the pertinent anatomy and histology.*
>
> *[...]*
>
> *There is a new profession of trail blazers, those who find delight in the task of establishing useful trails through the enormous mass of the common record.*[2]

Software hat die automatische Aggregation der Memex-Trails übernommen, so dass es das Berufsbild des „trail blazers" noch nicht gibt, wenngleich hier noch einiges Optimierungspotential besteht (siehe auch Abschnitt 9.4).

So könnte man Social Software in zwei Kategorien einteilen:

- ■ Social Software, bei der die Kommunikation im Vordergrund steht (und die Kommunikation in der Regel nicht aufgezeichnet wird)

---

[1] http://www.theatlantic.com/doc/194507/bush/

[2] *Ein Benutzer des Memex startet einen Reproduzierer, fotografiert seinen ganzen Informationsweg und übergibt diesen dann seinem Freund, damit er ihn in sein eigenes Memex importieren kann, um es dort mit einem allgemeineren Weg zu verlinken.*
Es werden komplett neue Formen von Enzyklopädien entstehen, die mit einem Netzwerk von assoziativen Informationswegen durchzogen sind, fertig um in ein Memex hineingegeben und dort verstärkt zu werden. Ein Anwalt hat die gesammelten Meinungen und Entscheidungen seiner ganzen Erfahrung zu seiner Disposition, zusätzlich die Erfahrung von Freunden und Autoritäten. Der Patentanwalt kann Millionen Patente abrufen, mit vertrauten Informationswegen zu jedem Punkt, der für seinen Kunden von Interesse ist. Der Mediziner, der über die Reaktionen seines Patienten verwundert ist, verfolgt die Informationswege eines früheren ähnlichen Falls und läuft schnell durch die analogen Fallgeschichten, mit Seitenreferenzen zu den Klassikern der einschlägigen Anatomie und Histologie.
Es gibt einen neuen Beruf der Informationsmakler, die sich daran erfreuen, nützliche Wege in den enormen Mengen der gemeinsamen Daten zu erstellen.

■ Social Software, bei der zwar auch kommuniziert wird, aber auch Inhalte im Mittelpunkt stehen, die von den Teilnehmern erstellt oder zumindest in irgendeiner Weise angereichert werden; der Community-Gedanke steht im Vordergrund.

Instant Messaging würde damit in die erste Kategorie fallen, Wikipedia in die zweite Kategorie. Foren fallen auf den ersten Blick in die erste Kategorie, da aber in Foren oft auch Probleme diskutiert und gelöst werden, diese Unterhaltungen gespeichert werden und die Problemlösung auch anderen Benutzern zur Verfügung steht, gehören Foren in die zweite Kategorie.

Der Begriff „Community" wurde nun bereits mehrmals benutzt, auch deswegen, weil der deutsche Begriff „Gemeinschaft" den englischen Begriff nicht komplett abdeckt. Mühlenbeck und Skibicki sehen eine Community als eine Gruppe von Personen an, die:

■ *in sozialer Interaktion, wobei der Austausch selbst geschaffener Informationen oft den Schwerpunkt darstell, stehen.*

■ *gemeinsame Bindungen, z.B. durch gemeinsame Interessen, Ziele oder Aktivitäten aufweisen und*

■ *zumindest zeitweise einen gemeinsamen Ort besuchen, der in unserem Fall vorwiegend virtuell, d.h. computergestützt geschaffen ist. (15)*

Interessant ist in diesem Zusammenhang vor allem, dass hier Bindungen allein durch Kommunikation entsteht und diese Kommunikation auch anonym stattfinden kann. Auch hier können Foren als Communities bezeichnet werden, selbst wenn sie nicht so „schick" sind wie einige Web 2.0-Communities. Und während einige in den Profilen den Mehrwert einer Community wie FaceBook sehen, gibt es genug Gegenbeispiele, in denen die von den Benutzern gesammelten Daten im Vordergrund stehen und nicht die Profile; del.icio.us und FlickR sind dabei noch die prominentesten. Offensichtlich geht es bei del.icio.us weniger um das Kennenlernen anderer Benutzer; dennoch existieren alle oben von Mühlenbeck und Skibicki genannten Elemente auch dort.

4.2 Wikipedia

Das 2001 von Larry Sanger und Jimmy Wales initiierte Wikipedia-Projekt war zunächst als Ergänzung zu dem von Experten geschriebenen Nupedia gedacht; die Benutzer selbst sollten die Inhalte für eine internationale, kostenlose und webbasierte Enzyklopädie erstellen. Als Grundlage dafür wird ein Wiki genutzt, eine Software-Plattform, bei der jeder Besucher den Text editieren kann. Das Wort Wikipedia ist zusammengesetzt aus seiner Grundlage Wiki und dem Wort Encyclopedia. Während Nupedia mittlerweile keine Rolle mehr spielt, ist Wikipedia die größte Enzyklopädie auf der Welt; es existieren Versionen in 200 Sprachen, von denen viele mehr als 50.000 Artikel beinhalten. Zum Vergleich: Die 24 Bände der 20. Auflage des Brockhaus enthalten rund 260.000 Stichwörter; so aktuell wie die Wikipedia kann allerdings keine gedruckte Enzyklopädie sein.

Dadurch, dass jeder Besucher an der Wikipedia mitarbeiten kann, entstehen selbstregulierende Mechanismen: Entdeckt ein Benutzer, dass ein Artikel eine Information nicht richtig wiedergibt, so kann er selbst den Artikel korrigieren. Die von Surowiecki beschworene *Wisdom of Crowds*, die kollektive Intelligenz, kommt auch hier zum Zuge. Gleichzeitig öffnet der Wikipedia-Ansatz auch Tür und Tor für Manipulationen: So gelangten einige Zwischenfälle in die Presse, zum Beispiel die Änderung eines Artikels über John Seigenthaler, Journalist und ehemaliger Assistent von Robert Kennedy, dem eine Verwicklung in die Ermordung von John F. Kennedy und Robert Kennedy unterstellt wurde.

Doch auch wenn die Wikipedia aufgrund des Mechanismus, dass jeder einen Artikel schreiben oder ändern kann, als unzuverlässig angesehen werden kann, so gilt sie doch als Vorzeigeprojekt für das, was Social Software leisten kann: Die technische Plattform selbst ist (im Prinzip) trivial, die durch die Partizipation von Nutzern entstehenden Inhalte aber machen Wikipedia zu einer der meistbesuchten Seiten des Webs. Die Inhalte stehen dabei in einer GNU-Lizenz für freie Dokumentation zur Verfügung, sodass die Daten nach Belieben heruntergeladen, geändert und sogar kommerziell verwendet werden können, sofern sie unter der gleichen Lizenz weitergegeben werden.[1] Diese Freiheit der Inhalte motiviert viele Autoren der Wikipedia, denn in gewisser Weise erobern sich die Benutzer das Web somit zurück.

Interessant ist auch, dass die deutschsprachigen Blogs bei der Anzahl der Blogs international gesehen einen der hinteren Plätze belegen, die deutsche Wikipedia-Ausgabe aber belegt gemessen an der Zahl der Artikel den zweiten Platz hinter der englischen Ausgabe. Die Deutschen (beziehungsweise die Deutschsprachigen) sind also nicht Partizipationsmuffel, wie man zunächst angesichts der Blogzahlen vermuten könnte; sie sind aber anscheinend weniger exhibitionistisch.

4.3 Skype

Neben Instant Messaging, ob zu zweit oder mit mehreren, ist Voice-over-IP-Telefonie die zentrale Funktionalität von Skype; eine kinderleichte Installation sowie das Umgehen aller Firewalls und anderer typischer Hindernisse bei der Voice-over-IP-Telefonie haben dazu geführt, dass die Software für die kostenlose Telefonie zwischen zwei Computern mehr als 100 Millionen Mal heruntergeladen wurde.

---

[1] Dies hat unter anderem dazu geführt, dass sogenannte Klone von Wikipedia entstanden sind, auf denen Werbung eingeblendet wird, wovon aber die Wikipedia nichts bekommt, sondern nur der, der die Daten kopiert hat.

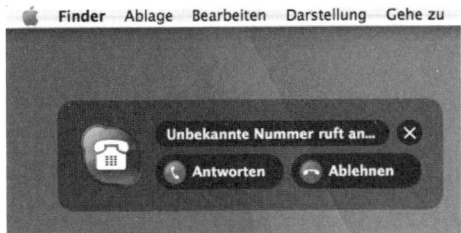

Abbildung 4.1: Über die Grenzen eines Geräts hinaus: Ein Festnetztelefon ruft auf dem Desktop-Client von Skype an.

Auch in Unternehmen ist Skype beliebt: Eine Konferenz mit bis zu fünf Teilnehmern wird einfach zusammengeklickt, es muss keine kostenpflichtige Konferenzschaltung vorbereitet werden. Dabei müssen die Teilnehmer einer solchen Konferenz nicht einmal Skype selber nutzen, denn via SkypeOut kann auch ein Festnetz- oder Mobiltelefon angerufen und in eine Konferenz eingebunden werden, in der Regel zum Lokaltarif beziehungsweise zu einem günstigen Tarif bei Mobiltelefonen. Umgekehrt kann via SkypeIn eine Festnetznummer erworben werden, über die Anrufer auf den Skype-Client des Benutzers gelangen, sozusagen auf dem Rechner selbst anrufen, oder auf eine andere Nummer oder eine Mailbox weitergeleitet werden (siehe Abbildung 4.1). Skype überschreitet also die Grenzen eines Geräts, das klassische Telefonnetz und die Telefonie über das Internet verwachsen miteinander. Durch die einfach zu benutzende Software ist es jedem mit einer schnellen Internetverbindung und einem entsprechend ausgerüsteten Computer möglich, an dieser Entwicklung teilzuhaben. Mittlerweile ist zu zweit auch eine Videokonferenz möglich, und wahrscheinlich wird Skype irgendwann wie das nur für den Mac verfügbare iChat auch Videokonferenzen mit mehr als zwei Teilnehmern unterstützen.

Skype ist nicht das einzige Produkt auf dem Markt, und der kommerzielle Hintergrund sowie das proprietäre Protokoll, das für die Kommunikation genutzt wird, steht bei Anwendern in der Kritik. Im Gegensatz zur Wikipedia, die komplett kostenlos ist und deren Inhalte auch noch weiter verwertet werden können, steht hinter Skype ein Unternehmen, das gewinnorientiert arbeitet. Die Verbindung von sozialer Software mit kommerziellen Interessen wird nicht ohne Bedenken gesehen; letztendlich steht für die große Masse der Benutzer aber der eigene Nutzen im Vorteil, und in diesem Fall sind es das kostenlose oder günstige Telefonieren sowie die praktische Handhabung. So entstand auch kein Aufruhr, als Skype im Oktober 2005 von eBay gekauft wurde. eBay bezahlte 2,1 Milliarden Dollar für Skype, zusätzlich sollen später leistungsabhängig bis zu 1,2 Milliarden Dollar fließen. Angesichts dieser Zahlen wird deutlich, welcher Wert Skype und seinen Funktionalitäten beigemessen wird; zwar gab es vorher auch andere Voice-over-IP-Systeme, aber keines ist so einfach zu bedienen und konnte so viele Benutzer an sich binden.

Abbildung 4.2: Zwei Klicks, ein paar *Tags*, und schon ist ein Bookmark gespeichert und einfach wieder zu finden: del.icio.us

Interessant ist in diesem Zusammenhang, dass Google und Skype gemeinsam in das Unternehmen FON investieren, das weltweit die WLAN-Anschlüsse von privaten wie kommerziellen Anbietern zusammenführt und denjenigen einen kostenlosen Zugang zu einem bei FON gemeldeten WLAN anbietet, die selber ihr WLAN kostenlos bei FON bereitstellen. Google und Skype sind auf anderen Ebenen eher Konkurrenten, denn Google hat sein eigenes Instant-Messaging- und Voice-over-IP-Produkt, Google Talk. Auch sind Google und eBay sich in letzter Zeit ins Gehege gekommen, zum Beispiel als eBay Google Checkout als Zahlungsmethode bei eBay verboten hat. Die Verbreitung von flächendeckenden kostenlosen beziehungsweise günstigen WLAN-Zugängen scheint aber beiden Firmen eine Herzensangelegenheit zu sein.

4.4   del.icio.us

del.icio.us ist einer der populärsten Social-Bookmarking-Dienste im Web. Ende 2003 von Joshua Schachter entwickelt, wurde del.icio.us aufgrund seiner einfachen Bedienbarkeit, der aufgeräumten Oberfläche sowie einer offenen API populär.

Jeder Benutzer kann seine Bookmarks kostenlos bei del.icio.us ablegen; anstatt Kategorien und Unterkategorien anzulegen, nutzen del.icio.us-Nutzer *Tagging* und versehen jeden Bookmark mit Schlagwörtern (siehe Abbildung 4.2, in Kapitel 5 wird *Tagging* genauer erläutert). So wie del.icio.us kreativ mit seiner eigenen URL umgeht,[1] erlaubt es auch seinen Benutzern einen kreativen Umgang. Jeder *Tag* wird Teil der URL, vergibt man zum Beispiel den *Tag* „Blog", so findet der Benutzer alle mit diesem *Tag* versehenen Bookmarks unter http://del.icio.us/[Benutzername]/[*Tag*-Name].

Während die *Tagging*-Funktion von del.icio.us in Kapitel 5 genauer behandelt wird, soll die soziale Komponente von del.icio.us abseits des gemeinsamen Indexierens genauer beleuchtet werden. Auf der Homepage von del.icio.us sieht man nicht nur die neuesten Bookmarks, sondern auch die populärsten. Man kann die populärsten Bookmarks für einen *Tag* sehen, man kann aber auch Bookmarks im eigenen Netzwerk versenden. Interessant ist hier aber vor allem, dass man für jede URL sehen kann, wie viele andere Benutzer diese URL zu ihren del.icio.us-Bookmarks hinzugefügt haben. Somit entsteht eine Wertung einer Seite, und je mehr Benutzer eine URL zu ihren Bookmarks hinzufügen, desto mehr Bedeutung erlangt eine Seite. Wer sich alle Seiten mit dem *Tag* „Web20" anzeigen lässt, der kann sofort sehen, welche Seiten populär sind; nicht weil sie von anderen Seiten verlinkt worden sind (wie es der Google PageRank sowie die Linkpopularitätsalgorithmen anderer Suchmaschinen anzeigen würden), nicht weil ein Redakteur diese URL empfiehlt, sondern weil andere Benutzer entschieden haben, dass diese Seiten es wert sind, zu den Lesezeichen hinzugefügt zu werden.

del.icio.us ist eines der Web 2.0-Beispiele, bei dem Kritiker behaupten, dass es Webapplikationen mit genau den gleichen Funktionalitäten schon zu Zeiten der New Economy gegeben hätte. Tatsächlich gab es schon früh Bookmark-Communities, in Deutschland zum Beispiel OneView. Der große Unterschied besteht aber in der einfachen Handhabung: del.icio.us nutzt Ajax (siehe Kapitel 7.1), sodass das Bearbeiten von Bookmarks kein Laden von verschiedenen Datenmasken erfordert, sondern in wenigen Schritten erfolgen kann. Im Gegensatz zu früheren Bookmark-Diensten hält del.icio.us nicht auf, wenn man schnell beim Surfen etwas für später speichern möchte (was beim Bookmarken wichtig ist). Hinzu kommt die *Tagging*-Funktionalität, auf die in Kapitel 5 eingegangen wird.

4.5 FlickR

FlickR war 2002 ein Nebenprodukt des Spieles Neverending der Firma Ludicorp. Das kleine Nebenprodukt bestand aus einem besonders einfachen Weg für das Hochladen von Bildern. Nachdem FlickR erfolgsversprechender war als das eigentliche Spiel, konzentrierte sich Ludicorp auf FlickR.

Das Hochladen von Fotos erfolgt entweder über die FlickR-Webseite oder über Tools, die von FlickR kostenlos angeboten werden. Es existiert außerdem eine Reihe von Tools, die von anderen Entwicklern angeboten werden und die sich zum Beispiel in Desktop-Applikationen wie Apples iPhoto integrieren, um den Export

---

[1] Domainnamen wie der von del.icio.us werden *Domain Hacks* genannt.

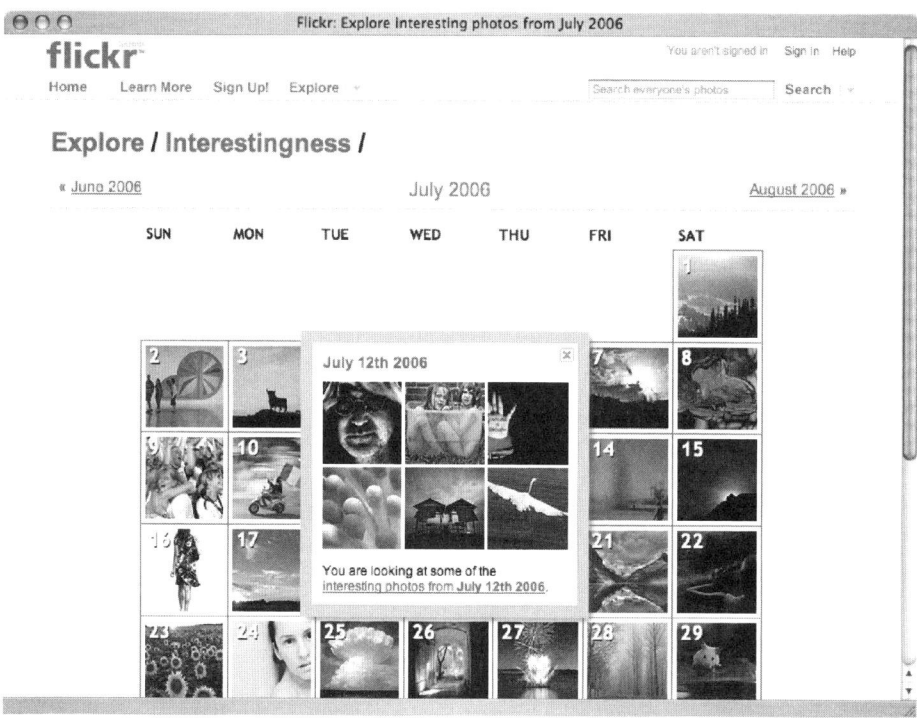

Abbildung 4.3: Stöbern bei FlickR, hier zum Beispiel nach den interessantesten Bildern eines Tages

direkt aus einer solchen Anwendung zu ermöglichen. Fotos können aber auch via E-Mail zu FlickR hochgeladen werden.

Bei FlickR können die Fotos nicht einfach nur hochgeladen und dann in Alben sortiert werden; zusätzlich erlaubt FlickR das *Taggen* von Bildern, bei dem jedes Bild um Schlagwörter bereichert wird. Fotos können mit dem OrganizR direkt auf der FlickR-Website bearbeitet werden, dabei wird verstärkt mit Ajax-Technologien gearbeitet, um den Benutzern eine Arbeit wie mit einer Desktop-Applikation zu ermöglichen (siehe dazu auch Kapitel 7.1). So können Bereiche eines Fotos mit Notizen versehen werden; es existiert eine Unmenge von Fotos, auf denen Benutzer ihre Schreibtische verewigt haben und anhand der Notizen erklären, welche Geräte auf ihren Schreibtischen zu sehen sind.

Der Community-Gedanke ist auch bei FlickR weitreichend implementiert worden: Benutzer können die Bilder anderer Benutzer bewerten und kommentieren, oft betrachtete Bilder werden besonders gefeatured (siehe Abbildung 4.3), außerdem können über die eigenen Bilder aber auch die Bilder anderer Benutzer gebloggt werden (siehe Abbildung 2.25).

Ebenso können sich Benutzer in thematischen Gruppen zusammenschließen, sich Nachrichten schicken oder ihre Freundschaft bezeugen. Bilder müssen aber nicht

Abbildung 4.4: Lycos iQ: Wissens-Community und menschliche Suchmaschine

generell öffentlich sein; es können auch private Alben angelegt werden, die nur für eine bestimmte Gruppe zugänglich sind.

Wie del.icio.us bietet auch FlickR eine API an, mit der neue Applikationen mit den Daten von FlickR entwickelt werden können (sogenannte *Mashups*, die in Kapitel 6.6 behandelt werden).

Ebenso wie del.icio.us wurde FlickR von Yahoo! gekauft; nach eigenen Angaben war FlickR zu diesem Zeitpunkt bereits profitabel. FlickR verdient zum Beispiel durch die Einblendung von Werbung, aber auch durch die sogenannten Pro-Accounts, bei denen mehr Fotos hochgeladen und mehr Sets angelegt werden können. Außerdem bestehen Partnerschaften zu kostenpflichtigen Diensten, die Digitalfotos drucken, Alben, Kalender und Briefmarken von Fotos erstellen sowie DVDs von Fotos anbieten.

4.6   Lycos iQ

Lycos iQ wurde im Januar 2006 als Wissens-Community von Lycos Europe gelauncht (siehe http://iq.lycos.de). Benutzer können Fragen stellen und erhalten
Antworten von anderen Nutzern; die Fragen können auch von Benutzern gestellt
werden, die keine kostenlose Mitgliedschaft bei Lycos haben. Lycos iQ ist in mehr-
facher Hinsicht bemerkenswert, denn der entstehende Wissensspeicher wird als
zusätzliche Quelle für die Suchmaschine von Lycos genutzt. Die algorithmische
Suche wird daher durch die Suche in einer von Menschen erstellten Datenbank
ergänzt.[1] Die Antworten werden von den Fragenden hinsichtlich ihrer Qualität
beurteilt, und die antwortenden Experten erhalten Statuspunkte und Bonuspunkte. Die Statuspunkte bestimmen den Rang eines Experten, der zu Beginn lediglich
Student ist, sich dann aber zu höheren Rängen wie zum Beispiel Doktor, Professor,
Kurt Gödel, Pythagoras, Konrad Zuse bis hin zum Einstein hocharbeiten kann.
Statuspunkte erhält man aber unter anderem auch für das Stellen von Fragen und
das Werben von neuen Benutzern. Die Bonuspunkte können verwendet werden,
wenn man selber eine Frage stellen möchte; je mehr Bonuspunkte zu vergeben
sind, desto attraktiver ist es für die Experten, eine Frage zu beantworten.

Zusätzlich zu dem Wissensspeicher bietet Lycos iQ ähnlich wie del.icio.us eine
Social-Bookmarking-Funktionalität: Bookmarks wie auch Fragen und Antworten
werden ge*taggt* und können anhand dieser bei Lycos iQ „Themen" genannten Kategorien Informationen verwalten.

Der Community-Aspekt wird nicht allein durch das gemeinsame Beantworten
von Fragen hervorgehoben, die Benutzer können zudem miteinander kommunizieren, sie können sich als Freunde bestätigen, und Experten werden für das eigene Netzwerk empfohlen, wenn das Lycos iQ-System anhand von Mustern der
Überzeugung ist, dass gleiche Interessen bestehen.

Wie bei der Wikipedia sind das Kapital der Lycos iQ-Plattform die Inhalte,
welche die Benutzer beisteuern; Lycos Europe stellt lediglich die Plattform zur
Verfügung. Dabei wird ein Prinzip aus der realen Welt übertragen: Hat man eine Frage, so fragt man jemanden, der sich damit auskennt, und wer in der Vergangenheit gute Antworten parat hatte, der gewinnt an Ansehen. Anders als bei
der Wikipedia bestehen bei Lycos natürlich auch kommerzielle Interessen bei der
Bereitstellung eines solchen Produkts; so ist trotz der im Suchmaschinenmarkt
herrschenden Google-Dominanz die Anzahl der Suchanfragen wieder gestiegen.
Doch auch bei del.icio.us und FlickR gibt es kommerzielle Interessen, denn Yahoo
hat diese Dienste nicht allein aufgrund ihrer technischen Eigenschaften gekauft.

Für weitere Informationen über Lycos iQ siehe bitte auch das Interview mit Oliver
Wagner in Kapitel 10.3.

---

[1] Das Programm, das in der Datenbank sucht, besteht natürlich immer noch aus Algorithmen; mit dem
Begriff Suchmaschine ist aber auch der Teil der Software gemeint, mit dessen Hilfe die zu durchsu-
chenden Daten zusammengestellt werden, und das ist in diesem Fall kein Algorithmus, sondern das
sind die Benutzer selbst anhand der Fragen, die sie stellen, und der Antworten, die sie geben.

4.7 last.fm

Wer bei Amazon ein Buch oder eine CD in den Warenkorb legt, der sieht andere Artikel anderer Kunden, die sich für den gleichen Artikel interessierten. Wer eine Kraftwerk-CD auswählt, der bekommt weitere Kraftwerk-CDs angeboten sowie CDs von Kraan, John Foxx und Rheingold, weil andere Kunden sich entweder eine Kraan-CD gekauft oder aber zumindest angesehen haben. Daneben gibt es die Kundenrezensionen, Lieblingslisten und so weiter. Es ist wie in einem CD-Laden, in dem der Verkäufer uns sagt, wie andere Kunden eine CD finden und welche anderen CDs sie gekauft haben. Und wenn uns die Empfehlungen des Verkäufers nicht reichen, dann werfen wir einen Blick in die CD-Sammlung derjenigen, deren Musikgeschmack wir schätzen (und stellen mit Erschrecken fest, dass dort eine Pur-CD im Regal steht).

Amazon weiß, welche CDs wir bei Amazon gekauft haben, aber Amazon weiß nicht, welche CDs wir auch tatsächlich hören; schließlich kann man eine CD ja auch nicht nur für sich selbst kaufen, sondern auch für die Schwiegereltern, die gerne Volksmusik hören. Amazon ist nicht das einzige Unternehmen, bei dem wir CDs kaufen, wir kaufen CDs in Läden und auf Flohmärkten, wir kaufen digitale Musik bei iTunes & Co, und wir digitalisieren alte Schallplatten, weil es sie weder bei Amazon noch bei iTunes zu kaufen gibt. Und wir hören CDs, die wir vor Jahren gekauft haben, als es Amazon noch nicht einmal gab. Amazon weiß, dass wir eine Kraftwerk-CD bei Amazon gekauft haben, aber Amazon weiß nicht, dass das Balanescu Quartet und Senior Coconut bei uns viel öfter aus den Lautsprechern klingen.

Was liegt also näher, als mitzuhören, was Musikliebhaber wirklich hören? Genau das macht last.fm: Nach der Installation der last.fm-Software „hört" last.fm mit, welche Musik in Musiksoftware wie iTunes oder auf dem iPod abgespielt wird (dies wird bei last.fm als „Scrobbling" bezeichnet).[1] Diese Daten werden zum last.fm-Server gesendet, der daraus Statistiken erstellt. In Abbildung 4.5 ist die Statistikseite des Autors bei last.fm zu sehen: In der vorherigen Woche wurden Künstler wie Daft Punk, Moloko, St. Germain und Fatboy Slim gehört, seit der Benutzung des Dienstes ist der meistgehörte Künstler Glenn Gould, neben Portishead, Kraftwerk, Air, Go-Betweens und Wendy Carlos. Beide Listen unterscheiden sich stark von dem, was in letzter Zeit bei Amazon gekauft wurde.

last.fm hat bereits eine imposante Datenbank der Hörgewohnheiten seiner Nutzer aufbauen können, nach eigenen Angaben werden 10 Millionen Datensätze pro Tag erzeugt. Ähnlich wie bei Amazon kann last.fm aufgrund der sich in den Daten ergebenden Muster Musik empfehlen, die zu dem Musikgeschmack des jeweiligen Benutzers passt, nur dass diese auf den tatsächlichen Hörgewohnheiten und nicht auf den Kaufmustern basiert.

---

[1] Wenn der iPod angeschlossen wird, dann „berichtet" er an iTunes, welche Songs auf dem iPod gehört wurden, um die Liste der am häufigsten gehörten Titel zu aktualisieren.

Abbildung 4.5: Statistiken auf der last.fm-Seite des Autors

Die auf dem Rechner installierte last.fm-Software hört aber nicht nur mit, mit ihr kann auch eine Art personalisiertes Radio gehört werden, das vom last.fm-Server gesendet („gestreamt") wird. Dazu kann zum Beispiel ein Bandname eingegeben werden, zu dem die Software ähnliche Musik sucht, die Künstlernamen werden dann in einer *Tag Cloud* dargestellt, bei der die Künstlernamen größer dargestellt werden, die ähnlicher sind (siehe Abbildung 4.6, auf das Prinzip der *Tag Cloud* wird in Kapitel 5 eingegangen). Diese Ähnlichkeit von Kraftwerk zu Depeche Mode basiert darauf, dass mehr Kraftwerk-Fans auch Depeche Mode gehört haben als zum Beispiel Fad Gadget, der in der *Tag Cloud* ganz klein auftaucht. last.fm kann aber auch ein personalisiertes Radio spielen, das

- ☐ auf den bisherigen Hörgewohnheiten basiert,
- ☐ auf den Hörgewohnheiten von sogenannten Nachbarn, die ähnliche Künstler in ihren Statistiken haben,
- ☐ die bisher beim Hören als gut markierte Songs als Grundlage nimmt,
- ☐ auf Empfehlungen zurückgreift,

- auf die Listen von Freunden

- oder auf *getaggte* Musik (mehr zu den *Tags* in Kapitel 5).

Die im personalisierten Radio gehörten Stücke werden natürlich auch wieder zurück an die last.fm-Server gesendet, um Daten darüber zu erhalten, welche Songs als gut oder schlecht („Ban") markiert werden, bei welchen der „Weiter"-Knopf gedrückt wird und welche weiter empfohlen werden. Es gibt viele Wege, neue Musik kennenzulernen, doch eine bessere Datenbasis für Empfehlungen als die von last.fm lässt sich kaum vorstellen.[2] Hier werden mehrere Prinzipien aus Tim O'Reillys Papier deutlich:

- Das Web wird als Plattform genutzt, und es geht über ein Gerät hinaus.

- Die Daten, die last.fm sammeln konnte, werden mit jeder neuen vom Rechner des Nutzers zu last.fm versendeten Statistik wertvoller.

- Die kollektive Intelligenz der Benutzer wird genutzt, denn die Benutzer *taggen* ihre Musik und können zudem Biographien zu den Künstlern erstellen, die im last.fm-Player beim Abspielen der Musik angezeigt werden.

Auf der Webseite existieren weitere Möglichkeiten, in der Plattensammlung anderer Nutzer zu stöbern: Es existieren Gruppen für bestimmte Musikrichtungen und Künstler, denen man beitreten kann und in denen man Gleichgesinnte trifft, um mit ihnen zu diskutieren. Ein Blick in deren Hörstatistiken zeigt Künstler und Alben, die man selber bereits kennt oder die mit großer Wahrscheinlichkeit dem eigenen Geschmack sehr nahe kommen. Ein eigenes Blog (das hier „Journal" genannt wird) kann geführt werden, in dem man über Konzertbesuche oder neue musikalische Entdeckungen berichten kann. Für das eigene Blog auf einem anderen Server bietet last.fm automatisch aktualisierte Charts an.

Für Plattenfirmen ergeben sich bisher ungeahnte Möglichkeiten: last.fm bietet jedem Label genaue Statistiken, welche Musik aus ihrem Backkatalog gespielt wird, sofern sich das Label für diesen Dienst hat freischalten lassen. Sie erfahren, welche Künstler immer noch gehört werden, auch wenn ihre CDs nicht mehr verkauft und im Radio gespielt werden. Alles, was Plattenfirmen bisher als Instrument zur Erfolgskontrolle hatten, sind Verkaufszahlen, Statistiken über das Airplay und Kritiken. Die Verkaufszahlen sind in den letzten Jahren gefallen, das Airplay wird von DJs oder auch nur Computerprogrammen bestimmt, und die Meinung von Kritikern hat nicht unbedingt Einfluss auf die Verkaufszahlen. Insbesondere das Radio agiert als Filter, denn da die Radiosender aufgrund der Werbeeinnahmen darauf angewiesen sind, dass sie gehört werden, wird vor allem die Musik gespielt, welche die Masse hören will, und das sind die Hits. Es kostet viel Aufwand und Geld, einen neuen Künstler in die Heavy Rotation der Stationen zu bekommen. Das Balanescu Quartet wird auf Radio Hamburg selten bis gar nicht

---

[2] Und der Autor kann bestätigen, dass die Empfehlungen wirklich gut sind.

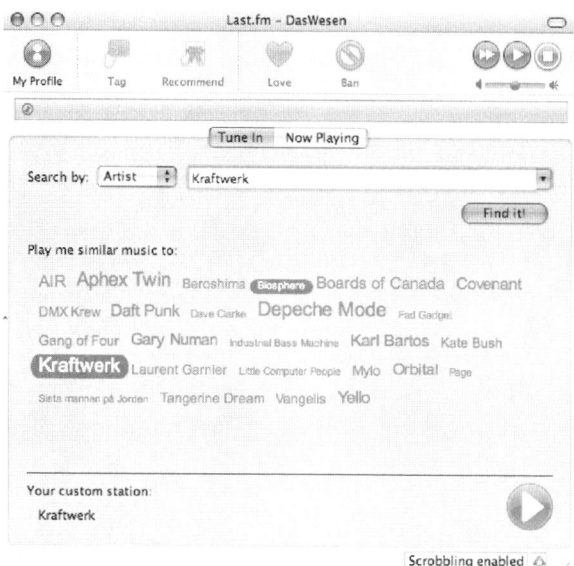

Abbildung 4.6: Der last.fm-Player, hier mit einer *Tag Cloud* zu Kraftwerk-ähnlicher Musik

zu hören sein. last.fm dagegen bedient die *Long Tail*, die in Kapitel 8.1 beschrieben wird.

last.fm ist komplett kostenlos; die Benutzer können aber für 3 Euro pro Monat den Dienst unterstützen und erhalten dafür Priorität beim Streamen von Musik von den last.fm-Servern (was zu weniger Störungen durch Unterbrechungen führt), bekommen keine Werbung mehr zu sehen und erhalten kleine Nettigkeiten wie zum Beispiel die Übersicht, wer sich zuletzt ihre Profilseite angesehen hat. Neben last.fm gibt es noch andere Anbieter, die ähnliche Dienste anbieten, zum Beispiel Pandora (http://www.pandora.com).

4.8   XING

XING, früher OpenBC oder Open Business Club, ist eine Social-Networking-Site aus Deutschland mit dem Schwerpunkt auf Geschäftskontakte. Ausgehend von der Theorie, dass jeder jeden über sechs Ecken kennt, werden automatisch die Verbindungen zwischen zwei Menschen berechnet und die Kontaktpersonen dazwischen angezeigt. Kontakte müssen sich gegenseitig bestätigen, und mehr oder weniger wird die Regel befolgt, dass nur die Kontakte bestätigt werden, die man auch tatsächlich kennt.

Jeder Benutzer legt zunächst ein eigenes Profil an, das neben „Ich biete" und „Ich suche" auch den aktuellen Arbeitgeber, frühere Arbeitgeber sowie besuchte Hochschulen und Vereine enthält. Bei jedem Kontakt kann entschieden werden, welche

Kontaktdaten der Kontakt sehen darf, es wird zwischen privaten und geschäftlichen Kontaktdaten getrennt, die Rechte können aber noch viel granularer eingeschränkt werden.

Auch bei XING können sich die Benutzer Nachrichten schreiben, eigene Gruppen zu selbst definierten Themen gründen und in Foren diskutieren. Durch die Anzahl der Kontakte entsteht aber auch eine Art Ranking, denn jeder Benutzer sieht, auf welchem Platz er mit der gesammelten Anzahl von Kontakten steht. Gegen eine monatliche Gebühr erhalten die Benutzer zusätzliche Funktionen, zum Beispiel können sie sehen, wer das eigene Profil besucht hat.

XING ist aber mehr als ein Kontakthof für Geschäftsleute: Es ist ein modernes Wer-liefert-Was, mit wenigen Klicks hat man genau die Firma oder die Person gefunden, die das bietet, was gesucht wird. Gleichzeitig ist XING ideal, um Kontakte nicht aus den Augen zu verlieren; arbeitete der Kontakt noch bei Firma A, als man ihn kennenlernte, so kann er wenige Monate später bei Firma B arbeiten, und XING gibt immer Auskunft, wo sich der Kontakt gerade befindet. So kann XING auch als ein immer aktuelles Adressbuch genutzt werden.

Im Dezember 2006 ging die Open Business Club AG/XING an die Börse, einer der wenigen Börsengänge einer Webfirma seit dem Crash der New-Economy-Blase. Der Ausgabekurs lag bei 30 Euro, im Februar 2007 hatte die Aktie 10 Prozent zugelegt, im Dezember 2007 waren es bereits 37 Prozent. Auch wenn XING international ausgerichtet ist, sind die meisten Benutzer zu diesem Zeitpunkt noch Deutsche; ein internationales Netzwerk ist zum Beispiel LinkedIn.

4.9 MySpace

Eine ganz andere Art von Social-Networking-Site ist MySpace. MySpace wurde in seiner heutigen Form 2003 gelaunched und ist in gewisser Weise ein Potpourri aus den bisher vorgestellten Diensten und zählt zu den meistbesuchten englischsprachigen Webseiten mit mehr als 100 Millionen Benutzern (Stand August 2006). Die in der Regel jüngeren Benutzer haben mit MySpace eine Plattform zum Bloggen, Ablegen von Fotos, Videos und MP3s, es können Gruppen gebildet werden, ein internes Nachrichtensystem erlaubt den Kontakt untereinander, und natürlich kann jeder Benutzer auch ein Profil anlegen. Über dieses Profil werden Bekanntschaften geknüpft, denn neben den eigenen Interessen und Vorlieben kann angegeben werden, welche Art Leute man kennenlernen möchte. In der Regel wird das „Freund-sein" eher locker gesehen, so dass man auch Freund werden kann, ohne dass man sich wirklich kennt.

MySpace-Nutzer können so gut wie alles anpassen, Farben, Grafiken, Design, ausgenommen aber die URL, die, einmal gewählt, immer nach dem Muster http://www.myspace.com/[Benutzername] angelegt wird. Ansonsten kann das Design der eigenen Seiten so angepasst werden, dass es nicht immer die ästhetische Kompetenz des Profilbesitzers unter Beweis stellt.

Abbildung 4.7: MySpace-Profil von Lily Allen unter
http://www.myspace.com/lilymusic

Aufmerksam wurde man auf MySpace im Jahr 2005 vor allem dadurch, dass es
von Rupert Murdochs News Corporation für über eine halbe Milliarde Dollar gekauft wurde. Auch sollen einige neue Stars ihren Ruhm vor allem der Popularität
ihres Profils auf MySpace verdanken; allerdings ist nie sicher, ob ein Profil wirklich von einem Star angelegt wird. So behaupten die Arctic Monkeys, dass sie
nicht einmal gewusst hätten, was MySpace überhaupt ist, obwohl es lange hieß,
sie seien dadurch entdeckt worden, dass sie ihre Musik auf die MySpace-Server
geladen hätten. Das Gleiche gilt für Lily Allen, die bereits einen Plattenvertrag
hatte, bevor sie einen Song hochlud, wie sie selbst zugibt (siehe Abbildung 4.7).[1]
Ein weiterer Punkt, der in Deutschland Medienaufmerksamkeit bekommen hat,
ist die Gefährdung der meist jugendlichen Nutzer durch den Kontakt Älterer mit
zweifelhaften Motiven.

---

[1] http://www.spiegel.de/kultur/musik/0,1518,430046,00.html

4.10   Facebook

Facebook.com wurde im Februar 2004 gelauncht; die Nutzung war zunächst nur den Studenten der Harvard University vorbehalten, nach und nach konnten Studenten weiterer Universitäten darauf zugreifen. Voraussetzung war bis September 2006 eine E-Mail-Adresse mit der Top Level-Domain .edu, was auch erklärt, warum Facebook in Europa nicht so schnell wachsen konnte wie andere Netzwerke. Heute ist Facebook eine der am häufigsten besuchten Websites in den Vereinigten Staaten. Der Name „Facebook" kommt von der amerikanischen Tradition, Bilder der College-Community in Buchform an Studenten zu geben; facebook.com hat diese Tradition auf eine digitale Plattform portiert und um Interaktivität erweitert.

Im Mai 2007 erweiterte FaceBook seine Funktionalitäten um einen kleinen Geniestreich, die Facebook Platform, die es jedem ermöglicht, eigene Applikationen zu erstellen, die mit den Facebook-Features interagieren. Das Aal-Prinzip („Andere arbeiten lassen", siehe Kapitel 8.3) wurde somit um eine Dimension bereichert, denn nicht nur die Inhalte werden von den Benutzern erstellt, sondern auch die Funktionalitäten von Facebook.

4.11   StudiVZ

Das Social Network für Studenten und Alumni wurde Ende 2005 gelauncht und ein Jahr später für einige Millionen Euro an Holtzbrinck Ventures verkauft. Die Nutzung von StudiVZ ist kostenlos, aber ganz offensichtlich ist die Nutzerschaft sehr attraktiv, schließlich handelt es sich hier um die Bevölkerungsschicht, die in der Zukunft zu den Besserverdienern gehören wird und die durch traditionelle Marketingmethoden nur schwer zu bekommen ist. Es dürfte daher nicht schwer sein, durch Werbung signifikante Einkünfte zu erzielen, auch wenn StudiVZ im Dezember 2007 dafür viel Schelte bezogen und deswegen auch zurückgerudert hat.[1]

Neben dem Erstellen eines eigenen Profils kann nach anderen Studenten der gleichen Universität gesucht, Verbindungen zwischen Mitgliedern können dargestellt sowie eigene Dateien hochgeladen werden. Insofern ähnelt StudiVZ in Bezug auf die Funktionen XING, wobei sich bei StudiVZ allein dadurch schon ein Bezug ergibt, dass auf der gleichen Universität studiert wird oder wurde.

StudiVZ war in Deutschland viel Kritik ausgesetzt, sei es wegen der Ähnlichkeit zu FaceBook, das vom Design und in Bezug auf die Funktionen sehr inspirierend auf die StudiVZ-Gründer gewirkt haben mag, sei es wegen diverser Sicherheitsprobleme oder Eigenwilligkeiten der Geschäftsführer. Die Nutzerzahlen indes sprechen eine andere Sprache: StudiVZ ist rasant gewachsen, und die einfache Kontaktaufnahme, die als Mischung zwischen „grüßen" und "kuscheln" einfach

---

[1] http://www.heise.de/newsticker/meldung/100621

„gruscheln" genannt wird, lässt die Frage aufkommen, wie man vor einigen Jahren noch ohne Handy und Internet überhaupt jemanden kennenlernen konnte. Die schüchterne Ansprache in der Uni-Bibliothek wurde hier durch einen bequemen Mechanismus vereinfacht, bei dem es nicht viel zu verlieren gibt.

4.12   Orkut

Orkut ist ein im Januar 2004 gelaunchtes Google-Produkt, das seinen Namen von seinem Entwickler Orkut Büyükkökten geerbt hat, der das Produkt in seiner von Google für eigene Projekte bereitgestellten Zeit gebaut hat. Orkut soll die Benutzer dabei unterstützen, vorhandene Freundschaften zu pflegen und neue Freunde zu finden. Dazu können wie bei MySpace Interessen und Vorlieben angegeben werden, und es existieren Gruppen zu bestimmten Themen. Im Gegensatz zu XING und MySpace ist Orkut einladungsbasiert, das heißt, man kann nur Mitglied bei Orkut werden, wenn man zuvor eine Einladung eines anderen Orkut-Mitglieds erhalten hat. Ähnlich wie bei GMail bewirkte die Mitgliedschaft bei Orkut zumindest zu Anfang das Gefühl, Teil eines elitären Zirkels zu sein. Anders als andere Google-Dienste kommt Orkut nicht in dem typischen weißen Seiten mit blauen und grauen Designelementen daher. Auch wurde Orkut eher leise gelaunct im Vergleich zu anderen Google-Produkten.

4.13   43 Things.com

Das von der Firma Robot Co-op betriebene 43 Things ist eine Social-Networking-Site, bei der die Benutzer ihre Ziele niederschreiben, ausgehend davon, dass Ziele eher erreicht werden, wenn sie schriftlich niedergelegt sind. Jeder Benutzer kann maximal 43 Ziele niederschreiben, daher der Name. Die eigenen Ziele werden mit den Zielen anderer Benutzer verbunden. Dadurch entsteht eine Art *Tag Cloud*, die man in diesem Fall eher „Goal Cloud" nennen sollte; darin sind, wie in Abbildung 4.8 zu sehen, die populären Ziele größer geschrieben, zum Beispiel:

- Gewicht verlieren
- aufhören, ständig alles aufzuschieben
- ein Buch schreiben
- sich verlieben
- sich tätowieren lassen
- mehr Wasser trinken

Klickt man auf ein Ziel, dann sieht man andere Benutzer, die das gleiche Ziel haben, oft mit einem Foto und anderen Zielen, die diese Nutzer ebenso verfolgen.

Abbildung 4.8: Die Welt will abnehmen und sich verlieben: 43 Things

Zusätzlich können Benutzer ein Journal anlegen, in dem sie das Verfolgen des Zieles dokumentieren. Ziele können ge*taggt* werden, und anhand der *Tags* und der Ziele, die andere Benutzer haben, soll eine Inspiration für weitere eigene Ziele gewährleistet sein. Darüber hinaus kann man markieren, wenn man ein Ziel erreicht hat, und anderen Benutzern zur Verfügung stehen, wenn sie Fragen dazu haben.

Neben 43 Things betreibt Robot Co-op weitere Projekte, die zum Teil sehr ähnlich sind, darunter 43 Places und 43 People. Kurz nach dem Launch der Site hatte Amazon in Robot Co-op investiert, einer der Gründer ist ein ehemaliger Amazon-Mitarbeiter. Obwohl aus dem Investment seitens Robot Co-op kein Hehl gemacht wurde, wurde zum Beispiel von Salon.com vermutet, dass Amazon hinter der Fassade eines sympathischen Startups die Benutzer nach ihren Bedürfnissen aushorcht.

4.14   digg.com

Die traditionellen Medien agieren als Filter: Redakteure bestimmen, was wir lesen, hören oder zu sehen bekommen. Wie bei dem Beispiel der Radios schon an-

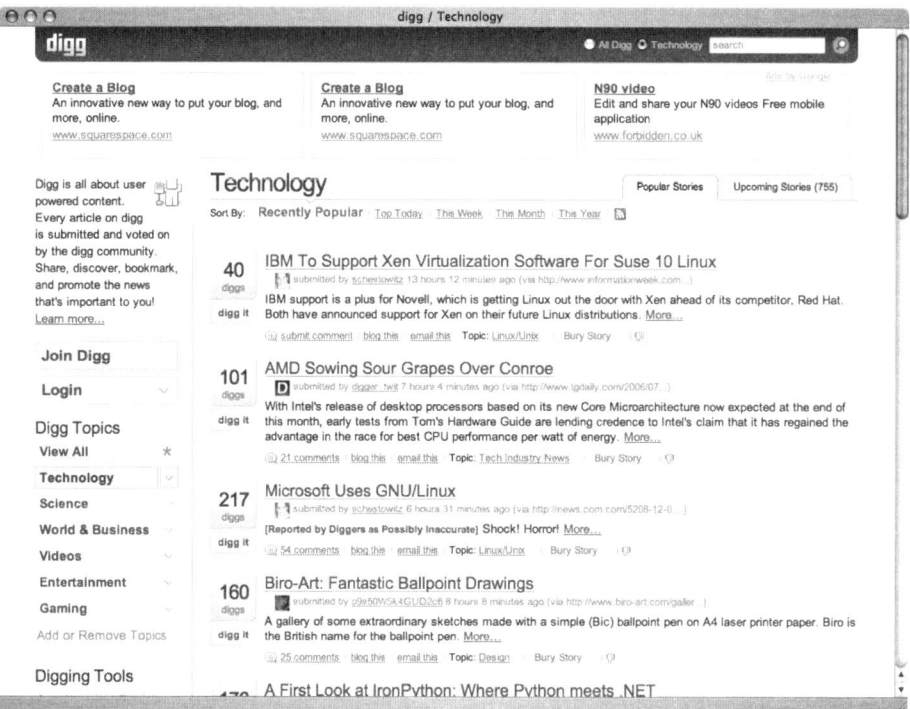

Abbildung 4.9: Nicht mehr die Medien sind der Filter, sondern die Benutzer selbst.

geführt, können Medien nicht einfach senden, was sie wollen, denn abgesehen davon, dass Werbekunden verärgert werden können, möchte man die Hörer, Leser und Zuschauer nicht langweilen und dadurch auch noch verlieren; schließlich möchte man die Werbung auch noch jemandem zeigen können.

Bei digg.com entscheiden die Benutzer selbst, was sie interessant finden. Sie schlagen Artikel vor, indem sie kurze Zusammenfassungen schreiben und mit der Adresse des Originalartikels versehen, lesen die Zusammenfassungen anderer Artikel, bewerten Artikel und kommentieren sie. Dabei können das selbst geschriebene Artikel sein, aber auch Artikel aus den traditionellen Medien. Jeder Artikel kann bewertet werden, sogenannte „Diggs" erhalten, und hat ein Artikel nach einem eigenen Algorithmus genug Diggs erhalten, so kommt er auf die Homepage von digg.com (siehe Abbildung 4.9). Ein Artikel kann auch negativ bewertet werden.

Kritiker sehen es als problematisch an, dass ohne die Existenz von Filtern auch schlecht recherchierte Artikel eine Popularität erhalten könnten, die ihnen eigentlich nicht zustünde. digg.com bietet aber auch dagegen Mechanismen, denn Artikel können von den Benutzern als unglaubwürdig eingestuft werden; ob die Community schlecht recherchierte Artikel aber auch erkennt, das steht auf einem anderen Blatt.

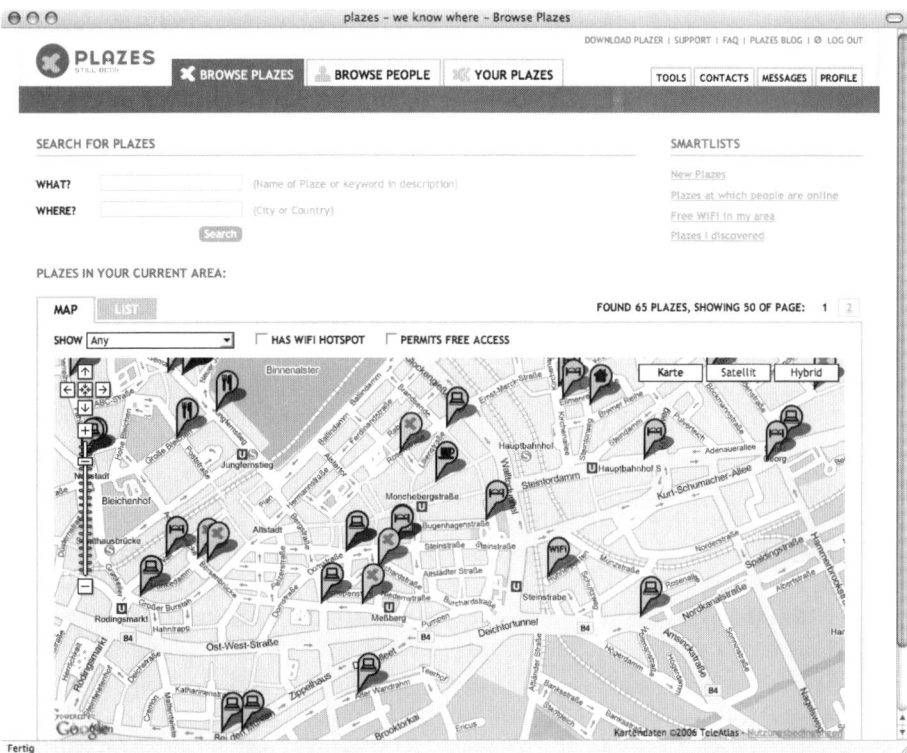

Abbildung 4.10: Plazes.com: Die Hamburger Innenstadt, ge*taggt* von Benutzern

Interessant ist digg.com, weil es keine eigenen Inhalte besitzt (bis auf die knappen Zusammenfassungen). Das Kapital von digg.com sind die Bekundungen der Benutzer, welche Artikel sie interessant finden, und so kann digg.com sozusagen jeder Medienseite vorgeschaltet werden, um wirklich nur das Interessanteste zu lesen. Zeit und Aufmerksamkeit sind knapp in der digitalen Welt, und digg.com ist eine willkommene Abkürzung des Medienkonsums, ein wenig wie die Welt Kompakt, eine in manchen Städten Deutschlands erhältliche verkürzte Version der Tageszeitung Die Welt. Der Unterschied ist aber, dass digg.com in gewisser Weise eine besondere Art von Aggregator ist, der die kollektive Intelligenz nutzt, um nur die interessantesten Artikel zu finden, anders als Zeitungen, bei denen die Inhalte immer noch von Redaktionen gefiltert werden. Die Nutzer stellen ihre eigene Zeitung zusammen, sozusagen als Remix.

4.15   Plazes.com

Plazes ist ein in Deutschland entstandenes sogenanntes *Mashup* (siehe Kapitel 6.6), das die Daten von Google Maps verwendet und die Benutzer zusätzliche Daten zu

Orten ablegen lässt (siehe Abbildung 4.10).[1] Plazes versucht zunächst, den eigenen Aufenthaltsort anhand der IP-Adresse zu erkennen, und lädt dann dazu ein, Orte in der Umgebung oder sonstwo auf der Welt zu *taggen*, zum Beispiel Restaurants, Bars oder freie WLANs. Dazu können Bilder hochgeladen oder auf FlickR vorhandene eingebunden werden, Kommentare abgegeben und Beziehungen zu den Orten angegeben werden.

Auch bei Google Maps und in der Desktop-Applikation Google Earth können Orte *getaggt* werden, das Verwenden einer solchen Karte zum gemeinschaftlichen *Taggen* ist allerdings bisher nicht möglich, auch nicht das Hinzufügen von Fotos. Kann man mit Google Earth einen Ort von oben sehen und auch Informationen über in der Nähe gelegene Bars, Hotels und Restaurants finden, ermöglicht Plazes zusätzlich das Ansehen von Fotos, die an diesem Ort erstellt wurden, Meinungen zu lesen und Menschen kennenzulernen, die an diesem Ort sind oder waren. Darüber hinaus kann ein Ort beobachtet werden, indem der *RSS*-Feed abonniert wird.

So wie Plazes selbst die Daten einer anderen Applikation nutzt, bietet auch Plazes eine API an, die in anderen Applikationen genutzt werden kann. So kann, nachdem der Plazer heruntergeladen wurde, eine Applikation zum *Taggen* von Plätzen, zum Beispiel der gegenwärtige Aufenthaltsort, in Skype dargestellt werden. Ähnlich wie bei digg.com besitzt Places.com nicht alle Daten; die Daten kommen von Google Maps sowie von FlickR, der Mehrwert besteht in der intelligenten Verknüpfung der Daten, die von den Benutzern hergestellt wird und für die plazes.com die Plattform bietet.

Erwähnt werden muss hier auch Qype, das einen ähnlichen Ansatz bietet. Es hängt von der Stadt ab, ob mehr Informationen in Qype oder Plazes gefunden werden; eine generelle Empfehlung kann hier nicht ausgesprochen werden.

4.16   YouTube

Die im Februar 2005 gestartete YouTube-Plattform (http://www.youtube.com) erlaubt Benutzern das einfache Hochladen, Ansehen und Teilhabenlassen von Videofilmen, in der Regel kurze, selbst gedrehte Filme, aber auch aufgezeichnete Sendungen aus dem Fernsehen. Die dadurch entstehenden Copyright-Probleme bescherten YouTube schon früh Medienaufmerksamkeit, vor allem nachdem NBC Universal die Betreiber von YouTube aufforderte, ein populäres Video von Saturday Night Life von seinen Servern zu entfernen.

Erst später bemerkte NBC Universal, dass die Popularität für die eigene Marke von Vorteil ist, woraufhin eine strategische Partnerschaft mit YouTube vereinbart wurde: Neben Previews von Serien werden NBC Universal-Inhalte beson-

---

[1] Ein Blick in das Impressum von Plazes zeigt, dass die Firma mittlerweile in der Schweiz ansässig ist; dies hat vor allem rechtliche Gründe, denn anscheinend wollte man vor dem Zugriff der Geheimdienste sicher sein, siehe http://www.netzeitung.de/internet/375265.html.

Abbildung 4.11: 15 Megabyte Ruhm: YouTube.com

ders hervorgehoben. Auch CBS folgte dem Beispiel von NBC Universal, nachdem zunächst gefordert wurde, dass alle CBS-Inhalte entfernt werden. Die Frage des Copyrights ist indes noch nicht abschließend geklärt; neue Methoden, die Rechteinhaber zu kompensieren, müssen noch installiert werden, sofern dies überhaupt möglich ist. Neben den Inhalten von traditionellen Medien stehen die selbst erstellten Filme im Vordergrund: Jeder kann mit einem Handy oder einer günstigen Webcam eigene Filme drehen und auf die MySpace-Plattform hochladen. Wie schon in Kapitel 3.5 über Video Podcasts beschrieben steht der Zugang zur Technik zum Aufzeichnen von Videos immer mehr Menschen zur Verfügung, und diese Menschen nutzen diesen Zugang, um eigene Videos zu produzieren: 60.000 Videos werden jeden Tag bei YouTube hochgeladen, und in der Titelleiste des Browsers steht neben dem Namen der Seite „Broadcast Yourself" – „Sende Dich selbst". Denken wir zurück an das Walter Benjamin-Zitat aus Kapitel 2.4 über den Wegfall der Grenze zwischen Autor und Leser, so kann das Zitat mit einem Satz eines Absatzes davor ergänzt werden: „Jeder heutige Mensch kann einen Anspruch vorbringen, gefilmt zu werden"(29).

Und dieser Anspruch wird in die Realität umgesetzt, indem jeden Tag Unmengen an Videos ihren Weg auf die YouTube-Server finden und dort zumindest theoretisch von Millionen Nutzern gesehen werden können (siehe Abbildung 4.11). Die Nutzer können sich dabei auch als „Director", als Regisseur anmelden und somit ihrem Film das Siegel der Eigenkreation spendieren. Die eigene Ästhetik der Handy-Videos steht im Hintergrund, im Vordergrund steht der Macher. Im Spiegel-Interview vermutet der Professor für Medienwissenschaft Norbert Bolz, dass mit diesem Exhibitionismus (und damit sind neben den Videos auch Fotos bei FlickR und Blogs gemeint) Identitätsbildung betrieben wird; ist die Umwelt schon längst abgestumpft, was die Mode und Musik der Jugendlichen angeht, so kann hier noch Aufmerksamkeit erhascht werden.[1] So wird heute nicht mehr von den Warhol'schen „15 Minutes of Fame" gesprochen, sondern von „15 Megs of Fame", in Anlehnung an den Speicherplatz, den ein Video benötigt.

Auch bei YouTube entsteht eine Art Community, die Videos anderer Benutzer können abonniert, die Liste der Abonnements anderer Benutzer kann durchstöbert werden. Nachrichten werden unter den Benutzern ausgetauscht, ebenso können Kommentare zu jedem einzelnen Video abgegeben werden. Jedes Video kann bewertet werden, und die Gemeinschaft sorgt auch für die Zensur, wenn es mal notwendig ist.

Mehr als 100 Millionen Filme werden jeden Tag bei YouTube angesehen, gleichzeitig ist YouTube eine der am stärksten wachsenden Webseiten. Ein Videofilm, der auf YouTube gefunden wird, kann relativ einfach auf der eigenen Seite eingebunden werden; dies erklärt auch den Erfolg von YouTube: Anstatt die Besucher nur auf die YouTube-Seite zu locken, kann jeder ein Stück von YouTube auf der eigenen Seite beziehungsweise in dem eigenen Blog verwenden, indem ein kleiner Code eingebunden wird.

Gleichzeitig wird jeder, der YouTube-Videos auf seiner eigenen Seite einbindet oder bei YouTube selbst zusammenstellt, aufgrund der Auswahl und Zusammenstellung von Inhalten in gewisser Weise Programmdirektor einer eigenen Sendung. Nicht umsonst wird die Seite jedes Benutzers „Channel" genannt, jeder Benutzer wird zu einem eigenen Sendekanal. Und so entstehen *Vlogs* und Playlists, die sich auf bestimmte Themen konzentrieren, sei es Gitarrenmusik der 70er, Synthesizerpop und New Wave der 80er oder die lustigsten (???) Unfälle auf Hochzeitsfeiern, alles ohne eigene Inhalte, alles basierend auf den Videos von YouTube. Die Betreiber solcher Seiten sind vergleichbar mit den DJs, welche die Stücke anderer spielen und ineinander mischen, um neue Stücke zu kreieren, wie es Ulf Poschardt beschreibt:

> *Die DJ-Culture hat die Funktion Autor dekonstruiert. [...] In der High-Tech-Kunst [ist] der Autor zum einen hinter den Schaltplänen der Beatboxen und Sampler verschwunden, zum anderen verweigerte er mit seiner wilden Nutzung fremder Werke jeglichen Respekt vor der Funktion Autor. [...] Das ‚Ich' des DJs*

---

[1] Siehe „Du bist das Netz", Spiegel vom 17. Juli 2006

ist in den Plattenkisten verstreut. Je nach Situation auf dem Plattenteller und je nach Plazierung des Schiebereglers am Mischpult ist das Schöpfer-Ich von anderer Konsistenz, gespeist von den Werken anderer Schöpfer-Ichs, die vom DJ in eine neue Kunst-Einheit überführt werden. (385)

Mit den eigenen Zusammenstellungen werden die Benutzer zu Autoren, zu VJs,[2] die sich ihr eigenes Programm zusammenstellen und diese Zusammenstellung anderen Benutzern zur Verfügung stellen; damit geben sie den anderen Benutzern einen Einblick in die eigene Kunst und Persönlichkeit.

Das Business-Modell von YouTube schien unklar zu sein, auch wenn sich die YouTube-Betreiber insofern geäußert hatten, dass sie sich vor allem über Werbung finanzieren wollten. Auf der anderen Seite standen immense Traffic-Kosten, da eine Minute Video immer noch mehrere Megabytes an Traffic verursachen kann. Im Oktober 2006, nachdem es schon einige Tage als Gerücht im Web kursierte, übernahm Google den Dienst für 1,65 Milliarden Dollar in Aktien. Damit waren die Spekulationen, wie lange der defizitäre Dienst überleben könnte, beendet; gleichzeitig stellte sich die Frage, was Google mit YouTube anfangen wollte. Der eigene Video-Dienst von Google hatte nicht die Popularität erreicht, die YouTube innerhalb weniger Monate seit dem Start erzielen konnte. Nur wenige Wochen später beinhaltete die Google Video-Suche auch Ergebnisse von YouTube.

Neben YouTube existieren weitere Seiten, die ähnliche Funktionalitäten bieten, unter anderem MyVideo.de, Sevenload oder Clipfish. Mittlerweile gibt es mehrere Webseiten, welche die Konvertierung der in Flash gehaltenen Filme in ein spezielles Format ermöglichen, das auf der Festplatte gespeichert oder in populäre Formate wie MPEG konvertiert werden kann (siehe zum Beispiel http://javimoya.com/blog/youtube_en.php).

4.17 Twitter

Twitter wurde im März 2006 in San Francisco von der Firma Obvious, LLC, gestartet, der Dienst polarisiert seitdem die Beobachter: Während die einen Twittersüchtig geworden sind, hat sich den anderen der Sinn des „Twitterns" nicht erschlossen.[1] Twitter ist ein Micro-Blogging-Service, bei dem Nachrichten mit bis zu 140 Zeichen via SMS, Instant Message oder E-Mail an die Twitter-Site geschickt werden.[2] Diese Nachrichten, die „Updates" genannt werden, erscheinen dann auf der Profilseite des Nutzers, die von anderen wiederum abonniert und via SMS,

---

[2] Video-Jockeys, im Gegensatz zu Disc-Jockeys, die nur Platten auflegen; wäre man böse, so könnte behauptet werden, dass die Benutzer auch deswegen ihre eigenen Videos zusammenstellen, weil auf MTV und Co mehr Klingelton-Werbung und Pimp My Irgendwas-Shows als Musikvideos gesendet werden.

[1] Wobei das kein Argument ist, schließlich gibt es einige populäre Aktivitäten, deren Sinn für Außenstehende nicht offensichtlich ist.

[2] SMS-Gateways existieren zum Zeitpunkt der Bearbeitung der 3. Auflage nur in den USA und in UK.

E-Mail oder RSS empfangen werden werden kann. Ein faszinierender Aspekt des Twitterns ist, dass die Notwendigkeit eines Computers zum Bloggen entfällt, ohne dass speziell etwas dafür installiert oder konfiguriert werden muss.

Nutzer „twittern" über alles Mögliche, sei es, dass sie gerade in einem Waschsalon sitzen, im Supermarkt in einer langen Schlange an der Kasse stehen, über ihr Mittagessen oder auch einfach nur Gedanken. Nutzer sagen, dass sie Twitter nutzen, um mit Freunden „connected" (verbunden) zu sein, insbesondere wenn diese vielbeschäftigt sind. Dies führt zum Teil zu einer Steigerung des Phänomens, das schon bei der SMS-Nutzung zu beobachten ist, dass nicht mehr mit den Menschen gesprochen wird, die einem in Fleisch und Blut gegenüber sitzen, sondern mit den Freunden, über die man mit SMS, Skype oder Twitter verbunden ist.[3]

Gleichzeitig ist es möglich zu beobachten, was prominente Nutzer wie zum Beispiel Barack Obama oder Robert Scoble den lieben langen Tag tun. Interessant ist auch die Tatsache, dass Twitter in Ruby on Rails geschrieben wurde.

4.18   Ning

Ning wurde im Oktober 2004 gestartet und verdankt einen Teil seiner Popularität dem Umstand, dass der Gründer Marc Andreessen ist, der durch Netscape berühmt geworden ist.

Mit Ning können Benutzer eigene Communities gründen. Die Plattform bietet generische Funktionalitäten wie den Upload von Bildern, Profilen, Messaging zwischen den Benutzern, und all diese Funktionalitäten können bis zu einem bestimmten Grad angepasst werden. Communities können entweder für alle offen sein, so dass sich Benutzer mit ihrer ning-ID anmelden können, oder geschlossen, so dass man sich entweder für eine Mitgliedschaft bewerben oder sogar dazu eingeladen werden muss.

Geld verdient Ning dadurch, dass auf den Community-Seiten Werbung eingeblendet wird, beziehungsweise durch Premiumpakete, bei denen Community-Gründer ihre eigene Werbung einblenden, eine eigene Domain verwenden oder zusätzliche Datenpakete erwerben können. Im August 2007 hatte Ning etwa 70.000 Communities, von denen ein Teil aber noch im Aufbau befindlich war.

Der Großteil der in Ning entstandenen Communities ist nur auf Englisch verfügbar, was unter anderem daran liegt, dass Ning bisher so gut wie gar nicht lokalisiert ist. In Deutschland gibt es ähnliche Dienste, unter anderem six-groups.com, die eine individuelle Lokalisierung ermöglichen, und mixxt.

---

[3] Besonders aufgefallen ist dem Autor dies bei einem Lunch 2.0 in Hamburg, wo einige Teilnehmer über ihre Teilnahme „twitterten" und in dieser Zeit nicht mit den Anwesenden sprachen, obwohl genau dies der Sinn des Lunch 2.0 ist.

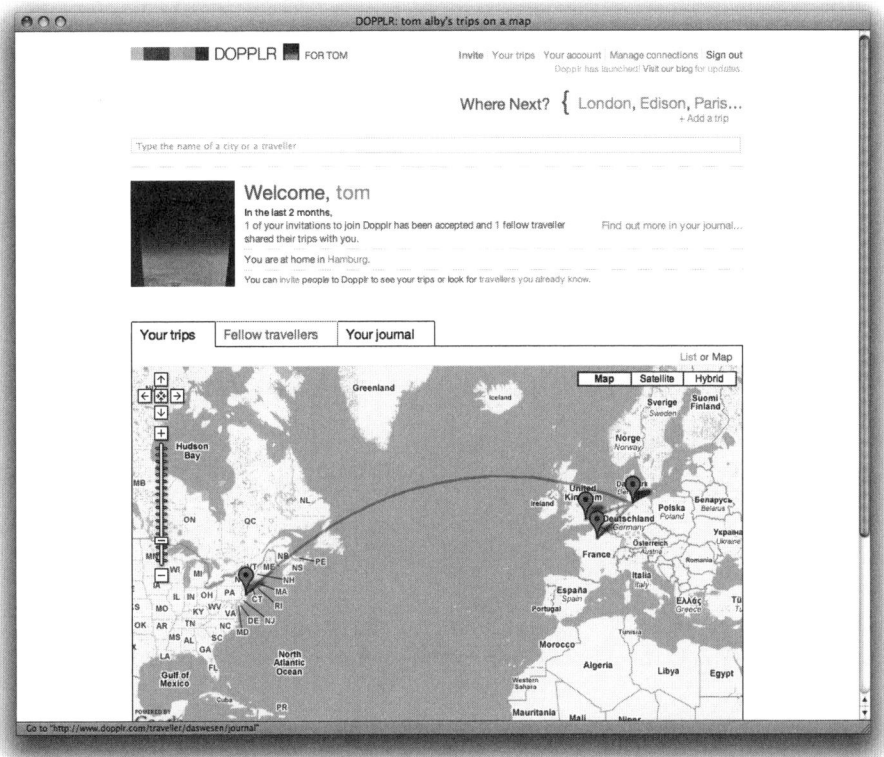

Abbildung 4.12: Wohin? Wer ist noch da? dopplr gibt Auskunft

4.19   dopplr

dopplr bietet eine Plattform für Geschäftsreisende, auf der eigene Reisen eingetragen werden können und gleichzeitig andere Personen sichtbar sind, die entweder dort leben oder dorthin reisen. Um die Reisebewegungen beziehungsweise den Heimatstatus anderer Personen einsehen zu können, müssen diese als „fellow traveller" hinzugefügt worden sein. Erlebnisse wie „Hey, da war ich doch auch in der Woche" gehören hiermit der Vergangenheit an. Auch kann die Historie genutzt werden, um Klarheit in Reisekostenabrechnungen zu bringen.

Was zunächst etwas elitär klingt, hat im Kontext von zunehmender Globalisierung und gleichzeitig günstiger werdenden Flügen einen konkreten Hintergrund: Immer mehr Menschen sind mehr und mehr unterwegs, und das Bewahren von sozialen Kontakten kann für die neuen Nomaden schwierig sein. dopplr ist aber auch dafür nützlich, sich etwas aus dem Land mitbringen zu lassen, in dem sich ein Freund gerade befindet.

Womit dopplr Geld verdient, ist noch vollkommen unklar. Aber auf Basis der
Bekanntschaften könnten zum Beispiel Empfehlungen für Hotels ausgesprochen
werden, die mehr Seriösität besäßen als die Hotelempfehlungen der Affiliate-
Industrie.

4.20   Was ist so anziehend an Social Software?

In den genannten Beispielen sind es der sogenannte *User generated Content*, der
vom Benutzer erstellte Inhalt, der das jeweilige Angebot interessant macht, sowie
die intelligente Kombination von Datenquellen wie zum Beispiel bei plazes.com.
Es sind aber nicht nur Flirt- und Fotoseiten, sondern auch Angebote wie Wikipedia, in die Menschen ihre Zeit, ihre Energie und ihr Wissen investieren, obwohl
sie dafür (in der Regel) keinen finanziellen Ausgleich erhalten oder in Aussicht
gestellt bekommen. Nur wenige wie die Grup Tekkan schaffen es, mit der Popularität im Netz eine Popularität in der Realität aufzubauen, zumal diese Art von
Popularität auch fragwürdig zu sein scheint, wenn man mit dem Attribut „talent-
frei" durch die Fernsehshows tingeln muss.[1] Was motiviert die Benutzer, sich in
Social-Software-Plattformen einzubringen?

Zunächst einmal ist da die Erwartung der Benutzer, etwas für das Gegebene
zurückzubekommen: Wer sein Profil mit vielen Informationen bestückt, der hat
auch eine Chance, dass das Profil von anderen angesehen und eventuell Kontakt
aufgenommen wird. Wer bei Wikipedia sein Wissen einbringt, der weiß auf der
anderen Seite auch, dass er von den Beiträgen anderer profitieren kann. Dies kann
auch zu einem wirklichen Gemeinschaftsgefühl führen, bei Wikipedia zum Beispiel zu dem Gefühl, dass man der Menschheit einen wirklich sinnvollen Dienst
erweist, indem das Wissen der Menschheit allen kostenlos zur Verfügung gestellt wird. Auch ein gewisser Stolz, Teil dieser Gemeinschaft zu sein, mag dazu
gehören.

Christian Stöcker hat in seinem Artikel „Die Netzgemeinde kennt keine Gnade"eine weitere Erklärung:

> *Wer etwas produziert/ausgräbt/als Erster entdeckt, das auch andere interessant
> finden, der darf stolz auf sich sein. Er bekommt Punkte. Sein Wort gilt in Zukunft
> mehr.* (Spiegel Online vom 14.6.2006)[2]

Anerkennung und Aufmerksamkeit sind in der realen wie auch in der Online-
Welt knappe Güter, doch durch die Mechanismen der Online-Welt sind hier die
Chancen größer, Aufmerksamkeit und Anerkennung zu bekommen, auch als ge-
sellschaftlicher Außenseiter in der realen Welt. Wie wichtig diese Anerkennung
ist, zeigt sich in den Funktionen vieler oben beschriebenen Softwarelösungen: In

---

[1] Siehe http://www.welt.de/z/plog/blog.php/die_gemeinde/musik/2006/03/09/afaf
[2] http://www.spiegel.de/netzwelt/netzkultur/0,1518,421021,00.htm

Skype kann man die Anzahl seiner Kontakte im Profil anzeigen, FlickR zeigt die interessantesten Fotos, unter die man seine eigenen zu bringen versucht, in Lycos iQ kann man einen Rang erhalten, bei MySpace, Orkut und XING sind die Anzahl der Kontakte beziehungsweise Freunde Indikator der eigenen Popularität, bei digg.com die empfohlenen Artikel und bei YouTube die Wertungen der anderen Nutzer. Es gibt viele Wege, Anerkennung in einer Social Software zu erhalten. Das Problem ist nur, dass diese Anerkennung in der realen Welt (noch) nicht viel wert ist.

Gleichzeitig kann Einfluss ausgeübt werden: Ist der Einfluss in der realen Welt, sei es im Job, in der Familie oder auch als Bürger, zumindest in der eigenen Wahrnehmung reduziert, in einer Community wie Wikipedia kann etwas bewegt werden. Kommt man mit seiner Beschwerde über Bugs in einer Software nicht durch, so kann gegen das Softwareunternehmen in der Regel nichts unternommen werden; wenn man dagegen selbst, eventuell zusammen mit anderen, versucht, eine bessere Software zu schreiben und als Open-Source-Software kostenlos anderen Benutzern anbietet, so hat man sehr wohl etwas ausgerichtet.

Wie wir bereits bei den Blogs gesehen haben, bietet die Beschäftigung innerhalb der Social Software die Möglichkeit der Selbstreflexion; auch dies ist kein neues Phänomen, die Soziologin Sherry Turkle hat schon 1984 in ihrem Buch „The Second Self" die Anziehungskraft des Computers sowohl auf Erwachsene wie auch auf Heranwachsende beschrieben; gerade für Heranwachsende ist der Computer attraktiv:

> *In der Adoleszenz kehrt die Reflexion zurück. Doch jetzt dreht sie sich ausschließlich um das Selbst. Die Fragen des ersten Stadiums (Was ist die Maschine?) und des zweiten Stadiums (Was kann ich mit ihr machen?) weichen einer neuen zentralen Frage: Wer bin ich? (169–170)*

Hier bezieht sich Turkle vor allem auf nichtvernetzte Computer vor dem World Wide Web und verweist darauf, wie Computer (genauso wie Mode und Musik) zu einer Lebensform werden können; anstatt der Maschine kann nun das Web eingesetzt werden. 1997 beschreibt sie dagegen in „Life on the Screen" die Konstruktion des eigenen Selbst durch Interaktion mit anderen im Web. MySpace erlaubt es uns, mehrere Accounts anzulegen, jeden mit einem eigenen und unterschiedlichen Profil, sodass mit der eigenen Person experimentiert werden kann. Ein Indiz dafür sind die sogenannten „Fake Accounts", Benutzer, die nicht ihre realen Daten angegeben haben und vortäuschen, jemand anders zu sein. Auch die Möglichkeit der Selbstfindung kann ein Grund für die Partizipation an einer Social-Software-Plattform sein.

4.21   Epilog zu Social Networks: Netzwerktheorie

Viele der hier genannten und gleichzeitig erfolgreichen Social Software-Beispiele stellen den Benutzer in den Mittelpunkt, seien es Xing, MySpace, StudiVZ oder FaceBook. Eine Funktionalität, die allen gemein ist, besteht in der Möglichkeit, jemanden als Kontakt hinzuzufügen und dadurch Teil eines Netzwerk (Social Network) zu werden. Tatsächlich befindet sich jeder Mensch in mehreren sozialen Netzwerken, sei es die Familie, der Freundeskreis, die Schule, die Uni, der Sportverein, die Arbeit, die Industrie, die Nachbarn; überall ist man Teil verschiedener Netzwerke. Diese Netzwerke sind also ein natürlicher Teil des Menschen, nur mit dem Unterschied, dass sich mehr und mehr dieser Netzwerke online bilden. Zum Teil bilden sich Netzwerke, die es ohne das Internet gar nicht gäbe, weil das Netzwerk lokal keine kritische Masse erreichen konnte oder die Anonymität ohne das Internet nicht funktioniert hätte. Ein solches Netzwerk kann aus 4 oder 5 Leuten bestehen oder aus vielen 1.000. Es kann sehr restriktiv sein (es dürfen nur Experten eines Themas Mitglied werden) oder absolut offen (jeder kann jeden dazu einladen, ein „Freund" bei MySpace zu sein).

Und so sind in den letzten Monaten mehr und mehr Social Networks aus dem Boden geschossen, die jede mögliche Zielgruppe ansprechen. Fast jede Zielgruppe soll mit einem eigenen Netzwerk versehen werden, und noch ist nicht abzusehen, ob diese Bemühungen mit Erfolg gekrönt sein werden. Standards wie OpenID sollten hier von Vorteil sein, so dass nicht bei jedem neuen Thema der Benutzer seine Daten komplett neu eingeben muss, obwohl er es schon mehrere Male bei anderen Social Networks getan hat. Daneben ist die Frage, in wievielen Netzwerken ein Benutzer gleichzeitig genug Zeit verbringen kann, um noch als sinnvoll beitragendes Mitglied eines Netzwerks oder einer Community gelten zu können.

Schaut man sich noch einmal die Grafik 2.3 an, so sieht man, dass viele Blogs kaum mit anderen Blogs verbunden sind und wenige Blogs mit vielen Blogs eine Verbindung haben. Das ist kein ungewöhnliches Muster, und dieses Muster ist auch in den sozialen Netzwerken zu sehen: Die meisten Menschen verfügen über Kontakte innerhalb eines Netzwerkes, und gleichzeitig Kontakt zu unterschiedlich vielen Netzwerken; aber viele Menschen verfügen über eine moderate Anzahl von Kontakten, wohingegen wenige über wirklich viele Kontakte verfügen.

Wie findet man einen neuen Job? Die, die einem nahe stehen, haben in der Regel die gleichen Informationen wie man selbst. Es ist sehr viel wahrscheinlicher, dass man einen Job findet über einen etwas entfernteren Bekannten, der Zugang zu Netzwerken hat, zu denen man selbst nicht gehört. Über diese Person dringen Informationen in das Netzwerk (wie die Information des Jobs), die ansonsten nicht den Weg dahin genommen hätten. Für die Verbreitung von Informationen sind die Kontakte zu anderen Netzwerken also unbedingt notwendig. Diese Kontakte werden als „weak ties" bezeichnet.

Im Prinzip sollte das in der heutigen globalisierten Zeit kein Problem mehr sein. So wird gerne behauptet, dass der Forscher Stanley Milgram schon in den 60er

Jahren des letzten Jahrhunders herausgefunden hatte, dass jeder jeden im Durchschnitt über 6 Ecken kenne. Tatsächlich hat Milgram aber nie von den berümten „6 degrees of separation" gesprochen,[1] noch kann die Rede davon sein, dass durch das Experiment wirklich weitreichende Aussagen über die sozialen Netzwerke getroffen werden können. In dem Experiment wurden in drei Staaten in Amerika 160 Briefe verschickt, deren Empfänger sie an eine bestimmte Person weiterleiten sollten; da sie diese in der Regel nicht kannten, sollten sie den Brief dann an die Person senden, von denen sie ausgingen, dass diese die Zielperson kennen könnten. Von den 160 Briefen sind 42 tatsächlich bei den Empfängern angekommen, und tatsächlich gab es im Durchschnitt nur 5,5 Knoten zwischen dem Absender und dem Empfänger. Mehrere Punkte sprechen aber gegen die Validität des Experiments, insbesondere im Hinblick auf unsere heutige Zeit:

- Von den 160 Briefen sind 118 nicht wieder zurückgekommen; was bedeutet das für den Durchschnitt von 5.5?

- Ein Durchschnitt zählt nicht unbedingt viel; es könnte sein, dass einige wenige den Schnitt nach unten ziehen.

- Die Weiterleitenden hatten nur eine Vermutung, wer den Absender kannte. Es konnte also sein, dass es es in Wirklichkeit einen viel schnelleren Pfad zu dem gewünschten Empfänger gab.

- In der heutigen Zeit sind die Wege durch E-Mail, Globalisierung und günstigere Flugreisen kürzer geworden, als man sich dies in den 60er Jahren noch hätte vorstellen können. Das Experiment müsste heute eigentlich noch mal wiederholt werden, wenngleich mit anderen Methoden, um die oben genannten Effekte auszuschließen.

Nach den Untersuchungen von Watts und Strogatz reicht das Hinzufügen von wenigen neuen Bekannten hinzu, um ie Entfernung zwischen zwei Knoten drastisch zu verringern. Das heisst, mit jedem neuen Bekannten steigert sich die Möglichkeit, einen neuen Job über solche Kontakte zu bekommen, um ein Vielfaches. Dabei ist zu beachten, dass diejenigen, die bereits viele Kontakte haben, eher neue, zusätzliche Kontakte erhalten („Preferential Attachment"). Aber auch bereits populäre Knoten können von weniger populären Knoten im Wachstum überholt werden, wenn sie sich besser für etwas eignen. So weist Barabási darauf hin, dass Google einen Nachteil hatte in Bezug auf die bereits vorhandene Popularität von Altavista und Yahoo; dadurch, dass die Ergebnisse von Google aber besser geeignet waren als die der Konkurrenz, konnte Google schneller an Popularität gewinnen.

Für jedes soziale Netzwerk hat dies mehrere Konsequenzen:

- Es muss die Anforderungen und Bedürfnisse der Benutzer besser befriedigen als eine bereits bestehende Lösung dies tut.

---

[1] Der Begriff wurde erst durch einen Film in den 90er Jahren geprägt.

■ Gibt es noch keine bestehende Lösung, so muss die Community eine kritische Masse erreichen, um überleben zu können. Dazu muss die Community Funktionen erhalten, die für die Community einen Vorteil bedeuten (und wenn es nur der ist, das man überhaupt als Community zusammenkommen kann).

Um innerhalb einer Community auf eine bestimmte Größe zu kommen, ist es also notwendig, dass innerhalb der Community die richtigen Leute (die mit vielen Kontakten innerhalb der Community) von dem Netzwerk überzeugt sind und diese Vorteile weitergeben. Der Power-Kurve entkommt niemand.[2]

---

[2] Wir werden uns diese Kurve als Long Tail später noch einmal genauer ansehen.

Kapitel 5

Folksonomy

5.1 Taxonomy Domine

In den Anfangszeiten des World Wide Webs waren Verzeichnisse von Webseiten unverzichtbar, um sich im Netz zurechtzufinden. Zum einen standen die Web-Suchmaschinen zu dieser Zeit ganz am Anfang ihrer Entwicklung und litten unter Kinderkrankheiten,[1] zum andern kannten Benutzer Verzeichnisse wie die Gelben Seiten schon aus der Offline-Welt und konnten ihr Wissen schnell auf die Online-Welt übertragen. So war Yahoo! zunächst nichts anderes als eine Sammlung von Bookmarks, aus der ein Verzeichnis von Webseiten wurde. In den 90er-Jahren war das Verzeichnis die zentrale Funktionalität von Yahoo!; Homepage-Besitzer meldeten ihre Seiten für eine bestimmte Kategorie an, ein Yahoo!-Mitarbeiter prüfte die Seite und schaltete sie für diese Kategorie frei, sofern sie den Qualitätsrichtlinien entsprach. Eine Suche bei Yahoo! war zunächst allein eine Suche im Verzeichnis; es wurden die Beschreibungstexte im Verzeichnis durchsucht und nicht die angemeldete Seite selbst (im Gegensatz zu heutigen Suchmaschinen). Erst später kam eine Volltext-Websuche hinzu, deren Ergebnisse unter den Treffern des Verzeichnisses zu finden waren.

Die Einordnung von Webseiten in ein Verzeichnis geschieht anhand eines festgelegten hierarchisierten Klassifikationsschemas, einer sogenannten *Taxonomie*.[2] Eine Fußballseite gehört in die Kategorie Fußball, die in der Kategorie Sport zu finden ist, der Atari in die Kategorie Systeme, die wiederum in die Kategorie Computer gehört, und David Bowie in die Kategorie Bands & Künstler, die in die Kategorie Musik gehört, die wiederum in der Kategorie Kunst zu finden ist. Abbildung 5.1 zeigt einen kleinen Ausschnitt aus einer solchen Taxonomie.

---

[1] Natürlich gab es zu dieser Zeit schon Erfahrung auf dem Gebiet des Information Retrieval, aber das Web zu crawlen ist etwas anderes, als einen lokalen Corpus zu indexieren.

[2] Der Begriff stammt aus dem Griechischen (taxis = Ordnung, nomia = Verwaltung) und wurde zunächst nur in der Biologie verwendet.

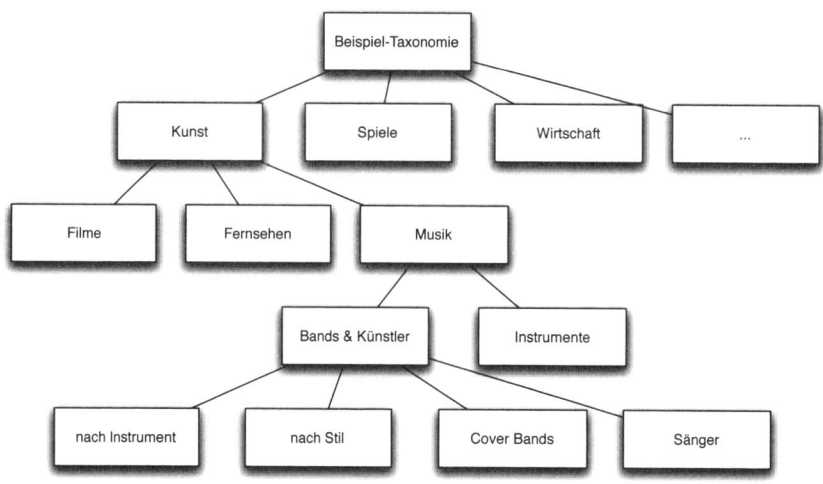

Abbildung 5.1: Ein kleiner Ausschnitt aus einer Taxonomie, angelehnt an das dmoz

Auch wenn Schubladendenken verpönt ist, so klassifizieren Menschen alles und ständig, um die einströmenden Informationen verarbeiten und abgelegte Informationen wieder finden zu können. Wir leben in Stadtteilen, Städten, Regionen, Bundesländern, Ländern, Kontinenten, wir arbeiten in Teams von Abteilungen in Firmen, in Industrien. Wir antworten nicht mit GPS-Daten, wenn wir gefragt werden, wo wir leben; wir antworten mit dem Namen der Stadt, der Region oder gröberen Informationen (nächstgrößere Stadt, südlich von Hamburg), je nachdem, wie gut der Fragende das Land kennt. Und wer den Arbeitgeber nicht kennt, wird sicherlich die Industrie kennen und sich dadurch ein Bild machen können.

Bei der Wahl der Schublade kann es unterschiedliche Ansichten geben. So legen wir unsere Dateien auf unserem Computer nach einem eigenen System ab, mit dem meistens nur wir selbst zurechtkommen und niemand anders. Stets klassifizieren wir aus unserer eigenen subjektiven Perspektive. Genau das ist ein grundlegendes Problem einer Taxonomie: Wer darf die Perspektive auswählen, aus der etwas angesehen wird, das über die persönlichen Belange hinausgeht? Die immer noch inhaftierten RAF-Mitglieder sind für die einen inhaftierte Terroristen, für andere gelten sie als politische Gefangene (siehe dazu auch Rosenfeld und Morville 22).[3]

Unterschiedliche Sichten sind nicht beschränkt auf politische Themen; selbst wenn es um Tomaten geht, kommen unterschiedliche Ansichten zutage. So zitieren Rosenfeld und Morville den Eintrag für das Wort „tomato" aus Webster's Dictionary:

---

[3] Kleiner Test: Versuchen Sie, im dmoz die Homepage der Charité in Berlin zu finden ...

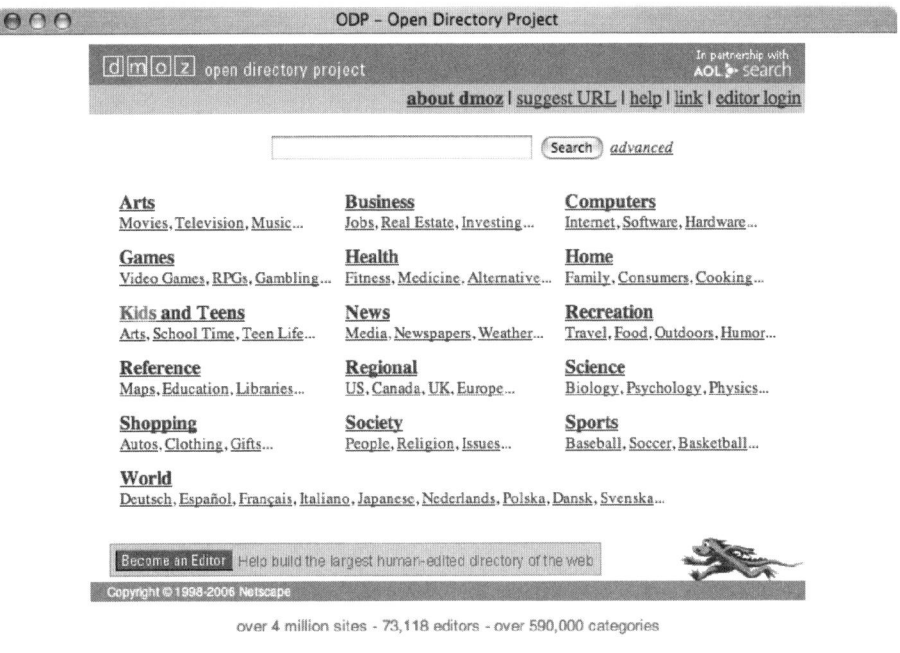

Abbildung 5.2: Die Kategorien auf der Startseite des dmoz

[...] a red or yellowish fruit with a juicy pulp, used as a vegetable: botanically it is a berry.

Noch schwieriger wird es, wenn es um „weiche" Kategorien geht, für die es keine eindeutigen Definitionen gibt, weil niemand das Definitionsrecht hat oder auch weil es einfach um persönliche Vorlieben geht: Gehören die CDs der Band Kraftwerk in das Regal „Deutsche Interpreten", oder würde man sie eher neben den Chillout- und TripHop-CDs in der „Elektro"-Abteilung suchen? Frucht, Gemüse oder Beere, Chillout oder TripHop: Die Beispiele zeigen, dass man es nicht jedem recht machen kann. Was bei einer Tomate noch zu amüsanten Diskussionen führt, kann bei politischen Themen ernsthafte Konflikte bedeuten.

Ludwig Wittgenstein zeigte in den 50er-Jahren ein anderes Problem der um Exaktheit bemühten Taxonomien auf: Einige Dinge können nicht kategorisiert werden, ohne dass sich „der Verstand Beulen holt", wie Wittgenstein es in den Philosophischen Untersuchungen ausdrückte. Diese Dinge gehören zu einer Kategorie, die er unter dem Begriff „Familienähnlichkeit" zusammenfasste. So gibt es Kartenspiele, Kampfspiele und Ballspiele, die nicht in eine Kategorie gesteckt werden können, denn obwohl alle der Familie der Spiele angehören, weisen sie ansonsten keine Gemeinsamkeiten auf. In den meisten Taxonomien wird dies durch Verweise oder sogenannte „Cross References" gelöst. So ist die Kategorie „Ballspiele" beim amerikanischen dmoz eine Unterkategorie der Kategorie „Spiele"; klickt der Benutzer auf den Link zu dieser Kategorie, landet er auf einem anderen Ast des Taxonomie-Baumes und befindet sich in der Kategorie „Ballspiele" unter der Hauptkategorie „Sport".

Es sind aber nicht nur Meinungen und Perspektiven, die zu Unterschieden führen. Die Wissen um die Bedeutung eines Wortes (das linguistische Wissen) kann sich von unserem Wissen über die Welt (das enzyklopädische Wissen) unterscheiden. Von Saeed stammt das Beispiel zweier Menschen, die sich über Wale unterhalten; wenn einer der beiden weiß, dass ein Wal ein Säugetier ist, so weiß der andere dennoch, was mit dem Wort „Wal" gemeint ist, wenn er glaubt, dass ein Wal ein Fisch sei. Das Wissen über die Attribute der meisten Fische („ist im Wasser, hat eine Flosse") kann zu einer Schlussfolgerung führen, die nur durch zusätzliches Wissen revidiert werden kann („benötigt Sauerstoff", „besitzt Wirbelsäule"). So wird in der Linguistik wie auch in der kognitiven Psychologie das Netzwerkmodell diskutiert, in dem die Bedeutung eines Wortes durch Knoten in einem Netzwerk repräsentiert wird; stark vereinfacht gesagt ist dies eine Art Baum in unserem Gehirn, in dem Konzepte aufgeteilt werden anhand von Attributen, die Elemente eines Konzeptes voneinander unterscheiden (siehe Collins und Quillian). Anders (und wieder stark vereinfacht) ausgedrückt: In manchen Fällen ist eine Taxonomie sozusagen inkompatibel mit dem persönlichen Wissen des Nutzers.

Eine Taxonomie kann nicht alle Sichtweisen und persönlichen Unterschiede berücksichtigen. Sie wird diktiert (Top-down), über vorhandene Daten „gestülpt", und jeder Nutzer der Taxonomie muss sich damit zurechtfinden. Doch selbst wenn Benutzer ihre eigene Taxonomie aufbauen können,[4] so ist dies mit den gleichen Problemen behaftet, die oben beschrieben wurden: Jeder hat schon einmal eine Datei auf dem eigenen Rechner gesucht und sich später gewundert, warum man sie gerade in diesem und nicht einem anderen Ordner abgelegt hat. Und nicht nur die Suche gestaltet sich schwierig, schon das Ablegen ist aufwendig: Die Berge von Papier auf unseren realen Schreibtischen zeugen ebenso davon wie die unsortierten Dateien auf jeder Computer-Festplatte. Auf die Online-Welt übertragen erklärt dies auch das Problem der frühen Dienste, die das Verwalten von Bookmarks online ermöglichten, sie verlangten dem Benutzer mehr Strukturiertheit ab, als die meisten in der üblichen Hektik aufbringen können: Eintragen des Links, Suchen nach einer passenden Kategorie, gegebenenfalls Erstellen einer passenden Kategorie, alles jeweils mit einem neuen Laden der Seite verbunden, und das mit langsamen Modemverbindungen. Wenn wir unsere Daten noch nicht einmal offline richtig sortieren, weil es aufwendig ist, warum sollten wir es mit einem Online-Tool tun, das uns viel Zeit (und eventuell auch Geld) kostet?

Diese Kritik an Taxonomien soll nicht bedeuten, dass Taxonomien unnütz wären. In vielen Bereichen sind sie nicht nur nützlich, sondern auch notwendig. Das gilt

---

[4] Das dmoz ist ein besonderer Fall: Zwar wird es von Freiwilligen gepflegt, doch die Taxonomie kann nicht von jedem Benutzer geändert werden.

nicht nur für Fachverzeichnisse; das populärste Beispiel für eine jeden Tag von Millionen verwendete Taxonomie ist eBay: Wer eine Jeans in einer bestimmten Größe sucht, ist dankbar dafür, das Angebot sortiert nach Marken und Größen durchstöbern zu können. Auch hier gibt es Artikel, die nicht eindeutig zugeordnet werden können: Eine Levis 507 wird sowohl von Frauen als auch Männern getragen. Anstatt einen Verweis auf eine andere Kategorie vorzunehmen, wie es beim dmoz üblich ist, erlaubt die eBay-Datenbank die Aufnahme in mehr als eine Kategorie. Gleichzeitig werden dem Benutzer verwandte Artikel angezeigt, seien es andere Jeans-Marken, seien es Erweiterungen der einzelnen Suche (wer nur nach Levis sucht, bekommt auch Levis 501 angeboten). Was dem Käufer zum Vorteil gereicht, bedeutet für den Verkäufer allerdings erheblichen Aufwand: Wer schon einmal einen Artikel bei eBay eingestellt hat, wird sich vielleicht daran erinnern, dass das Suchen der passenden Kategorie(n) keine triviale Angelegenheit ist.[5] Dennoch ist es notwendig, denn die Präzision, mit der ein Artikel durch die Taxonomie eingekreist werden kann, ist für das Funktionieren von eBay eine elementare Funktion.

Bei diesem Beispiel wurde die Suchfunktion, die eBay anbietet, noch außer Acht gelassen; Suche spielt generell eine große Rolle im Zusammenhang mit Taxonomien, sodass ihr der folgende eigene Abschnitt gewidmet wird.

5.2 Search killed the Taxonomy Star

Mit den Fortschritten, die Google und Co bei der Verbesserung der Websuche erreicht haben, sind die Benutzer daran gewöhnt worden, dass es reicht, einen Suchbegriff einzugeben, um in den meisten Fällen sofort ein brauchbares Ergebnis zu erhalten.[1] Warum sollte sich also ein Benutzer umständlich durch eine Taxonomie katalogisierter Webseiten hangeln, um die passende Seite zu finden? Hinzu kommt, dass Redaktionen teuer sind und die Aufnahme neuer sowie die Verwaltung vorhandener Seiten um einiges länger dauert als die automatischen Mechanismen der Suchmaschinen. Diese Entwicklung ist unter anderem an den Veränderungen zu beobachten, die Yahoo! durchgemacht hat: vom Verzeichnis über ein Mischwesen, das Verzeichnisergebnisse mit Suchmaschinentreffern kombinierte, zu einer reinen Crawler-basierten Suchmaschine, bei der das Verzeichnis nur noch eine untergeordnete Rolle spielt. Und auch wenn ein Verzeichnis von Freiwilligen gepflegt wird und keine hohen Kosten entstehen wie beim Open Directory, so können die Redakteure höchstens Dutzende Seiten pro Stunde bearbeiten, anders als die Crawler der Suchmaschinen, von denen jeder einzelne Zigtausende Seiten pro Stunde besucht.

---

[5] Warum hat noch niemand ein Plugin erfunden, das automatisch die passende Kategorie herausfindet?

[1] Bis es so weit ist, dass das bei jeder Suche funktioniert, ist es noch ein weiter Weg.

Mit dieser Aussage soll auf keinen Fall die Arbeit der am dmoz arbeitenden Freiwilligen abgewertet werden. Abgesehen davon, dass Verzeichnisse wie das dmoz
und das Yahoo! Directory eine wichtige Rolle bei der Optimierung der eigenen
Seiten für Suchmaschinen spielen, gibt es Anwendungsfälle, in denen Verzeichnisse und ihre Taxonomien den Suchmaschinen überlegen sind:

- ■ Viele Verzeichnisse werden von Experten gepflegt, sodass ein solches Verzeichnis anders als eine Suchergebnisliste eine gewisse Führung durch ein
  Thema bieten kann. Bei Google und Co ist nicht klar, warum welcher Treffer
  an welcher Stelle steht; noch unklarer ist, ob die Reihenfolge auch wirklich einer qualitativen Wertung entspricht. Ein von Experten gepflegtes Verzeichnis
  kann mittels zusätzlicher Informationen den Einstieg in ein Thema erleichtern.

- ■ Jede Suchmaschine hat mit Seiten zu kämpfen, die allein kommerziell orientiert sind, vor allem bei Suchbegriffen, die gut kommerziell verwertet werden können. Eine Suche nach *Reisebericht Sardinien* liefert je nach Spam-Befall[2]
  mehr oder weniger qualitativ fragwürdige Seiten; im dmoz wurden die Seiten
  von einem Redakteur gesichtet, bevor sie aufgenommen wurden.[3]

- ■ Man interessiert sich für ein Thema, das allein mit der Suche in einer Suchmaschine kaum zu erfassen ist. Wer sich über die deutsche Außenpolitik informieren möchte, wird mit weniger Arbeit in einer gut gepflegten Taxonomie
  einen guten Ausgangspunkt für eine ausgiebige Recherche finden.

- ■ Einige Daten können mit Suchmaschinen nicht präzise genug durchsucht werden. eBay bietet eine Suche, die in vielen Fällen brauchbare Ergebnisse liefert
  und für die meisten Benutzer sicherlich der erste Anlaufpunkt ist. Die Suchergebnisliste bei eBay bietet dann aber die Möglichkeit, die Suche auf eine Kategorie einzuschränken. Wer nach „Levis Jeans" gesucht hat, kann nun nach
  Formen und Größen differenziert weitersuchen. Das Zusammenspiel der Suche mit der Taxonomie erlaubt Benutzern eine Geschwindigkeit und Präzision,
  die mit Suche oder Taxonomie allein nicht gewonnen werden könnte.[4]

Im Gegensatz zum eBay-Verzeichnis der angebotenen Artikel ist offensichtlich,
dass Verzeichnisse von Webseiten heute sehr viel weniger genutzt werden als
Suchmaschinen; ein Blick in die Logdateien vieler Seiten, die im dmoz und anderen Verzeichnissen eingetragen sind, zeigt, dass nur wenige Besucher von diesen
Verzeichnissen kommen.

---

[2] Unter Spam versteht man bei Suchmaschinen Seiten, die minderwertige bis gar keine Informationen
bieten und lediglich zur Monetarisierung gebaut werden. Da diese Spam-Seiten regelmäßig aus den
Suchmaschinen herausgeworfen werden, kommen immer weitere nach.

[3] Natürlich können sich Seiten ändern, nachdem der Redakteur sie angesehen hat, und manche Seite
in Verzeichnissen sind von zweifelhafter Qualität.

[4] Selbstverständlich finden sich auch bei Google & Co Ergebnisse, die zu eBay-Artikelseiten führen.
Dies ist aber eher der Verdienst guter Affiliates und der SEO-Abteilung von eBay, die diese Seiten
extra für die Suchmaschinen optimiert haben.

Google & Co haben uns daran gewöhnt, dass wir Informationen allein durch das Eingeben eines Schlagwortes und das Klicken auf eine Schaltfläche unmittelbar zur Verfügung gestellt bekommen. Ein gutes Beispiel für diesen Wandel ist auch Googles E-Mail-Service Gmail, für den Google mit dem Slogan „Search, don't sort" warb. Anstatt die Benutzer eine eigene Taxonomie mit Ordnern, Unterordnern und Unterunterordnern anlegen zu lassen, um Mails ablegen zu können, werden Mails archiviert und durchsuchbar gemacht. Ganz ohne eine Form von Ordnung lässt auch Google seine Nutzer nicht in der E-Mail-Flut stehen: Gmail erlaubt auch das Zuweisen von ein oder mehreren Labels an eine E-Mail, was dem im nächsten Abschnitt behandelten *Taggen* sehr ähnlich ist.

5.3 Users are doing it for themselves: Folksonomy

Der Begriff *Folksonomy* setzt sich zusammen aus den Begriffen „Folks"(Englisch für Menschen, Leute) und „Taxonomy". Im Gegensatz zu einer Taxonomie klassifizieren die Benutzer Objekte wie Bookmarks oder Fotos selbst, indem sie sie mit sogenannten *Tags* versehen. Ein *Tag* ist ein Schlagwort oder ein oder mehrere beschreibende Begriffe für ein Objekt. So kann ein Urlaubsfoto vom Pariser Eiffelturm unter anderem mit den folgenden *Tags* versehen werden:

- paris
- eiffelturm
- eiffel
- architektur
- Stahlbau

Ein Objekt kann somit zu mehreren Kategorien gehören (wenn man das noch als Kategorie bezeichnen möchte), sowohl zum Stahlbau als auch zu Paris. Dadurch, dass viele Benutzer ihre Objekte *taggen*, entsteht eine Sammlung von *Tags*. Diese Sammlung wird als *Folksonomy* bezeichnet.[1]

Der entscheidende Unterschied zu einer Taxonomie ist, dass keine Kategorien von irgendeiner Instanz vorgegeben sind; jeder entscheidet selbst, welche *Tags* verwendet werden, denn primär geht es darum, dass der Benutzer selbst seine Daten findet. Gleichzeitig werden die Objekte nicht in einen Kategorienbaum eingeordnet; im Gegensatz zu einer Taxonomie entsteht bei einer Folksonomy keine Hierarchie; alles wird auf einer Ebene abgelegt.[2] Vergleicht man die Kategorien des dmoz in Abbildung 5.2 mit der Ansicht populärer *Tags* von del.icio.us in Abbildung 5.3, wird der Unterschied der Ansätze deutlich. Die sogenannte *Tag Cloud* in

---

[1] In letzter Zeit taucht auch häufiger der Begriff *gemeinschaftliches Indexieren* auf. Dies ist in vielerlei Hinsicht ein charmanter Begriff, es fehlt ihm aber die Ähnlichkeit zur Taxonomie.

[2] Eine Ausnahme bilden hier die Cluster von FlickR, bei denen eine Hierarchisierung stattfindet; siehe dazu auch das Mashup FindR, das in Kapitel 7 behandelt wird.

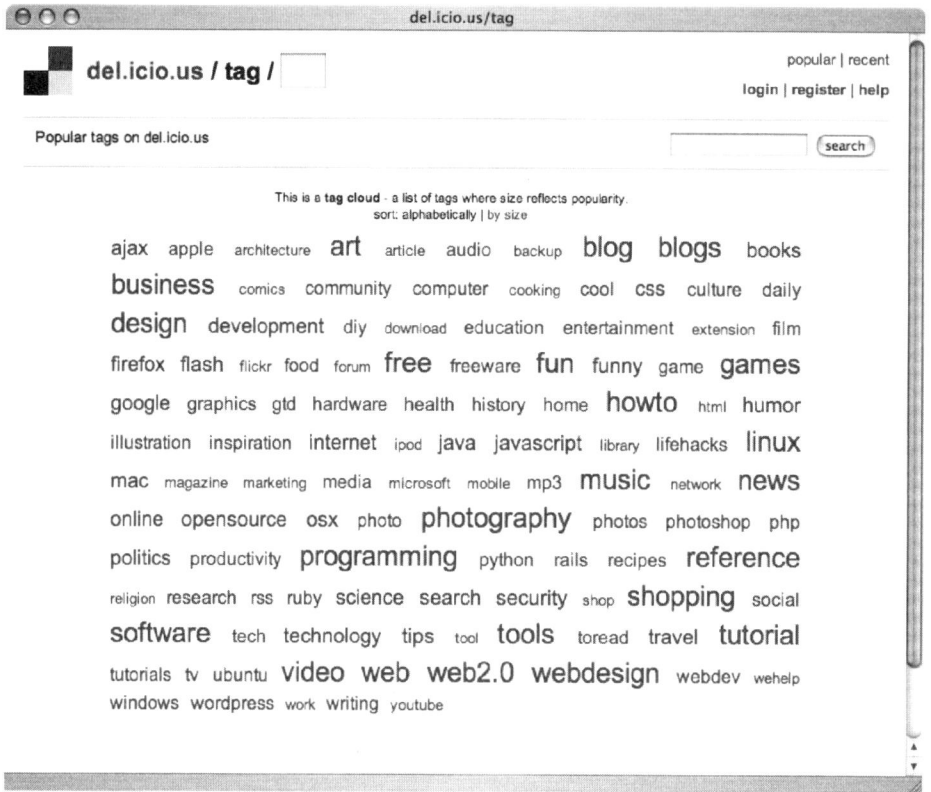

Abbildung 5.3: Populäre *Tags* bei del.icio.us; die Größe des *Tags* gibt Aufschluss darüber, wie populär der *Tag* ist (http://del.icio.us/tag/).

Abbildung 5.3 ist eine gewichtete Ansicht von *Tags*, bei der populäre *Tags* größer oder durch eine Hervorhebung dargestellt werden.

Durch eine Folksonomy lösen sich einige Probleme der im Abschnitt 5.1 besprochenen Taxonomien. Jeder Nutzer verschlagwortet seine Daten selbst, sodass er sich nicht an eine ihm fremde Taxonomie gewöhnen muss. Der Benutzer verwendet sein eigenes Vokabular und nicht das vorgegebene. So wird *Tagging* auch als einfacher und schneller angesehen im Vergleich zum Gebrauch einer Taxonomie. Zwar muss man ebenso wie bei einer Taxonomie das zu Beschreibende identifizieren (anhand der Attribute in dem mentalen Netzwerk Konzepte identifizieren, die in Frage kommen), aber nicht mehr ein Konzept auswählen. Der Benutzer muss sich nicht mehr entscheiden, ob der Eiffelturm unter „Paris" oder unter „Architektur" eingeordnet wird. Stattdessen werden alle möglichen Konzepte beziehungsweise Begriffe genutzt, um das Objekt zu *taggen*.

Es entstehen aber auch neue Probleme. So werden Kategorien, wenn man sie noch so nennen will, fragmentiert: Bekommt ein Blog von einem Benutzer den

Tag „blog", so verwendet ein anderer Benutzer den Plural „blogs", wie auch in Abbildung 5.3 zu sehen ist. In internationalen Gemeinschaften wie FlickR *taggen* amerikanische Benutzer ihre München-Fotos mit dem *Tag* „Munich", deutsche Benutzer mit dem *Tag* „München". del.icio.us bietet Vorschläge an, welche *Tags* andere Benutzer für eine Seite gewählt haben, sodass gegen eine Fragmentierung angegangen wird (siehe Abbildung 5.4). Eine solche Vorgehensweise ist für FlickR nicht möglich, denn die eigenen Fotos werden nur vom Benutzer selbst *getaggt* und nicht von anderen Personen, sodass keine Erfahrungswerte bestehen, die man nutzen könnte.

Dieses Beispiel zeigt auch, dass es verschiedene Arten einer Folksonomy gibt. Wenn bei del.icio.us mehrere Benutzer die gleiche Seite zu ihren Bookmarks hinzufügen und *taggen*, geben sie dadurch auch eine Art Votum für diese Seite ab. So wie Google mit der Anzeige des *PageRank* in der Google Toolbar dem Benutzer einen Hinweis auf die Relevanz einer Seite gibt (wie Google es ausdrückt), so gibt die Anzahl der Benutzer, die eine Seite zu ihren Bookmarks hinzugefügt haben, einen Hinweis auf die Popularität dieser Seite.[3] Auch die Qualität der *Tags* wird besser, je mehr Benutzer die gleiche Seite *taggen*. Die Mehrheit wird dieselben *Tags* für die gleiche Seite verwenden, sodass die Indexierung genauer wird. Da die *Tags* bei FlickR nur von den Eigentümern der Bilder vergeben werden, entsteht keine neue Qualität in Bezug auf gemeinschaftliche Indexierung oder Bewertung.

Dies wird deutlich bei der Verwendung von „falschen" *Tags*. In Anlehnung an die in Abschnitt 5.1 besprochenen Unterschiede zwischen dem linguistischen und dem enzyklopädischen Wissen finden sich bei FlickR als „fish" *getaggte* Wale ebenso wie der „Eifeltower". Ein anderes Problem sind Homographen, Begriffe, die gleich geschrieben werden, aber verschiedene Bedeutungen haben. Das Wort „Tau" kann für ein Seil stehen, aber auch für Niederschlag. Diese Mehrdeutigkeiten werden nicht aufgelöst.

Dieses Beispiel erklärt auch, warum eBay die eigene Taxonomie sehr wahrscheinlich nicht durch eine Folksonomy ersetzen kann (wenngleich *Tags* eine Ergänzung darstellen könnten): Die Taxonomie erlaubt eine Präzision, die mit *Tags* nur schwer zu erreichen wäre. Mit was wäre eine Levis 507 Used Look mit der Weite 30 und der Länge 36 zu *taggen*? Mit welchen *Tags* würde der Benutzer suchen? Die eBay-Taxonomie dient dem Verkäufer nicht nur als eine Art Checkliste („Habe ich auch an alles gedacht, was der Käufer wissen muss?"), sondern schafft durch die Vorgaben eine Vergleichbarkeit der angebotenen Produkte.

Ein weiterer Unterschied zwischen einer Taxonomie und einer Folksonomy ist die Verteilung der Themengebiete. Eine Taxonomie ist ausgewogen, Themen sind gleichberechtigt, auch wenn sie weniger populär sind: Während Portale einen Punkt „Wissenschaft" sehr wahrscheinlich nicht auf der Homepage haben wollten, es sei denn, es handelt sich um populärwissenschaftliche Themen, steht er beim Open Directory ebenso auf der Startseite wie die Kategorie „Compu-

---

[3] Es ist sicherlich nur eine Frage der Zeit, bis der neue del.icio.us-Besitzer Yahoo! diese Daten auch in irgendeiner Art verwendet.

Abbildung 5.4: Empfehlung von del.icio.us, welchen *Tag* man für eine Seite verwenden könnte auf Basis der *Tags* anderer Benutzer für diese Seite

ter"(siehe Abbildung 5.2).[4] Taxonomien werden in der Regel von Experten gepflegt, die darauf achten, dass auch Teilaspekte eines Themas abgedeckt sind, auch wenn es sich um Nischenthemen handelt. Weniger populäre Sportarten wie Curling sollten in einer von Sportexperten verwalteten Taxonomie genauso zu finden sein wie Fußball.[5] Ebenso gibt es bei eBay Kategorien, die sehr viel weniger Popularität genießen als andere, die aber dennoch da sein müssen, um die Vielfalt abdecken zu können.

In einer Folksonomy ist das anders: Es wird nicht darauf geachtet, dass ein Thema ausgewogen abgedeckt ist, denn es wird nur das hinzugefügt und mit einem *Tag* versehen, was für den Benutzer in diesem Augenblick wichtig und relevant ist. Die Benutzer von del.icio.us haben, wenn man der *Tag Cloud* in Abbildung 5.3 Glauben schenkt, mehr Berührungspunkte mit der Fotografie und der Programmierung als mit dem Kochen und der Religion. Unter der Berücksichtigung, dass del.icio.us gegenwärtig vor allem von technisch versierten Benutzern verwendet wird, ist diese Verteilung (und auch die Abwesenheit von hormongesteuerten Themen) nicht ungewöhnlich.

---

[4] Einschränkend ist zu sagen, dass auch beim Open Directory der Popularität Genüge getan wird; unter den Hauptkategorien sind Unterkategorien angezeigt, und natürlich sind Movies, Television und Music populärer als Malerei. Ein ähnlicher Effekt wird bei eBay erzielt, indem bestimmte Kategorien auf der eBay-Startseite prominent platziert werden.

[5] Die Curling-Fans mögen dem Autor verzeihen, dass er ihren Sport als Nischenthema ansieht.

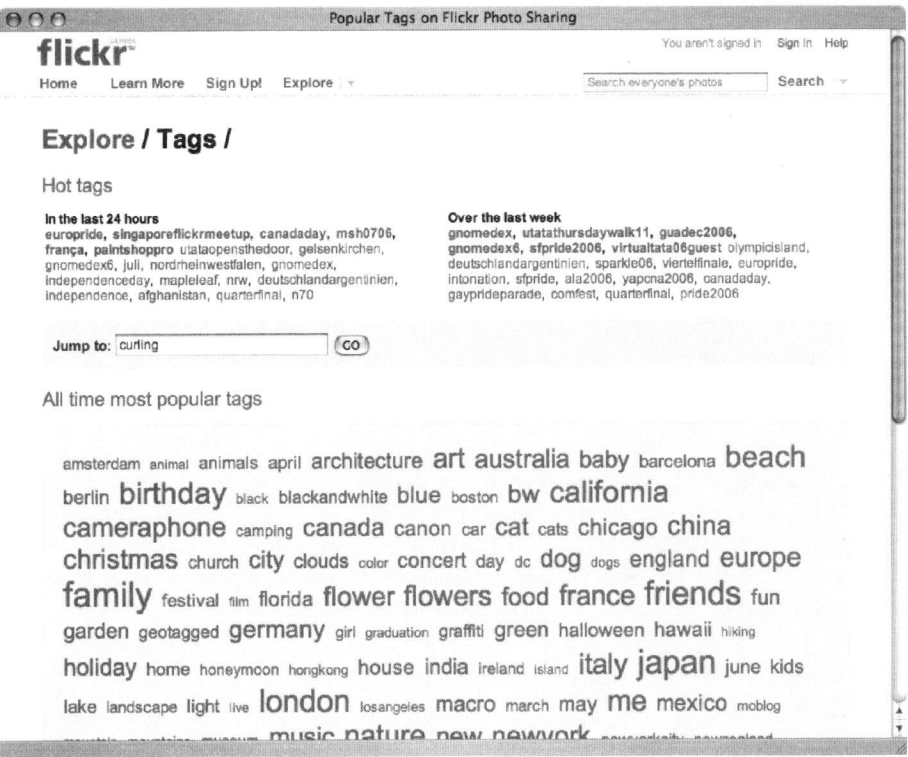

Abbildung 5.5: Populäre *Tags* bei FlickR: Nicht nur Allzeithochs, sondern auch Entwicklungen sind berücksichtigt (http://www.flickr.com/Fotos/tags/).

Dies führt zurück zu dem Begriff der Trampelpfade: Die *Tag Clouds* von del.icio.us, FlickR und 43 Things zeigen populäre Themen, und die durch die Größe des Links abgebildete Prominenz eines Themas führt dazu, dass dieses öfter angeklickt wird als andere Themen. Somit verstärkt sich ein Effekt, denn was für andere populär ist, zieht auch diejenigen an, die ein Thema noch nicht kennen, es aber kennen lernen möchten. Für weniger populäre Themen bedeutet das, dass sie auch weiterhin weniger populär bleiben, weil sie erst gar nicht erscheinen. Curling wird in absehbarer Zeit nicht in der *Tag Cloud* von Flickr, del.icio.us und Co zu finden sein (es sei denn, Lara Croft beginnt, Curling zu spielen). Man sieht nur noch das, was andere auf ihren Trampelpfaden auch sehen, was für sie populär ist, und kleine Themen fernab von den Trampelpfaden haben es schwer, Aufmerksamkeit zu erhalten.

FlickR bietet gleich mehrere *Tag Clouds* an; neben den Allzeithoch-*Tags* gibt es die „Hot Tags" der letzten 24 Stunden und der letzten Woche. In Abbildung 5.5 hat es zum Beispiel Gelsenkirchen geschafft, „*getaggt*" zu werden, einen Tag nachdem England bei der Fußballweltmeisterschaft 2006 in Gelsenkirchen gegen Portugal verloren hatte. Durch diese Funktionalität haben auch neue Themen eine Chance, wenngleich auch nur temporär. Ein bisschen ähnelt dies den „Aus aller Welt"-Seiten der Tageszeitungen, in denen ein kurzer Einblick in andere, aktuelle Themen geboten wird.

Doch auch so laden *Tags* zum Erkunden ein, fast so wie das Web in seinen frühen Tagen, als es noch ein Erlebnis war, auf einen Link zu klicken und zu staunen, wohin man gelangte. Es ist das, was FlickR, del.icio.us und Co neben ihrer einfachen Bedienung so anziehend macht: Browsen, Erkunden, etwas Spielerisches ist damit verbunden, denn klickt man auf einen *Tag*, weiß man noch nicht, was einen erwartet. Verstärkt wird das durch die sozialen Komponenten, die diese Applikationen mitbringen. Dazu mehr in dem folgenden Kapitel über Social Software.

5.4 Showdown

Der Vergleich zwischen einer Taxonomie und einer Folksonomy ist unfair: *Tagging* ist zunächst dazu gedacht, dass der Benutzer seine eigenen Daten wiederfindet, wohingegen Taxonomien angelegt werden, um einer möglichst großen Benutzerzahl ein Gerüst zu bieten. Eine Folksonomy ist zunächst eher ein Abfallprodukt des *Taggings*, wenngleich ein sehr beeindruckendes, wie die Beispiele von FlickR und del.icio.us zeigen. Je mehr Benutzer Daten beitragen, desto wertvoller wird die Folksonomy und desto wahrscheinlicher ist es auch, dass andere Begrifflichkeiten und andere Kontexte auftauchen als die der Trampelpfade.

Die Folksonomy wird die Taxonomie aber nicht grundsätzlich ersetzen, auch wenn Tim O'Reilly in seinem Artikel „What is Web 2.0?" die Taxonomie als Teil des Web 1.0 sieht und die Folksonomy als Teil des Web 2.0. Es werden unterschiedliche Bedürfnisse befriedigt, und eine Folksonomy wird dort eingesetzt, wo sie Sinn macht. Niemand wird von Biologen verlangen, dass sie Pflanzen und Tiere in Zukunft *taggen*, für die eigene Bookmark-Sammlung ist es schwer, sich eine Rückkehr zu einer Taxonomie vorzustellen.

Einiges spricht dafür, dass die Ansätze in manchen Fällen miteinander verbunden werden. Denn wenn das Hinzufügen einer Seite zu den del.icio.us-Lesezeichen als Votum für eine Seite verstanden wird und einer Seite dadurch ein Vorteil entsteht (sei es allein deswegen, weil sie mehr Besucher bekommt durch die Auflistung auf der Homepage von del.icio.us), so sind bisher keine Kontrollmechanismen bekannt, die einen Missbrauch verhindern könnten. Hier wären Redakteure eine sinnvolle Ergänzung. Hinzu kommt, dass allein das Bereitstellen einer *Tagging*-Funktion kein Garant dafür ist, dass nach kurzer Zeit eine Breite erreicht wird, die auch für andere Benutzer attraktiv ist und zum Mitmachen einlädt; hier wären ebenso Redakteure gefragt, die zumindest ein attraktives Grundgerüst bereitstellen, um Benutzer zur Mitarbeit zu bewegen und später eine selbstverstärkende Wirkung zu erreichen.

Die Vorteile des *Taggings* setzen keine Folksonomy voraus, auch wenn das *Tagging* zum Teil mit einer Folksonomy gleichgesetzt wird. Löst man sich von dieser Vorstellung, so wird der Blick frei für andere Anwendungen, bei denen eigene Daten organisiert werden müssen: Wie bereits eingangs erwähnt, geht es beim *Tagging* zunächst primär um die Organisation eigener Daten. Ein Anwendungsbeispiel ist die Dateiverwaltung in Betriebssystemen: So speichern die Computerbenutzer ihre Dateien seit Jahrzehnten in Ordnern, die in Ordnern liegen, die wiederum in Ordnern liegen, wie der Benutzerschnittstellen-Guru Kai Krause bereits Mitte der 90er-Jahre kritisierte. Die Benutzer sind gezwungen, ihre eigenen Taxonomien zu erstellen, sofern sie nicht alle Dateien auf einer Ebene ablegen wollen. Die Schreibtisch-Metapher bricht mit der Realität, denn in der realen Welt existiert das Ordner-in-Ordner-Prinzip nicht.[1] Doch gäbe es nicht die Suchfunktion, so wäre das Finden von Dateien in der selbst erstellten Taxonomie eine anstrengende Angelegenheit. Abgesehen davon, dass Daten nicht immer ordnungsgemäß abgelegt werden, mag die heutige Einordnung einer Datei sinnvoll erscheinen, nach einigen Wochen oder Monaten sucht man sie dennoch woanders. Programme wie Quicksilver[2] oder Spotlight[3] zeugen davon, dass nach Alternativen gesucht wird. Die Verbindung des *Taggings* mit den notwendigen Taxonomien in den Dateistrukturen der Betriebssysteme wäre eine spannende Alternative für die bisherigen Herangehensweisen. Auch wenn dies den Rahmen der Schreibtisch-Metapher komplett sprengen würde, hätte die Nutzung von *Tags* viele Vorteile. So ließen sich Dateien vielschichtiger ablegen; anstatt eine Datei in einem Ordner abzulegen und eventuell noch ein Alias darauf in einem anderen Ordner zu erstellen, damit man die Datei auch dort findet, kann eine Datei allein durch ihre *Tags* wiedergefunden werden. Schwierig wird es erst dann, wenn Dateien mit anderen Benutzern auf einem gemeinsamen Laufwerk geteilt werden.

Was genau macht die Folksonomy zum Bestandteil des Web 2.0? Eine Web 2.0-Anwendung muss nicht Tagging oder eine Folksonomy enthalten: In Blogs wird zum Beispiel so gut wie gar nicht getaggt, die *Tags*, die bei Technorati & Co zu sehen sind, stammen entweder von den Kategorien, die Benutzer für ihre Beiträge wählen, oder durch manuell im Code gesetzte *Tags*. Bei den Anwendungen, die *Tagging* und vielleicht zusätzlich eine Folksonomy beinhalten, ist der Ansatz, dass Strukturen nicht mehr vorgegeben werden, sondern von den Nutzern selbst kommen, das entscheidende Merkmal. Ebenso wie die Social Software, wie die Blogs (die man selbst auch als Social Software ansehen könnte; ebenso die Blogosphäre als Social Network), wie Vorgehensweisen in der Softwareentwicklung (die wir später besprechen) ist die Partizipation der Nutzer notwendig.

---

[1] Ein Bruch, der wahrscheinlich kaum noch auffällt – dank unserer Literalisierung im Umgang mit Computern.

[2] http://quicksilver.blacktree.com/

[3] http://www.apple.com/de/macosx/features/spotlight/

Kapitel 6

Das Web als Plattform

6.1 Die Vorboten

Das Web als Plattform, dieser Gedanke geisterte schon zu New-Economy-Zeiten in den PowerPoint-Präsentationen herum. Gemeint war damit eine Abkehr von dem bisherigen Ansatz, bei dem eine Software gekauft und auf dem eigenen Rechner installiert wird, vorangetrieben von Firmen, die Microsoft gerne von dem Thron der Betriebssystem-Dominanz stoßen wollten. Stattdessen, so die Vision Netscapes und anderer zu diesem Zeitpunkt, sollten die Benutzer mit einem Webtop arbeiten und die Anwendungen als Applets aus dem Internet kommen, idealerweise von einem Server, der mit einer teuren Netscape-Server-Software lief. Aus dieser Vision wurde nichts.

Ein weiteres Beispiel für Firmen, die das Web als Plattform nutzen, wenn auch in anderer Hinsicht, sieht O'Reilly in DoubleClick und Akamai, die ihre Dienste bereits früh als Services und nicht als Software anboten und somit als Pioniere des Web 2.0 gelten könnten. Die von DoubleClick ausgelieferte Werbung kann sowohl als Web Service als auch als Mashup gesehen werden, so O'Reilly. Akamai hingegen bietet die beschleunigte Verteilung von Inhalten über das Internet an, zum Beispiel die Inhalte von Yahoo!, Apple und eBay. Beide Firmen, Akamai wie auch DoubleClick, entsprechen laut O'Reilly nicht genau seiner Definition des Web 2.0, sei es, weil sie das in Kapitel 8.1 besprochene Long Tail nicht einbeziehen, sei es, weil es bei beiden nicht um Partizipation, sondern um Konsum von Inhalten geht. Schon bei diesen Beispielen wird deutlich, dass dieser Aspekt des Web 2.0 schwer zu fassen ist. Ab wann ist eine Applikation, die das Web als Plattform nutzt, Teil des Web 2.0?

Noch deutlicher wird es, wenn die anderen Beispiele O'Reillys für wahre Web 2.0-Vertreter genauer angesehen werden: Während Google auf den ersten Blick eine reine Webapplikation ist (für die man eine Desktop-Applikation benötigt,

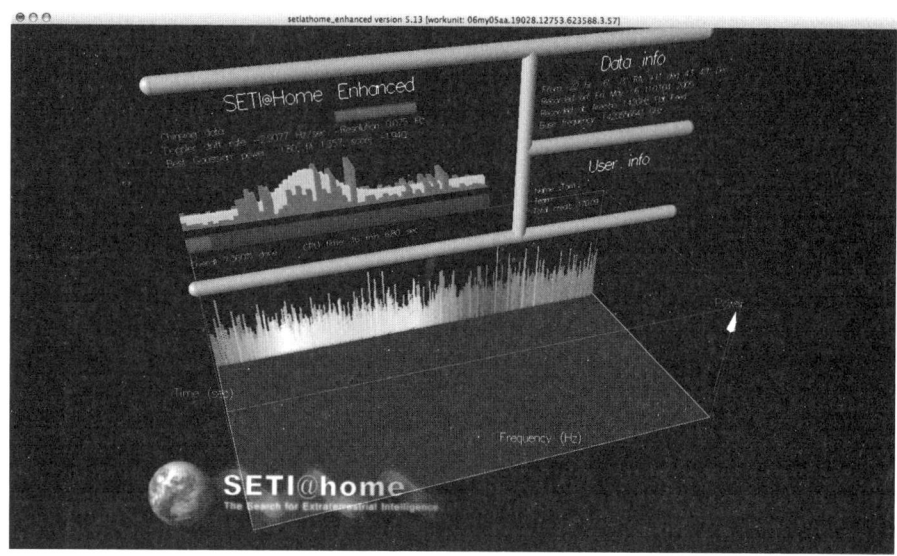

Abbildung 6.1: SETI@Home, hier in der modernen Vision

um sie zu nutzen[1]), so ist O'Reillys anderes Beispiel, BitTorrent, eine Desktop-Applikation, die das Web nutzt. Abgesehen davon verschwimmen die Grenzen zwischen Desktop, Web und anderen Geräten immer mehr, wie wir später sehen werden: Ob eine Applikation das Web als Plattform nutzt oder nicht, sollte daher in erster Linie daran gemessen werden, in welchem Grad die Applikation ohne das Web noch sinnvoll arbeitet, egal ob es eine Web- oder eine Desktop-Applikation ist. Der große Unterschied aber ist, und da hat O'Reilly mit der Auswahl seiner Beispiele recht, dass die Nutzung des Webs als Plattform bei den Benutzern angekommen ist.

So wäre ein anderer Vorbote für die Nutzung des Webs als Plattform das 1999 gestartete SETI@Home-Projekt, bei dem über 5 Millionen von Benutzern weltweit Rechenzeit zur Verfügung stellten, um Außerirdische zu finden. Dazu lud man sich ein kleines Programm herunter, das Datenpakete vom SETI@Home-Server empfing, durchrechnete und nach Abschluss dieser Berechnungen die Ergebnisse wieder zurückschickte, wo die Daten aggregiert wurden. Ähnlich wie bei vielen Vertretern der Social Software konnte auch bei SETI@Home Anerkennung und Aufmerksamkeit gewonnen werden, denn je mehr Datenpakete durchgerechnet worden waren, umso höher stieg die Anzahl der gesammelten Punkte; außerdem war man Teil einer Gemeinschaft, die etwas Sinnvolles tat („Wäre es nicht toll, wenn ausgerechnet ich (mein Computer) Außerirdische fände?"). Ganz abgesehen davon war die Berechnung der Daten auch noch ansprechend visualisiert worden, sodass viele Anwender SETI@Home als Bildschirmschoner nutzten (siehe Abbildung 6.1). Ähnlich wie BitTorrent wird hier die Rechenzeit des Desktops

---

[1] Natürlich kann man sie auch mit Mobiltelefonen nutzen, aber auch darauf ist ein Browser installiert.

genutzt, und genauso wie alle anderen von O'Reilly genannten Beispiele funktioniert die Software nicht ohne das Web.

6.2 Google

Als Beispiel dafür, wie das Web wirklich als Plattform genutzt wird, sieht O'Reilly die Suche von Google an, die, anders als die Netscape-Produkte, nie verkauft worden sein soll.[1] Stattdessen

- begann Google als Webapplikation, als ein Service,
- für den niemand bezahlen muss,
- ohne Software-Releases, sondern ständige Verbesserung,[2]
- ohne die Notwendigkeit, auf dem eigenen Rechner etwas installieren zu müssen, um es zu benutzen.

O'Reilly vergleicht Google mit einem Telefonanruf, bei dem das Telefonat nicht allein auf den beiden Endgeräten stattfindet, sondern auch in der Leitung dazwischen; dort sieht er Google, zwischen dem Benutzer und seiner Online-Zeit.

Sosehr dieser Vergleich auch hinken mag, sosehr stimmt es auch, dass die meisten von uns Google nur als Service im Netz erleben, anders als eine Software, die wir auf dem eigenen Rechner installiert haben. Dies gilt dann aber auch für jede andere Seite, die im Netz genutzt wird, und zwar in einer Art, die über das reine Ansehen von Inhalten hinausgeht. Und es gilt auch für die Suchmaschinen vor Google, die es bereits 1994 gegeben hat, als Akamai und DoubleClick noch nicht einmal gegründet waren. Auch wenn einige Suchmaschinen wie Altavista eher als Showcase für leistungsfähige Rechner zum Leben erweckt wurden, so wäre O'Reillys Argument hier hinfällig.

So ist es wohl eher Googles Dominanz, die Positionierung als erste Anlaufstelle für Fragen aller Art, die hier herausgehoben wird: Hatte man bei einigen Suchmaschinen der 90er-Jahre noch den Eindruck, dass es eher Zufall ist, was man findet, so hat Google durch seine Anwendung des Linkpopularitätskonzepts, PageRank, die Suchmaschinen auf einen neuen Level gehoben. Google wurde zum ständigen Begleiter, ebenso wie es Microsoft Word und andere Desktop-Software ist.

---

[1] Hier irrt sich Tim O'Reilly, denn Google verkauft seine Suche sehr wohl: Die Google Mini wie auch die Google Search Appliance sind beides Produkte, die Kunden kaufen und in ihr eigenes Rechenzentrum stellen können; beide sind nicht nur für den internen Einsatz gedacht, sondern auch für Suchfunktionen, die der Öffentlichkeit zur Verfügung gestellt werden.

[2] Auch diese Aussage ist mit Vorsicht zu genießen, denn auch wenn auf den ersten Blick keine neue Version zu sehen ist, so bemerken viele Benutzer doch, wenn etwas passiert, und auch intern scheint über Releases gesprochen zu werden, siehe zum Beispiel http://www.mattcutts.com/blog/ses-nyc-2006-day-3/, wo Matt Cutts über ein neues Release von Sitemaps spricht.

Doch O'Reillys Vergleich hinkt auch deswegen, weil Google auf den Desktop drängt, sei es durch die Toolbar, die nicht nur die schnelle Suche aus dem Browser ermöglicht, sondern auch Informationen vom Browser des Benutzers an die Google-Server sendet, sei es durch das Google Pack, eine ganze Software-Suite, die Desktop-Suche, Foto-Software und Anti-Viren-Software enthält. Google möchte uns noch mehr begleiten.

6.3   BitTorrent

BitTorrent wird von O'Reilly als weiteres Beispiel für die Nutzung des Webs als Plattform angesehen. Kümmerte sich Akamai vor allem um die in Kapitel 8.1 besprochene Long Tail, so sind es bei BitTorrent die Benutzer selbst, die den Service am Leben halten.

BitTorrent ist ein Protokoll, mit dem große Dateien über das Internet verteilt werden können. Dies soll an einem Beispiel verdeutlicht werden: Ein Benutzer lädt einen Film von einem Server herunter. Während er die Datei herunterlädt, will ein zweiter Benutzer die Datei herunterladen. Anstatt diese Datei auch vom Server zu laden (und damit die Download-Geschwindigkeit für beide Benutzer eventuell zu verlangsamen), lädt der zweite Benutzer die Datei von dem ersten Benutzer, auch wenn er den Download noch gar nicht abgeschlossen hat. Dadurch werden die ungenutzten Bandbreiten des ersten Benutzers zum Hochladen von Dateien verwendet; insgesamt werden nicht weniger Daten durch das Netz geschickt, aber sie werden intelligenter aufgeteilt, sodass der Server mit dem Film nicht unter der Last der vielen Interessenten zusammenbricht.

Interessant ist in diesem Zusammenhang, dass Peer-to-Peer-Technologien langsam den Stempel der Illegalität verlieren, da die Filmindustrie selbst die Technologie zum Verkaufen von Kinofilmen nutzen will; jetzt, da die Benutzer mit schnellen Internetanschlüssen versorgt sind, werden die Vorteile von Peer-to-Peer offensichtlich: Das Internet ist nicht dazu ausgelegt, dass ein Blockbuster von einem zentralen Server verteilt wird, wie Andreas Grote in der SZ feststellt:

> *Die Portale favorisieren daher eine Technik, die den illegalen Internet-Tauschbörsen zur Blüte verholfen hat: Peer-to-Peer (P2P)[...] Eine Studie des Verbandes „European Information Technology Observatory" erwartet, dass P2P bis 2010 die wichtigste Distributionstechnologie im Internet sein wird. [...] Warner wird bei seinem amerikanischen Filmportal die Technologie von BitTorrent verwenden, das die meisten Internetnutzer als illegale Tauschbörsen kennen. (SZ vom 9. Juni 2006)*

O'Reilly weist zusätzlich darauf hin, dass bei BitTorrent ein weiterer Aspekt des Web 2.0 inhärent ist: Je mehr Benutzer daran teilnehmen, desto besser wird es. Im Grunde ist dies aber eine Verwässerung der Unterscheidung, die zuvor von O'Reilly getroffen wurde: Akamai, so O'Reilly, habe sein Geschäft mit den großen

Abbildung 6.2: Musik kaufen im iTunes Music Store: mit einem Klick ein ganzes Album

Firmen gemacht; wenn die Filmindustrie nun lieber Peer-to-Peer-Netze als Akamai nutzt, um seine Inhalte zu vertreiben, bedeutet das nichts anderes, als dass
Kosten gespart werden, indem die Ressourcen der Benutzer angezapft werden.

6.4   iTunes

Es liegt nicht an der Vorliebe des Autors für Produkte von Apple Computer, dass
die Software iTunes in einem Web 2.0-Buch erwähnt wird. Es ist Tim O'Reilly
selbst, der einen Zusammenhang zwischen iTunes und dem Web 2.0 knüpfte. Auf
den ersten Blick ist dieser Zusammenhang kaum zu verstehen, denn iTunes ist
keine Webapplikation, sondern in erster Linie eine Software zum Verwalten und
Abspielen von MP3- und anderen Audiodateien.

Aber die Verbindung zum Web tritt bereits zutage, wenn eine Audio-CD in den
Computer eingelegt wird: iTunes holt die Titel der Songs, den oder die Künstlernamen sowie weitere Informationen wie Albumtitel oder Jahr der Veröffentlichung aus einer Datenbank im Netz, der Gracenote-Datenbank. Ist die CD unbe-
kannt, so können die Titel auch via iTunes an die Gracenote-Datenbank gesendet
werden. Der Vorteil für den Benutzer: Will er die Audio-CD „rippen", die auf der
CD befindlichen Audiodaten in eine MP3-Datei konvertieren, so muss er nicht die
oben genannten Daten abtippen.

Die Verbindung mit dem Web geht aber noch weiter: Im April 2003 eröffnete die Firma Apple Computer den iTunes Music Store in den USA, über den Musik digital über das Netz erworben werden konnte. Nachdem dem illegalen Tauschen von Musik über die erste Version der Peer-2-Peer-Tauschbörse Napster 2001 ein Ende gesetzt wurde, kamen legale Alternativen nicht in Fahrt.[1] Von dem Erfolg des iTunes Music Stores war vor allem die Musikindustrie überrascht, die mit eigenen Lösungen wenig erfolgreich war. Das Geheimnis des Erfolges liegt neben Faktoren wie Preis und Katalog vor allem in der einfachen Benutzung des iTunes Music Stores: In der Desktop-Applikation iTunes werden Inhalte gesucht und gekauft, Autorisierung und Download über das Netz finden vom Benutzer unbemerkt im Hintergrund statt. Im Gegensatz zu Torrents, die zunächst gesucht werden müssen, bevor die gesuchte Datei heruntergeladen werden kann, ist ein Musik- oder Videokauf im iTunes Music Store ein Kinderspiel: Mit einem Klick ist ein Stück, ein ganzes Album oder ein Video gekauft (siehe Abbildung 6.2).[2]

Damit die Dateien nicht mit anderen Musikliebhabern getauscht werden können, hat Apple ein Digital Rights Management (DRM) integriert. Dieses erlaubt das Kopieren der gekauften Dateien auf eine bestimmte Anzahl von iPods und Rechnern; außerdem ist nur eine begrenzte Anzahl von Brennvorgängen der von Benutzern zusammengestellten Playlists mit gekauften Inhalten möglich. Dieses DRM funktioniert nur mit einem Internetzugang: Jeder Rechner, auf dem gekaufte Inhalte abgespielt werden sollen, muss autorisiert werden.

Die in Kapitel 3 besprochenen Podcasts sind ein weiteres Beispiel für die Verwendung des Webs als Plattform: Wie bei den zu kaufenden Titeln können Podcasts über die iTunes-Software gesucht und abonniert werden; neue Folgen werden automatisch heruntergeladen, gehörte Folgen automatisch gelöscht. Hier wird nicht nur Gebrauch von der Verbindung der iTunes-Software mit dem iTunes Music Store gemacht; die iTunes-Software abonniert die *Feeds* der jeweiligen Podcast-Anbieter und fragt deren Server ab, um neue Folgen zu finden. Der Benutzer selbst bekommt davon nichts mit; abonniert er lediglich die von iTunes angebotenen Podcasts, so muss er sich nicht einmal mit Begriffen wie *Feed* & Co. auseinandersetzen.

Nicht nur das Web und iTunes sind miteinander verbunden, auch der iPod ist Teil dieser Plattform, selbst wenn er selber (noch) nicht in das Internet kann. Musik, Hörbücher und Podcasts werden mit der iTunes-Software heruntergeladen und automatisch auf den iPod übertragen, wenn er angeschlossen wird. Der Ablauf ist aber nicht einseitig vom iTunes Music Store in die iTunes-Software und von da auf den iPod: Auch wenn keine Musik von dem iPod auf den Rechner übertragen werden kann, werden Informationen vom iPod in die iTunes-Software übertragen, die vom Benutzer abgegebenen Wertungen eines Titels sowie der Zähler, wie

---

[1] Die deutsche Musikindustrie wird sich sicherlich ungern an ihre eigenen Versuche Popfile oder Phonoline erinnern, eine Art TollCollect der Musikindustrie.

[2] Natürlich gibt es bei der ganzen Geschichte auch Nachteile; diese haben aber nichts mit dem Web 2.0-Ansatz zu tun und würden daher den Rahmen dieses Buches sprengen.

oft ein Stück abgespielt wird. Diese Informationen werden in der iTunes-Software
in den intelligenten Wiedergabelisten genutzt, zum Beispiel in der Liste der Lieb-
lingslieder (beste Wertungen) und in der Liste der Top 25 (am häufigsten gespielt).
Diese Informationen werden von den von Apple festgelegten Abläufen noch nicht
zurück über das Web an den iTunes Music Store gesendet. Dafür aber haben Dritt-
anbieter Software geschaffen, die Informationen aus der iTunes-Bibliothek eines
Benutzers in das Web bringen. Die in Kapitel 4.7 besprochene Plattform last.fm
verfolgt die in iTunes gespielten Songs und sendet diese an die Server von last.fm,
wo daraus wöchentliche, monatliche und andere Charts erstellt werden. Abgesehen von last.fm existiert eine Vielzahl von Software, welche die iTunes-Bibliothek
ausliest und Informationen daraus auf einem Webserver ablegt, von wo aus eine
Webapplikation diese verwenden kann (siehe zum Beispiel Kung Tunes). So kann
zum Beispiel ein Blogger seine Leser automatisch wissen lassen, welche Musik er
gerade hört.

Was wäre iTunes ohne das Web? iTunes wäre lediglich eine Software zum Abspielen von Musik, wie es sie mehr als einmal gibt. Nur dadurch, dass iTunes das
Web als Plattform nutzt und dabei auch noch andere Geräte als den Computer,
nämlich den iPod, einbezieht, konnte die Software diese Bedeutung erhalten. Ein
weiterer Aspekt, der iTunes und vor allem den iTunes Music Store mit dem Web
2.0 in Verbindung bringt, ist das Geschäftsmodell; dazu siehe das Kapitel 8.1 über
das sogenannte „Long Tail".

6.5 Google Docs & Spreadsheets

Den Ansatz, Software über das Web zu nutzen, konnte Netscape nicht erfolgreich verfolgen; vermutlich lag dies unter anderem an den langsamen Internetanschlüssen und hohen Online-Kosten zu jener Zeit. Dass die Idee selbst aber
nicht schlecht war, zeigt sich daran, dass immer mehr vorher dem Desktop vor-
behaltene Applikationen nun auch im Netz verfügbar sind. Ein Beispiel dafür ist
Google Docs, früher Writely, eine Textverarbeitung, die komplett im Web genutzt
werden kann (siehe Abbildung 6.3). Die im März 2006 von Google gekaufte Webapplikation wird ergänzt durch ein weiteres Google-Produkt, Spreadsheets, mit
dem eine komplette Tabellenkalkulation im Netz genutzt werden kann.

Das Besondere ist, dass mit beiden Produkten auch Word- und Excel-
Dokumente geöffnet und bearbeitet werden können, selbst das Erstellen von PDF-
Dokumenten ist möglich.[1] Gleichzeitig sieht die Oberfläche der der klassischen
Desktop-Anwendungen sehr ähnlich, sie verhält sich zum Teil sogar gleich, so-
dass Anwender keine Probleme haben sollten, sich umzugewöhnen.

Der Netz-PC ist mit solchen Anwendungen keine Illusion mehr, und der Browser
wird, wie von Netscape damals angetrieben, das primäre Fenster zu den Anwen-

---

[1] Was all die zu schätzen wissen, die unterwegs eine Datei erstellen oder ändern müssen, auf den PCs
im Internetcafé aber keine Office-Software vorfinden.

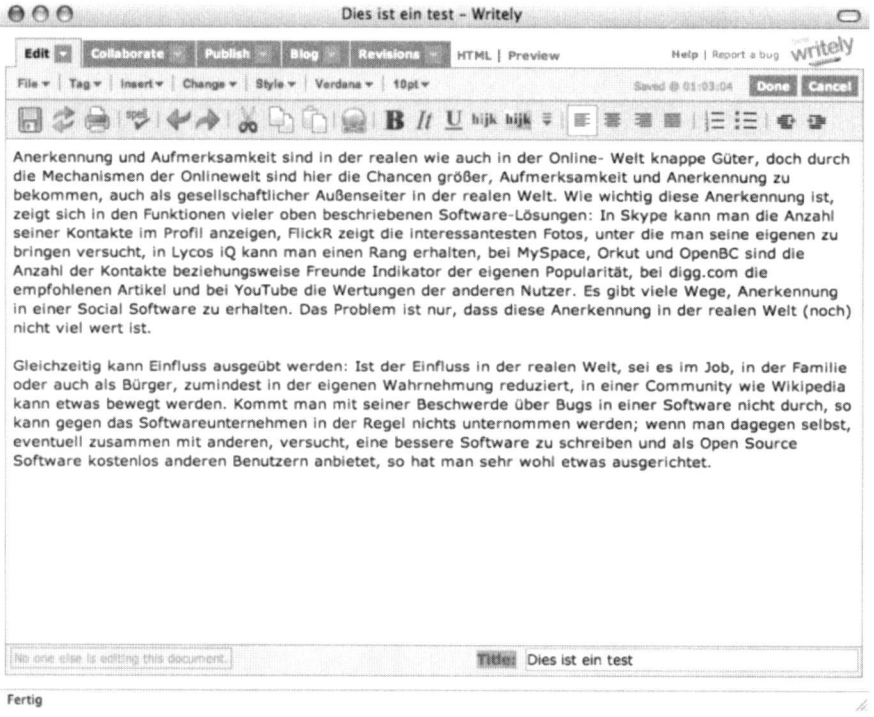

Abbildung 6.3: Google Docs, früher Writely, die Textverarbeitung im Web

dungen. Dazwischen gekommen ist Netscape, dass der Browser nun in der Regel kein Netscape-Browser mehr ist, sondern ein kostenloser Firefox-Browser, und dass die meisten Webserver nicht mehr mit Netscape-Software betrieben werden, sondern mit dem kostenlosen Apache-Server. Der Wert entsteht nun, so O'Reilly, bei den Services, nicht der Software, die Netscape teuer zu verkaufen versuchte. Gleichzeitig ist dies ein weiterer Hinweis darauf, wie Google uns noch mehr begleiten kann in Zukunft, denn längst ist nicht mehr nur die Suche ein vielgenutzter Service.

6.6 Mashups

Der Begriff „Mashup" kommt eigentlich aus der Musik und bezieht sich auf die Kombination der Musik eines Songs mit dem Gesang eines anderen Songs. Ein bekanntes Beispiel ist Kylie Minogues „Can't get you out of my head", das sie bei den Brit Awards 2002 über die Musik von New Orders „Blue Monday" gesungen hat (woraufhin diese Version dann „Can't Get Blue Monday out of My Head" genannt wurde).[1]

---

[1] Sie finden ein Beispiel auf der Seite zum Buch, http://www.web20buch.de.

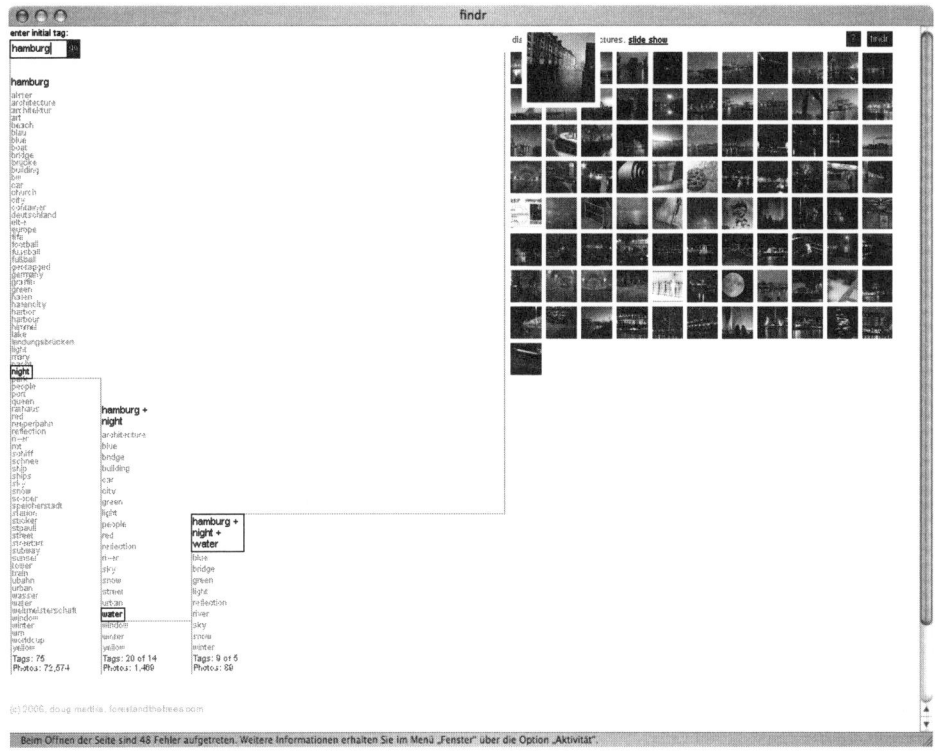

Abbildung 6.4: Findr, ein FlickR-Mashup

Mashups im Netz nutzen die offenen APIs, welche die meisten Applikationen anbieten, die zum Web 2.0 gezählt werden. Über diese APIs werden Daten aus anderen Applikationen geholt und für eine neue Applikation verwendet. Diese Mashups sind, so O'Reilly, derzeit nur die Spielzeuge von Hackern, aber es ist eine Frage der Zeit, bis kommerzielle Möglichkeiten ausgeschöpft werden. Darüber hinaus bekommt die Wiederverwendung von Software-Code hier eine ganz neue Bedeutung: Die Verwendung von APIs vorhandener Anwendungen reicht aus, um eine neue Applikation zu erstellen; auf der Plattform des Netzes ist die API die wichtigste Komponente einer Applikation, um Teil einer größeren Applikation zu werden. So wie der Remix ein Teil der Social-Software-Kultur ist, so wird er es auch im Gebrauch von APIs.

Ein bereits in Kapitel 4.15 besprochenes Mashup ist Plazes.com, das die Daten von Google Maps mit eigenen Daten anreichert. Plazes ist nicht das einzige Mashup, mittlerweile existieren Webseiten, die nur noch die neuesten Google Map-Mashups auflisten. Beinahe jede Datenquelle, seien es Wetterberichte, Verkehrsstaus oder Kleinanzeigen, wird mit den Maps von Google verbunden.

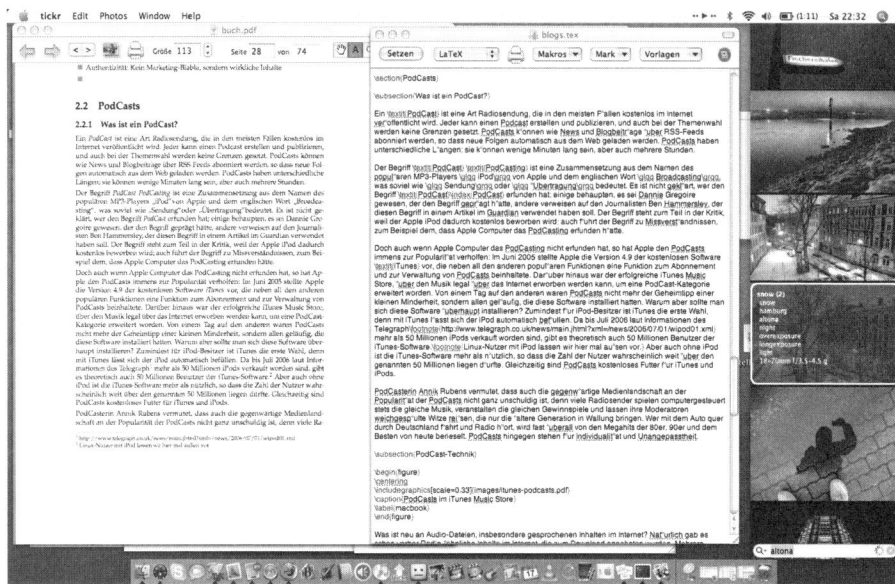

Abbildung 6.5: tickR, ein Mashup für den Desktop

Auch die anderen bekannten Web 2.0-Applikationen, die eine API anbieten, werden oft für Mashups genutzt, FlickR ist ein sehr populäres Objekt für Basteleien. Das Mashup Findr bietet zum Beispiel das Stöbern durch die vergebenen *Tags*: Man gibt einen *Tag* ein und sieht dann andere *Tags*, die mit dem eingegebenen *Tag* für ein Foto vergeben wurden. Hat man etwa nach dem *Tag* „hamburg" gesucht, so sieht der Benutzer dann *Tags* wie „alster", „altona", „rathaus" und „speicherstadt". Klickt man auf einen dieser *Tags*, zum Beispiel „speicherstadt", dann werden weitere *Tags* angezeigt (siehe Abbildung 6.4 für ein Beispiel).

Ein weiteres Mashup ist *tickr*, eine kleine Software, die eine Diashow von FlickR-Bildern auf dem Mac OS X-Desktop abspielt (siehe Abbildung 6.5).[2] Der Benutzer gibt einen oder mehrere *Tags* ein, und die Software fragt die Bilder über die API bei FlickR ab. Fährt man mit der Maus über ein Bild, so sind die *Tags* des Bildes zu sehen. Mit einem Doppelklick gelangt man auf die Webseite des Bildes bei FlickR. Man mag den Nutzwert dieses Programms hinterfragen, mit den heutigen breiten Auflösungen kann dieses Programm einfach nebenbei laufen, ohne zu stören. Doch wenn man an Writely oder Spreadsheets denkt, dann ergibt sich ein weiterer Baustein für die bildschirmfüllende Präsentation von Fotos, die momentan noch nicht rein webbasiert möglich ist.

---

[2] Im Prinzip ist tickR kein wirkliches Mashup, da keine neuen Webinhalte aus den FlickR-Daten erstellt werden, sondern lediglich eine kleine Desktop-Applikation. Es wird hier dennoch erwähnt, da man Mashups auch danach definieren kann, dass etwas Kreatives aus bereits Vorhandenem erstellt wird, was bei tickR der Fall ist und auch bei dem vorher vorgestellten findr.

Kapitel 7

Technologien und Entwicklungskonzepte

7.1 Ajax

Ajax steht für Asynchronous JavaScript and *XML*, wird aber von einigen eher als Sammelbegriff verwendet für eine Art von Architektur, die bisher mit Webseiten nicht möglich war. Ajax ist also keine Programmiersprache, und die im Zusammenhang mit Ajax genannten Technologien sind auch alle nicht neu; einige der Techniken wurden schon in den 90er-Jahren eingesetzt. Es ist allein die Art der gemeinsamen Verwendung dieser Technologien, die früher nicht praktiziert wurde.

Welche Vorteile Ajax genau bietet, das soll an einem Beispiel erläutert werden. Auf vielen Webseiten gibt es eine Funktion, mit der die aktuelle Seite an Freunde oder Bekannte empfohlen werden kann. Bei einer Seite ohne Ajax klickt man auf einen Link „Seite empfehlen" und kommt zu der Empfehlungsseite mit dem entsprechenden Formular. Nach dem Abschicken der Empfehlung kommt man in der Regel auf eine Bestätigungsseite. Insgesamt hat der Benutzer dann drei verschiedene Seiten gesehen. Was passiert in diesem Beispiel hinter den Kulissen?

1. Der Benutzer klickt auf den Link „Seite empfehlen", und die entsprechende Seite wird von dem Server angefordert.

2. Der Server sendet die Seite, der Browser parst den Quelltext der Seite und stellt die Seite dem Benutzer dar.

3. Der Benutzer gibt die Adresse des Empfängers und eine kurze Nachricht ein und klickt dann auf die Schaltfläche „Senden", wodurch die E-Mail-Adresse sowie der Text an den Server gesendet werden.

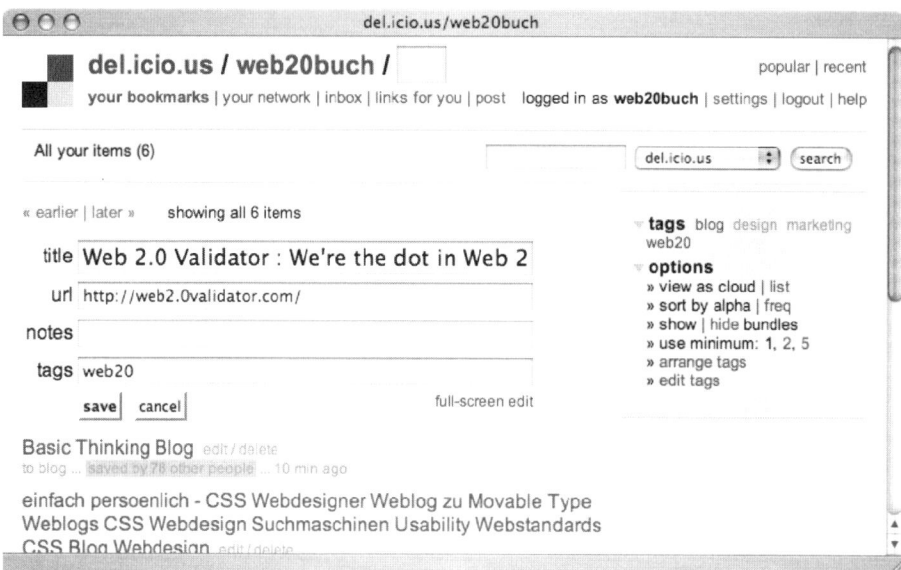

Abbildung 7.1: Ajax auf del.icio.us: Verändern eines Bookmarks, ohne die Seite neu zu
laden

4. Auf dem Server wird ein kleines Programm ausgeführt, das die Empfehlung
   verschickt; dann wird dem anfragenden Browser die Bestätigungsseite gesendet.

5. Der Browser empfängt die Seite, interpretiert den Quelltext der Seite und stellt
   diese dann dem Benutzer dar.

Dieser Ablauf spiegelt den ursprünglichen Zweck des Webs wider: Es sollten Dokumente dargestellt und keine Applikationen ausgeführt werden.[1] Gehtland, Galbraith und Almaer vergleichen dies mit einer Desktop-Applikation wie Microsoft
Word, bei der jedes Mal die Bildschirmdarstellung neu aufgebaut werden muss,
nachdem der Benutzer auf eine Schaltfläche geklickt hat.

Wenn nun von *Rich User Interfaces* gesprochen wird, also Benutzeroberflächen, die
denen der Desktop-Applikationen ähnlich sind und verhindern, dass jedes Mal
die Bildschirmdarstellung neu aufgebaut werden muss, dann liegt das an Ajax.
Die gleiche Funktionalität des Versendens einer Empfehlung kann mit Ajax wie
folgt aussehen:

1. Der Benutzer klickt auf den Link „Seite empfehlen", und auf der gleichen Seite
   erscheint ein Formular, in das die Empfehlung eingegeben werden kann.

---

[1] Spätestens jetzt wird man an das Phonograph-Beispiel im Vorwort erinnert: Wer hätte gedacht, dass
man das Web auch für etwas anderes als die Darstellung von Dokumenten nutzen könnte?

2. Nach dem Eintragen der Adresse des Empfängers und einer Nachricht klickt der Benutzer auf die Schaltfläche „Senden"; die Daten werden an den Server gesendet, während der Benutzer weiter mit der Seite interagieren kann.

3. Der Server empfängt die Daten, wieder wird ein kleines Programm ausgeführt, das die Empfehlung versendet, und dann schickt der Server eine Nachricht zurück an den Browser des Benutzers.

4. Der Browser empfängt die Daten, interpretiert sie und stellt sie in der bereits geladenen Seite dar. Die Seite wird nicht neu geladen.

Die ganze Zeit bleibt der Benutzer auf der gleichen Seite, lediglich Teile der Seite werden neu geladen. Die Interaktion mit dem Server findet asynchron statt, sodass der Browser für den Benutzer nicht blockiert wird. Und das funktioniert nicht nur bei dem Abschicken von Daten, sondern auch beim Verändern von Daten, wie zum Beispiel beim Ändern von Bookmark-Daten bei del.icio.us (siehe Abbildung 7.1).

Ein Punkt, der bedacht werden muss, ist die Verringerung der Seitenbesuche, die durch Ajax erfolgen kann. In dem Beispiel einer Webseiten-Empfehlung wurden zuvor drei Seiten geladen, nun bleibt der Benutzer bei einer einzigen Seite und kann dementsprechend auch nur eine Werbeeinblendung sehen anstatt drei. Dies sollte in die Überlegungen einbezogen werden, wenn vorhandene Seiten mit Ajax-Funktionalitäten ausgestattet werden sollen (damit die Marketing-Leute nicht vom Stuhl fallen, wenn sie nach der Einführung die Statistik der Seitenabrufe sehen); zur Beruhigung kann angeführt werden, dass dafür mehr Zeit auf einer Seite verbracht wird.

Außerdem wird die Funktionalität des „Zurück"-Buttons der Browser eingeschränkt; da Browser nur die letzte statische Version einer Seite in der Historie abspeichern, bewirkt ein Anklicken der „Zurück"-Schaltfläche oft nicht, dass die Seite in den vorherigen Zustand geführt wird. Auch das barrierefreie Internet kann mit Ajax nur bedingt realisiert werden, sodass stets eine alternative Version angeboten werden sollte.

Programmierbeispiele würden den Rahmen dieses Buches sprengen; es wird daher auf die im Anhang gelistete Ajax-Literatur verwiesen sowie auf die Weblinks zu diesem Thema.

7.2   RSS und Atom

RSS, so Tim O'Reilly, sei einer der wichtigsten Fortschritte in der Architektur des Webs, denn neben der Möglichkeit, Informationen zu abonnieren, sei das RSS-Format einer der einfachsten Webservices. Wie auch andere, „leichte" APIs wie REST ermöglicht RSS eine lockere Verbindung zwischen zwei Services. Die Geschichte von RSS reicht aber schon zurück in die Zeit, als der Kampf zwischen dem Microsoft Internet Explorer und Netscape Navigator noch nicht ausgefoch-

Abbildung 7.2: Das Feed-Icon

ten war und beide Seiten neue Funktionalitäten vorstellten, um einen Vorteil zu erhaschen. So stellte Netscape 1999 „My Netscape Network" vor, eine personalisierbare Nachrichtenseite, und das dafür verwendete Datenformat wurde als RSS Version 0.90 bekannt. Danach haben sich unterschiedliche Zweige entwickelt, und je nachdem, welche Version gemeint ist, hat das Akronym RSS unterschiedliche Bedeutungen, denn die Entwicklung hat sich 1999 in zwei Zweige aufgeteilt:

- RSS 0.9: RDF Site Summary (My Netscape Network)
- RSS 0.91: Rich Site Summary (Weiterentwicklung des Formats 0.9 durch Netscape)
- RSS 0.91: RDF Site Summary (Weiterentwicklung durch Dave Winer/UserLand)
- RSS 0.92: RDF Site Summary (Weiterentwicklung durch Winer/UserLand)[1]
- RSS 1.0: RDF Site Summary (Weiterentwicklung durch die RSS-DEV Working Group)[2]
- RSS 2.0: Really Simple Syndication (früher Dave Winer, heute Harvard)[3]

Nicht alle Versionen sind kompatibel zueinander, und aufgrund der unterschiedlichen Ansichten wurde ein dritter Ansatz vorgeschlagen, *Atom*. Alle Formate tauchen heute noch auf, und die schlechte Nachricht ist, dass viele Formate auch noch falsch verwendet werden und daher einige XML-Parser alle viere von sich strecken, wenn sie mit einer solchen XML-Datei gefüttert werden. Trotz der vielen Unterschiede gibt es eine Gemeinsamkeit, das Feed-Icon, das zuerst im Firefox-Browser zu sehen war und nun auch von Microsoft genutzt werden soll (siehe Abbildung 7.2).[4]

Die folgenden Beispiele zeigen die Unterschiede zwischen den einzelnen Versionen; zusätzlich wird das Atom-Format an einem Beispiel erläutert.

---

[1] http://backend.userland.com/rss092
[2] http://web.resource.org/rss/1.0/
[3] http://blogs.law.harvard.edu/tech/rss
[4] Nur Apple Computer braucht eine Extrawurst und nutzt ein eigenes Icon.

Beispiel RSS 0.91

Die Version 0.91 ist immer noch häufig anzutreffen, denn sie ist sehr einfach zu erstellen. Version 0.91 ist kein RDF-Format, wie das folgende Beispiel zeigt:

```xml
<?xml version="1.0" encoding="ISO-8859-1"?>

<rss version="0.91">
  <channel>

    <title>...</title>
    <description>...</description>
    <language>...</language>
    <link>...</link>

    <image>
      <title>...</title>
      <url>...</url>
      <link>...</link>
      <width>...</width>
      <height>...</height>
    </image>

    <item>
      <title>...</title>
      <description>...</description>
      <link>...</link>
    </item>

    <item>
      <title>...</title>
      <description>...</description>
      <link>...</link>
    </item>

    <item>
      <title>...</title>
      <description>...</description>
      <link>...</link>
    </item>

  </channel>
</rss>
```

RSS 1.0

RSS 1.0 basiert auf der finalen RDF-Empfehlung, ist aber nicht kompatibel zu RSS 0.9, da dies noch auf einer früheren Empfehlung von RDF basierte:

```xml
<?xml version="1.0" encoding="utf-8"?>

<rdf:RDF
  xmlns:rdf="http://www.w3.org/1999/02/22-rdf-syntax-ns#"
  xmlns:dc="http://purl.org/dc/elements/1.1/"
  xmlns:sy="http://purl.org/rss/1.0/modules/syndication/"
  xmlns:co="http://purl.org/rss/1.0/modules/company/"
  xmlns:ti="http://purl.org/rss/1.0/modules/textinput/"
  xmlns="http://purl.org/rss/1.0/">

  <channel rdf:about="...">
    <title>...</title>
    <link>...</link>
    <description>...</description>
    <dc:publisher>...</dc:publisher>
    <dc:creator>...</dc:creator>
    <dc:rights>...</dc:rights>
    <dc:date>...</dc:date>
    <sy:updatePeriod>...</sy:updatePeriod>
    <sy:updateFrequency>...</sy:updateFrequency>
    <sy:updateBase>...</sy:updateBase>

    <image rdf:resource="..." />

    <items>
      <rdf:Seq>
        <rdf:li resource="..." />
      </rdf:Seq>
    </items>

    <textinput rdf:resource="..." />

  </channel>

  <image rdf:about="...">
    <title>...</title>
    <url>...</url>
    <link>...</link>
  </image>
```

```
<item rdf:about="...">
  <title>...</title>
  <link>...</link>
  <dc:description>...</dc:description>
  <dc:publisher>...</dc:publisher>
  <dc:creator>...</dc:creator>
  <dc:rights>...</dc:rights>
  <dc:subject>...</dc:subject>
  <co:name>...</co:name>
  <co:market>...</co:market>
  <co:symbol>...</co:symbol>
</item>

<textinput rdf:about="...">
  <title>...</title>
  <description>...</description>
  <name>...</name>
  <link>...</link>
  <ti:function>...</ti:function>
  <ti:inputType>...</ti:inputType>
</textinput>

</rdf:RDF>
```

RSS 1.0 ist nicht mehr so simpel wie RSS 0.91 und sein Nachfolger RSS 2.0. Auch aus diesem Grund ist diese Version nicht so stark verbreitet.

RSS 2.0

RSS 2.0 wurde im September 2002 veröffentlicht und ist der Nachfolger von RSS 0.92; es ist eines der häufigsten benutzten Formate, das, ebenso wie RSS 0.91, einfach zu implementieren ist:

```
<?xml version="1.0" encoding="ISO-8859-1"?>

<rss version="2.0">
  <channel>
    <title>...</title>
    <link>...</link>

    <description>...</description>
    <language>...</language>
    <copyright>...</copyright>
    <pubDate>...</pubDate>
    <image>
```

```
     <url>...</url>
     <title>...</title>
     <link>...</link>
   </image>
  <item>
     <title>...</title>
     <description>...</description>
     <link>...</link>
     <author>...</author>
   </item>

   <item>
     <title>...</title>
     <description>
       <![CDATA[
       <h1>...</h1>
       <p>...</p>
       ]]>
     </description>
     <author>...</author>
   </item>

  </channel>

</rss>
```

Die folgenden Elemente sind dabei optional:

- <copyright>

- <pubDate>

- <lastBuildDate>

- <docs>

- <managingEditor>

- <webMaster>

- <image>; wenn dieses Element verwendet wird, dann müssen auch die Unterelemente <title> und <url> verwendet werden; die Unterelemente <link>, <width>, <height> und <description> sind optional.

- <textinput>; wenn dieses Element verwendet wird, dann müssen auch die Elemente <title>, <description>, <name> und <link> verwendet werden.

- <skipHours>

- <skipDays>

RSS 2.0 mit iTunes-Erweiterung

RSS 2.0 erlaubt außerdem, weitere Elemente hinzuzufügen, indem ein XML-Namensraum genutzt wird. Dies nutzt zum Beispiel Apple Computer: Podcasts, die zum iTunes Music Store hinzugefügt werden sollen, können diese zusätzlichen Elemente nutzen, um dem Hörer weitere Informationen zu dem Podcast zu geben:

```xml
<?xml version="1.0" encoding="UTF-8"?>

<rss
    xmlns:itunes="http://www.itunes.com/dtds/podcast-1.0.dtd"
    version="2.0">

  <channel>
    <title>...</title>
    <link>...</link>
    <language>...</language>
    <copyright>...</copyright>
    <itunes:subtitle>...</itunes:subtitle>
    <itunes:author>...</itunes:author>
    <itunes:summary>...</itunes:summary>
    <description>...</description>
    <itunes:owner>
    <itunes:name>...</itunes:name>
    <itunes:email>...</itunes:email>
    </itunes:owner>
    <itunes:image href="..." />
    <itunes:category text="...">
    <itunes:category text="..."/>
    </itunes:category>
    <itunes:category text="..."/>

    <item>
      <title>...</title>
      <itunes:author>...</itunes:author>
      <itunes:subtitle>...</itunes:subtitle>
      <itunes:summary>...</itunes:summary>
      <enclosure url="..." length="..." type="audio/mpeg" />
      <guid>...</guid>
      <pubDate>...</pubDate>
      <itunes:duration>...</itunes:duration>
      <itunes:keywords>...</itunes:keywords>
    </item>
```

```
</channel>
```

```
</rss>
```

Diese zusätzlichen Elemente müssen nicht genutzt werden; es muss aber von ihnen Gebrauch gemacht werden, wenn der Podcast auf der Podcast-Startseite des
iTunes Music Store vorgestellt werden soll.

Atom

Nach den Irrungen und Wirrungen der verschiedenen RSS-Versionen wurde das
Atom-Format in einen stabilen Standard gegossen, der nun im RFC 4287 verewigt
ist. Die Nutzung von Atom hat einige Vorteile:

- Atom enthält ein XML-Schema.
- Im Gegensatz zu RSS, bei dem das `description`-Element eine Zusammenfassung oder einen ganzen Eintrag beinhalten kann (wobei man aber nie weiß,
  was man eigentlich bekommt), trennt Atom in die Elemente `summary` und
  `content`. Somit kann auch ein Inhalt beschrieben werden, der nicht aus Text
  besteht.
- Ein Datum muss in einem Atom-Feed in einem bestimmten Format vorhanden sein (RFC 3339), die unterschiedlichen Datumsformate in RSS-Feeds sind
  hingegen für viele Programmierer ein Albtraum.
- RSS-Elemente können Text oder HTML enthalten, wobei man auch hier vorher
  nicht weiß, was man bekommt; in einem Atom-Feed wird das entsprechend
  markiert.
- Relative URIs können in einem Atom-Feed genutzt werden.
- Jeder Eintrag erhält in einem Atom-Feed eine eigene ID, sodass die Aktualisierungen der Einträge auf eine verlässliche Art und Weise genutzt werden
  können.

Ein Atom-Feed sieht in seiner einfachsten Form wie folgt aus:

```
<?xml version="1.0" encoding="utf-8"?>

<feed xmlns="http://www.w3.org/2005/Atom" xml:lang="de">

  <title>...</title>
  <link href="..."/>
  <updated>...</updated>
  <author>
    <name>...</name>
  </author>
  <id>...</id>
```

```
<entry>
  <title>...</title>
  <link href="..."/>
  <id>...</id>
  <updated>...</updated>
  <summary>...</summary>
  <content>...</content>
</entry>
```

```
</feed>
```

Atom hat noch nicht die gleiche Verbreitung gefunden wie RSS 2.0, was aber auch daran liegt, dass es von Blogging-Systemen wie zum Beispiel WordPress nicht ab Werk unterstützt wird.

7.3 Perpetual Beta und Einbeziehung der Nutzer

Nicht nur die Technologien und die Anwendungen haben sich weiter entwickelt, auch die Art, wie Webanwendungen entwickelt werden, hat sich im Kontext des Web 2.0 geändert. Ein prominentes Beispiel sind hier einige Produkte von Google, die seit langer Zeit im Beta-Status sind, sei es Google Mail oder die Google-Buchsuche (siehe Abbildung 7.3). Google Mail wurde bereits 2004 gelaunt, und seitdem wurden viele Funktionalitäten eingeführt; gleichzeitig ist das Produkt stabiler als viele Produkte des Wettbewerbs, die das Beta-Stadium bereits verlassen haben.

Der Gedanke dahinter ist die Entwicklung vor den Augen der Benutzer, die durch ihre Nutzung des Produktes Einfluss auf die Weiterentwicklung haben. So erwähnt Tim O'Reilly, dass einige Web 2.0-Seiten täglich neue Funktionen auf Teilen ihrer Seiten freischalten, die Nutzung beobachten und die Funktionen erst dann komplett freischalten, wenn sie bei den Testnutzern angekommen sind. Die Benutzer werden damit Mitentwickler der Software, sie werden allerdings nicht an den Erlösen beteiligt, die eine solche Software generiert; auch hier hört die Partizipation auf (siehe Abschnitt 8.3).[1] Was O'Reilly verschweigt, ist, dass nicht alle Funktionen in dieser Art und Weise getestet werden können: Wenn es zum Beispiel um Zahlungsdaten geht, so werden die meisten Benutzer eher widerwillig einen Service nutzen wollen, der von ihnen selber getestet wird.

Dem klassischen Release-Zyklus einer Software wurde schon durch den Ansatz der Open-Source-Entwicklung, in der früh und häufig neue Versionen veröffentlicht werden, ein flexibleres Modell gegenübergestellt, so Tim O'Reilly. Nun würden diese Releases komplett der Vergangenheit angehören und das Produkt ständig weiter entwickelt. Bereits in Kapitel 6 wurde dies widerlegt, auch bei

---

[1] In Open-Source-Projekten ist dies eine übliche Praxis, aber hier hat auch jeder etwas davon.

Abbildung 7.3: Mal offensichtlich, mal versteckt: Viele Google-Produkte befinden sich offiziell noch im Beta-Status

Google & Co. wird in Releases gearbeitet. Zudem werden flexiblere Modelle in der Software-Entwicklung sowie das Einbeziehen des Nutzers nicht erst seit dem Web 2.0 diskutiert (siehe zum Beispiel Steve McConnells 1996 erschienenes Buch „Rapid Development", in dem er das Staged-Delivery-Modell erläutert, bei dem zunächst nur eine Basisfunktionalität entwickelt, diese Benutzern zur Verfügung gestellt und dann in kleinen Releases weiter entwickelt wird). Eine ähnliche Vorgehensweise wird beim Extreme Programming verfolgt, bei dem Programmierer eng mit den Nutzern zusammenarbeiten.

Damit soll O'Reillys Einsatz für eine Entwicklung, die nah am Kunden stattfindet, nicht geschmälert werden; es sind genug Zeit und Geld in Software investiert worden, die letztendlich nicht genutzt wurde; Benutzer sagen oft das eine, machen doch das andere. Doch die Perpetual Beta kann nur dann funktionieren, wenn eine Seite ausreichend Benutzer hat. Google, FlickR und del.icio.us erhalten jeden Tag statistisch belastbare Daten, welche Funktionen genutzt werden und welche nicht; bei kleineren Seiten wird die Qualität der Daten unweigerlich schlechter.

7.4 Ruby/Ruby on Rails

Ruby on Rails ist ein weiteres Schlagwort, das im Zusammenhang mit dem Web 2.0 oft erwähnt wird. Ein Grund dafür ist, dass einer der Protagonisten in der Entwicklung von Web 2.0-Anwendungen, David Heinemeier Hansson, verantwortlich ist für die Schaffung von Ruby on Rails. Das Open Source Web Application Framework wurde von Hansson aus seiner Arbeit an der webbasierten Projektmanagement-Software Basecamp generiert, die von der Firma 37 Signals neben anderen Produktivitätswerkzeugen angeboten wird.[1] Ein anderer Grund ist, dass Ruby on Rails die agile Entwicklung von Software unterstützt und schnell

---

[1] Das Framework ist kostenlos zu beziehen unter http://www.rubyonrails.org/.

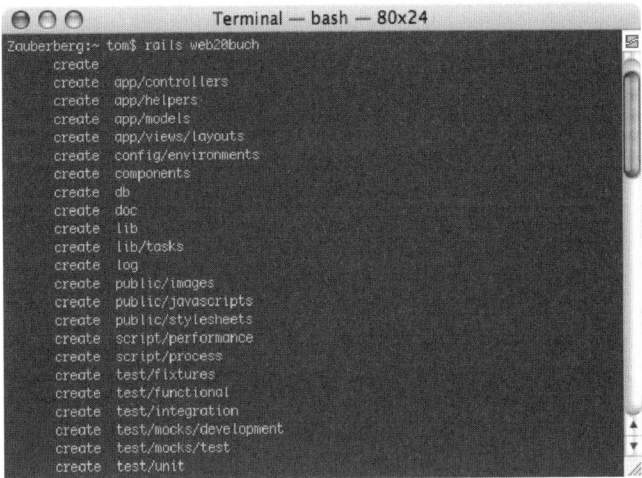

Abbildung 7.4: Mit einem Befehl wird das Skelett eines Programms mit Ruby on Rails erzeugt.

zu Erfolgserlebnissen führt, wenn die Prinzipien erst einmal verstanden sind.

Ruby ist eine Programmiersprache, die Mitte der 90er in Japan von Yukihiro Matsumoto entwickelt wurde und die verschiedene Programmierungsansätze unterstützt, die objektorientierte, die prozedurale und die funktionale Programmierung. In Japan besitzt diese Sprache einen hohen Stellenwert, der aber aufgrund mangelnder englischsprachiger Dokumentation in anderen Ländern auf sich warten ließ. Der Name Ruby ist angeblich eine Anspielung auf die Sprache Perl.

Ruby on Rails ist in Ruby geschrieben und wird als ein produktiver Ansatz gesehen, neue Webapplikationen zu entwickeln; in den einschlägigen Foren wird von einem mehrfachen Geschwindigkeitsgewinn bei der Entwicklung gesprochen. Als Beispiel dafür wird oft das sogenannte „Scaffolding" erwähnt, mit dem logische Funktionen on the Fly konstruiert werden können. Neben vielen anderen Möglichkeiten bietet Ruby on Rails auch Methoden zur Entwicklung von Ajax-Applikationen.

Ruby on Rails stützt sich dabei auf zwei Prinzipien:

- ■ Wiederhole Dich nicht (DRY für Don't Repeat Yourself): Weniger Software: Es wird weniger Code benötigt, um eine Anwendung zu schreiben.

- ■ Konvention über Konfiguration: Anstatt viele XML-Dateien zu verwenden für die Konfiguration einer Anwendung (zum Beispiel die Datenbankzugangsdaten), werden Programmierungskonventionen genutzt.

Ruby on Rails folgt dem Model-View-Controller-Architekturmuster, bei dem das Softwaresystem aufgeteilt wird in die Teile Datenmodell (Model), Präsentation

(View) und Programmsteuerung (Control). Dadurch sollen spätere Änderungen vereinfacht werden. Auch hier wird für Programmierbeispiele auf die einschlägige Literatur verwiesen.

Auch Ruby on Rails hat nicht nur Vorteile: So ist Ruby zwar relativ ausgereift, Ruby on Rails aber noch nicht. Das wird zum Beispiel daran deutlich, dass die Lokalisierung von Applikationen derzeit noch nicht einfach möglich ist. Allerdings befindet sich das Framework noch in einer frühen Phase, und es ist davon auszugehen, dass die Defizite in Kürze ausgeräumt sein werden.

Kapitel 8

Geschäftsmodelle

8.1 The Long Tail

Im Silicon Valley, so der Economist vom 6. Juli 2006, macht man sich mittlerweile einen Spaß daraus zu wetten, wie oft der Begriff „The Long Tail" in einer Präsentation verwendet wird; seit Chris Andersons Wired-Artikel im Oktober 2004 hat das Konzept des Long Tail eine ähnlich virale Wirkung erzielen können wie der Begriff Web 2.0 selbst (und ist damit ebenso ein Kandidat für das *Buzzword Bingo* geworden).[1] In jenem Artikel beschreibt Anderson, dass die Zukunft des Unterhaltungsmarkts nicht in den wenigen Hits oben in den Charts liegt, sondern in den Millionen von Nischen, die sich neben dem Markt der Hits entwickelt haben. Die physische Welt, so Anderson in dem 2006 erschienenen Buch (dessen deutsche Übersetzung inzwischen auch im Hanser-Verlag erschienen ist), schränkte die Auswahl ein, das neue ökonomische Modell der Medien liegt aber in der uneingeschränkten Auswahl, die sich durch das Web ergibt.

Ein CD-Händler mit einem eigenen Laden muss seine Regale vor allem mit den CDs füllen, von denen er ausgehen kann, dass sie auch verkauft werden; anstatt eine CD vom Balanescu Quartet ins Regal zu stellen, für die er innerhalb eines Jahres in seinem Einzugsgebiet vielleicht einen Käufer findet, nutzt er den Platz lieber für eine CD von Robbie Williams, denn die wird er innerhalb einer Woche wieder los. Der eingeschränkte Platz in dem CD-Laden sowie die Einschränkungen eines lokal tätigen Geschäfts schränken die Auswahl ein.[2]

---

[1] http://www.wired.com/wired/archive/12.10/tail.html; tatsächlich sind Andersons Gedanken im Prinzip nicht so neu, denn statistische Verteilungen wie das Pareto-Prinzip oder das Zipf'sche Gesetz beschreiben ähnliche Phänomene, nur sind sie in dieser Weise noch nicht in Bezug auf die neuen Möglichkeiten durch das Web betrachtet worden.

[2] Wer sich in den 80ern in einer Kleinstadt für New Wave interessiert hat, wird sich an das Problem erinnern; Mailorder war die Rettung.

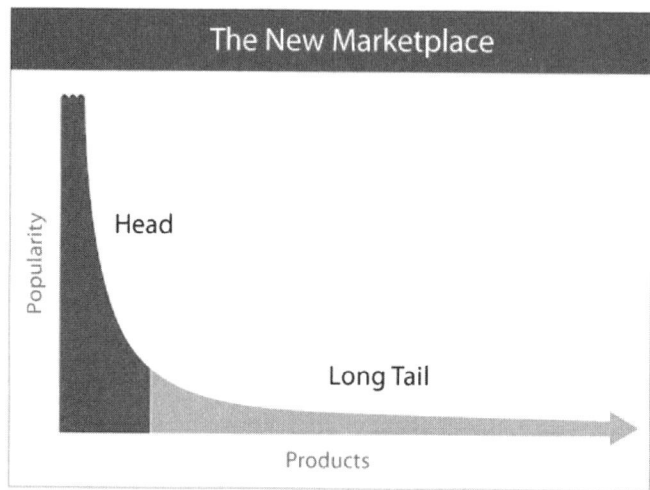

Abbildung 8.1: Die mittlerweile berühmte Long-Tail-Kurve; Abdruck der Grafik mit freundlicher Genehmigung von Chris Anderson, http://www.longtail.com

Im Vergleich dazu hat ein Händler digitaler Musik wie der Apple iTunes Music Store kaum eine physikalische Einschränkung, wenn man davon ausgeht, dass der Festplattenplatz für eine CD heute so gut wie nichts kostet. Es gibt Robbie Williams **und** das Balanescu Quartet zu kaufen, und neben diesem Nischentitel existieren Millionen anderer Nischentitel. Auch im iTunes Music Store wird eine CD des Balanescu Quartet nicht so oft verkauft werden wie eine CD von Robbie Williams, aber wenn Millionen von Nischentiteln einmal im Jahr verkauft werden, so ergibt sich ein erkleckliches Sümmchen. Diese Nischentitel sind das „Long Tail", und in der Abbildung 8.1 bilden sie den rechten Teil der Kurve. Der iTunes Music Store hat zudem den Vorteil gegenüber dem realen CD-Händler, dass der iTunes Music Store ein ungleich größeres Einzugsgebiet hat und sein Angebot in mehreren Ländern präsentieren kann. Gibt es im Einzugsgebiet des CD-Händlers einen potenziellen Käufer für das Balanescu Quartet, so kann der iTunes Music Store die gleiche Datei in vielen Ländern gleichzeitig und damit viel mehr potenziellen Interessenten anbieten.

Durch die größere Auswahl hat sich der Kopf der Kurve geändert. Als 1962 Durbridges „Das Halstuch" in der ARD gezeigt wurde, waren die Straßen leer gefegt, Einschaltquoten über 90 Prozent wurden erzielt. Das ZDF nahm erst ein Jahr später seinen Betrieb auf, es gab keine Alternative. Fast 50 Jahre und viele zusätzliche Fernsehsender später erzielt ein Tatort heute noch etwa 30 Prozent (was immer noch unglaublich viel ist). Denken wir zurück an die Jugendlichen, die sich ihr Programm mit YouTube selbst gestalten, dann werden die Hits in Zukunft von noch weniger Zuschauern gesehen.

In der Musikindustrie sieht es nicht anders aus: Die CD-Verkaufszahlen gehen seit dem Jahrtausendwechsel runter, und auch wenn dafür generell Raubkopien verantwortlich gemacht werden, so weist Anderson darauf hin, dass es vor allem die Hits sind, von denen weniger verkauft werden.[3] Ein Blick auf last.fm zeigt, warum in Zukunft vielleicht noch weniger Hits verkauft werden: Anstatt dass sich das Hit-System weiter selbst verstärkt, indem Hits im Radio gespielt werden, die den Geschmack der breiten Masse prägen sollen, sind es nun die Empfehlungen der breiten Masse, die unserem Geschmack nahe kommen. Wir müssen nicht mehr die Hits mögen, weil es nichts anderes gibt.

Dieses Prinzip funktioniert nicht nur bei Musik. Sind Musik, Kinofilme, DVDs und Bücher vielleicht die einleuchtendsten Beispiele, so ist das Long Tail auch jenseits der Medienbranche zu finden. Bei eBay werden nicht nur die gebrauchten Versionen der Warenhaus-Verkaufsschlager gehandelt, sondern zum großen Teil Produkte, die nicht in den meisten Warenhäusern liegen, so Anderson. Und im Fall von eBay hängt dieses System davon ab, dass die Benutzer partizipieren (womit wir auch die Kurve zum Web 2.0 bekommen hätten). Eine Vielzahl von Benutzern stellt eine Vielzahl von Produkten ein, die jeweils nur eine kleine Gruppe von potenziellen Käufern interessiert. Katzenpostkarten, Quietscheentchen, die ihre Farben ändern, oder mitlaufende Parkscheiben: eBay mag an jedem einzelnen Nischenprodukt wenig verdienen, die Masse macht's.

Anderson formuliert dazu sechs Thesen, die das Long Tail ausmachen. Zunächst geht er davon aus, dass es in fast allen Märkten mehr Nischen geben soll als Hits. Je mehr die Kosten für die Produktion sinken,[4] desto größer soll dieser Nischenmarkt werden. Gleichzeitig, so Anderson, kostet es immer weniger, diese Nischen zu erreichen. eBay stellt nur die Plattform zur Verfügung, die Benutzer tun den Rest, und gegen eine kleine Gebühr erreichen sie mit ihrem Produkt den ganzen Markt.[5] Dass das funktioniert, das liegt vor allem an den Suchtechnologien, denn ohne sie wären die Nischen nicht zu finden.

Doch auch diese Suchtechnologien helfen nicht allein, denn die Fülle der angebotenen Produkte würde die meisten Benutzer überwältigen: Wie sollten sie das finden, was ihrem Geschmack nahe kommt? Und wenn wir uns die Beispiele für Social Software in Kapitel 4 ansehen, dann sehen wir eine ganze Menge von Filtern, seien es die „Related Videos" und Playlists auf YouTube, die „Related Artists" und das „Personalised Radio" des last.fm-Players, die Auswahl der fünf Kontakte der Kontakte bei OpenBC oder die Experten bei Lycos iQ, die aufgrund der eigenen Vorlieben empfohlen werden. Ohne diese Filter wären die Nischen, die zu dem eigenen Geschmack passen, nicht zu finden.

Je mehr Auswahl es gibt, desto flacher und länger wird die Kurve in Abbildung 8.1, so Anderson. Die Masse der Nischenprodukte kann einen Markt bedeuten, der in seiner Größe dem der Hits ähnelt.[6] Wenn all diese Bedingungen erfüllt

---

[3] Tatsächlich sinken die Verkäufe parallel zur Verbreitung von Breitbandanschlüssen, aber dies ist kein ausreichender Beweis.

[4] Siehe Kapitel 2 und 3 in Bezug auf die Produktion von Blogs und Podcasts, aber auch Kapitel 7 in Bezug auf die einfacher und damit günstiger zu entwickelnde Software.

[5] Dazu muss man aber auch erst einmal den ganzen Markt erobert haben: Wer kennt noch eine zweite Auktionsplattform neben eBay, die profitabel ist?

sind, so zeigt sich erst die wahre Länge der Long Tail, die so mannigfaltig ist, wie eine Kultur ohne wirtschaftliche Zwänge sein kann.

8.2 Google AdWords und AdSense

Wie die größere Auswahl mit der Nachfrage verbunden werden kann, das wird in einem anderen Beispiel Andersons deutlich: das Google Werbesystem, bestehend aus AdWords und AdSense.

In den frühen Tagen des Webs basierte Werbung auf einem sogenannten Tausendkontaktpreis, auf Neudeutsch auch CPM für Cost Per Mille genannt: Pro 1.000 Einblendungen wurde ein bestimmter Preis fällig, egal ob die Werbung angeklickt wurde. Dabei konnte meistens noch ausgewählt werden, auf welchen Seiten die Werbung eingeblendet wurde, um Streuverluste zu verringern. Das Problem aber war, dass die Einstiegshürde sehr hoch war: Erst ab einer bestimmten Mindestsumme konnte geworben werden, und das war für viele Firmen nicht attraktiv (wie sie zum Teil selber erst später festgestellt hatten). Darüber hinaus musste der Werbetreibende sehr genau schauen, wo seine Werbung platziert wurde, denn nur auf den Seiten, auf denen sich die entsprechende Zielgruppe aufhält, lohnt sich eine solche Art von Werbung. Der Aufwand, diese Seiten zu finden, entsprechende Werbemittel zu erstellen sowie der hohe Einstiegspreis sind alles Faktoren, die nicht dazu beigetragen haben, diese Werbeform erfolgreich werden zu lassen, ganz abgesehen von der mangelnden Nutzerakzeptanz.

Das Google AdWords-System funktioniert anders: Die Werbung wird bei Google nur eingeblendet, wenn das entsprechende Suchwort gesucht wird (siehe Abbildung 8.2).[1] Der Benutzer hat also explizit gesagt, was er will, und so kann ihm genau die Werbung angezeigt werden, die zu der Suchanfrage passt. Die ursprünglichen Streuverluste werden minimiert.

Gleichzeitig wurden die Einstiegshürden für die Werbetreibenden gesenkt: Wer bei Google werben will, der bezahlt lediglich eine Registrierungsgebühr von wenigen Euro und muss keinen monatlichen Mindestumsatz haben.[2] Außerdem wird nicht mehr pro Einblendung gezahlt, sondern pro Klick. Der Werbetreibende zahlt nur noch, wenn sich der Benutzer für die Werbung interessiert und sie anklickt. Der Klickpreis indes richtet sich danach, wie viele andere Werbetreibende mit dem gleichen Suchwort werben wollen, sodass die jeweilige Positi-

---

[6] Hier unterscheidet sich das Buch etwas von dem Artikel, in dem Anderson noch optimistischer klang, was das Potenzial des Long Tail betrifft.

[1] Google hat das sogenannte Pay-for-Performance-Marketing nicht erfunden; GoTo (später Overture) und espotting (heute Miva) waren bereits früher auf dem Markt. Verbunden mit seiner Dominanz im Suchmaschinenmarkt und dem Google AdSense-Netzwerk hat Google aber dafür gesorgt, dass sein Werbesystem heute eines der größten ist.

[2] Damit steht Google immer noch allein da, denn Marktbegleiter Yahoo! Search Marketing, ehemals Overture, verlangt 25 Euro Mindestumsatz pro Monat. Damit schneidet Yahoo! das Long Tail ab einem bestimmten Punkt ab, wie wir gleich sehen werden.

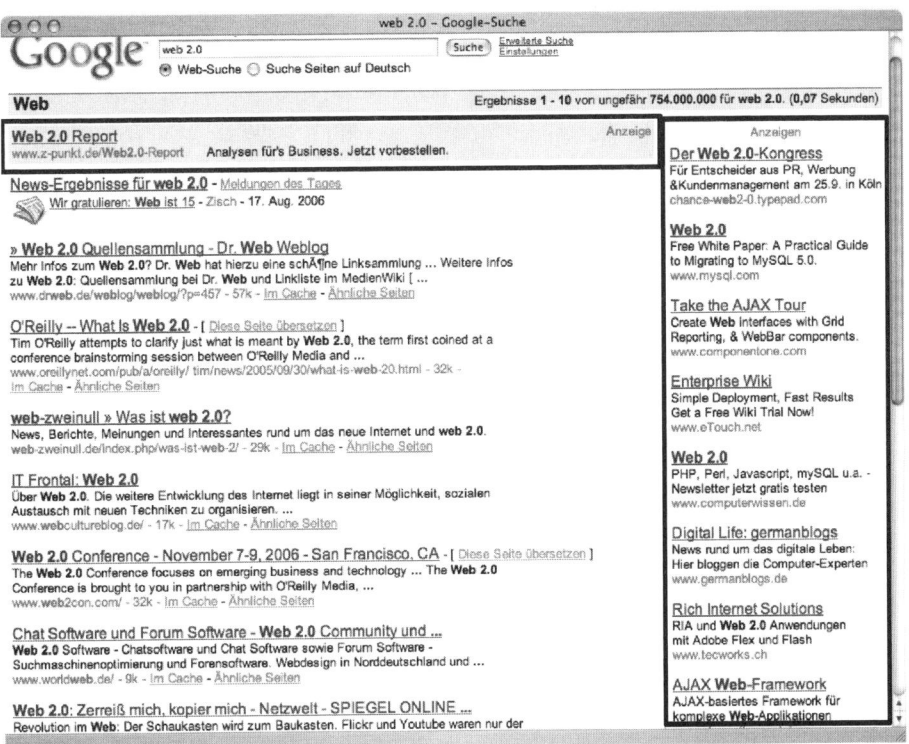

Abbildung 8.2: AdWords-Werbung auf der Google-Suchergebnisseite

on in dem Block der werbefinanzierten Suchergebnisse (sogenannte Sponsored Links) sozusagen versteigert wird. Dieses Prinzip hat es unzähligen Anbietern erlaubt, Werbung so zielgerichtet in einem System einzukaufen, wie es zuvor noch nie möglich gewesen ist. Manche dieser in Nischen arbeitenden Werbetreibenden zahlen weniger als 5 Euro pro Monat für die Klicks auf ihre Werbung bei Google & Co, erhalten dafür aber qualifiziertere Kontakte, als es mit einer zigfach teureren Werbung in den Gelben Seiten oder der Zeitung möglich wäre.[3] Damit die Beschäftigung mit diesen kleinen Kunden nicht zeit- und damit kostenaufwendig ist, hat Google außerdem ein Selbstbedienungssystem eingeführt, mit dem Werbetreibende ihre Werbung selber schalten können.

Auf der einen Seite stehen die Werbetreibenden, die endlich Werbung schalten und bezahlen können, egal wie klein ihre Nische ist. Auf der anderen Seite stehen die Benutzer von Google, die anhand ihrer Suchanfragen sagen, was sie interessiert. Die Verteilung der Suchanfragen bei einer Suchmaschine entspricht der Long-Tail-Kurve: Es gibt einige häufige Suchbegriffe (von denen viele „hormon-

---

[3] Als Beispiel sei hier der frühere Vermieter des Autors erwähnt, der als Dachdeckermeister in einer mittelgroßen Stadt jeden Monat Kunden über AdWords generiert, aber in der Regel nicht mehr als 5 Dollar im Monat für diese Werbung bezahlt. Ein Return on Investment, der unschlagbar ist.

gesteuert" sind, wie der Autorenkollege Stefan Karzauninkat es gerne ausdrückt)
und eine große Zahl von Begriffen, die weniger häufig gesucht werden. Jede dieser vielen Anfragen gehört zu einer Nische, und wurden diese Suchenden früher
mit Standardwerbung versorgt, so sehen sie heute Werbung von Anbietern aus
genau dieser Nische. Google geht aber noch einen Schritt weiter und blendet die
Werbung nicht nur auf den eigenen Suchergebnisseiten ein, sondern auch auf den
Suchergebnisseiten von Partnern wie hierzulande zum Beispiel bei T-Online. Somit äußern nicht nur die Benutzer von Google selbst, sondern auch die Benutzer
anderer, mit Google zusammenarbeitender Portale, was sie interessiert. Jede Nische wurde größer in Bezug auf die Nachfrage.

Zusätzlich führte Google das Produkt AdSense für Content-Seiten ein: Der Inhalt
einer Webseite wird analysiert und passende kontextrelevante Werbung eingeblendet. War die Einblendung der Werbung bisher auf den Nutzerkreis eingeschränkt, der bei Google und seinen Partnern suchte, so wird die Werbung nun
auf allen Seiten gezeigt, die am AdSense-Programm teilnehmen. Mittlerweile gibt
es kaum noch eine kleinere Webseite, die nicht Google AdSense-Werbung beinhaltet, denn ähnlich wie bei AdWords hat Google auch hier ein Selbstbedienungssystem eingeführt. Noch mal wurde die Nachfrage für jede Nische vergrößert:
Wer eine Webseite zu seinem Hobby gebastelt hat, der kann davon ausgehen, dass
es auch bei AdWords geschaltete Werbung zu diesem Hobby gibt. Die Benutzer
müssen gar nicht erst zu Google und seinem Netzwerk gehen, um die zu ihrer
Nische passende Werbung zu sehen: Auf einer Seite über den Volvo Amazon gibt
es Werbung zum Volvo Amazon. Jede Nische bekommt eine eigene Plattform, sei
sie noch so klein. Und nimmt Google auf den einzelnen Seiten auch nicht viel
ein, weil diese Seiten nur von wenigen Nutzern täglich besucht wird, so macht
es die Masse dieser Seiten aus, die zu beachtlichen Umsätzen führt. Im 4. Quartal 2005 erwirtschaftete Google mit den eigenen Seiten einen Umsatz von 1,098
Milliarden US-Dollar, die Umsätze durch AdSense-Partnerseiten beliefen sich auf
799 Millionen US-Dollar (wovon Google 629 Millionen US-Dollar an seine Partner abführte).[4] Und tatsächlich ist der Online-Werbemarkt so gestiegen, wie es zu
Zeiten der New Economy vorhergesagt wurde – nur ist er anders gewachsen als
geplant.

Wenn Tim O'Reilly von leichtgewichtigen Geschäftsmodellen spricht und dabei
Google AdSense erwähnt, dann vor allem deshalb, weil die Anmeldung bei Ad-
Sense für Webseitenbetreiber sowie die Monetarisierung der Webseiten mit Ad-
Sense ein Kinderspiel ist. AdSense bietet einige charmante Vorteile:

- Der Webseiten-Betreiber muss keine Werbekunden finden, diese liefert Google
  automatisch.

- Es muss kein Reporting und auch kein Abrechnungssystem vom Webseiten-
  Betreiber für die Werbekunden eingerichtet werden, Google kümmert sich
  auch darum.

---

[4] http://www.heise.de/newsticker/meldung/69076

Der Webseiten-Betreiber muss nichts anderes tun, als den AdSense-Code in den Quelltext seiner Webseiten einzubauen und auf den monatlichen Scheck oder die Überweisung zu warten. So etwas hatte es vorher nicht gegeben, und es klingt zunächst wie die Erfüllung eines weiteren alten Versprechens der untergegangenen New Economy, jeder kann im Web reich werden.

8.3 Beim Geld hört die Partizipation auf

Die ernüchternde Wahrheit ist, dass die Benutzer im Web 2.0 zwar partizipieren sollen, damit aber nicht die Partizipation an Werbeeinnahmen gemeint ist. Wer eine Rezension bei Amazon schreibt, kann 50 Euro gewinnen. Für das Hochladen eigener Inhalte bei YouTube gibt es in der Regel kein Geld, es sei denn man produziert extrem populäre Videos, alle andere werden in einer anderen Währung bezahlt (siehe Kapitel 4.20). Und auch wenn FlickR & Co momentan cool und trendy sind, der Besitzer Yahoo! verfolgt keine soziale Mission, ebenso wenig die Marktbegleiter, die Social-Software-Plattformen zur Verfügung stellen. Die Inhalte werden von den Benutzern generiert (was in der Web 2.0-Welt als „Aal-Prinzip" bezeichnet wird, „Andere arbeiten lassen"), verdienen tun daran andere (wobei bei manchen unklar ist, ob sie wirklich verdienen können, wohingegen das bei anderen wie Amazon eindeutig ist). Wenn man sich in diesem Moment noch einmal vor Augen führt, dass sich die Benutzer in Währungen wie Aufmerksamkeit, Bestätigung und Gemeinschaftsgefühl auszahlen lassen und die Betreiber daran echtes Geld verdienen, dann bekommt dieser Aspekt des Web 2.0 einen etwas schalen Beigeschmack.[1]

Etwas anders sieht es bei den Blogs aus: Im Prinzip kann jeder mit seinem eigenen Blog Geld verdienen, doch die meisten Blogger verdienen laut Stone mit Google AdSense und ähnlichen Programmen gerade mal 50 Dollar im Monat. Sehr populäre Blogs verdienen durchaus höhere Summen, doch es ist bisher kein Fall bekannt, in dem ein Blogger allein durch sein eigenes privates Blog den Lebensunterhalt bestreiten konnte.[2] Lediglich Jason Kottke hat sich ein Jahr übers Wasser halten können, und das nicht durch Werbung, sondern durch Spenden.[3] Leben kann man vom Bloggen momentan wahrscheinlich nur, wenn man von einem Unternehmen als Blogger für ein Unternehmensblog eingestellt wird oder auch noch andere Einnahmequellen hat (siehe dazu auch das Interview mit Johnny Haeusler in Kapitel 10.1). Es scheint, als ob die Long-Tail-Kurve sich nicht nur auf Angebot und Nachfrage bezieht, sondern auch auf die Verteilung der Erlöse: Einige wenige verdienen gutes Geld, wohingegen die große Masse relativ geringe Beträge verdient (siehe dazu auch die Untersuchungen von Robert Basic zu diesem Thema). Oder anders gesagt, und das gilt nicht nur für Blogs, allein dadurch, dass sich die

---

[1] Manche Betreiber lassen ihre Nutzer partizipieren, zum Beispiel blog.de.
[2] ... auch wenn Blogs wie der Problogger einen anderen Eindruck zu erwecken scheinen, siehe http://www.problogger.net/archives/2005/02/25/earning-a-six-figure-income-from-blogging/
[3] http://www.kottke.org/06/02/oh-what-a-year

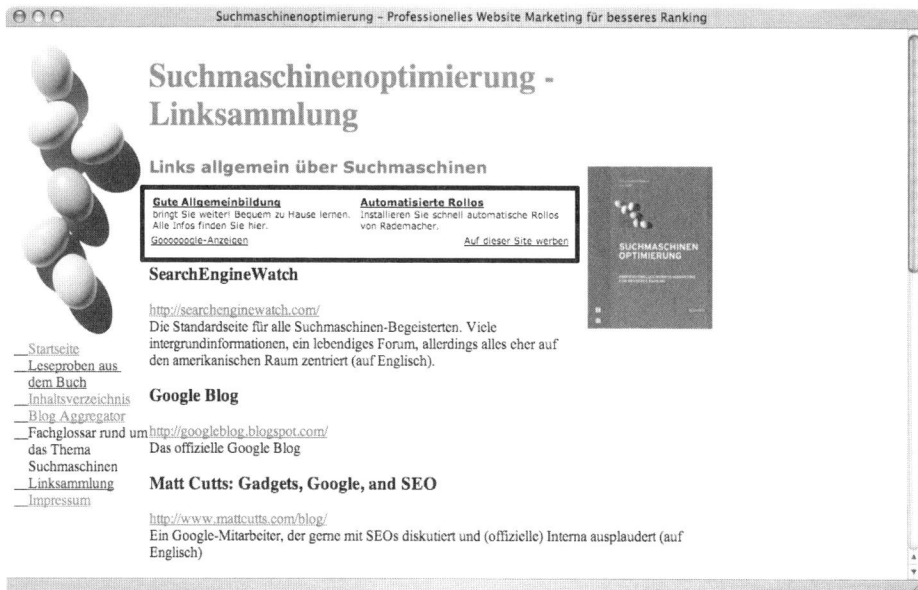

Abbildung 8.3: AdSense kurios: Werbung für automatisierte Rollos auf einer Seite über Suchmaschinenoptimierung

Anbieter und Interessenten einer Nische nun treffen können, bedeutet das noch lange nicht, dass in jeder Nische auch viel Geld verdient werden kann. Es müssen viele Nischen abgedeckt werden, damit es die Masse macht.

Werbung auf Blogs wird mitunter aus diesem Grund von manchen Bloggern in Deutschland als rotes Tuch angesehen: Es ist egal, ob der Benutzer sich bei den Seiten der großen Online-Medien befindet oder auf einem Blog, er sieht überall die gleiche Werbung. Blogger der ersten Stunde wie Biz Stone hingegen sehen Werbung auf Blogs als legitim an und geben sogar Tipps dazu. Es ist eine Frage des Standpunkts (siehe dazu auch die Werbung auf einem sehr populären Blog in Abbildung 8.4).

Außerdem steht Googles AdSense nicht ohne Kritik da; da der Kontext des Inhalts einer Seite erkannt werden muss, kann es hier zu Werbeeinblendungen kommen, die sowohl dem Webseiten-Betreiber wie auch dem Werbetreibenden nicht zum Vorteil gereichen, wie zum Beispiel Abbildung 8.3 zeigt. Auf einer Seite über Suchmaschinenoptimierung wird Werbung für automatische Rollos und Kurse für eine bessere Allgemeinbildung angeboten: Der Webseiten-Betreiber hat darauf keinen Einfluss, und in dem Beispiel ist es sehr unwahrscheinlich, dass ein Benutzer auf die Werbung klickt, denn sie hat nichts mit dem Inhalt der Seite zu tun. Der Vorteil von AdSense, nur relevante Werbung anzuzeigen, sodass die Wahrscheinlichkeit eines Klicks des Benutzers auf die Werbung steigt, ist hier nicht gegeben, und so kann auch nichts verdient werden.

Da hilft es auch nichts, dass Google ein Stück Code anbietet, mit dem der Inhalt definiert werden kann, und die Kontexterkennung von AdSense nicht den Rest der Seite wie die Navigation oder andere Informationen einbezieht. Hinzu kommt, dass die durch AdSense generierten Erlöse stark variieren können, auch durch neu eingeführte Techniken wie SmartPricing, wo Klickpreise reduziert werden, wenn der Klick dem Werbetreibenden nichts bringt (was in dem Beispiel der Rollos wahrscheinlich ist).

In manchen Fällen sind die nicht eingenommenen Werbeerlöse gar nicht so schlimm, dafür aber die Glaubwürdigkeit, wenn die Werbung den Inhalt der Webseite konterkariert. So befürchten die Betreiber des BILDblogs, dass die Einbindung von AdSense-Werbung nicht in ihrem Sinne sein könne, wenn ein Artikel über die Bild-Aussage, Fischer wandere in die USA aus, von Werbung für Greencard-Verlosungen begleitet wäre.[4] Der Werbetreibende kann theoretisch noch Seiten definieren, auf denen seine Werbung nicht erscheinen soll. Will der Werbetreibende nicht auf das Anzeigen der Werbung in dem Content-Netzwerk von AdSense verzichten, wäre das ein sinnloses Unterfangen, denn theoretisch kann die Werbung auf allen gemeldeten Seiten eingeblendet werden. Doch auch wenn das nach einer massiven Kritik an Google klingt, die Erkennung von Inhalten ist keine triviale Angelegenheit, und da Sprache mehrdeutig ist (siehe Kapitel 5 über die Folksonomy), wird sich zeigen, ob die Herausforderer von Google eine bessere Qualität bieten können.

8.4 Alternativen zu Google AdSense

AdSense ist nicht das einzige Produkt, das kontextsensitive Werbung für Content-Seiten anbietet, Yahoo! startete das Yahoo Publisher Network, das eine ähnliche Funktionalität wie Googles AdSense bietet.[1] Auch MSN steht mit AdCenter in den Startlöchern. Und neben den Neulingen existieren auch noch Vermarkter wie Miva und Mirago, außerhalb Deutschlands gibt es weitere relevante Vermarkter. Es gilt abzuwarten, wie sich die Werbebudgets auf die verschiedenen Anbieter verteilen werden; schon heute ist es so, dass die Werbetreibenden nicht in jedem System werben und somit ein Vermarkter für ein Thema besser sein kann als für ein anderes Thema. Auch eignen sich nicht alle Inhalte für eine Vermarktung über diese Werbeform: Während die Klickpreise für Themen wie Versicherungen und Finanzen sehr hoch sind, rangieren Themen wie Wellness und Shopping eher im unteren Bereich.[2]

Doch kontextsensitive Werbung ist nicht die einzige Möglichkeit, mit Werbung Geld zu verdienen. In den USA sind Plattformen wie AdBrite und BlogAds populär:

---

[4] http://www.basicthinking.de/blog/2006/01/12/ein-luxusproblem-von-bildblog/
[1] Im August 2006 war das Yahoo Publisher Network noch US-Seiten vorbehalten.
[2] Siehe vor allem den explido-Suchmaschinenpreisindex SPIXX unter http://www.explido-webmarketing.de/spixx_aktuell.htm

Abbildung 8.4: Werbung, wohin das Auge blickt: In den USA ist Werbung auf Blogs nicht verpönt.

- AdBrite ist eine Werbeplattform, auf der Werbetreibende und Content-Anbieter zusammenkommen können; der Vorteil ist, dass beide Seiten definieren können, welche Werbung wo geschaltet wird.

- BlogAds ist speziell für Blogs gedacht und bezieht vor allem die Blogs ein, die eine hohe inhaltliche Qualität bieten und dementsprechend eine interessante Zielgruppe für Werbung bieten.

Daneben gibt es Textlink-Börsen, die nicht nur Blogs offen stehen, aber zumindest bei einigen Blogs für eine weitere Einnahmequelle sorgen, zumal sie nicht in Konkurrenz zu anderen Werbeformen steht.[3] Bei einer solchen Textlink-Börse wie Linklift in Deutschland oder TextAds in den USA kauft der Werbetreibende über ein Interface einen Link auf einer Seite; der Preis richtet sich unter anderem danach, welchen PageRank eine Seite besitzt, wo die Werbung platziert ist, wieviel Werbung es gibt und wo die Seite überall eingetragen ist (zum Beispiel DMOZ oder das Yahoo! Directory). Diese Systeme sind nicht uneingeschränkt zu emp-

---

[3] Wer Google AdSense auf der Seite hat, darf nicht das Pendant von Yahoo! einbinden.

fehlen, da das Kaufen eines Links von einigen Suchmaschinen als Manipulation angesehen wird. Das Prinzip der Linkpopularität basiert darauf, dass eine Webseite freiwillig auf eine andere Seite verlinkt, sozusagen ein Votum abgibt. Wenn das Votum gekauft wird, so ist das wie auch bei einer Wahl im richtigen Leben eine Manipulation. Zum Teil wird sogar damit gedroht, dass Seiten in den Suchmaschinen bestraft werden, wenn ein solcher Missbrauch belegt werden kann.

Das heisst nicht, dass kein Link verkauft und damit kein Geld verdient werden darf; wenn man einen Link verkauft, dann muss allerdings der NO FOLLOW-Tag in diesem Link gesetzt werden, der verhindert, dass Suchmaschinen diesem Link folgen und ihn in der Linkpopularitätsberechnung berücksichtigen.[4] Der Käufer eines solchen Links hätte dann nicht mehr den Vorteil der Linkpopularität, aber zumindest kann er bei einem gut frequentierten Blog auf neue Besucher hoffen. Zu erwähnen ist aber auch hier, dass jede Werbung als solche gekennzeichnet sein muss.

Abgesehen davon existiert eine Reihe von Affiliate- und Partnerprogrammen, sei es das Amazon-Programm, bei dem entweder ausgewählte Artikel auf Provisionsbasis angeboten werden, seien es Produktlinks, die mittlerweile auch kontextsensitiv eingebunden werden können wie zum Beispiel die Werbung von eBay. Geld verdient werden kann dabei nur, wenn das Blog und seine Artikel in Bezug steht zu den Waren, die angeboten werden.

Auch mit Podcasts lässt sich Geld verdienen, sei es durch das Einblenden von Werbung oder durch das Sponsoring eines Partners. In der Regel ist die Platzierung in den Inhalten die einzige Möglichkeit, da sich einige Benutzer die Inhalte über ihren Podcatcher wie iTunes ansehen und somit die Homepage eines Podcasts nicht besucht wird und keine Werbung eingeblendet werden kann. Der Video Podcast von Ehrensenf ist dagegen seit Beginn gar nicht über einen Podcatcher zu bekommen; auf diese Weise müssen die Benutzer auf die Seite gehen und die darauf geschaltete Werbung sehen. Wie bei den Blogs gibt es auch hier Puristen: Im Mai 2006 berichtete die Welt Kompakt, dass die „Szene" auseinanderdrifte; *[m]anche Podcaster wollen nun mit Werbespots und Sponsoring Geld verdienen, andere wollen weiter einfach nur Spaß haben.*[5] Auch hier gilt, dass ein klares Profil innerhalb einer Nische es einfacher macht, einen Sponsor für den eigenen Podcast zu finden.

Zwischen Werbung und Inhalt bewegen sich die bezahlten Einträge, die zum Beispiel über Trigami vermittelt werden. Dabei werden Blogger beauftragt, einen Eintrag über ein Produkt oder einen Service zu schreiben. Sie haben redaktionelle Freiheit, müssen aber fair sein. Tatsächlich kann so ein Eintrag den Kunden günstiger kommen als ein Linkkauf, schließlich bleibt der Link zu dem Produkt oder dem Service in dem Artikel, wohingegen der gemietete Link jeden Monat neu gemietet werden muss.

---

[4] In der Sprache der Suchmaschinenwelt wird hier in Bezug auf den NO FOLLOW-Tag auch von einem „Link-Kondom" gesprochen.
[5] Welt Kompakt vom 26. Mai 2006, S. 30

8.5   Abseits der Werbung

Werbung ist nicht der einzige Weg für eine Website, Geld zu verdienen. So war
FlickR durch den Verkauf von Pro-Zugängen angeblich schon profitabel, bevor
das Produkt und die dazugehörige Firma von Yahoo! gekauft wurde. Die heute
auf FlickR zu sehende Werbung kam erst später. Auch die nach eigenen Angaben profitabel arbeitende OpenBC-Plattform verkauft Premium-Optionen und ist
ansonsten frei von Werbung.[1]

Abgesehen davon muss nicht unbedingt direkt Geld verdient werden durch den
Betrieb einer Seite, wenn die entstehenden Nutzerdaten auf eine andere Art und
Weise gewinnbringend verwendet werden können. So ist del.icio.us im August
2006 noch frei von Werbung, und es ist nicht unwahrscheinlich, dass hier auch in
Zukunft sparsam mit Werbung umgegangen wird, da es die einfache und schnelle Nutzung der Plattform konterkarieren würde. del.icio.us kostet Geld, bringt
zunächst aber keines. Aber Yahoo! profitiert dennoch von den Daten, die via
del.icio.us generiert werden: Jeder Bookmark einer Seite ist ein Votum für diese
Seite und weist darauf hin, dass ein Mensch diese Seite als wertvoll genug erach-
tet hat, um ihre Adresse zu speichern. Neue Seiten, die von einer Suchmaschine
noch nicht erfasst sind, können so schneller von Yahoo! entdeckt werden. Die von
den Benutzern verwendeten *Tags* können genutzt werden, um zusätzliche Informationen über eine Seite zu gewinnen, die in der Relevanzberechnung der Suchmaschine verwendet werden. Eine verbesserte Suche kann eine verstärkte Nutzung der Suchmaschine bedeuten, dadurch mehr Klicks auf Sponsored Links und
dadurch höhere Werbeeinnahmen.[2]

In einer Zeit, in der in Unternehmen (wieder) dazu übergegangen wird, jede zu
entwickelnde Funktionalität einer Software anhand des damit zu erwartenden
Gewinns zu priorisieren, hätte del.icio.us keine Chance und würde als Spielerei abgetan werden, insbesondere mit dem Wissen um ähnliche, aber geschei-
terte Projekte in den Zeiten der New Economy. Blickt man über den Tellerrand
der kurzfristigen Umsatzziele hinaus, so wird deutlich, dass es solche Funktionalitäten braucht, um in Zukunft in der oberen Liga mitspielen zu können.[3] Dies
wird besonders am Beispiel von Amazon deutlich: So weist Tim O'Reilly darauf
hin, dass Amazon die gleichen Artikel verkauft und die gleichen Daten zu diesen
Artikeln bekommt wie alle anderen Online-Verkäufer auch; durch die Einbindung
der von Benutzern erschaffenen Inhalte, seien es Rezensionen, Lieblingslisten sowie durch die in Empfehlungen mündende Analyse des Benutzerverhaltens wurde ein Mehrwert geschaffen, der Amazon eine Vorrangstellung ermöglicht.

Diese Stellung hat Amazon auch dadurch erreicht, dass jedes Produkt durch eine ASIN (Amazon Standard Identification Number) eindeutig zu identifizieren

---

[1] http://blog.wiwo.de/jobwelt/eintrag.php?id=393

[2] Eine qualitativ bessere Suche zu haben, bedeutet nicht, auch gleichzeitig mehr Benutzer zu haben, da
die Marke Google sehr stark ist.

[3] Das soll auf keinen Fall heißen, dass die Priorisierung von Funktionalitäten anhand von Umsatzrele-
vanz unsinnig sei; strategische Aspekte sollten aber auch noch ihren Platz finden.

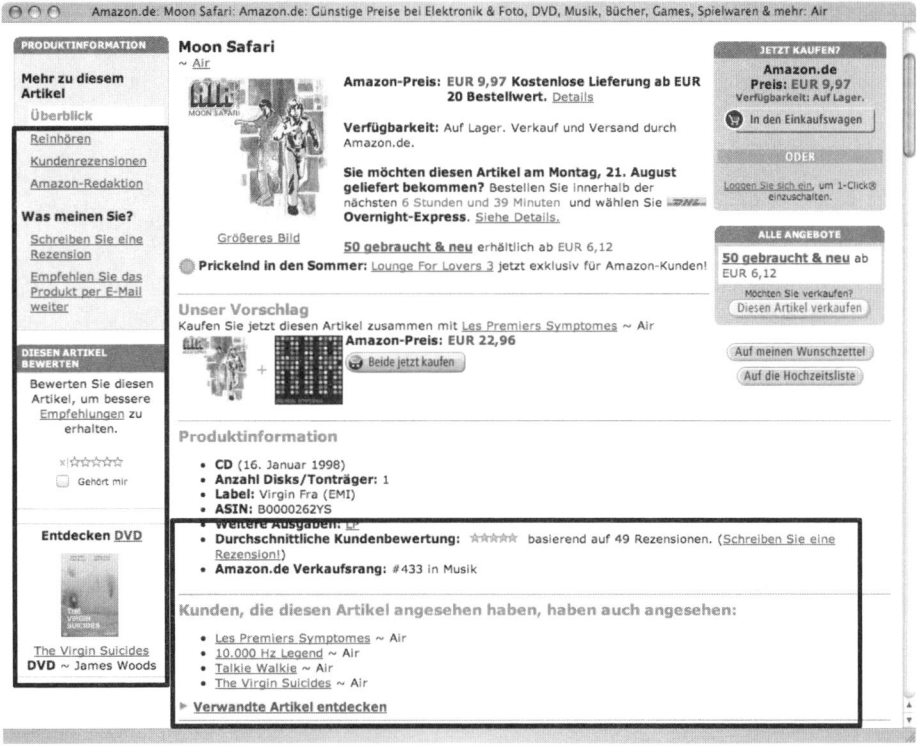

Abbildung 8.5: Rezensionen, Kundenbewertungen, Verkaufsrang, verwandte Artikel: Die zusätzlichen Daten machen Amazon so wertvoll.

ist und somit jedes Produkt, nicht nur Bücher, mit Benutzerinhalten angereichert werden kann.[4] Amazon hat die ISBN-Standarddaten mit den Benutzerinhalten vergoldet. Wenn wir wissen wollen, wie gut ein Buch oder ein anderes Produkt ist, dann schauen wir uns die Rezensionen bei Amazon an; die Meinung eines Buchhändlers (der das Buch vielleicht nicht mal selbst gelesen hat, sondern die Meinung anderer Kunden wiedergibt) kann nicht gegen die kollektive Intelligenz vieler Kunden ankommen (siehe Abbildung 8.5 für die Fülle von zusätzlichen Informationen, die zur Verfügung gestellt wird). Mit jeder Rezension, jedem Kauf, jeder Navigation durch das Amazon-System wird das System besser, und das nicht nur für neue Artikel, sondern auch für gebrauchte Artikel, die jeder bei Amazon einstellen kann. Im Prinzip könnte Amazon von heute auf morgen den Verkauf von neuen Artikeln einstellen und sich nur noch darauf konzentrieren, als Plattform für die Artikel anderer zu agieren: Kein Lager, kein Einkauf, alles ist virtuell, doch die von den Benutzern generierten Daten machen Amazon beinahe unverzichtbar. Hier unterscheidet sich Amazon auch ganz deutlich von eBay: Bei Amazon wird ein Artikel, sei er neu oder gebraucht, anhand der ASIN eindeu-

---

[4] Bei Büchern, die durch die ISBN identifiziert werden, ist die ASIN gleich der ISBN.

tig identifiziert, sodass Benutzermeinungen und andere benutzergenerierte Daten für diesen Artikel gesammelt werden können. eBay hingegen bietet nur die Taxonomie als Gerüst, hat aber keinen eindeutigen Identifikationsmechanismus für jeden Artikel und kann daher auch keine zusätzlichen Daten sammeln und nutzen. Dafür beinhaltet eBay mehr von dem Long Tail.

Umgekehrt bedeutet das, dass Seiten, die nur Inhalte anzubieten haben und die entstehenden Daten nicht in gewinnbringender Weise nutzen können, weiterhin am Tropf der Werbeeinnahmen hängen; es sei denn, die Inhalte sind so gut und/oder gefragt, dass sie verkauft werden können, was bei den wenigsten der Fall ist. Und es bedeutet auch, dass nur diejenigen das Web 2.0 wirtschaftlich für sich nutzen können, die als Erste so interessante Daten von ihren Nutzern bekommen, dass sich der Aufbau eines Pendants nicht zu lohnen scheint. Tim O'Reilly bezeichnet diese Daten daher als das nächste „Intel Inside", und obwohl die Daten von Nutzern stammen, werden sie von denen verwertet, bei denen sie abgelegt wurden. Eine Rezension schreibt man nur einmal bei Amazon, seine Fotos lädt man nur einmal hoch bei FlickR, seine Bookmarks speichert man nur einmal bei del.icio.us, seine gebrauchten Artikel verkauft man bei eBay. Wer zu spät kommt, den bestraft der Nutzer, und gleichzeitig verschenkt er seine Energie an diejenigen, die ihm dafür einen Mehrwert versprechen. Und sei es nur Aufmerksamkeit.

Kapitel 9

Warten auf Web 3.0?

9.1 Zurück in die Zukunft

Wer sich nicht mit dem Begriff Web 2.0 anfreunden mag, der wird die gleichen Schwierigkeiten mit dem Begriff Web 3.0 haben: Wer darf definieren, ab wann etwas zum Web 3.0 gehört, vor allem wenn einige Funktionalitäten schon vorher existieren und andere erst später kommen? Das Web und sein Umfeld werden sich weiter entwickeln, die Benennung wird ein Streitthema bleiben.

Dabei gibt es Alternativen, zum Beispiel den Begriff der Generation, der die Geschichte der Computer- und Betriebssysteme in Abschnitte unterteilt (siehe Tanenbaum 7-16). So wird die erste Computergeneration dadurch definiert, dass Röhren verwendet wurden und die Computernutzung denen vorbehalten war, die sie selber an Universitäten entwickelt hatten. Erst mit der zweiten Generation, in der Transistoren verwendet wurden, waren Computer zuverlässig genug, um sie an große Firmen verkaufen zu können, die sich einen Computer leisten konnten. Jede Generation wird durch die technische Weiterentwicklung, aber auch durch die Nutzung der Computer beschrieben. Außerdem können in diesem Ansatz Generationen nebeneinander bestehen, die Übergänge sind fließend, im Gegensatz zu dem Prinzip der Softwareversionen.

Übertragen auf das Web könnte man so von folgenden Generationen sprechen, wobei die Zeit von 1989 bis 1991, als Tim Berners-Lee das Web am CERN entwickelte, noch nicht als Generation gesehen wird (wie auch Konrad Zuses Maschinen noch nicht zur ersten Computergeneration gezählt werden):

- 1. Generation (1991–1995): Die Zeit der Early Adopter, so gut wie keine kommerzielle Nutzung, Ausprobieren von Hypertext, statische HTML-Seiten
- 2. Generation (1995–2001): Firmen ziehen in das Web ein, die Early Majority kommt ins Web, Aufstieg und Fall der New Economy, dynamische Seiten

▨ 3. Generation (2001–heute): Verbreitung von Breitbandanschlüssen, benutzer-
  freundliche Seiten, Browserstandards werden mehr oder weniger eingehalten,
  die Late Majority kommt ins Web

Allerdings ist der Begriff der Generation nicht so griffig wie der des Web 2.0, und
eine virale Wirkung könnte er sicherlich nicht generieren.

Stellt sich noch die Frage, was die nächste Generation oder das, was manche schon
als das Web 3.0 bezeichnen, bringen wird. Bereits im Vorwort wurde auf die Prophezeiungen und Vorstellungen schlauer Köpfe verwiesen, über die wir heute
lachen (was aber das Lebenswerk dieser Köpfe nicht in Frage stellt, schließlich
gehören Irrtümer dazu oder, wie Edison sagte, „I haven't failed, I've found 10,000
ways that don't work"). Selbst die Prognosen der Webexperten wie Jakob Nielsen
sind zum Teil meilenweit von dem entfernt, was wirklich passierte:

> *Some people like Ted Nelson expect to see the appearance of the global hyper-
> text (e.g. Xanadu) as what has been called the **docuverse** (universe of documents).
> I don't really expect this to happen completely, but we will very likely see the emer-
> gence of very large hypertexts and shared information spaces at universities and
> certain larger companies.*[1] (Betonung von Nielsen, 346–347)

Dieses Zitat stammt aus einem Buch von 1995, das den Begriff Internet bereits im
Untertitel trug und in dem Nielsen Hypertext-Anwendungen abseits des Internets
mehr Potenzial einräumte als dem Web. Wenn sich ein Experte wie Nielsen so
irren kann, dann sollten die folgenden Prophezeiungen erst recht mit Vorsicht
genossen werden.

9.2   Das Web wird ~~mobil~~ mobiler

Mobile Endgeräte werden eine wichtige Rolle spielen. Diese Prophezeiung ist
nicht neu, sie ist bereits zehn oder mehr Jahre alt, aber sie wird dennoch mun-
ter wiederholt. Doch auch wenn es in Deutschland kaum noch jemanden gibt, der
kein Handy hat, so ist die mobile Nutzung des Webs im Vergleich zu den anderen
Zugangsmöglichkeiten noch spärlich. WAP war das Schlagwort um die Jahrtau-
sendwende, doch heute redet kaum noch jemand davon.

Zwei Faktoren sind daran nicht ganz unschuldig:

▨ Die Software der Mobilfunkgerätehersteller lädt nicht gerade dazu ein, im Internet zu surfen. Die Internetfunktionen sind bei vielen Handys eher versteckt
  oder umständlich zu bedienen.

---

[1] *Einige Leute wie Ted Nelson erwarten das Aufkommen des globalen Hypertexts (zum Beispiel Xanadu), was
auch als Docuverse bezeichnet wird (Universum der Dokumente). Ich erwarte nicht, dass das komplett passieren wird, aber wir werden sehr wahrscheinlich die Entstehung von sehr großen Hypertexten und gemeinsam
genutzter Informationsräume in Universitäten und bestimmten größeren Firmen sehen.*

■ Die Internetnutzung über ein Handy ist teuer und langsam im Vergleich zu
dem DSL-Zugang zu Hause oder dem Anschluss bei der Arbeit. Die Ähnlichkeit zu Kapitel 1.3 ist auffällig. Auch wenn immer mehr Blackberrys verkauft
werden und Internetfunktionen auf aktuellen Handys immer verbreiteter sind,
so sind die Kosten eine große Hürde.[1] Das gilt auch für das Veröffentlichen von
Inhalten: *Moblogging* ist für die Early Adopter interessant, der Rest wartet mit
dem Bloggen, bis ein schneller Zugang zur Verfügung steht.

Gleichzeitig gibt es die ersten Geräte, die ein WLAN nutzen können. Zusammen
mit kostenlosen oder günstigen WLAN-Anschlüssen wie denen von FON wird
es hier vielleicht einen Weg um das Kostenmodell der Mobilnetz-Betreiber herum
geben. Wer unterwegs ins Internet will, der wählt sich nicht via UMTS oder GPRS
ein, sondern über das nächste verfügbare WLAN. Das gilt nicht nur für Internet-
Inhalte: Im Juli 2006 wurden die ersten mobilen Endgeräte für die VoIP-Software
Skype vorgestellt; ist ein WLAN vorhanden, kann der Benutzer kostenlos mit den
Bekannten telefonieren, die auch bei Skype sind, oder für eine kleine Gebühr ein
Telefon irgendwo auf der Welt anrufen. Es ist eine Frage der Zeit, bis die Handys,
die bereits einen WLAN-Zugang nutzen können, auch Voice-over-IP-Dienste wie
Skype verwenden können. Zusammen mit einer SkypeIn-Nummer, einer Fest-
netznummer, mit der Skype-Clients angerufen werden können, wäre Kommunikation abseits der kommerziellen Mobilnetze möglich, zumindest solange man
das WLAN nicht verlässt.[2] Produkte wie Cellity oder Jajah, die entweder automatisch günstigere Verbindungen suchen oder Voice-over-IP nutzen, sind bereits im
Begriff, die traditionellen Geschäftsmodelle aufzuweichen.

Auch Videotelefonie wäre mit dieser Technik möglich: Viele Handys haben bereits
eine Videokamera, mit der Filme aufgenommen werden können; leider ist die Kamera meistens auf der falschen Seite, denn wenn man sich filmt, dann kann man
den Gesprächspartner nicht sehen. Es wird nicht lange dauern, bis die Kamera ge-
dreht werden kann, und Geräte mit Videotelefonie-Funktion (welche die Kamera
sozusagen auf der richtigen Seite haben oder gleich über zwei Kameras verfügen)
existieren schon länger.

Abgesehen von der Kommunikation und der Nutzung vorhandener Webseiten
und -applikationen werden neue Anwendungen entstehen, die den Vorteil des
mobilen Internets nutzen, und die Grenzen zwischen den Geräten werden über-
schritten werden:

■ Mobile Search wird seit Jahren als Killerapplikation gehandelt, mit einfach zu
benutzenden Geräten und niedrigen bis gar keinen Kosten könnte das Versprechen eingelöst werden. Das Handy schickt seinen Standort an die Suchmaschine, die dann die lokal relevanten Ergebnisse einblenden kann („Die

---

[1] Als sich der Autor dieses Buches ein neues Handy kaufte, warnte ihn der Verkäufer, nicht auf die
T-Zones-Taste zu kommen, da das sehr teuer sei – in einem T-Punkt-Laden!
[2] Hier wird deutlich, dass UMTS immer noch interessant ist, denn unterwegs im Zug oder in WLAN-
armen Bereichen möchte man auch auf das Netz zugreifen können.

nächste Apotheke/Tapas-Bar/Spielzeugladen befindet sich ..."). Das Handy
wird Navigationsinstrument, Fremdenführer und Notfall-Wegweiser sein. Angereichert werden die Informationen mit lokal relevanter Werbung, und vielleicht ergibt sich hieraus auch ein Business-Modell, um den Benutzer von den
Gebühren der Mobilfunk-Betreiber zu befreien.

■ Das Moblogging wird eine andere Qualität erfahren: Wenn es nichts mehr
kostet, etwas sofort ins Netz zu stellen, und wenn es gleichzeitig durch
neue Geräte einfach ist, damit umzugehen, dann werden wir Texte, Bilder
und Informationen fast live bekommen können (bis irgendjemand das Video-
Streaming vom Handy einführt). Tritt Massive Attack in Hamburg auf, dann
brauche ich mit meiner Konzertkritik nicht zu warten, bis ich wieder zu Hause
am Rechner bin: Ich kann bloggen, wo ich gerade bin, und sofort ein Bild oder
sogar ein Video in mein Blog stellen. Wenn die Bild-Zeitung heute die Leser
auffordert, als Reporter zu agieren, und 500 Euro für die „Erwischt"-Fotos bietet, dann nutzt und bedient Bild nicht das ganze Long Tail. Der Rest wird von
den Blogs übernommen, und diese werden fast in Echtzeit Informationen bieten. Das YouTube der Zukunft wird eine Kombination von gedrehten Filmen
und Live-Berichten von Benutzern sein.

■ Es werden Geräte mobil in das Internet kommen, die momentan noch am
Tropf anderer Geräte hängen. Der iPod konnte zum Beispiel bis September
2007 noch nicht selbst direkt ins Internet, sodass mit einem iPod alleine keine Musik gekauft werden konnte; es wurde immer ein Rechner benötigt. Das
änderte sich zunächst mit dem Apple iPhone, das Apple im Januar 2007 vorgestellt hatte, und danach mit dem iPod Touch etwas mehr als ein halbes Jahr
später.

■ Das iPhone sticht auch deswegen heraus, weil es einen richtigen Browser
beinhaltet mit einem „richtigen" Betriebssystem; dadurch laufen darauf auch
Applikationen, die zunächst allein für den Desktop programmiert wurden.
Dadurch können die Entwicklungszeiten für mobile Applikationen radikal
geändert werden, eventuell wird überhaupt erst für ein Mobilgerät entwickelt,
wenn die Entwicklung mit Desktop-Applikationen verbunden werden kann.[3]
Das von der Open Handset Alliance[4] im November 2007 vorgestellte Betriebssystem Android schlägt die gleiche Richtung ein. Hier werden die meisten Google-Applikationen bereits vorinstalliert sein, sei Google Mail, Google!Maps, etc, denn Google ist einer der an der Open Handset Alliance beteiligten Firmen.

■ Eltern können ihre mit Disney Mobile-Handys ausgestatteten Kinder bereits
über das Web orten (und die Diskussion, wen man sonst noch orten können
sollte, könnte noch sehr hitzig werden).

---

[3] http://www.carsonified.com/web-apps/web-apps-and-the-iphone
[4] http://www.openhandsetalliance.com/

Abbildung 9.1: Brave New World: Ein Tanz-Club in der virtuellen Welt von Second Life

■ Wir werden von überall Zugriff auf unsere Daten haben. Da wir es eh nicht hinbekommen, unsere Daten regelmäßig selber zu sichern, und weil ein Backup zu Hause auch nichts nützt, wenn es brennt oder sonstige Katastrophen eintreten, werden wir unsere Daten im Netz speichern, wo wir sie mit jedem Internet-fähigen Gerät bearbeiten können. Das Web wird so schnell sein, dass wir den Unterschied nicht bemerken werden.

■ Die Deutsche Bahn bietet bereits an, Tickets via Handy zu kaufen und das Tickethandy als Fahrausweis vorzulegen, ähnliche Projekte werden bereits im ÖPNV wie in Hamburg durchgeführt, wobei das Internet zur Kommunikation mit dem zentralen Server genutzt wird; wir werden mehr Applikationen dieser Art sehen, wo das Handy Ausdrucke obsolet werden lässt.

Für alle diese Punkte sind der günstige und schnelle Zugang sowie einfach zu bedienende Geräte die Voraussetzung. Solange diese Bedingungen nicht erfüllt sind, bleibt das mobile Web ein Punkt unter der Rubrik „Ausblick" in den PowerPoint-Präsentationen.

9.3   Second Life

In den frühen Jahren des World Wide Webs war oft vom Cyberspace und von virtuellen Welten die Rede, zum Teil wurden die Begriffe sogar synonym verwendet. Der Begriff Cyberspace wurde von William Gibson geprägt und durch seinen 1984 erschienenen Roman „Neuromancer" populär gemacht. In dem Roman tauchte auch eine Matrix auf, eine virtuelle Realität des Cyberspace, die später neben anderen Einflüssen als Inspiration für die Matrix-Filme und ähnliche Filme diente.[1]

Die virtuellen Welten dieser Zeit beschränkten sich abseits der Literatur auf textbasierte Rollenspiele, Multi-User Dungeons, kurz MUDs genannt. Beschreibungen von Räumen und Ereignissen führten die Benutzer durch diese Welt, in der sie mittels Textkommandos interagieren konnten. Die Vorstellungen, was möglich sein sollte, gingen aber weit darüber hinaus. In seinem Buch „Snow Crash" beschrieb Neal Stephenson 1992 das *Metaverse*, eine virtuelle Welt im Internet. Die darauf basierende 3D-Welt *Active World* war wenig erfolgreich, die dahinter stehenden Firmen kämpften schon in den 90er-Jahren um ihr Überleben, abgesehen davon, dass das Leben in der virtuellen Realität komplexer war, als die Visionäre es vorgesehen hatten. Wie viele Pioniere waren sie der notwendigen kritischen Masse zu weit voraus. Als der Film „Die Matrix" 1999 in die Kinos kam und ein großer Erfolg wurde, war das Word Wide Web größtenteils immer noch zweidimensional. Daran konnte auch die Virtual Reality Modeling Language (VRML) nichts ändern, die bereits 1994 entstand und 1997 in der Version 2 ihren Höhepunkt durch Verwendung in den Chaträumen von CyberWorld hatte. Heute spielt sie kaum noch eine Rolle.

Es dauerte noch ein wenig, bis die breite Masse die notwendigen Voraussetzungen mitbringen konnte. 2003 stellte Linden Lab die virtuelle 3D-Welt Second Life vor.[2] Jeder mit einem schnellen Internetzugang und ausreichender Computerleistung kann sich kostenlos anmelden, mit wenigen Klicks seinen eigenen *Avatar* an den eigenen Geschmack anpassen und sich dann in dieser Welt umsehen. Für eine monatliche Grundgebühr kann eigenes Land erworben werden. Ungeachtet dessen kann jeder Benutzer seine eigene Welt modellieren oder sich gegen kleine Beträge die notwendigen Module zusammenkaufen. Jeder Benutzer hat die Freiheit, zu tun und zu lassen, was er will. Benutzer zwischen 13 und 18 Jahren landen, das Einverständnis ihrer Eltern vorausgesetzt, auf einem separaten „Grid", wie die Plattform zum Teil genannt wird.[3]

In den Clubs von Second Life ist rund um die Uhr etwas los, irgendwo auf der Welt finden einsame Herzen den Weg in die virtuellen Clubs, um zu chatten, zu tanzen oder sich wie auch immer zu amüsieren (siehe Abbildung 9.1, in der ein Bild von einem Club abgebildet ist). Selbst echtes Geld kann in Second Life verdient werden, sei es durch Dienstleistungen wie Eskort-Services, sei es durch virtuelle Artikel. Die eigene Währung Linden Dollars kann getauscht werden wie jede andere Währung auch. eBay in den USA ist bereits voll von Artikeln und Geldwechslern für die virtuelle Welt. Auch Kultur hat Einzug gehalten in die Virtualität; am 3. August 2006 gab Suzanne Vega ihr erstes Konzert vor einer Hand-

---

[1] Der Begriff Matrix wurde bereits in den 70er-Jahren im Zusammenhang mit Computernetzwerken in der Serie Dr. Who verwendet.

[2] Siehe http://secondlife.com

[3] Der Begriff stammt aus dem Bereich des Grid Computings, bei dem Rechenaufgaben auf miteinander vernetzten Computern verteilt werden. Die virtuellen Welten von Second Life liegen angeblich auf einem solchen Grid.

voll von Avataren in Second Life. Die Grenzen zwischen der virtuellen und der realen Welt beginnen zu verwischen.

Man mag geteilter Ansicht darüber sein, ob die in virtuellen Welten verbrachte Zeit besser in der Realität verbracht werden sollte. Realitätsverlust, Abbruch der realen sozialen Kontakte und andere Horrorszenarien werden in vorzugsweise drohender Gebärde in diesem Zusammenhang angeführt. Dass dies nicht so sein muss, beschreibt Sherry Turkle in der Darstellung von MUD-Spielern, die verschiedene Spielarten ihres Selbst in den (damals noch textbasierten) virtuellen Welten ausprobieren. Die Möglichkeit der Reflexion, die ein selbst geschriebenes Blog im Text bietet, wird hier auf spielerische Weise genutzt und wahrscheinlich auch mit anderen Schwerpunkten. Doch zwischen den Fenstern zu dieser Welt blinken ab und zu Textnachrichten von anderen Nutzern, und einer von Turkles Interviewpartnern sagt, dass die reale Welt ein weiteres Fenster sei, gewöhnlich nicht sein bestes. Dennoch, das virtuelle Leben bietet Möglichkeiten, die das reale Leben nicht bieten kann: Begeht man in Second Life einen Fehler, so meldet man sich neu an und startet von vorne.

Doch auch wenn das alles nach irrealer Unverbindlichkeit aussieht, so können die in der virtuellen Welt investierten Emotionen real sein. Hochzeiten in Second Life sind keine Seltenheit, es floriert sogar ein Geschäft für die Organisation von Hochzeiten. Noch existieren keine Statistiken, wie viele dieser Ehen auch in der Realität gelebt werden, aber auch hier verschwimmt die Grenze zwischen virtueller und realer Welt. Fühlt sich Verliebtsein in einer virtuellen Welt anders an als in der realen Welt? Und was ist überhaupt die reale Welt, wenn wir die Realität angeblich in uns selbst konstruieren, wie die Anhänger des operativen Konstruktivismus glauben?

Was nun noch hauptsächlich als Spielerei gewertet werden könnte, wird eine neue Qualität annehmen, wenn das Web und eine virtuelle Realität wie die von Second Life sich weiter annähern, denn das Web ist heute bereits in unser reales Leben integriert. Wahrscheinlich werden wir nicht durch virtuelle Bibliotheken wandern, weil dies mehr Zeit kostet als die Nutzung einer Suchmaschine. Aber sich in einer virtuellen Fakultät aufzuhalten, um dort Kommilitonen zu treffen und sich mit ihnen auszutauschen, ist nicht so unwahrscheinlich. Schließlich ist auch Second Life als eine moderne Form einer Social Software zu sehen. Noch hören wir einen Stream von last.fm, der zu unserem Musikgeschmack passt, bald könnten wir unsere Avatare mit anderen Menschen, die den gleichen Musikgeschmack haben, tanzen lassen, weil uns eine zukünftige Version von last.fm in eine solche virtuelle Discothek bringt. Und vielleicht wird es für Skype bald eine neue Ländervorwahl für die virtuelle Welt von Second Life geben, damit Nutzer aus der realen Welt andere Benutzer in der virtuellen Welt anrufen können. Virtuelle und reale Welt könnten verschmelzen, wo es Sinn macht. Schon jetzt aber erfüllt Second Life Kriterien des Web 2.0: Es nutzt das Web als Plattform, es lebt von der Partizipation und den Beiträgen der Nutzer, es benötigt die kollektive Intelligenz der Nutzer, und es ist einfach zu bedienen. Das Web wird nicht komplett in eine virtuelle Landschaft übergehen, denn nicht alle Arten von Informationen eignen sich dazu; die virtuelle Welt wird aber eine nicht aufzuhaltende Ergänzung sein.

9.4 Intelligente Aggregation

Die derzeitigen Feedreader und Suchmaschinen sind erst der Anfang in der Aggregation der Inhalte. Ganz abgesehen davon, dass nur ein Bruchteil der heutigen Benutzer Feeds nutzt, müssen die Benutzer immer noch viel technische Kompetenz mitbringen, um Texte, Quellen und Ergebnisse hinsichtlich ihrer Wahrheit und Angemessenheit beurteilen zu können. Gleichzeitig werden täglich immer mehr Informationen produziert, und wie im Abschnitt über die Blogosphäre 2.4 beschrieben, kann man sich nicht darauf verlassen, dass nur die bedeutenden Quellen die Informationen hervorbringen, die man gerne hätte oder die benötigt werden.

In der Boomphase der New Economy war die Idee der Agenten heiß diskutiert worden, und einige Träume der frühen Forscher der künstlichen Intelligenz wurden wieder aufgewärmt. Einer der KI-Pioniere, Herbert Simon, sagte 1957 voraus, dass innerhalb der nächsten zehn Jahre ein Computer Schachweltmeister würde (wieder ein Beispiel dafür, wie neue Technologien zu Beginn überschätzt werden können). Es hat vierzig Jahre gedauert, bis Schachweltmeister Kasparow das erste Mal gegen den IBM-Rechner Deep Blue verlor. Den Turing-Test, bei dem in der Unterhaltung zwischen Mensch und Maschine nicht auffallen sollte, dass eine Seite kein Mensch ist, wurde bisher von keinem Computer bestanden.

Die Hilfe durch eine künstliche Intelligenz beschäftigte die Computer-Industrie dennoch weiter, so zum Beispiel in dem Knowledge-Navigator-Video von Apple Computer aus dem Jahr 1987. In diesem Film arbeitet ein Wissenschaftler mit einem Rechner, auf dem ein intelligenter Assistent (der eine Fliege trägt, sodass fortan alle Assistenten wie Butler aussahen) die lästige Arbeit der Recherche übernimmt und gleichzeitig als Kommunikationszentrale dient.

Viele der in diesem Video vorgestellten Visionen sind mittlerweile wahr geworden, sei es Videochat, sei es die Speicherung von großen Datenmengen auf einem kleinen Datenträger. Nicht wahr geworden ist allerdings der Assistent, wenngleich Fortschritte erzielt worden sind bei den Versuchen, eine Maschine wie einen Menschen kommunizieren zu lassen: Jedes Jahr werden beim Loebner-Test, einer gestaffelten Version des Turing-Tests, Preisgelder für die Chatbots vergeben, die am ehesten wie ein Mensch kommunizieren. Den Hauptpreis für das Bestehen des Turing-Tests aber hat noch kein Programm gewonnen.

Dabei müsste ein solcher Assistent nicht nur gut in der Kommunikation sein, er müsste daneben auch noch lernen können, was für einen Benutzer wichtig ist und was nicht. Wenn wir auf den kommunikativen Teil erst einmal verzichten, dann gibt es bereits Anwendungen, die das können. Spam-Filter sind eine bereits heute genutzte Applikation, die dazulernt, indem sie vom Benutzer mit Informationen

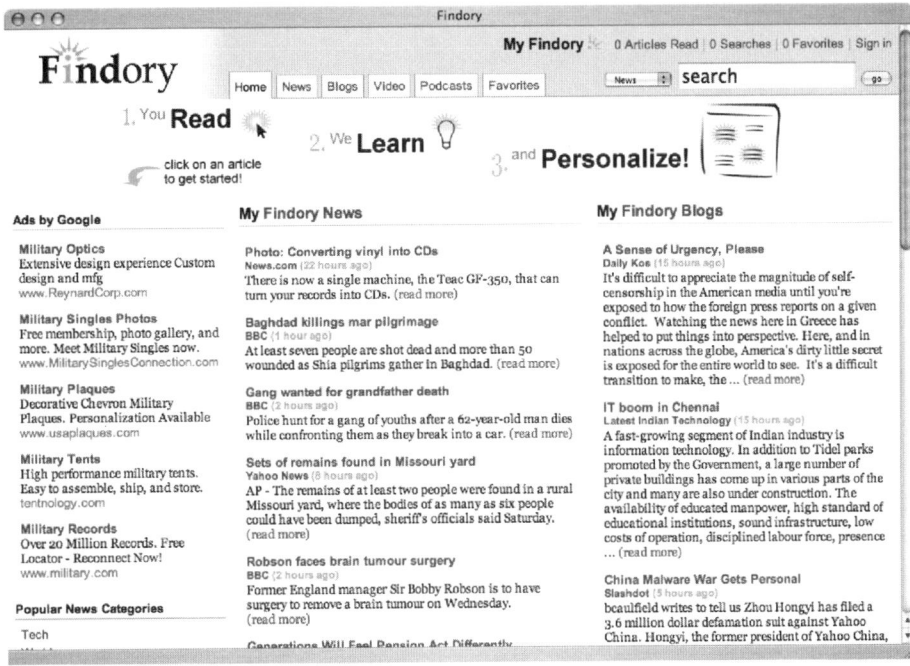

Abbildung 9.2: Findory: Die Webapplikation „lernt", was für den Benutzer interessant ist.

versorgt wird, was Spam ist und was nicht. Nicht alle Spam-Filter nutzen dazu künstliche neuronale Netze, doch die Anwendung solcher Netze wird auch in anderen Bereichen populär, wenn es um die Auswertung riesiger Datenmengen geht. Es birgt jedoch eine gewisse Ironie in sich, dass eine solche Technologie zunächst für das Beseitigen von Informationsmüll einer breiteren Öffentlichkeit bekannt ist und nicht für das Finden von den relevantesten Informationen; relevant ist nicht alles, was frei von Spam ist.[1]

Einen anderen Weg geht Findory, wo Nachrichten und Blogeinträge angezeigt werden und jeder Klick auf einen Artikel vom System gespeichert und für die Auswahl zukünftiger Artikel berücksichtigt wird (siehe Abbildung 9.2). Gleichzeitig verwendet Findory eine ähnliche Methode wie Amazon und last.fm: Die Klicks auf Artikel werden mit den Klicks anderer Benutzer verglichen, und auf Basis entstehender Muster werden Empfehlungen generiert. Verbunden mit einem System wie dem im Kapitel über Social Software behandelten digg.com, bei dem die Benutzer die Informationen auch noch bewerten, können Artikel nicht nur anhand des Interesses hervorgehoben werden, sondern auch in Bezug auf ihre Richtigkeit (mit all den Nachteilen, die bereits angesprochen wurden).

---

[1] Auch andere Systeme lernen eher für die Abwehr von geringwertigen Informationen: Akismet, ein System zur Spam-Abwehr in Blogs, prüft jeden eingehenden Kommentar und Trackback und lernt von Fehleinschätzungen.

Interessant wäre hier, wenn diese Informationen auch einem neuronalen Netz zur Verfügung gestellt werden könnten, sodass anhand der Bewertung von Benutzern die Qualität einer Quelle auf längere Sicht beurteilt werden könnte. Das Endergebnis wäre ein Informationssystem, das nicht nur die relevantesten, sondern auch die verlässlichsten Informationen zur Verfügung stellt. Doch in diesem Bereich befinden wir uns immer noch in einem frühen Stadium, vergleichbar mit der Zeit, als die Filmkameras fest installiert waren und vor ihnen Theater gespielt wurde.

9.5 Collective Intelligence Reloaded

Die Zusammenarbeit von Menschen über das Web hat bereits einiges möglich gemacht, von dem vor wenigen Jahren nicht einmal zu träumen war, sei es die Wikipedia oder Open-Source-Software wie Apache, Firefox, Thunderbird und OpenOffice. Die kollektive Intelligenz ist zu atemberaubenden Projekten fähig. So wie SETI@Home die ungenutzten Ressourcen vieler Computer nutzt, werden die ungenutzten Ressourcen der Masse verwendet, um Aufgaben zu lösen, zu denen ein Einzelner nicht imstande wäre. Projekte wie Wikipedia & Co. bestehen aus verteilten Arbeitspaketen, und auch wenn jeder Teilnehmer nur ein kleines Paket bearbeitet, so wird doch etwas Großes daraus. Das Prinzip des Long Tails funktioniert auch hier.

Im Gegensatz dazu ist die Blogosphäre, die Tim O'Reilly als kollektive Intelligenz sieht, nicht im Rahmen eines Projektes zu fassen, sie ist vor allem ereignisgesteuert. Es passiert etwas, und die Blogs reagieren darauf. Diese Ereignisse können bedeutend für die Menschheit sein, häufig aber haben sie vor allem einen persönlichen Bezug. Die bisherigen Errungenschaften der kollektiven Intelligenz machen Appetit auf mehr: Was wäre, wenn man die kollektive Intelligenz der Blogosphäre auf ein Problem der Gesellschaft ansetzen könnte? Es muss nicht gleich die Frage aller Fragen sein, die eine kollektive Intelligenz löst.[1] Anstatt aber über das Bloggen zu bloggen, gäbe es eine Menge von Problemen und Ideen, deren Lösung mehr Gehirnschmalz benötigt, als momentan darauf verwendet wird.

Im Juli 2006 fragte Stephen Hawking bei Yahoo! Answers, wie die Menschheit die nächsten 100 Jahre überleben könnte; er selbst wisse die Antwort nicht. Über 25.000 Antworten wurden von anderen Menschen eingereicht.

---

[1] Dank Douglas Adams wissen wir wenigstens diese Antwort.

Kapitel 10

Interviews

10.1 Johnny Haeusler, Spreeblick.com

Web 2.0: Hip oder Hype?

Definitionsfrage.

Versteht man den Begriff als neue Herangehensweise von Unternehmen an ihre Kunden, als Cluetrain-Ergänzung womöglich: Viel zu hip für die meisten Unternehmen.

Versteht man es als Marketing-Begriff, der alten Wein in neuen Schläuchen verkauft: Hype.

3 (oder mehr) Gründe, warum es sich lohnt zu bloggen

1. Es macht Spaß.
2. Man lernt dabei.
3. Man muss nicht alles mit Grund machen.

3 (oder mehr) Gründe, warum es sich lohnt, Blogs zu lesen (Podcasts zu hören, VideoCasts zu sehen)

1. Es macht Spaß.
2. Man lernt dabei.
3. Man muss nicht alles mit Grund machen.

Wie stellt Ihr Euch den typischen Spreeblick-Leser und -Hörer vor?

Weiblich, attraktiv, zwischen 25 und 55 Jahren, reich und weise.

Die Abonnenten des Podcasts sind nicht automatisch Leser des Blogs. Habt Ihr herausgefunden, warum das so ist?

Das scheint unter anderem eine Zeitfrage zu sein, vielleicht auch eine Frage der Mediensozialisierung. Texte, besonders die längeren, benötigen eine andere Rezeptionsumgebung, sie brauchen Ruhe, Konzentration, oftmals sogar mehrfaches Lesen, sie können auch nicht so leicht „mitgenommen" werden. Podcasts können „nebenbei" gehört werden und sind Wegbegleiter im Auto oder in der Bahn. Manche Leute finden z.B. die Zeit und den Raum, um Bücher zu lesen, anderen bringt es viel mehr, das Hörbuch zu genießen.

Im Vergleich zu anderen Ländern ist die deutsche Blogosphäre relativ klein. Gleichzeitig hat kaum ein Land eine solche Vielzahl von Zeitungen und Zeitschriften auf dem Markt. Sind die Deutschen zu Medienkonsumenten erzogen, oder gibt es andere Gründe für die Blog-Unlust?

Ich denke, dass die freie Meinungsäußerung als Tugend und Bürgerpflicht in Deutschland einen anderen Stellenwert hat als bspw. in den USA, Frankreich oder England. Noch die Generation meiner Eltern empfand es schicklicher, seine Meinung für sich zu behalten, als sie laut herauszuposaunen. Das könnte ja auch Ärger bringen. Und dabei stammen wir aus dem Westen!

Die Möglichkeit, dass jeder einen Eintrag kommentieren kann, ist ein wesentliches Merkmal eines Blogs. Deutschlands populärstes Blog, das BILDblog, lässt keine Kommentare zu. Andere Blogs bieten keinen RSS-Feed, was ein weiteres Blog-Merkmal ist. Ab wann ist ein Blog ein Blog?

Frag ich mich auch schon lange. Ich bin ja nicht der Online-Duden, aber ich finde, Kommentare sind ein enorm wichtiger Bestandteil von einem Blog. RSS sicher auch.

Blogs bieten die Möglichkeit der unabhängigen Berichterstattung, abseits der traditionellen Medien, und sie agieren auch als Beobachter dieser Medien (siehe BILDblog). Seit einigen Monaten wird in vielen Zeitungsredaktionen gebloggt. Blog, Artikel im Blog-Gewand oder ein mehr oder weniger geschickter Versuch, sich von den Blogs nicht die Butter vom Brot nehmen zu lassen?

Ich glaube, Spiegel Online hat erkannt, was gute Blogs wirklich sind, nämlich die Rückkehr der Glosse, des Kommentars und des Essays. Bei SpOn findet man seit einiger Zeit immer häufiger solche Texte, und daher hat das Magazin auch klüger auf Blogs reagiert als all die anderen, die oben „Blog" drüber schreiben und sich unten bemühen, ihre Autoren mal „ganz locker" schreiben zu lassen. Und dabei baden gehen, denn den Leser interessiert nicht, unter welcher Überschrift oder mit Hilfe welcher Technik ein Text erscheint. Er muss ihm nur gefallen.

Im Zusammenhang mit der Blogosphäre wird manchmal von einer kollektiven Intelligenz gesprochen. Tim O'Reilly zweifelte im Mai 2006 öffentlich an dieser kollektiven Intelligenz, nachdem sich der Verlag den Begriff Web 2.0 für Konferenzen hatte schützen lassen und dies sowie eine unabgestimmte Abmahnung an die Öffentlichkeit kam und die Blogs gegen O'Reilly hetzten. Wurde Jean-

Remy von Matt Unrecht getan, und wird die Blogosphäre überschätzt?

Sie wird kurzfristig überschätzt und langfristig unterschätzt.

Neben den klassischen Medien publizieren nun auch Unternehmen Blogs, Pod- und Videocasts, andere Unternehmen nutzen Blogs für virales Marketing, zum Beispiel indem sie Blogger ein Auto testfahren lassen. Podcasts mit kommerziellem Hintergrund dominieren mittlerweile die iTunes Podcast-Charts (sodass die nichtkommerziellen Angebote weniger prominent platziert sind). Was geht Euch durch den Kopf, wenn der Mercedes Benz Podcast Euch und Toni Mahoni in den Charts überholt?

Du meinst, ob uns das ärgert? Nö, überhaupt nicht. Die Undertones waren auch nie so hoch in den Charts wie Supertramp, hatten aber immer die besseren Songs.

Spreeblick selbst ist keine private Veranstaltung. Was ist die Idee hinter dem Spreeblick-Verlag?

Na ja, eine private Veranstaltung ist Spreeblick trotzdem, auch wenn Tanja und Max und ich einen Verlag gegründet haben. Die Idee ist, selbst oder von anderen erstellte Inhalte zu vermarkten. Das muss nicht immer durch Werbung sein. Wenn Toni durch seinen Video-Podcast seine CD besser verkauft, ist das durchaus im Sinne der Verlagsidee. Ein Verlag kümmert sich um Inhalte jeder Art und bemüht sich, dass die Autoren Einnahmen generieren.

Kann man von Werbung, T-Shirt-Verkauf und Vorträgen leben? Anders gefragt, was ist das Geschäftsmodell des Verlags?

Kommt immer darauf an, wie viel für die Werbung ausgegeben wird, wie viele T-Shirts gekauft werden und wie hoch die Vorträge bezahlt sind ... Aber ja, wir können langsam davon leben. Das Geschäftsmodell werden wir natürlich auf keinen Fall verraten, sonst macht das nachher jeder!

Blogs, Podcasts, VideoCasts... mehr und mehr Informationen, immer weniger Zeit. Eure Strategie zur Bewältigung der Medienflut?

Weniger davon konsumieren. Man verpasst erstaunlicherweise recht wenig.

Eure Wünsche und Erwartungen an das Web 3.0?

Weniger Bullshit.

Zwischenfrage: Hat sich die Grup Tekkan jemals bei Euch für Euren Anteil am viralen Marketing bedankt?

Ich glaube, die wissen nicht einmal, wer wir sind. Nee, wir hatten nie Kontakt. Ich hätte mich über eine Mail gefreut, aber na ja. So sindse, die jungen Menschen.

Welche Frage hättet Ihr gerne gestellt bekommen, die nicht dabei war?

Ach, Fragen hab ich ja selbst genug. ANTWORTEN suchen wir!

10.2 Vasco Sommer-Nunes und Florian Wilken, blog.de

Dieses Interview wurde telefonisch durchgeführt.

Web 2.0: Hip oder Hype?

Man kann sicherlich darüber streiten, wie man nun „Hip" oder „Hype" definiert. Nach unserem Verständnis gibt es zurzeit einen Hype, das ist ganz klar. Aber bei all der Euphorie muss man natürlich auch bedenken, dass die Entwicklung, die dieses sogenannte Web 2.0 oder all das, was man unter dem Web 2.0-Begriff versteht, wirklich nachhaltig ist. Auch wenn man jetzt vom Hype spricht – die Tendenzen und Entwicklungen, die diesen Hype ausmachen, haben durchaus nachhaltige Wirkung auf die zukünftige Entwicklung des Webs. Sie haben das Internet schon jetzt verändert und haben einen großen Einfluss auf die zukünftige Entwicklung.

Welche Rolle spielt das Web 2.0 bei blog.de?

Unter dem Begriff Web 2.0 wird eine ganze Menge Dienste und Applikationen verstanden. Ein fundamentaler Charakter des Web 2.0-Begriffes sind partizipative Technologien. Also das Einbinden der User in die Entwicklungprozesse der Dienste. Damit geht auch eine Machtverschiebung einher – hin zum User, zur Person. Blog.de ist eine Plattform, auf der wir Usern die Möglichkeit geben wollen, sich so gut wie möglich zu entfalten. Wir geben den Usern mit blog.de die Möglichkeit, sich darzustellen, sich auszudrücken, aber auch Dinge zu erschaffen, selbst kreativ zu werden und diese Kreativität mit anderen zu teilen. Und das auf allen medialen Ebenen: Text, Audio oder Video. Dabei hören wir sehr stark auf die Wünsche unserer User und lassen uns davon sehr stark beeinflussen. Das ist auch so eine Web 2.0-Sache: Man bringt dem User viel mehr Respekt entgegen. Er ist kein dummer Endkonsument, den man mit der richtigen Masche übers Ohr hauen kann. Man hört ihm zu, hat ein Ohr für seine Anregungen und Wünsche und versucht, diese in Einklang mit den Wünschen der anderen Nutzer zu bringen.

3 (oder mehr) Gründe, warum es sich lohnt zu bloggen

Spaß ist das Allererste – zweitens bringt es einem einfach eine Menge, wenn man sich öffnet, wenn man der Welt zeigt, welche Interessen man hat und was man kann. In jedem Menschen stecken Qualitäten. Für diese gibt es auch Interessenten – ob die jetzt einen Häuserblock weiter sind oder vielleicht in einem anderen Land sitzen – es gibt immer Menschen, die man durch ein Blog erreichen, mit denen man Kontakt aufnehmen, diskutieren und sich austauschen kann, anfreunden oder einfach auch weiterkommen kann. Ein Blog ist auch ein Instrument, das unheimlich Vertrauen schaffen kann. Wenn ich ein Blog von einer Person lese, dann weiß ich auch, wofür diese Person steht, und ich fange an, dieser Person zu vertrauen. Ein Blog kann einfach sehr aussagekräftig sein. Das hat natürlich eine enorme Hebelwirkung.

Habt Ihr denn schon Leute real getroffen, die Ihr durch ein Blog kennengelernt habt?

Ja, viele Menschen, auf jeden Fall. Natürlich ist es eine ganz andere Sache, wenn man eine Person dann live trifft, aber man kennt die Person dann schon sehr viel besser, als man es vielleicht früher durch eine Profilseite gewohnt ist. Ein Blog ist eben schon ein Fenster zu einer Person, ein vertrauensbildendes Instrument.

Was ist die Idee von blog.de, und wie seid Ihr auf diese Idee gekommen?

Das ist eine interessante Frage. Wir hatten im Sommer 2004 eigentlich die Idee, ein Spiel zu machen. Wir dachten, jetzt haben so viele Menschen Zugang zum Internet, und so viele Menschen haben Erfahrungen, Qualitäten, Wissen, die eigentlich sehr wertvoll sind. Es wäre eigentlich schön, wenn man einen Weg schaffen würde, diese Erfahrungen sozusagen publik zu machen, greifbar zu machen. Und da war unsere erste Idee so eine Art Spiel. Dieses Spiel resultierte darin, dass das eigene soziale Umfeld sozusagen indirekt ein Tagebuch von der entsprechenden Person geschrieben hat. Und als wir dann schon so weit waren, haben wir uns noch mal umgeschaut. Da sind uns die Entwicklungen in den USA aufgefallen. Wir haben gesehen, dass mit Blogger.com schon sehr ernsthafte Applikationen existierten, in Deutschland und in Europa gab es die ersten Anstrengungen. Das Konzept hat uns sehr fasziniert. Wir haben uns dann selbst umgetan auf diesen Blogplattformen und haben uns einfach gesagt: „Das probieren wir auch, da können wir Dinge besser machen, das probieren wir jetzt einfach."

Kann man davon leben?

Ja, durchaus. Als einzelner Blogger ist das aber sehr schwer. Wer jetzt ein einzelnes Blog hat, der braucht schon große Reichweite, um wenigstens die Handyrechnung zahlen zu können oder vielleicht ein bisschen mehr. Da gehört schon einiges dazu. Bei uns macht es die Masse, wir brauchen sehr viele Blogger bei uns, um ein wirtschaftlich tragfähiges Konzept zu haben.

Seid Ihr schon profitabel?

Noch nicht, aber wir sind auf einem guten Weg in Richtung Profitabilität. Wir sind sehr zuversichtlich, zumal wir bisher nur zwei unserer drei geplanten Ertragsmodelle implementiert haben.

Ihr seid nicht nur in Deutschland aktiv, sondern in ganz Europa. Bemerkt Ihr den gleichen Trend, dass die Deutschen eher zurückhaltend sind, was das Bloggen angeht?

Wir haben jetzt in Deutschland ca. 60.000 Blogs. Insgesamt schwanken die Zahlen, was die Blogs in Deutschland angeht. Es gibt auch keine wirkliche Adresse oder Institut, das offizielle Zahlen ausgibt. Dann muss man auch differenzieren zwischen Seiten wie zum Beispiel MSN Spaces zum Beispiel. Ich glaube, es gibt viele Blogger, die sagen würden, dass MSN Spaces nicht wirklich zu den Blogs zählen. Da muss man schon schauen, wie man da eine Statistik aufbaut. Nach meiner Auffassung sind es 250.000 bis 300.000 Blogs in Deutschland. Spaces mal ausgeklammert, da kenne ich die Zahlen in Deutschland auch nicht.

Die deutsche Plattform ist bei uns zwar die größte, sie ist aber auch als erste an den Start gegangen. blog.fr ist zum Beispiel relativ neu bei uns im Portfolio. Sie ist aber erst im April 2006 hinzugekommen, hat jetzt schon 20.000 Nutzer, und blog.de hat 60.000 Nutzer – obwohl es bereits ein Jahr alt ist. In Frankreich ist die Nutzung dieses neuen Formates Blog sehr viel selbstverständlicher.

Was können die Gründe dafür sein, dass die Deutschen so wenig bloggen?

Das ist die Kardinalfrage, die auf allen Konferenzen gestellt wird. Inzwischen wird sie nicht mehr gestellt, weil keiner eine Antwort darauf hat. Bei diesen ersten Konferenzen hat man alle möglichen Gründe diskutiert, die eine Rolle spielen könnten, aber man weiß es einfach nicht. Wir denken, die Deutschen brauchen einfach ein bisschen mehr Zeit. Das war beim Dating auch so. Als wir unsere Dating-Plattform betrieben haben, das war 1997 bis 2002, wurde das Konzept 98 und 99 auch noch belächelt. Anscheinend haben die Deutschen einfach noch ein bisschen mehr Berührungsängste. Vielleicht ist es das „sich–öffnen". Ein Blog geht ja noch mal einen ganzen Schritt weiter als ein Kontaktanzeigenprofil, wenn man mal bei diesem Beispiel bleibt. Wir sind aber dennoch der festen Auffassung, dass Deutschland die Möglichkeiten dieses Formats definitiv für sich entdecken wird, weil es einfach zu viel Potenzial hat; für den Einzelnen als auch für Gruppen und Institutionen.

Du sagtest gerade, dass Spaces von manchen nicht unbedingt als Teil der Blogosphäre gesehen wird. Ein anderes Beispiel, bei dem sich die Geister scheiden, ist die Frage, ob das BILDblog ein Blog ist, denn dort werden keine Kommentare zugelassen, die manche als elementar für ein Blog erachten. Ab wann ist ein Blog für Euch ein Blog?

Das ist fast eine ideologische Frage. Es gibt auch Personen, die sagen, „Trackback is dead", und es gibt andere, die totale Trackback-Fans sind – bin ich zum Beispiel auch. Ich finde schon, dass ein Blog auch eine Kommentarfunktion haben sollte. Sie ist in meinen Augen durchaus ein wesentlicher Bestandteil eines Blogs. Beim Blog geht es ja auch um eine Diskussion. Die stirbt einfach ab, wenn man der Außenwelt nicht erlaubt zu kommentieren. In meinen Augen ist die Kommentarfunktion absolut vital. Bei den Spaces gehen die Meinungen eben auch auseinander. Sicherlich haben sie viele Blogfunktionen, aber sind eben auch sehr nah an den Nick- bzw. Profilpages.

Seit einigen Monaten wird in vielen Zeitungsredaktionen gebloggt. Blog, Artikel im Blog-Gewand oder ein mehr oder weniger geschickter Versuch, sich von den Blogs nicht die Butter vom Brot nehmen zu lassen?

Dazu würde ich nicht kategorisch Ja oder Nein sagen. Ich denke, die traditionellen Medien haben auf jeden Fall verstanden, dass Blogs eine neue, alternative Medienform sind – und dass sie damit zurechtkommen müssen. Zum Beispiel indem sie weiter ihren Journalismus anbieten und mit offenen Augen und Ohren auf die Blogosphäre hören und diese auch nutzen. Ich meine, wenn eine Bild ein BILDblog.de hat, dann ist das ja auch ein wunderbar organisch gewachsenes Instrument der inhaltlichen Kontrolle oder einer möglichen Kritik. Das kann man ja auch durchaus nutzen. Wichtig ist nur, dass man darauf hört. Man hat ja auch gesehen, wie andere Unternehmen teilweise schmerzhafte Erfahrungen gemacht haben, enn man das nicht macht, wie zum Beispiel Kryptonite, das ist ja immer das Paradebeispiel.

Du hast gerade die Kollisionen erwähnt, die einige Unternehmen bereits mit der Blogosphäre hatten. Man spricht gerne von einer kollektiven Intelligenz im Zusammenhang der Blogosphäre, aber Tim O'Reilly hat nun öffentlich Zweifel an dieser kollektiven Intelligenz geäußert, nachdem er durch die Web 2.0-Trademark-Diskussion selber eine solche Kollision erlebt hatte. Wurde Jean-Remy von Matt Unrecht getan, und wird die Blogosphäre überschätzt?

Bei der Swarm Intelligence und Collective Intelligence sehe ich eher die größte Gefahr, dass sie unterschätzt wird. Es gibt genug Beispiele dafür, dass die Tatsache, vielen, vielen Menschen Instrumente in die Hand zu geben, mit denen sie ihre Meinung kundtun können, produktiv ist und wirklich sehr gute Inhalte zutage fördern kann. Ich denke, was man nicht machen darf, ist, diese Collective Intelligence zur einzigen wirklichen Messlatte zu erheben. Die Masse irrt auch. Und nicht selten. Ein Unterschätzen erachte ich jedoch als gefährlich.

Mit dem Web hat man Menschen ein Instrument in die Hand gegeben. So benutzerfreundlich, wie es jetzt ist, und mit der Penetration, die es jetzt weltweit hat, gestattet es Menschen, weltweit mit weniger Informationshierarchien zu kommunizieren. Das verändert Dinge fundamental. Sicherlich hat die Masse nicht immer recht, das ist vollkommen richtig, aber ich denke, die Gefahr, wenn man denn eine hat, liegt nicht darin, dass man die Blogosphäre überschätzt, sondern dass man sie vielleicht unterschätzt. Ein offenes Ohr für die Blogosphäre zu haben – das ist für jede Partei wichtig.

Blogs, Podcasts, VideoCasts ... mehr und mehr Informationen, immer weniger Zeit. Eure Strategie zur Bewältigung der Medienflut?

Man muss sich schon reduzieren, sonst ist man den ganzen Tag nur am Lesen und kriegt eine Überdosis Informationen. Ich hatte auch schon Phasen, wo ich zu viele Feeds konsumiert habe und irgendwie überinformiert war. Das ist letztendlich eben eine persönliche Entscheidung, die man treffen muss. Man muss für sich ausmachen, wen lese ich, wer kriegt meine Aufmerksamkeit, wer ist mir meine Zeit wert? Da muss man einfach eine persönliche Entscheidung treffen und sagen o.k., die zehn Blogs, die schaue ich mir jeden Tag an, und dann geht's weiter. Und wenn mir sonst irgendwas zufliegt, dann schaue ich da noch mal vorbei, aber ansonsten ist das in der Tat nicht zu bewältigen.

Man hat ja auch nicht den Anspruch, alle Magazine zu lesen, wenn man in den Kiosk geht. Da hat man schon so eine Vorstellung, was man sich denn vielleicht mal angucken würde oder welche Zeitschrift man kaufen möchte.

Eure Wünsche und Erwartungen an das Web 3.0?

Ich denke, das Web muss noch einfacher werden, vor allem hinsichtlich der Usability. Noch intuitiver, es gibt noch zu viele Hürden, was die Benutzung angeht. Die aktuelle Gesamtentwicklung gibt jedem Teilnehmer immer mehr Möglichkeiten. Das ist auf jeden Fall gut und die richtige Richtung.

Das Nebenprodukt dieser Entwicklung ist der Abbau von Informations- und Kommunikationshierachien. Zumindest in den entwickelten Ländern. Dieser Weg ist ebenfalls gut und extrem wertvoll. Wünschenswert wäre eine bessere Anbindung der unterentwickelten Länder. Der digital divide ist Realität. Der Zug fährt ohne sie ab.

10.3   Oliver Wagner, Lycos Europe, Augenmerk und agenturblog.de

Dieses Interview wurde telefonisch durchgeführt.

Web 2.0: Hip oder Hype?

Im Grunde beides. Hip ist es insofern, dass alles, was man unter diesem Begriff zusammenfasst, das Netz ein Stück weit verändert hat. Die Applikationen sind sowohl inhaltlich mehr auf die Bedürfnisse des Users zentriert als auch im Allgemeinen vom Design her, sie sind leichter zugänglich, folgen aktuellen Trends im Webdesign, sind schneller. Das sind sicherlich alles positive Punkte, auch die Offenheit der Systeme, die offenen APIs, die es dann auch Dritten ermöglichen, schnell neue Kombinationen zu machen und bestehende Ressourcen zu nutzen, sind sicherlich positive Begleiterscheinungen.

Hype ist insofern auch zutreffend, weil einfach ganz viel verkauft wird mittlerweile mit der Marke Web 2.0. Quasi alter Wein in neuen Schläuchen, der dort angeboten wird, und zum Teil auch, wenn man das weiter spinnen will, auch mit alten Winzern, die zu Web 1.0-Zeiten schon versucht haben, irgendwelche Applikationen auf den Markt zu werfen und es dann eben jetzt mit ähnlichen Ideen noch mal tun, aber Web 2.0 daran schreiben. Und das hat, glaube ich, auch dem ganzen Begriff ein bisschen geschadet und macht ihn nicht mehr ganz so attraktiv.

Wir wollen besser keine Beispiele nennen alten Wein in neuen Schläuchen. Lass uns lieber über was Neues sprechen, nämlich Lycos iQ, das schon gar nicht mehr so neu ist, das wurde schon Anfang 2006 gelauncht und ist eine Web 2.0-Applikation von Lycos Europe, wo man eigentlich sehr überrascht war. Man kannte Lycos eher als Suchmaschine und als Portal, und dann kam halt diese Applikation. Was ist die Idee hinter Lycos IQ?

Die Grundidee ist eigentlich ganz einfach. Es soll ein anderer Zugang zur Suche im Web geboten werden. Das heißt, was man im Augenblick kennt, ist im Grunde in ganz vielen Variationen ähnlich: Der User gibt einen Suchbegriff ein, eine Query, und die Suchmaschine gibt aufgrund der eigenen Suchalgorithmen Ergebnisse zurück. Das funktioniert teilweise gut, teilweise schlecht, abhängig von der Suchmaschine und auch von der Query, die der User gerade sucht.

iQ möchte dagegen menschliche Intelligenz stellen. Also, sprich, ich habe einen Suchbegriff oder eine Frage, ist im Allgemeinen ja immer eine Frage, und die kann ich stellen dort, und andere Menschen helfen mir bei der Beantwortung dieser Frage. Oder, wenn ich Glück habe, haben andere vielleicht schon diese Frage ähnlich formuliert, und ich kann dann direkt diese Antworten darauf sehen. Also, statt Algorithmen menschliche Intelligenz, das ist die Basisidee als Prinzip der Folksonomien, also je mehr Leute ihre Inhalte dort einstellen, je mehr Leute auch fragen oder zu bestimmten Themen antworten, desto besser und runder wird das ganze System und soll den klassischen Suchmaschinen ein bißchen Paroli bieten.

Das Ganze basiert auf *Tagging*, das ist sehr weit in das System integriert, das heißt, jede Frage wird mit *Tags* versehen, jeder Link, man kann auch Links speichern, ähnlich wie bei del.icio.us, jeder Link wird mit *Tags* versehen, und so hat man da im Grunde das Bindeglied zwischen all den Informationen, die da in den Datenbanken sind. Wenn man als User antwortet auf eine Frage, bekommt man wiederum in den Tags, die mit dieser Frage verbunden sind, Punkte.

Und das motiviert die Benutzer dazu, ihre Zeit zu investieren? Das ist ja schon ziemlich viel Zeit, die dabei draufgeht, wenn man die Fragen anderer beantwortet. Was ist die Grundmotivation der Benutzer, das zu tun?

Es sind, glaube ich, verschiedene Punkte, die da zusammenfließen. Was man sicherlich fairerweise sagen muss, ist, dass IQ durch dieses ganze System eine ziemlich steile Lernkurve hat, d.h., die ersten Stunden oder Minuten mit dem System sind nicht ganz trivial. Da steigen bestimmt auch einige Leute aus, aber diejenigen, die diese erste Lernkurve gemeistert haben, haben dann auch das Prinzip dieses Systems verinnerlicht, und denen macht das dann einfach Spaß, damit zu arbeiten, einfach mal Fragen zu beantworten, zu sehen, wie funktioniert das, durch die verschiedenen *Tags* durchzuklicken, zu sehen, was gibt es hier noch für offene Fragen, oder was kann ich vielleicht auch für mich hier lernen. Und das ist erst mal so der Einstieg in das System.

Wenn man dann beginnt, Fragen zu beantworten, dann greift auch ein Incentivierungssystem, das dem Ganzen zugrunde liegt, das heißt, für jede Aktion mit dem System bekomme ich Punkte. Es gibt Statuspunkte und Bonuspunkte. Bonuspunkte bekomme ich zum Beispiel für das Beantworten einer Frage. Wenn der Fragesteller sagt, das war eine super Antwort, jawoll, vielen Dank, bekomme ich die von ihm ausgesetzten Punkte gutgeschrieben und kann damit weitere Aktionen starten, kann neue Fragen stellen beispielsweise oder dergleichen.

Ich bekomme Statuspunkte, wenn ich gute Aktionen mache, also wenn ich der beste Antwortgeber bin auf eine Frage, wenn ich viele Links gespeichert habe, viele Kontakte habe und so weiter. Die Statuspunkte werden auch über einen Rang beschrieben: Als Schüler oder Student steigt man ein, und dann gibt es 100 Ränge, und der oberste Rang ist Einstein. Darüber zeigt man natürlich auch in dem System und anderen Usern gegenüber, wie gut man ist, wie aktiv man ist, und das ist, glaube ich, ein zusätzliches Motivationsinstrument.

Wie viele Einsteins gibt es bereits bei Lycos iQ?

Ich habe in den letzten Tagen nicht geguckt, aber vor wenigen Tagen waren es fünf oder sechs, die sich nach oben gearbeitet haben.

Werden denn die Antworten eines Einsteins bei einer Suchabfrage höher gerankt als die von Studenten?

Kann man so pauschal nicht sagen, aber wenn man in der ganz normalen Lycos-Suche nach einem Begriff sucht und das Backend erkennt, ja, dazu gibt es Inhalte bei Lycos iQ, werden diese Inhalte auch gleich mit den Tags, in denen sie gespeichert sind, in Verbindung gebracht. Und wenn das System dann erkennt, dass es eine Antwort im *Tag* Internet gibt, und diese Antwort ist von einem Experten gegeben worden, der in dem Tag Internet sehr viele Punkte hat, dann wird diese Antwort als sehr relevant gewertet. Es wird also nicht nur geguckt, wie viele Punkte hat der Experte insgesamt, sondern auch in dem mit dem Query verbundenen Tag, und darüber bekommt man eine sehr gute Relevanz, weil diese Antworten von Usern mit Punkten bewertet wurden, das macht nicht nur das System allein, sondern da haben wir vorher schon menschliche Interaktionen gehabt.

Das klingt nach einem sehr intelligenten System. Die Benutzer dieses Systems, wie stellt Ihr Euch diese vor? Wisst Ihr, wer der typische iQ-Nutzer ist?

Wir wissen es von vielen der Top-Experten, die iQ täglich nutzen und die im Blog sehr rege kommentieren. Wenn wir neue Releases haben und neue Funktionen online gestellt haben, dann beschreiben wir die in unserem Blog und bekommen im Allgemeinen relativ schnell Feedback von den Usern.

Darüber entwickelt sich dann eine Kommunikation, und wir erfahren schon einiges über die Menschen. Interessant ist, dass die iQ-Benutzer deutlich älter sind als die normalen Lycos-User. Das heißt, bei iQ kann man von einem Durchschnittsalter von Ende 20 bis Ende 30 ausgehen. Sie sind sehr Internet-affin zum größten Teil, haben einen relativ hohen Bildungshintergrund im Allgemeinen und dann ganz interessant auch in einem speziellen Fachgebiet, aber auch eine gute Allgemeinbildung. Das sind die Experten, die Antworten geben. Daneben gibt es natürlich eine ganze Menge Leute, die Informationen suchen; da können wir wenig über die User sagen.

Gibt es schon Mashups von der Lycos iQ-Anwendung?

Ja, es gibt eine offene API im Hintergrund, die wird im Augenblick auch von einigen Seiten innerhalb des Lycos-Portals benutzt, das heißt, wir können im Bereich Film zum Beispiel aktuelle Fragen einspielen zu einem Film, der dort gerade in einem Channel besprochen wird. Wir machen das für Landing Pages, und auch bei einer Kooperation mit Spiegel Online, wenn wir dort im Bereich Politik geschaltet sind, können wir dort aktuelle Fragen zum politischen Geschehen anzeigen.

Aber wir haben sie noch nicht geöffnet und keine Beschreibung der API hinterlegt. Das kommt aber demnächst irgendwann, und dann können auch User und Dritte eigene Applikationen auf der Basis bauen.

Was bringt iQ denn Lycos als Firma?

Ich glaube, es sind verschiedene Ebenen, auf denen es hilft. Das Erste ist natürlich, dass dies ein innovatives Produkt ist, das auch etwas weiter ist als die des Wettbewerbs im Augenblick. Es ist eine neue Idee, die dort umgesetzt wird, und das bringt Lycos wieder verstärkt auf den Radar des Wettbewerbs, des Marktes, der Beobachter, der Medien im Allgemeinen, und das ist sicherlich schon eine sehr gute Sache.

Ein weiterer Effekt ist, dass die Suche von Lycos einfach besser wird. Die Qualität der Ergebnisse wird zunehmend besser, und das hilft natürlich auch ganz ungemein, und es schafft eine deutliche Abgrenzung vom Wettbewerb, von anderen Suchen, weil es eben anders funktioniert.

Kannst Du Zahlen nennen? Hat sich die Anzahl der Suchanfragen gesteigert, seitdem es Lycos iQ gibt?

Ja, der Traffic ist gestiegen.

Lass uns mal zu dem Thema Blogs kommen. Du bist selber Blogger unter agenturblog.de, ein sehr gut besuchtes Blog: Nenn mir bitte drei Gründe, warum es sich lohnt zu bloggen ...

Das ist schwierig. Es gibt so unterschiedliche Menschen, deswegen gibt es auch ganz unterschiedliche Blogger. Man kann, glaube ich, keinen Grundtypen dort charakterisieren und sagen, so sind Blogger, deswegen ist es gut zu bloggen. Für mich persönlich ist es so, mir hilft es einfach, über die Dinge, über die ich nachdenke, mit denen ich mich beschäftige, ein paar Zeilen zu schreiben, um einfach noch mal darüber zu reflektieren und es dann auch in einer Form zu speichern oder öffentlich zu machen; es hilft einfach, Gedankengänge zu ordnen, mir zumindest.

Außerdem kann man schön Ideen vorstellen, Links, die man gefunden hat, festhalten, und hat sie selber immer im Zugriff und öffnet sie auch gleichzeitig anderen. Darüber schafft man dann Kommunikation mit Menschen, die vielleicht ähnliche Interessen haben oder sich gerade in Themen, über die ich geschrieben habe, einlesen. Das ist für mich auch ein sehr angenehmer Effekt, und darüber habe ich auch viele neue, nette Kontakte geknüpft und Menschen kennengelernt, sowohl virtuell als auch im echten Leben.

Ich mache das jetzt seit fast zwei Jahren, und da ist es natürlich auch interessant zu gucken, was im Sommer letzten oder vorletzten Jahres war. Wo war ich, was habe ich gemacht, mit welchen Inhalten habe ich mich da beschäftigt, und das ist dann so ein bisschen diese Tagebuch-Funktion, die man Blogs ja immer noch zum Teil zu Recht nachsagt, bei mir ist es eigentlich nicht unbedingt so, aber ich kann trotzdem gucken, was waren meine Themen, was waren meine Gedanken.

Was ist mit der anderen Seite, warum lohnt es sich, Blogs zu lesen, Podcasts zu hören ...?

Für mich ist es so, dass Blogs eine unheimlich gute Ergänzung zu Fachzeitschriften oder Fachinhalten im Internet bieten und auch viel aktueller sind und die Meinungen zu bestimmten Themen viel breiter und vielfältiger sind. Das finde ich sehr angenehm und halte es für eine absolute Bereicherung. Die Inhalte sind persönlicher und authentischer, vielleicht echter, und es gibt einfach viel mehr Möglichkeiten zu reagieren und zu interagieren. Das heißt, wenn ich einen Beitrag lese, kann ich kommentieren und mit dem Autor in Kontakt treten und bekomme idealerweise auch Feedback dazu, und das macht Blogs attraktiv.

Es gibt Blogs, Podcasts, immer mehr Informationen. Was ist Deine Strategie zur Bewältigung dieser Informationsflut?

Wenn man sich längere Zeit damit beschäftigt, dann hat man leicht mehrere hundert von RSS-Feeds in seinem Feedreader abonniert, und dem noch Herr zu werden, ist tatsächlich sehr, sehr schwer. Man kann da mit verschiedenen Taktiken arbeiten: Ich habe für mich überlegt, dass ich die Feeds, die für mich sehr relevant sind und die Informationen haben, die ich fast in Echtzeit haben möchte, in dem einen Ordner habe, in anderen Ordnern habe ich Feeds, die ich zwar auch verfolgen möchte, aber wo ich das nicht täglich tun möchte, die werden dann beispielsweise nur alle sieben Tage aktualisiert. Und es gibt Feeds, die ich nur lese, wenn ich mal ganz, ganz viel Zeit habe, und die werden meistens nur alle 14 Tage aktualisiert. Die lese ich dann im Zug oder so; nur so kann man zumindest die Flut, die man täglich hat, reduzieren.

Ansonsten gibt es auch die Möglichkeit, über Aggregatoren zu gehen, Seiten wie digg.com oder dergleichen, wo man eine Zusammenfassung all dessen sieht, was im Augenblick passiert, aber wo die wichtigsten Themen von anderen Usern vielleicht schon vorsortiert oder gerankt sind, sodass man diese Arbeit gar nicht unbedingt mehr selber machen muss, sondern sieht, das sind die Themen, die im Augenblick im Netz wichtig sind. Aber, es ist schwer: Es sind ganz viele Informationen, die ankommen, und man muss sich überlegen, will man die alle lesen, kann man das im Augenblick tun? Vermutlich muss man irgendwann dazu übergehen, immer drastischer zu reduzieren, um nicht zu viel Zeit damit zu verbringen.

Wenn man sich nur auf die deutsche Blogosphäre beschränkt, dann wird das mit der Reduktion nicht so schwer, denn die deutsche Blogosphäre ist kleiner als die anderer Länder. Lycos Europe hat ja auch eine Blog-Plattform, jubiiblogs.de, und ich vermute mal, dass das bei Euch nicht anders aussieht. Was denkst Du, was sind die Gründe dafür, dass die Deutschen so wenig bloggen?

Kann ich auf jeden Fall bestätigen, Jubiiblogs läuft in mehreren europäischen Ländern, überall eigentlich mit dem gleichen Promotionsaufwand, und es zeigen sich genau die gleichen Effekte, die man auch sonst beobachtet. In Europa ist Frankreich sicherlich das Land mit den meisten aktiven Blogs, es wird sehr viel geschrieben und kommuniziert, und das ist bei Jubiiblogs nicht anders. Dann sind es die englischsprachigen Länder, zum Teil auch die osteuropäischen Länder, die die UK-Plattform mit nutzen.

Warum es in Deutschland so wenig aktive Blogger gibt, ich weiß es nicht. Es gibt verschiedene Theorien, ich kann da keiner so richtig Glauben schenken. Es wird geglaubt, dass der Deutsche an sich mit seiner persönlichen Meinung immer ein wenig hinter dem Berg hält, dass das eine Erziehungsfrage ist, dass man nicht ganz offen und exponiert seinen Standpunkt zum Besten geben sollte oder dass der Deutsche, was seine Gefühle angeht, etwas dezenter ist. Ich weiß es nicht, ich kann das alles nicht ganz nachvollziehen, aber es ist auf jeden Fall ein sehr interessantes Phänomen. Das dauert jetzt auch schon über mehrere Jahre an, aber die Gründe – ich kenne sie nicht.

Die Möglichkeit, dass jeder einen Eintrag kommentieren kann, ist ein wesentliches Merkmal eines Blogs. Deutschlands populärstes Blog, das BILDblog, lässt keine Kommentare zu. Andere Blogs bieten keinen RSS-Feed, was ein weiteres Blog-Merkmal ist. Ab wann ist ein Blog ein Blog?

Genau deswegen finde ich, dass das BILDblog kein Blog ist, denn Kommentare fehlen. Es wird eine Blogging-Software benutzt, um die Inhalte zu erzeugen, es wird ein RSS-Feed angeboten, aber es gibt keinen Rückkanal. Ich glaube, das BILDblog ist deswegen kein Blog. Diese Interaktion ist es eigentlich, was das Bloggen ausmacht: Kommentare, Trackbacks müssen eigentlich sein.

Schalten wir mal von dem BILDblog auf die traditionellen Medien. Es gibt immer mehr Verlage, die auch eigene Blogs anbieten, zum Beispiel Die Zeit oder Focus, dort gibt es Rubriken-Blogs, zum Teil auch stark frequentierte Blogs. Sind das wirklich Blogs oder eher Artikel im Blog-Gewand? Ist das ein Versuch der traditionellen Medien, sich nicht die Butter vom Brot nehmen zu lassen?

Das ist, glaube ich, auch unterschiedlich. Ganz viele Online-Publikationen haben es versucht, und viele sind auch mittlerweile schon gescheitert. Beim Stern und bei der Süddeutschen wurde der ganze Blog-Bereich kürzlich wieder eingestellt. Warum sollen die Blogs auch anders aussehen als redaktionelle Artikel? Es schreiben oft die gleichen Journalisten mit den gleichen Werkzeugen, nur der Publikationskanal ist vielleicht ein anderer. Es scheint nicht so sonderlich gut zu funktionieren.

Aber es gibt auch Gegenbeispiele, wo es ganz hervorragend klappt: Thomas Knüwer vom Handelsblatt[1] macht einen sehr guten Job, ein super Blog, Indiskretion Ehrensache. Das kann schon funktionieren, aber es gibt keine Garantien, warum auch? Das ist genauso viel Arbeit und genauso viel Herzblut, das da einfließen muss, wie bei jedem privaten Blogger auch. Allein die Reichweite, die eine Magazinseite hat, schafft es nicht unbedingt, ein Blog erfolgreich zu machen.

Nicht nur die Medien, auch die Unternehmen jenseits der Medienwelt haben das Web 2.0 für sich entdeckt, sei es durch eigene Blogs und Podcasts, sei es dadurch, dass sie Blogger Autos testfahren lassen. Wir sprechen vom Publizieren für jedermann, aber das scheint nun untergraben zu werden vom Kommerz ...

Natürlich haben es kommerzielle Sender in diesem Bereich, der immer noch etwas mehr technikgetrieben ist, leichter, teures Studio-Equipment einzukaufen für ein kommerzielles Unternehmen, als es für einen privaten Blogger ist, und somit kann man erst einmal davon ausgehen, dass die technische Qualität besser ist,

---

[1] http://blog.handelsblatt.de/indiskretion/

weil es ja oft auch Agenturen sind, die diese Jobs übernehmen. Aber auch, wenn es Zweitverwertungen sind von Radio- oder Fernsehsendungen, dann ist die Qualität natürlich sowieso schon da. Das spricht dafür, dass es durchaus in Ordnung geht, dass die kommerziellen Produkte auf eine größere Akzeptanz stoßen. Solange die Inhalte stimmen und die Leute es gerne hören oder sehen, ist das auch völlig in Ordnung, und das verwässert auch nicht unbedingt das Gesamtbild, das wir haben. Warum sollten nur Privatleute podcasten und publizieren?

Aber das wird sich auch in den kommenden Monaten und Jahren abzeichnen, was die Leute wirklich interessiert und was sie bereit sind, auf ihren iPod zu überspielen. Nur momentan haben Radiosender, Fernsehsender und etablierte Unternehmen da noch einen kleinen Startvorteil.

Im Zusammenhang mit der Blogosphäre wird manchmal von einer kollektiven Intelligenz gesprochen. Tim O'Reilly zweifelte im Mai 2006 öffentlich an dieser kollektiven Intelligenz, nachdem sich der Verlag den Begriff Web 2.0 für Konferenzen hatte schützen lassen und dies sowie eine unabgestimmte Abmahnung an die Öffentlichkeit kam und die Blogs gegen O'Reilly hetzten. Wurde Jean-Remy von Matt Unrecht getan, und wird die Blogosphäre überschätzt?

Ich glaube nicht, dass die Blogosphäre da überschätzt wird, denn sie funktioniert, auch als Kollektiv. Natürlich werden Informationen durch das Netzwerkprinzip, nach dem die Blogosphäre arbeitet, sehr schnell verbreitet, und es wird auch sehr schnell eine Gegenposition gebildet wie jetzt auch bei dem Web 2.0-Thema. Letztlich ist es so, dass Unternehmen nicht umhinkommen, eine offene und ehrliche Kommunikation zu betreiben, denn alles andere fällt einfach auf und fällt sehr unangenehm auf, weil es dann sehr breitgetreten wird in den Blogs. Und daran wird sich auch Jean-Remy von Matt gewöhnen müssen.

Märkte sind Gespräche, daran sollten Unternehmen teilnehmen, je früher, desto besser, und vor allem bevor eine Krise auftritt, dann hat man im möglichen Krisenfall schon eine Reputation und kann mit einer besseren und lauteren Stimme reagieren.

Wir haben jetzt die ganze Zeit über das Web 2.0 geredet, und mittlerweile reden einige schon über ein mögliches Web 3.0. Was sind Deine Wünsche und Erwartungen an das Web 3.0?

Also erst einmal weiß ich gar nicht, ob das so heißen wird, was da kommt, ob wir in dieser Zahlensprache bleiben werden, ob nach 1.0, 2.0 nun 3.0 kommen muss, ich weiß es nicht.

Vielerorts wird davon gesprochen, dass die nächste Generation des Webs, der nächste Schritt, dreidimensional ist, dass es virtuelle Welten gibt, in denen die nächsten großen Geschichten passieren, ob das jetzt in Richtung von World of Warcraft oder in Richtung von Second Life geht oder auch ganz neue Techniken oder Tools sind. Aber das wird durchaus postuliert als eine Vision.

Das finde ich insofern ganz interessant, weil sich das in vielen Bereichen damit deckt, was damals vor 15 oder 20 Jahren unter dem Begriff Cyberspace zusammen gefasst wurde. Das virtuelle Abbild des eigenen Ich und das Wandern durch virtuelle Welten, das finde ich ganz spannend, auch ob die breite Masse damit umgehen und das nutzen kann, ob es überhaupt Akzeptanz findet.

Ansonsten wird sich, glaube ich, viel dadurch ändern, dass Bandbreiten, CPU-Leistung, Speicherplatz, all diese Dinge mittlerweile für ganz wenig Geld zu bekommen sind und somit Web-Plattformen, die viel Rechenleistung, viel Power brauchen, sehr günstig zu realisieren und auch für den User sehr leicht zu nutzen sind, weil er auch die Bandbreite hat. Ich glaube, da wird noch einiges passieren, ob das jetzt weitere Videodienste wie YouTube sind oder andere Dienste in diese Richtung.

10.4 Lars Diederich und Carsten Schütte, Boogie Medien

Die in Hamburg ansässige Firma Boogie Medien hat für die Verlagsgruppe von Holtzbrinck das Projekt germanblogs.de gestartet. Darüber hinaus hat Boogie Medien weitere Blogkonzepte für unterschiedliche Kunden realisiert, unter anderem ein Leserblog-Portal für den Schleswig-Holsteinischen Zeitungsverlag und ein Urlaubsblog für HLX (siehe auch http://www.boogie- medien.com).

Web 2.0: Hip oder Hype?

Web 2.0 ist mehr als ein kurzfristiges Phänomen. Das „Mitmach"-Web wird die Medienlandschaft und das Mediennutzungsverhalten radikal verändern. Ich bin sicher, dass sich die kollektive Intelligenz gegenüber dem individuellen Wissen durchsetzen wird. Allein schon von der Geschwindigkeit der Informationsbereitstellung. Die Herausforderung wird sicherlich in der Kanalisation der Daten und Qualitätssicherung liegen.

3 (oder mehr) Gründe, warum es sich lohnt zu bloggen

1. Teil der neuer Mediengeneration sein
2. Wissen der Allgemeinheit bereitstellen
3. Gedankenanstöße geben und bekommen

3 (oder mehr) Gründe, warum es sich lohnt, Blogs zu lesen (Podcasts zu hören, VideoCasts zu sehen)

1. schneller informiert sein
2. kurzweiliges, witziges Entertainment
3. aktive Beteiligung

Was ist die Idee hinter germanblogs.de?

Germanblogs will Qualität ins Blog bringen. Die Autoren von germanblogs sind echte Experten, die zunächst ihre Expertise nachweisen müssen. Gleichzeitig setzt germanblogs auf die blogspezifischen Merkmale – nämlich authentisch, emotional und subjektiv geschriebene Beiträge, die auch Platz für persönliche Meinungen lassen. Gleichzeitig können sich die Leser über die Kommentarfunktion aktiv beteiligen und mit ihren Erfahrungen und Wissen beitragen.

Durch die einheitliche Gestaltung und Vernetzung der einzelnen Themenblogs entsteht ein starker Markenverbund – vergleichbar mit einem großen Zeitschriftenverlag, der zu den unterschiedlichen Themenbereichen Special-Interest-Titel herausgibt. Außerdem ermöglicht die Vernetzung eine erfolgreiche Vermarktung der Blogangebote. Last but not least soll die Möglichkeit geschaffen werden, den user-generierten Content zu syndizieren.

Im Vergleich zu anderen Ländern ist die deutsche Blogosphäre relativ klein. Gleichzeitig hat kaum ein Land eine solche Vielzahl von Zeitungen und Zeitschriften auf dem Markt. Sind die Deutschen zu Medienkonsumenten erzogen, oder gibt es andere Gründe für die Blog-Unlust?

Die Deutschen sind sicherlich aufgrund des umfangreichen Medienangebotes bestens mit Informationsangeboten versorgt. Und es ist in der Tat überraschend, dass sich Blogs nur sehr zögerlich als Informationsquelle durchsetzen – zumal die deutschsprachige Wikipedia die zweitgrößte freie Enzyklopädie ist. Vielleicht liegt es daran, dass es in der Vergangenheit noch keine qualitätsorientierten Blogangebote gegeben hat.

Die Möglichkeit, dass jeder einen Eintrag kommentieren kann, ist ein wesentliches Merkmal eines Blogs. Deutschlands populärstes Blog, das BILDblog, lässt keine Kommentare zu. Andere Blogs bieten keinen RSS-Feed, was ein weiteres Blog-Merkmal ist. Ab wann ist ein Blog ein Blog?

Das BILDblog ist aus unserer Sicht kein wirkliches Blog, gleichwohl finden wir die Wächter-Funktion hinter dem BILDblog extrem spannend. Die Möglichkeit der Kommentierung ist eine der zentralen Ausprägungen von Blogs bzw. des Web 2.0. Schon aus Eigeninteresse sollte jeder Blogger ein Feed bereitstellen, schließlich trägt dieses Feature maßgeblich zur Beachtung des Blogs bei.

Blogs bieten die Möglichkeit der unabhängigen Berichterstattung, abseits der traditionellen Medien, und sie agieren auch als Beobachter dieser Medien (siehe BILDblog). Seit einigen Monaten wird in vielen Zeitungsredaktionen gebloggt, und hinter germanblogs.de steht auch ein Medienkonzern, nämlich Holtzbrinck. Blog, Artikel im Blog-Gewand oder ein mehr oder weniger geschickter Versuch der traditionellen Medien, sich von den Blogs nicht die Butter vom Brot nehmen zu lassen?

Die Medienlandschaft verändert sich, daran kommen auch Redaktionen und Journalisten nicht vorbei. Wahrscheinlich wird sich das Berufsbild des Journalisten in Zukunft verschieben und die Selektion von Informationen eine größere Bedeutung haben. Die meisten Journalisten-Blogs sind meines Erachtens ein wenig aussichtsreicher Versuch, die bisherige journalistische Tätigkeit vom CMS aufs Blog zu verschieben. Die wenigen Kommentare zeigen, dass sie von der Blogosphäre nicht angenommen werden.

Die Verlagsgruppe von Holtzbrinck experimentiert auf unterschiedlichen Ebenen mit neuen Medienformaten. Im Vordergrund steht die frühzeitige Auslotung der strategischen Optionen für ein Medienhaus, weniger die Absicherung des Bestandsgeschäftes.

Im Zusammenhang mit der Blogosphäre wird manchmal von einer kollektiven Intelligenz gesprochen. Tim O'Reilly zweifelte im Mai 2006 öffentlich an dieser kollektiven Intelligenz, nachdem sich der Verlag den Begriff Web 2.0 für Konferenzen hatte schützen lassen und dies sowie eine unabgestimmte Abmahnung an die Öffentlichkeit kam und die Blogs gegen O'Reilly hetzten. Wurde Jean-Remy von Matt Unrecht getan, und wird die Blogosphäre überschätzt?

Es gibt sicherlich unter den geschätzten 300.000 Blogs in Deutschland zahlreiche, die als „Klowände des Internets" zu bezeichnen sind. Blogs versetzen Menschen auf eine einfache Art und Weise in die Lage, ihre Gedanken, Wissen, Erfahrungen einer breiten Öffentlichkeit zur Verfügung zu stellen. Und es gibt ausreichend intelligente Köpfe, die dieses Medium für sich entdecken. Bei germanblogs verfolgen wir den Ansatz, dass unsere Autoren zunächst ihre Expertise nachweisen müssen. Dadurch kann eine hohe Qualität der Inhalte sichergestellt werden.

Neben den klassischen Medien publizieren nun auch Unternehmen Blogs, Pod- und VideoCasts, andere Unternehmen nutzen Blogs für virales Marketing, zum Beispiel indem sie Blogger ein Auto testfahren lassen. Podcasts mit kommerziellem Hintergrund dominieren mittlerweile die iTunes Podcast-Charts (sodass die nichtkommerziellen Angebote weniger prominent platziert sind). Wird das Publizieren für jedermann durch kommerzielle Angebote untergraben?

Ich glaube nicht. Im Web 2.0 lässt sich die Verbreitung von Content nur sehr schwer manipulieren oder in bestimmte Bahnen lenken. Die zaghaften Versuche von Unternehmen, Blogs für ihre Kommunikation und virales Marketing einzusetzen, haben, zumindest in Deutschland, noch keinen durchschlagenden Erfolg oder laufen in die falsche Richtung.

Aber ich bin der festen Überzeugung, dass sich durch Blogs neue Möglichkeiten für Werbetreibende eröffnen, von denen auch der Endverbraucher profitieren wird. Interessant finde ich beispielsweise die Idee von AMD, 50 Bloggern ein Notebook zum Testen zur Verfügung zu stellen. Hier wird es in Zukunft viele spannende Ansätze geben.

Blogs, Podcasts, VideoCasts ... mehr und mehr Informationen, immer weniger Zeit. Eure Strategie zur Bewältigung der Medienflut?

Zur Bewältigung der Informationsflut nutze ich einen RSS-Aggregator. So habe ich immer einen schnellen Überblick, was in der Blogosphäre diskutiert und in den wichtigen Nachrichtenportalen gemeldet wird. Die Möglichkeiten von RSS-Feeds werden in Deutschland auch noch unterschätzt, aber Sites ohne RSS-Feeds werden sich mittelfristig ins Abseits manövrieren.

Was sind Eure Wünsche und Erwartungen an das Web 3.0?

Ich habe schon heute Probleme, mein Handy vernünftig zu bedienen. Insofern wünsche ich mir, dass sich die fortschreitende technische Entwicklung auch auf die Usability der neuen Mobiles und Endgeräte positiv auswirkt. Aber ich gehe davon aus, dass der Zugriff auf Informationen so vielfältig sein wird, dass die große Herausforderung in der Selektion und Aufbereitung der Informationen liegen wird. Auf jeden Fall wird es viele spannende neue Geschäftsideen geben.

10.5   Jörg Petermann, einfach-persoenlich.de

Web 2.0: Hip oder Hype?

Es wird viel Rummel um diesen Begriff gemacht. Jeder mag sich darunter auch etwas anderes vorstellen. Weit weniger als der Rummel um den Begriff sind mir klare und erkennbare Fortschritte und Menschen, die sich für eben diesen einsetzen und Gedanken machen. Viele Köche zerreden den Brei zum einen. Zum anderen wird, denke ich, deutlich, dass die nächste Entwicklungsstufe des Webs vor der Tür steht. Fortschritt hat sich immer gegen den Widerstand der Menschen durchgesetzt.

3 (oder mehr) Gründe, warum es sich lohnt zu bloggen

1. Bloggen lernt man nur durch Bloggen.
2. Persönliche Auseinandersetzung mit dem Medium
3. Persönliches PR-Instrument, Online-Journal oder Online-Tagebuch
4. Präsentation als Experte und Fachmann
5. Netzwerkkontakte mit Gleichgesinnten, Geschäftspartnern und potenziellen Kunden
6. Interaktive Kommunikation und Feedback

3 (oder mehr) Gründe, warum es sich lohnt, Blogs zu lesen (Podcasts zu hören, VideoCasts zu sehen)

1. RSS-Feeds (von Blogs) verändern die Lesegewohnheiten der Menschen radikal.
2. Blogs kann man nur verstehen, wenn man sich damit beschäftigt.
3. Autoren einzigartig und persönlich kennenlernen durch Studium ihrer Weblogs.
4. Informationen stehen einzigartig medial vernetzt aufbereitet zur Verfügung.

5. Aktualität im Sekundentakt rund um die Uhr, schneller ist keine Zeitung.

6. Individuelle verschiedene Sichtweisen und freie Meinungen unabhängig von geltenden Zwängen und Auflagen.

7. Informationen werden sinnesspezifisch bedarfsgerecht für jeden Einzelnen abrufbar.

8. (Lesen, Sehen, Hören, Ausprobieren, Erleben ...)

Was ist die Idee hinter dem einfach-persoenlich-Blog?

Einfach persönlich und mein Motto „Der Mensch macht's!" sind für mich Programm und Richtlinie zugleich. Mein Weblog ist mit Impulsen, Denkanstößen und Anregungen sowie zahlreichen persönlichen Reflexionen zum einen ein persönliches PR-Instrument und zugleich Dokumentation von fachlichem Knowhow und gelebter Praxis sowie einfühlsamer Kommunikation. Als persönliches Experimentierfeld und praktische Referenz ist das Weblog zudem klar und eindeutig persönlich wie fachlich Sprachrohr von und für meine Arbeit und meinen Arbeitsstil. Als Berater, Webdesigner und Internet-Stratege für interaktive Kommunikation widme ich mich mit klarem Schwerpunkt Weblogs & Websites, CSS-Webdesign & Weblog-Design, Optimierung und zunehmend zukunftsorientierten strategischen Internet-Projekten.

Mit dem einfach persönlich Weblog gebe ich voller Dankbarkeit anderen Menschen einen Teil dessen zurück, was ich vorwiegend im amerikanischen, kanadischen, englischen und australischen Bereich in den letzten Jahren gelernt und erworben habe. Verbunden mit den umfangreichen praktischen Erfahrungen, meinen Erlebnissen und meinem beruflichen Background will ich Menschen inspirieren, zu neuen Denkweisen anstoßen und vielfältige Anregungen vermitteln. Wir alle brauchen im Leben zur rechten Zeit die richtigen Impulse, die uns weiter bringen, Hoffnung und Wegweiser sind. Je früher wir wichtige Impulse im Leben bekommen, desto besser. Im Rahmen meiner Möglichkeiten unterstütze ich Menschen und Unternehmen bei der Bewältigung neuer interessanter Herausforderungen.

Wie stellen Sie sich den typischen Leser Ihres Blogs vor?

Von meinen Lesern weiß ich, dass der Altersdurchschnitt bunt gestreut ist. Vom Schüler bis zum Rentner lesen lange nicht mehr nur Webdesigner mein Weblog. Auch die vielen Beiträge in der deutschen Movable Type-Quelle allein mögen nicht alle Leser spannend finden.

Ein verbindendes Element sind gewiss die Neugier nach interessanten und wissenswerten deutschen Quellen und um das Bloggen selbst. Während viele Webblogs mehrheitlich News und Meldungen einfach erneut veröffentlichen, bekomme ich immer wieder Kommentare, Trackbacks und Anfragen zu meinen persönlichen Reflexionen zu Weblogs und zum Bloggen.

Wenn es einen typischen Leser geben mag, dann interessieren ihn vielleicht Denkanstöße, Impulse, kreatives Herangehen an bekannte Themen verbunden mit persönlichem Weiterdenken und Anregungen für eigene Aktivitäten. Ein guter Leser meines Blogs sagte mir einmal: „Ich komme jeden Tag bei Dir vorbei. Wenn ich nur eine Idee, einen Hinweis, einen Gedanken oder eine URL mitnehme, dann hat sich der Besuch für mich bereits mehr als gelohnt. Das ist für mich Grund genug."

Im Vergleich zu anderen Ländern ist die deutsche Blogosphäre relativ klein. Gleichzeitig hat kaum ein Land eine solche Vielzahl von Zeitungen und Zeitschriften auf dem Markt. Sind die Deutschen zu Medienkonsumenten erzogen, oder gibt es andere Gründe für die Blog-Unlust?

Es mag verschiedenste Ursachen dafür geben, dass die Deutschen Blogs erst noch für sich entdecken mögen. Von der Mentalität her sind wir wohl leider nicht die Schnellsten und Kreativsten. Meist brauchen wir länger, um manche Entwicklung für uns zu entdecken. Doch die Erklärung wäre zu einfach.

In Weblogs wird durch die Kombination bisher bekannter Formen der Publikation im Internet eine neue Art der Kommunikation zum Leben erweckt. Authentische, offene, ehrlichere und interaktivere Kommunikation bedarf eines anderen Umgangs, als viele Menschen gewohnt sind und in deutschen Firmen tagein, tagaus antreffen. Auf der Höhe des Kunden ein Geschichte zu erzählen ist etwas anderes, als von oben herab die Weisheit eines Unternehmens hinter einer Maske zu verkünden.

Geben vor Nehmen. Wer etwas haben will, muss zunächst etwas geben wollen und können. In der Masse scheint mir für viele das Nehmen aber vor dem Geben zu kommen. Aus der Mentalität des Mangels heraus tendieren wir allzu oft zu althergebrachten Denkweisen.

Dazu kommt, dass Neues auszuprobieren nicht unbedingt unsere Stärken von Haus aus sind. Der Mangel an kreativen Konzepten paart sich hier mit fehlenden neuen konzeptionellen Ansätzen. Eine interaktive Kommunikation hat zudem eigene (für viele ungewohnte) Gesetze und lässt sich schwer kontrollieren und reglementieren. Probieren geht über Studieren. Wer nicht wagt, gewinnt nicht.

Und eines soll nicht vergessen werden. Solange Weblogs vorwiegend mit Online-Tagebüchern selbstdarstellungssüchtiger Privatpersonen gleichgestellt und wenig geschäftliche Fallbeispiele Chancen und Möglichkeiten darstellen, solange ohne tiefere Kenntnis geringschätzend nur Negativmeldungen dominieren oder engagierte Blogger gar beschmunzelt werden, haben wir kaum den Blick nach vorn, sondern eher in den Rückspiegel gerichtet.

Mit den Weblogs brach das Monopol für Journalisten und Verlage. Jeder Mensch kann ungehindert und weitestgehend frei mit einer Geschwindigkeit und ohne große Vorbildung im Internet publizieren, die der schreibenden Zunft des Landes zwangsweise die Schweißperlen auf die Stirn treiben muss.

Was wir nicht kennen, macht uns Menschen Angst. Erst recht, wenn wir es verteufeln und uns dagegen sträuben, ohne es aus eigener Erfahrung praktisch erlebt und beurteilt haben zu können.

Bloggen lernen wir nur durch Bloggen. Daran wird sich wenig ändern. Effektiv und professionell zu bloggen, ein persönliches Design und inhaltlich stimmiges Konzept zu haben, ist genauso wichtig wie die richtige Schreibe. Jede dieser Fertigkeiten kann man mühsam in Jahren lernen und vervollkommnen. Oder man fragt einfach jemanden, der sich damit auskennt und lässt sich beraten. Erfahrungen heißen Erfahrungen, weil man sie erfahren muss. Hautnah, am eigenen Leib. Könnte man Erfahrungen allein durch Erzählen vermitteln, hießen sie Erzählungen.

Die Möglichkeit, dass jeder einen Eintrag kommentieren kann, ist ein wesentliches Merkmal eines Blogs. Deutschlands populärstes Blog, das BILDblog, lässt keine Kommentare zu. Andere Blogs bieten keinen RSS-Feed, was ein weiteres Blog-Merkmal ist. Ab wann ist ein Blog ein Blog?

Kommentare sind das Salz in der Blogger-Suppe. Interaktivität, ob durch Kommentare oder Trackbacks gefördert und/oder zugelassen, gewollt bzw. toleriert. Wer dem Medium Blog die Interaktivität entzieht, beraubt es wesentlicher Elemente. Ich habe Blogs und die Szene in einer Art und Weise kennen gelernt, die ich hierzulande selten wieder angetroffen habe. Wenn die Kommentare freizügig Know-how diskutieren, nach Lösungen suchen und wichtiger werden als der eigentliche Beitrag, dann bekommt der Leser erst eine Ahnung davon, welche Bedeutung und Power Salz in der Suppe wirklich haben kann. Ansonsten schmeckt die Suppe viel zu lasch.

Kommentare zu fördern, zu beantworten und die Diskussion zu führen bzw. moderieren wird bei traffikstarken Blogs allerdings auch zu einem Zeitfaktor, der bedacht gehandelt werden will. Die Entscheidung muss jeder Betreiber für sich selbst treffen.

Mit weniger Verständnis begegne ich dagegen Blogs, die aufgrund mangelhafter Systemkonfiguration und/oder falscher Softwarewahl Kommentare durch Anmeldung/Autorisierung erschweren (müssen) oder wegen Spamüberflutung die Funktionen gar abschalten.

Blogs bieten die Möglichkeit der unabhängigen Berichterstattung, abseits der traditionellen Medien, und sie agieren auch als Beobachter dieser Medien (siehe BILDblog). Seit einigen Monaten wird in vielen Zeitungsredaktionen gebloggt. Blog, Artikel im Blog-Gewand oder ein mehr oder weniger geschickter Versuch, sich von den Blogs nicht die Butter vom Brot nehmen zu lassen?

Ein Blog aufzusetzen und zu starten kann heute (fast) jeder. Wenige Voraussetzungen, und los kann es gehen. Auch sind Schreibkenntnisse allein nicht unbedingt der Garant für den Erfolg, vielmehr erleichtern sie es als Handwerkszeug. Das inhaltliche Konzept eines Blogs verbunden mit einer den Leser fesselnden Schreibe macht neben einigen kreativen Zutaten und Erfahrung den Mix aus, den man hinbekommen muss, wenn der Versuch keine Eintagsfliege bleiben soll.

Es gibt zwar keine festen Regeln beim Bloggen. Das heißt im Umkehrschluss allerdings nicht, dass es keine klaren Orientierungspunkte dafür gäbe, was ein er-

folgreiches Blogs ausmacht und wie man in kürzester Zeit ein Weblog dazu entwickeln kann. Die Zeit wird zeigen, wer hier gut beraten war und bei wem der
Wunsch eher Vater des Gedankens geblieben ist.

**Neben den klassischen Medien publizieren nun auch Unternehmen Blogs,
Pod- und VideoCasts, andere Unternehmen nutzen Blogs für virales Marketing,
zum Beispiel indem sie Blogger ein Auto testfahren lassen. Podcasts mit kommerziellem Hintergrund dominieren mittlerweile die iTunes Podcast-Charts
(sodass die nichtkommerziellen Angebote weniger prominent platziert sind).
Wird das Publizieren für jedermann durch kommerzielle Angebote untergraben?**

Kommerzielle Angebote stecken meiner Ansicht nach noch recht weit in den Kin-
derschuhen. Viel mehr ist möglich, wenn man sich ernsthaft mit dem Medium
Blog auseinander setzt. Ein Unternehmen mag andere Mittel haben, kommerzielle Angebote in den Markt zu drücken. Der Leser wird entscheiden, was er in
welchem Umfang für gut und nützlich befindet. Stimmen Kommunikation, Konzept und Aufbereitung nicht, hilft auch kein Geld, das Angebot zu pushen. Eine
Erfahrung, die gewiss von einigen Unternehmen noch gemacht werden muss.

Nicht die Großen fressen die Kleinen, sondern die Schnellen die Langsamen. Je
mehr Weblogs es gibt, desto schwerer wird es werden, ein wirklich erfolgreiches
Blog am Markt zu positionieren. Auch hier ist Know-how gefragt.

Innovation und Kreativität können mit wenig Budget mehr Nutzeffekte stiften
als viel Geld, das einfach in der Luft verpufft. Blogs stellen viele althergebrachten
Denkschemen auf den Kopf. Vielleicht auch ein Grund, warum ihnen so wenig
Aufmerksamkeit und Chancen eingeräumt werden.

**Blogs, Podcasts, VideoCasts ... mehr und mehr Informationen, immer weniger
Zeit. Ihre Strategie zur Bewältigung der Medienflut?**

Auch mit zahlreichen Blogs wird die zur Verfügung stehende Information für den
Leser nicht weniger, sondern mehr. Wer eine Zeit lang zur eigenen Orientierung
gelesen hat wird bald sein eigenes Selbstmanagement entwickeln müssen. Pare-
to hat wohl auch aus meiner persönlichen Beobachtung Recht. In 20 Prozent der
Angebote steckt auch heute meist 80 Prozent des Informationswertes. Ein intelligentes und effektives Orientieren nach den 20 Prozent der wichtigen Quellen hilft
auch hier, über die wichtigsten Dinge informiert zu sein. Ebenso bedarf es von
Zeit zu Zeit des Mutes zur Lücke. Viel zu viel wird belanglos und wiederkäuend
zu sehen, zu lesen und zu hören sein.

Die Zukunft gehört auch hier der Qualität, inhaltlich wie von der Aufbereitung.

Ihre Wünsche und Erwartungen an das Web 3.0?

Abgesehen von Web 2 oder Web 3: Ich wünsche mir ein Web, in dem der Mensch
mit seinen Talenten und einzigartigen Fertigkeiten mehr denn je im Mittelpunkt
steht. Einfach persönlicher wird es sein, als ich dies heute an so vielen Stellen vor-
finde. Überall nutzbar, zugänglich, schlank und orientiert an den Bedürfnissen
des Kunden wird es immer mehr darauf ankommen, sich mit seinem Angebo-

te (welcher Art auch immer) gekonnt und auf persönlich einprägsame Art und Weise von den anderen Angeboten unterscheiden zu können.

Jeder kann auf seine Weise einen Beitrag dazu leisten, dass sich die Vorteile von Webstandards immer mehr herumsprechen und langfristig durchsetzen. Wenn Hersteller sich internationalen Trends verpflichten und ihre Produkte die Quasistandards in vollem Umfang unterstützen, können wir mit kleinen Schritten bereits ungeahnt viel Verbesserung erreichen.

10.6 Stefan Niggemeier, BILDblog.de

Web 2.0: Hip oder Hype? (Und wenn es sowas wie ein Web 2.0 gibt, was ist dann Ihrer Meinung nach das Besondere daran?

Der Begriff steht eher für den Hype. Die von ihm beschriebenen Möglichkeiten und Techniken aber sind sehr real und im Ergebnis revolutionär. Und werden diese Fragen nicht in diesem Buch auf den 100 Seiten vor diesem Interview beantwortet? Für mich ist das Zentrale an Web 2.0, dass sich die Grenzen zwischen Medien-Produzenten und -Rezipienten auflösen. Dadurch verliere ich als Journalist scheinbar an Macht. Ich gewinne aber zum Beispiel die Möglichkeit, ein Projekt wie BILDblog zu machen.

Was ist die Idee hinter bildblog.de?

Kontinuierlich, aktuell und am konkreten Beispiel die Menschen darüber zu informieren, wie die „Bild"-Zeitung täglich gegen elementare Grundsätze des Anstandes, des Journalismus' und des Rechts verstößt.

Hat sich das Bildblog schon einmal geirrt?

Ja, mehrmals. Es gibt eine Handvoll Einträge, die wir komplett durchgestrichen haben, weil wir uns fundamental geirrt hatten. Und es gibt mehr als eine Handvoll, bei der wir einzelne Behauptungen von uns korrigieren mussten.

Sie wurden zur Persona non grata erklärt, als Sie den Bild-Chefredakteur Kai Diekmann bei der Veranstaltung einer Burschenschaft hören wollten. Haben Sie weitere solche Reaktionen erleben müssen?

Eigentlich nicht. Wobei die Art, wie die Pressestelle der „Bild"-Zeitung mit unseren Anfragen umgeht, schon manchmal eine lustige Variation davon ist. Je nachdem, wie der diensthabende Sprecher drauf sind, ignorieren sie unsere Mails komplett, erklären sich als nicht zuständig, weil unsere Arbeit ja keine journalistische sei, oder beantworten statt der gestellten Fragen ganz andere.

Wie stellen Sie sich den typischen Bildblog-Leser vor?

Ich glaube, es gibt mindestens zwei typische Gruppen. Zum einen Journalisten und Leute, die irgendwie beruflich mit „Bild" zu tun haben. Zum anderen junge Leute, Schüler und Stundenten, die uns gleichermaßen lesen, weil sie die „Bild"-Zeitung und ihre Methoden ablehnen und weil sie sich unterhalten wollen.

Das Besondere daran, ein Internet-Medium zu sein, ist aber, dass sich unsere Leserschaft nicht auf diejenigen beschränkt, die bewusst auch eine Anti-„Bild"-Zeitschrift kaufen würden. Täglich stoßen Menschen zufällig auf BILDblog, weil sie in einer Suchmaschine nach irgendeinem Thema suchen, das – zu seinem Unglück – die Aufmerksamkeit von „Bild" erregt hat und deshalb bei uns behandelt wird. Seit „Bild" mehrmals falsch über Harry Potter berichtet hat, ahnen wir, dass uns viele Harry-Potter-Anhänger lesen. Und eine ganze Reihe Fanclubs von Fußballvereinen, denen von „Bild" übel mitgespielt wurde, verlinken auf uns und bescheren uns neue Lesergruppen – auch solche, die sich sonst vielleicht nicht unbedingt für ein medienkritisches Angebot interessiert hätten.

Die Möglichkeit, dass jeder einen Eintrag kommentieren kann, ist ein wesentliches Merkmal eines Blogs. Deutschlands populärstes Blog, das BILDblog, lässt keine Kommentare zu. Ab wann ist ein Blog ein Blog, und warum bietet das Bildblog keine Kommentare an?

Eines der weltweit erfolgreichsten Blogs, Boing Boing, lässt keine Kommentare zu. Hat das Blog von Anke Gröner (ankegroener.de) aufgehört ein Blog zu sein, als sie dauerhaft die Kommentare schloss? Ich finde die Definitionsfrage müßig. Wenn die Menschen meinen, wir seien kein Blog, weil wir keine Kommentare zulassen, kann ich gut damit leben. Heikler fände ich es, wenn die Menschen meinten, wir seien keine gute Seite, weil wir keine Kommentare zulassen.

Ich glaube, dass die Kommentarfunktion überschätzt wird. Gerade bei sehr erfolgreichen Seiten sammeln sich unter einzelnen Einträgen schnell Dutzende, Hunderte Kommentare, in denen Menschen ihre Privatfehden austragen, über abseitige Themen diskutieren, sich in Missverständnissen dauerhaft verheddern, ein weiteres Mal wiederholen, was schon Dutzende Kommentatoren vor ihnen gesagt haben. Ich glaube, es ist unrealistisch anzunehmen, dass solche Kommentarstränge von vielen Leuten überhaupt gelesen werden.

Das bedeutet keine Geringschätzung unserer Leser und ihrer Meinungen, im Gegenteil: Unsere Leser sind extrem mitteilungsfreudig, und wir nehmen ihre Anregungen, Einwände und Kommentare ernst. Ohne ihre Mitwirkung könnte es BILDblog in der heutigen Qualität gar nicht geben. Ja, für manche Diskussionen wäre eine offene Kommentarfunktion nützlich. Aber wir legen uns bei unserer Arbeit täglich mit einem mächtigen deutschen Verlagshaus an. Wir achten sehr genau darauf, korrekt zu arbeiten, und müssten ähnlich genau die Kommentare im Auge behalten. Das wäre sehr viel Arbeit – die unserer Meinung nach nicht unbedingt einen entsprechenden Mehrwert für unsere Leser brächte. Und nach unserer Erfahrung verselbständigt sich so eine Diskussion insbesondere angesichts der Themen, um die es geht, schnell. Bei einem BILDblog-Eintrag über einen „Bild"-Artikel zur die Rente werden sich die ersten drei Kommentare mit der Art der „Bild"-Berichterstattung auseinandersetzen, und ab Kommentar vier geht es nur noch um das Pro und Contra dieser oder jener Rentenpolitik. Und ich habe meine Zweifel, dass Kommentarstränge in Blogs das beste Medium für solche Diskussionen sind.

Überhaupt: Was sind wir denn, wenn wir kein Blog sind? Müsste man dafür noch einen eigenen Begriff erfinden? Ich glaube, diese Definitionsfragen werden sehr bald sehr egal sein. Die Leute werden sich aus all dem, was das Web 2.0 an neuen Möglichkeiten der Kommunikation und des Publizierens bietet, die rauspicken, die ihnen für ihr Projekt sinnvoll erscheinen. Und die Leser werden entscheiden, ob das Projekt so, wie es ist, gut ist.

In vielerlei Hinsicht halten wir Standards, die sich in Blogs durchgesetzt haben, aber für sehr nützlich und für einen großen Fortschritt gegenüber der Praxis etablierter (Online-)Medien in Deutschland. Regeln wie die, Fehler nicht klammheimlich zu korrigieren, sondern öffentlich richtig zu stellen, und Quellen anzugeben und zu verlinken.

Im Vergleich zu anderen Ländern ist die deutsche Blogosphäre relativ klein. Gleichzeitig hat kaum ein Land eine solche Vielzahl von Zeitungen und Zeitschriften auf dem Markt. Sind die Deutschen zu Medienkonsumenten erzogen, oder gibt es andere Gründe für die Blog-Unlust?

Ich glaube, wir Deutschen haben tatsächlich noch eine relativ große Medienvielfalt. Aber darüber hinaus fehlt uns auch eine gewisse Lust am Streit, insbesondere im Vergleich mit den USA. Dort gehört die Polarisierung zur Kultur, der Austausch auch extremer Meinungen ist Alltag. Im Vergleich dazu lieben wir viel mehr den Konsens, schon das lautstarke Vertreten der eigenen Meinung in der Öffentlichkeit ist uns eher fremd. Das hat Vor- und Nachteile, erklärt aber auf jeden Fall, warum es zum Beispiel jenseits einer Szene anti-islamischer Hassblogs kaum politische Blogs in Deutschland gibt.

Blogs bieten die Möglichkeit der unabhängigen Berichterstattung, abseits der traditionellen Medien, und sie agieren auch als Beobachter dieser Medien (siehe BILDblog). Seit einigen Monaten wird in vielen Zeitungsredaktionen gebloggt. Blog, Artikel im Blog-Gewand oder ein mehr oder weniger geschickter Versuch, sich von den Blogs nicht die Butter vom Brot nehmen zu lassen?

Das ist in jedem Fall verschieden. Der großen Masse dieser Blogs merkt man an, dass da Leute von oben den Auftrag bekommen haben: Bloggt! Entsprechend liest sich das dann auch, und meist ist die Lebensdauer solcher Angebote sehr begrenzt. Aber wenn ein Journalist bloggt, weil er etwas zu sagen hat, die Kommunikation mit den Lesern liebt und die viel unmittelbarere Art des Publizierens für sich entdeckt, dann ist es mir egal, ob er das im Auftrag eines traditionellen Mediums macht oder als unabhängiger Blogger.

Im Zusammenhang mit der Blogosphäre wird manchmal von einer kollektiven Intelligenz gesprochen. Tim O'Reilly zweifelte im Mai 2006 öffentlich an dieser kollektiven Intelligenz, nachdem sich der Verlag den Begriff Web 2.0 für Konferenzen hatte schützen lassen und dies sowie eine unabgestimmte Abmahnung an die Öffentlichkeit kam und die Blogs gegen O'Reilly hetzten. Wurde Jean-Remy von Matt Unrecht getan, und wird die Blogosphäre überschätzt?

Natürlich gibt es eine kollektive Intelligenz. Wer die „Wikipedia" gesehen hat, kann daran nicht ernsthaft zweifeln. Bei BILDblog bestätigt sich täglich der scheinbar banale Satz Dan Gillmors „My readers know more than I do". Unter unseren Lesern sind Menschen, die spanisch sprechen, die jemanden kennen, der für uns eine Internetseite aus dem Persischen übersetzen kann, die Experten für Steuerrecht, Astronomie und die Feinheiten beim Rangieren von Eisenbahnen sind. Unsere Leser wissen alles. Wir müssen sie nur fragen. Und manchmal schreiben sie uns auch so.

Ohne dieses kollektive Wissen unserer Leser wäre es nicht möglich, mit einem winzigen Grüppchen von Leuten täglich Fehler aufzuzeigen, die 1000 „Bild"-Zeitungs-Mitarbeiter absichtlich oder versehentlich machen. Unsere Leser haben nicht nur Expertenwissen, das wir nicht haben, sie sind im Zweifelsfall auch näher dran, waren dabei – und manchmal liefern sie sogar eine schöne Pointe gleich mit, auf die wir nie gekommen wären.

Das schließt nicht aus, dass es auch eine kollektive Dummheit gibt. Dass Gruppen von Menschen sich gerne zu Mobs formieren, blind in eine Richtung rennen. Aber die kollektive Intelligenz gibt es auch. Und wenn man das Wissen der Masse kombiniert mit der Erfahrung von Profis, wie wir es bei BILDblog tun und wie es de facto auch bei „Wikipedia" geschieht, kann man etablierte Strukturen, die das Wissen der Masse ignorieren, sehr schnell sehr alt aussehen lassen. Denn dass sich zum Beispiel durch die Hierarchien, Traditionen und Arbeitsformen in einem Verlag so etwas wie strukturelle Intelligenz garantieren lässt, ist ja auch nur ein Gerücht.

Blogs, Podcasts, VideoCasts ... mehr und mehr Informationen, immer weniger Zeit. Ihre Strategie zur Bewältigung der Medienflut?

Habe ich noch nicht gefunden.

Ihre Wünsche und Erwartungen an das Web 3.0?

Ich habe, ehrlich gesagt, bis heute nicht verstanden, was genau das sein soll und bin noch voll und ganz mit den Wünschen und Erwartungen an das Web 2.0 beschäftigt. Kann ich die Frage zurückstellen bis zum Erscheinen des Buches „Web 3.0"? Danke.

Welche Frage hätten Sie gerne gestellt bekommen, die nicht dabei war?

„Wer hat eigentlich dieses schlichte, schöne neue BILDblog-Design gemacht?"

10.7   Robert Basic, basicthinking.de

Dieses Interview wurde telefonisch durchgeführt.

Web 2.0: Hip oder Hype?

Hip! Ich glaube, dass die Zweifler nach dem New Economy-Crash erst einmal obsiegt hatten, dabei aber vergessen wurde, dass das Internet insgesamt vielleicht doch ganz spannend und nützlich sein könnte für uns. Der Mensch ist ein Gewohnheitstier, und die Masse der Internetbenutzer sieht erst jetzt, vor allem da die Presse immer mehr darüber schreibt, dass sich da doch was bewegt und dass das Netz wirklich einen Nutzen hat.

Damit meine ich nicht die Digital Boheme, die das Internet sowieso intensiv nutzen, sondern die breite Masse. Denen ist das ganz egal, ob man es Web 2.0 oder sonstwie nennt, aber die Anwendungen selber sind besser, stabiler und dadurch attraktiver geworden, und das honorieren die Nutzer auch durch ihre Nutzung. 1999 waren angeblich 200 Millionen Menschen online, heute soll es knapp eine Milliarde sein. Das ist ein ganz anderer Käufermarkt.

Glaubst Du, dass es wieder eine Blase geben wird, eine Web 2.0-Blase, wenn man sich zum Beispiel den Verkauf StudiVZ ansieht?

Nein, überhaupt nicht, und ich glaube auch, dass der Preis für StudiVZ noch zu günstig war und die zu früh verkauft haben. Ich glaube, dass es weitere Plattformen geben wird, auf denen Benutzer mehr oder auf noch eine andere Art und Weise interagieren können, und das halte ich für eine hochspannende Sache. Ob man diese auch als Social Network bezeichnen wird, das weiß ich nicht. Wenn man mit den Studenten spricht, die StudiVZ nutzen, die sind wirklich begeistert, und das liegt nicht nur am Gruschel-Effekt. Es ist sicherlich ein Aspekt, dass ich morgens reingehen und sehen kann, wer mich angegruschelt hat, aber der andere ist, dass man sich sehr intensiv austauschen kann.

Wenn man sich ansieht, wo Google und Amazon am Anfang standen und wo diese Firmen heute stehen, dann hat man eine Ahnung, wo es für MySpace etc. hingehen kann. Daher glaube ich nicht, dass wir momentan eine Blase sehen, und ich glaube auch, dass das ein sehr guter Kaufpreis gewesen ist für StudiVZ.

Dann gab es natürlich noch die Diskussion wegen des Datenschutzes, aber man sieht ja auch, wie egal das den Benutzern ist. Da sieht man auch, wie egoistisch der Nutzer an sich ist: Solange der Vorstand keine Drecksau ist, kaufe ich auch weiterhin einen Porsche oder einen Mercedes, weil ich ihn halt haben will. Es muss schon sehr viel passieren, dass der Kunde sagt, ich will das nicht, zum Beispiel, wenn mit den Daten etwas Schlimmes passiert. Den Nutzern ist das entweder egal oder sie sind viel schlauer als wir. Die Boheme, die sagt, da könnte was passieren mit den Daten, aber die Realität ist da sehr viel weiter weg. Wenn die Daten halt makroökonomisch ausgewertet werden und festgestellt wird, dass 20 Prozent von uns auf rosa Puppen stehen, sodass uns in Zukunft Banner mit rosa Puppen angezeigt werden, kann mir das doch egal sein. Die wissen ja nicht, dass ich das bin, und solange das nicht auf eine persönliche Ebene geht, scheint es den meisten egal zu sein.

Wir sehen ja schon die ersten Anzeichen davon, zum Beispiel beim Flow Tracking, worüber der deutsche Google-Geschäftsführer nach dem Erwerb von YouTube gesprochen hat. Flowtracking erlaubt, Werbung anzuzeigen, die zu den Seiten passt, die ein Benutzer zuvor gesehen hat, wenn auf einer YouTube-Seite zu wenig Text vorhanden ist, um relevante kontextsensitive Werbung anzuzeigen.

Wenn ich auf Blogsoftware-Seiten surfe und dann auf Google komme und gefragt werde, ob ich mich für diese Art von Software interessiere, dann würde ich mich selber fragen, ob ich das noch ok finde, wie das Behavioural Targeting genutzt wird. Ich würde mich durchleuchtet fühlen, auch wenn Google behaupten würde, dass sie gar nicht wissen, dass ich es bin, sondern es nur an Bits und Bytes festmachen. Das wird ein spannendes Thema, auch in Bezug darauf, welche Regeln es für die Werbeindustrie geben wird. Digital Identity, Identitätsmanagement, Reputationsmanagement, ich glaube, das gehört alles in den gleichen Topf, und da kommt die Möglichkeit für die Werbeindustrie hinzu, das alles zu kommerzialisieren, frei nach dem Motto: Ich weiß, worauf Robert Basic steht, und das weiß ich ziemlich genau – ob dem Robert Basic das gefällt, das weiss ich nicht.

Wir hatten das Thema erst kürzlich auf einer Konferenz im Zusammenhang mit Blogs und PR. Blogs sind öffentlich, und diese Annahme, dass Blogs öffentlich sind, weil ich öffentlich schreibe, und ich will doch Awareness und Aufmerksamkeit haben, heißt das automatisch für die PR-Industrie, dass ich sie einlade mitzureden? Ich habe versucht, denen zu erklären, dass es da einen Unterschied gibt, und das kann auch bedeuten, dass ich keinen Bock habe, mit der PR-Industrie zu reden, weil das mein privater Raum ist. Das ist vielleicht auch eine kulturelle Frage, auch im Hinblick darauf, ob man solche Informationen auslesen darf oder soll, nur weil man sie auslesen kann. Vielleicht werden wir eine Art Erweiterung der Creative Commons Licence sehen, die nicht nur beschreibt, welche Daten von meinem Blog genutzt werden dürfen, sondern auch, welche Daten von mir genutzt werden dürfen. Das bestimme ich, und nicht Ihr, die PR-Industrie.

Das Problem dabei ist, dass, wenn man sein Blog nicht sperrt für Suchmaschinen, man natürlich für die Begriffe gefunden wird, die man verwendet. Und während Du in Deinem Blog gesagt hast, dass es Dir egal ist, ob Google & Co. Dir Besucher schicken oder nicht, sehen manche Blogger das eventuell anders, weil sie die Aufmerksamkeit haben wollen und es bei diesen Blogs weniger um das persönliche Aufschreiben geht. Und da kommen wir gleich zur nächsten Frage, nämlich was eigentlich die Idee hinter Deinem Blog Basic Thinking ist?

Es gibt kein Ziel. Historisch gesehen ist es so, dass ich aus der IT komme und mich hauptsächlich mit Lotus Notes beschäftigt hatte, und nachdem ich mich selbständig gemacht hatte, bin ich durch Zufall auf Blogs gestossen. Ich hatte mich viel in Foren bewegt zu dem Thema Lotus Notes, und es hat mir schon immer viel Spass gemacht mich auszutauschen, auch um den Leuten zu helfen, die vielleicht Probleme haben. Für ein Projekt, das ich durchgeführt hatte, war die Dokumentation der Domino-Software noch nicht wirklich gut, und ich bin dann, ich glaube, es war 2002, auf eine wunderbare Seite gestossen zu dem Thema, Code Store, von Jack Colett. Diese Seite hatte eine seltsame Sortierung, nämlich chronologisch, man konnte die Artikel kommentieren, was ich sehr ungewöhnlich fand, und es gab schon damals eine Sidebar, eine Blogroll, was ich alles noch nicht kannte, und einige Wochen später habe ich dann festgestellt, dass man das ein Blog nennt. Erst dachte ich, ich hätte irgendwas verpasst, bis ich dann feststellte, dass es sich um eine Software handelte, mit der man auf eine sehr einfache Art und Weise Artikel veröffentlichen konnte. Ich hatte eine eigene Webseite, auf der ich aber selten etwas veröffentlicht hatte, weil ich dafür zu faul war, und bei den ganzen PHP-News Tools war ich mir nie sicher, ob die später noch supported würden, also hatte ich die Finger davon gelassen.

Ich hatte dann MovableType von Six Apart entdeckt, die waren noch relativ frisch dabei und klein, und ich fand das klasse. Es war quasi halb Open Source, es gab Plugins, die von Dritten implementiert waren, ich konnte das einfach installieren, und dann hatte ich halt mein eigenes Blog. Ich war live, und es entstand eine Kommunikation. Anders als in einem Forum, wo sich die Leute hinter einem Nick verstecken, gab es hier nun Persönlichkeiten, die sich austauschten. Man muss dazu sagen, dass die Lotus Notes-Gemeinde sehr intensiv miteinander arbeitet, man hilft sich untereinander, sei es bei Krankheit, Arbeitslosigkeit oder eben bei fachlichen Problemen.

Am Anfang hatte ich noch keine Ahnung, was RSS ist, ich hatte mich sogar über den komischen Button geärgert, weil ich dann zu so einer seltsamen Ansicht meiner Artikel gelangte. Erst später hatte ich dann gemerkt, dass es eine praktische Technologie ist, denn bis dahin hatte ich täglich 60 Blogs live besucht.

Doch was mich am meisten faszinierte war der familiäre globale Wissensaustausch. Denn es entsteht eine Nähe zwischen den Menschen, obwohl sich diese vielleicht nie treffen. Bloggen ist mehr als die Arbeit mit einem CMS, es ist ein persönlicher Austausch. Zunächst ist man vielleicht begeistert von der Einfachheit der Technik, dass man so einfach publizieren kann, doch dann kommt die gelebte Community hinzu, die mich fast schon zu einem Blogfanatiker gemacht hat.

Wenn Dich jemand fragte, warum soll ich bloggen, welche Gründe würdest Du ihm nennen?

Zunächst einmal, wer etwas veröffentlichen möchte im Netz, der ist mit einem Blog besser beraten als mit einem anderen CMS, sei es wegen der Einfachheit, sei es wegen der Möglichkeiten des Austauschs. Mach lieber ein Photoblog als zu FlickR zu gehen. Denn das Blog ist mehr die eigene Persönlichkeit.

Hat Dich das Bloggen verändert?

Ja, ich bin noch wesentlich weltoffener geworden, denn Du bekommst ja auch die kulturellen Einflüsse zu spüren durch das, worüber Du schreiben willst, Du bist wesentlich besser informiert, manchmal hast Du aber auch Phasen, wo Du Dir vorkommst wie in einem Hamsterrad. Aber ansonsten... ich hab mehr Freunde jetzt, zum Teil sehr enge Freunde, wobei ich eher ein Mensch bin, der auf Abstand achtet. So gibt es einen Lotus Notes-Blogger in den USA, der nur noch selten bloggt, aber in einer Tiefe, und auch über andere Themen, die zu einem intensiveren Kontakt geführt haben. Ich hab diesen Menschen nie gesehen, aber ich fühle mich einfach tief mit ihm verbunden. Das kann man einem Menschen draußen kaum erklären, denn die halten das alles nur für ein Stück Technik. Aber es ist mehr als nur Technik, auch wenn ein Interface dazwischen steckt. Wenn man sich überlegt, wie sich Menschen früher unterhalten haben, wie es dann auf das Telefon überging und wir beide uns jetzt unterhalten, obwohl wir uns noch nie gesehen haben, dann zeigt das, wie schnell wir Menschen neue Kommunikationsformen adaptieren können.

Wie stellst Du Dir den typischen Leser Deines Blogs vor?

Das bist zum Beispiel Du. Was an Dir typisch ist, ich weiß es nicht. Um es kurz zu machen: Ich habe keine Ahnung, was den typischen Leser ausmacht. Ich glaube aber, dass es Menschen sind, die Bock haben auf wirkliche Gespräche, auf richtige Gedanken. Es gibt ja Videoblogs, die nur Videos enthalten und Witze, aber ich mag dieses Unpersönliche nicht. Ich denke, dass meine Besucher Menschen sind, die auf authentische Kommunikation Wert legen, die es gut finden, dass ich so schreibe, wie mir der Schnabel gewachsen ist, und dass ich nicht strategisch oder taktisch vorgehe. Darauf stehen meine Leser. Das hoffe ich zumindest.

Es kommen oft Menschen, die meinen, dass ich nur über etwas geschrieben habe, weil ich daran beteiligt bin oder weil ich dort eine Beratung durchgeführt habe, und es ist schwer, diesen klar zu machen, dass dem nicht so ist. Zum Beispiel, wenn es um Corporate Blogs geht, wo ich denke, dass diese gut sind, weil dadurch die Welt wieder ein bisschen kleiner wird, und das ist viel wichtiger, ob ich hier oder dort 1.000 Euro verdiene.

Mein Blog ist ein wenig wie eine Einladung zum Kaffee: Man setzt sich gemütlich hin, ich will Dich amüsieren, ich will Dir gute Getränke liefern, gutes Essen, Du kannst Dich aber auch zurückziehen, ich muss nicht mit Dir reden, ich mach Dich auch nicht an, lass es Dir einfach gutgehen. Der Sinn ist also mehr ein Gastgeber zu sein.

Du bist nicht nur Gastgeber, Du bist auch bei anderen Blogs zu Gast, zumindest wenn man sieht, wo Du überall kommentierst. Warum lohnt es sich, Blogs zu lesen?

Da muss man unterscheiden. Ich kann zu den privaten Blogs kaum etwas sagen, weil ich nicht auf private Blogs stehe. Fachblogs interessieren mich dafür sehr stark, allein schon wegen meiner Selbständigkeit, und da geht es mir vor allem um das Lernen. Darum lohnt es sich, die Blogs von anderen Experten zu lesen, die sich mit einem Thema sehr intensiv beschäftigt haben, und es gibt sehr viele gute Experten da draußen. Wenn ich mir zum Beispiel Markus Breuers Notizen aus der Provinz-Blog ansehe, das ist mein Tagesmagazin zum Thema Second Life, und das ist so gut gemacht, da kommt kein Journalist mehr hinterher, weil der sich ständig mit diesem Thema auseinander setzt.

Bei privaten Blogs denke ich immer, das geht mich nix an. Ich könnte es lesen, aber ich kenne die Person nicht, und darum denke ich, dass ich nicht die Erlaubnis habe, das zu lesen. Zwar hat der Autor das öffentlich gemacht, aber ich fühle mich trotzdem nicht wohl dabei, das zu lesen.

Ja, vor allem wenn man dadurch berührt wird, sei es auch peinlich berührt, durch das, was der oder die Andere geschrieben hat. Vor allem dann, wenn diese Menschen mehr offenbaren als man eigentlich wissen möchte von einer fremden Person.

Man hat den Eindruck, wenn man kommentieren würde, dann dringt man in eine fremde Welt ein, in ein fremdes Netzwerk, eine Person, die Du nicht kennst. Bei fachlichen Blogs ist das anders, man kann diskutieren, ob es gut oder schlecht ist, dass der Otto eCommerce-Shop nun diese oder jene Buttons einsetzt. Darüber kann man wunderbar diskutieren.

Du bist sehr transparent in Bezug auf die Einnahmen, die Du durch Dein Blog erzielst. Das ist zwar mehr, als die meisten Blogger verdienen, aber es ist immer noch nicht genug, als dass man davon leben könnte. Womit verdienst Du Deine Brötchen?

Zum Teil immer noch Lotus Notes, aber es gibt mittlerweile eine starke Tendenz zum Thema Blogs. Ich kann es zwar nicht nachvollziehen, aber es ist so, dass viele Unternehmen nicht verstehen können, vielleicht auch nicht verstehen wollen, was an Blogs, Web 2.0, Social Networks die Menschen begeistert. Das erkläre ich dann, entweder vor Leuten, die mich für einen doofen Blogger halten, oder aber, wie gerade erst geschehen, für eine Firma, die die Möbelindustrie beliefert und die einfach wissen will, was so ein Blog für sie tun könnte.

In diesem Fall weiss ich natürlich gar nicht, wie die miteinander umgehen, wie zwischen der Firma und der Möbelindustrie kommuniziert wird, und damit ich verstehe, ob und wie ein Blog helfen kann, lasse ich sie erst mal erzählen, und wenn ich eine Möglichkeit sehe, dann versuche ich diese halt zusammen mit dem Kunden umzusetzen. Ich bin sozusagen ein Übersetzungsdienst.

Sozusagen ein Fremdenführer in der Blogosphäre...?

Teilweise. Aber es ist auch so, dass ich dann sage, es ist nicht nur ein Blog, was Ihr braucht oder vielleicht auch gar nicht, sondern eher ein ganz anderes Tool, womit Ihr zum Beispiel Webmarketing für ein neues Startup machen könnt. Oder wie die Kommunikation im Intranetbereich verbessert werden kann. Das geht dann in die Ideenfindungsphase hinein. Mein früherer Chef hat immer gesagt, dass mein Problem sei, dass ich immer zehn Schritte weiter sei, weil ich gewohnt sei, die Lösung in Endbildern zu zeichnen. Ich muss dann halt diese Schritte zurückgehen, um dem Kunden zu zeigen, wie ich zu diesem Bild gekommen bin. Manchmal oder sogar häufig hat das mit Bloggen gar nichts mehr zu tun, letztendlich sind die Ideen wichtig, die dem Kunden helfen.

Das klingt eher nach Coaching.

Ja, obwohl ich das gar nicht will. Entweder programmiere ich Zeugs, was mir gut gefällt, was ich geil finde, oder ich mache mein eigenes Startup, womit ich mich immer noch beschäftige, weil ich gar nicht Blogberater werden will. Firmen müssen meiner Meinung nach in der Lage sein, selber Ideen entwickeln zu können. Ich habe da so meine Zweifel, ob ein externer Mensch da wirklich auf Dauer helfen kann. Aber da würde ich ja die ganze Beraterbranche in Frage stellen. Ich glaube, die Firmen müssen viel mehr Spinnerei zulassen.

Das Thema Blogs ist in Deutschland noch nicht so groß wie in anderen Ländern. Woran liegt das?

Deutschland ist ein riesiges Internetland. Wir haben eine unglaublich hohe Durchdringungsrate, was Tools angeht. Wir haben eine unglaubliche Menge an Domains registriert in Deutschland.

Das könnte auch an den Spammern liegen.

Ja, genau. Ich glaube also nicht, dass die Deutschen technikfeindlich sind, oder dass sie diskussionsfaul sind. Ich glaube einfach, dass viele deutsche Internetnutzer bereits haben, womit sie unterwegs sind. Sei es das Forum, seien es die Newsgroups, ich benutze Chats, ich benutze E-Mails, ich habe eine eigene Website, wozu brauche ich also noch ein Blog?

Ich hab mir mal die Zahlen der osteuropäischen Länder genauer angesehen, Anzahl der Internetnutzer, Anzahl der Domains und die Anzahl der Blogs, und da festgestellt, dass in diesen Ländern, wo die Internetnutzung gerade erst richtig anfängt, wo es nur wenige Domains bisher gibt, die Anzahl der Blogs überproportional groß ist zu der Menge der Internetnutzer. Das würde die Hypthese erklären, wo das Land gerade steht und wann kamen die Blogs.

Dann würde es in Amerika nicht so viel geben. Free Hoster wie Tripod oder GeoCities hatten so viel amerikanische Benutzer, die ihre einmal angefangenen Homepages irgendwann nicht mehr angefasst haben, dann dürfte es nach dieser Hypothese nicht so viele Blogs hier geben (damit meine ich die Blogs in den USA), vor allem politische Blogs, wobei das wahrscheinlich ein anderes Thema wäre.

Ich glaube nicht, dass man die Länder vergleichen kann. Ich glaube auch, dass die Amerikaner komplett anders damit umgehen, vor allem mit Themen wie Politik. Und auch die Art, wie sich die traditionellen Medien auf Blogs beziehen, ist eine ganz andere, sei es CNN oder andere Medien. Dadurch wurde die Bedeutung der Blogs ganz anders vermittelt als hier in Deutschland. Hier in Deutschland kämpfen Medien und Blogs noch gegeneinander. Aber das wird sich auch hier in Deutschland ändern. Mehr und mehr Menschen werden das Personal Publishing für sich entdecken, und die Website an sich wird sterben.

Du hast den Kampf zwischen den traditionellen Medien und den Blogs hierzulande schon erwähnt. Mittlerweile gibt es auch jede Menge redaktionelle Blogs. Ist das ein Versuch, sich nicht die Butter vom Brot nehmen zu lassen von den Blogs?

Die Frage impliziert ja, dass die Blogs besser oder schlechter sind.

Naja, jede Sekunde, die ein Nutzer auf einem Blog verbringt, wird er nicht der Werbung von spiegel.de, stern.de usw ausgesetzt, und potentielle Werbeerlöse sind verloren.

Der Nutzer sieht das glaube ich gar nicht mal so. Von der Makroperspektive sicherlich richtig. In Amerika ist die Situation anscheinend so, dass Blogs so gehypt sind, dass dabei manchmal die Qualität vergessen wird. Sobald da steht, Blog plus Thema, dann bedeutet das gleich, das ist besser als alte Website plus Thema. Deswegen beschäftigen sich die traditionellen Medien dort viel mehr mit dem Thema als hierzulande. In Deutschland steht eher das Experimentieren im Vordergrund, siehe germanblogs.de. Das Thema wegnehmen, das sehe ich noch nicht so.

Auf der anderen Seite sieht man auf den Suchergebnisseiten viele Blogs vor den Seiten traditioneller Medien, und da wird schon etwas weggenommen.

Naja, das ist ungefähr so wie im Studium: Wenn ich eine bessere Note schreibe als Du, dann nehme ich Dir den Job weg? Nein, es liegt an mir selber und an Dir selber. Was willst Du denn da machen, wenn die Benutzer das Blog besser finden als die andere Seite? Wenn der Journalist oder das Magazin etwas besseres liefert, dann gehe ich halt da hin. Der Markt reguliert sich von selber. Und daher glaube ich auch, dass die Blogger eher den Fachmagazinen Konkurrenz machen, denn da haben die Journalisten kaum eine Chance, hinterher zu kommen. Auf der anderen Seite stehen die Nutzer: Noch sind wir nicht so weit, dass sich jeder normale Benutzer seine Informationsstücke intelligent zusammensuchen lassen kann, denn er kennt noch nicht Bloglines oder den Google Reader, aber das wird kommen.

Die Blogs der traditionellen Medien werden sich nur daran messen lassen können, wie gut sie fachlich aufbereitet sind und was dem gegenüber in der Blogosphäre existiert.

Du konsumierst selber 100 Blogs. Wie wirst Du mit der Informationsflut fertig?

Zum einen habe ich mich immer auf 100 Stück fokussiert. Immer wenn ein neues hinzukommt, dann fliegt ein anderes raus. Sozusagen ein interner gnadenloser Wettbewerb. Ich lese sehr schnell, ich lese Texte nicht komplett, ich lese sie vielleicht 3 Sekunden an, und nur wenn ich einen Artikel wirklich sehr spannend finde, dann beschäftige ich mich länger damit.

Ich bin auf der anderen Seite nicht Spreeblick. Ich muss ein Thema nicht von allen Seiten beleuchten, damit die Leserschaft es für sich bewerten kann. Ich gebe meinen Lesern nur die Bruchstücke, und dann müssen sie selber denken. Wenn sie ein Thema interessiert, dann sollen sie sich die Links ansehen, in Wikipedia anschauen, all das, denn ich erwarte, dass die Leser mündig genug sind, selber zu denken und sich informieren zu können, wenn sie mehr wollen. Ich weise nur darauf hin, dass es sich hier um etwas Spannendes handeln könnte.

Was ist das Web 3.0 für Dich? Denkst Du, dass zum Beispiel Second Life zu einer neuen Generation des Webs gehören wird?

Ich denke, definitiv ja. Ich richte mich ein wenig nach Richard Branson. Der hat mal gesagt, dass ein Geschäft immer dann interessant ist, wenn es dem Kunden Spass macht. Da hat er völlig recht, und Spass kommt hier durch involvement. Die Interaktionsmöglichkeiten sind ungleich größer in einer dreidimensionalen Welt. Die Menschen wollen das in ihrer virtuellen Welt abbilden, was sie bereits in der realen Welt haben, darum gibt es auch nur Avatare, die so ähnlich wie Menschen sind. In der zweidimensionalen Welt, so wie ich die Blogs nenne, da kann man zwar Videos einfügen, die Farben ändern, aber es ist eben immer noch anders als die reale Welt. Allein deswegen wird das erfolgreich sein. Ob es das andere ablösen wird, ich weiss es nicht, aber ich könnte es mir vorstellen.

Stellen wir uns doch einmal eine Suchmaschine in Second Life vor: Wenn ich nach einem Ford suche, dann erwarte ich, dass mich die Suchmaschine zu dem Ford-Wagen teleportiert, und dann kann man die Autos in einer dreidimensionalen Welt ansehen. Und vielleicht sind wir dann auch soweit, dass wir das Auto mit seinem neuen Leder auch riechen und fühlen können. Da bin ich mir sehr sicher, dass das so kommen wird.

10.8   Marco Ripanti, ekaabo.de

Web 2.0: Hip oder Hype?

Ein ganz klares HIP. Für einen Hype geht das ja schon fast zu lange. Vielleicht ist der Begriff nicht so ideal gewesen, aber jeder weiß mittlerweile, was gemeint ist. Beim „Web 2.0" handelt es sich vielmehr um einen komplett neuen Umgang mit dem Internet. Das Web wird zum Freund des Alltags.

Was ist Deine Definition einer Community?

Es sind die damaligen Marktplätze, nur mit dem Unterschied, dass nicht mehr die Produkte im Vordergrund stehen, sondern die registrierten User und deren Content. Community hat für mich auch immer ein übergreifendes Thema für alle Beteiligten. Örtliche Verbundenheit, gemeinsame Interessen oder Unternehmen sind eine gute Grundlage für eine funktionierende Community.

Was macht ekaabo?

Wir haben uns auf die Konzeption, Realisierung und Vermarktung von vertikalen Communities fokussiert. In den letzten vier Jahren haben wir knapp 20 solcher Special Interest-Communities für Kunden entwickelt oder selbst gelauncht. Unsere nächste große Aufgabe wird die Vernetzung dieser vertikalen Plattformen sein.

Community-Anbieter sprießen momentan wie Pilze aus dem Boden, worin unterscheidet sich ekaabo von diesen Anbietern?

Ich denke, dass es wichtig ist, den Kunden nach dem Launch nie alleine zu lassen. Vom ersten Tag an versuchen wir die Community in ihrem Marktsegment erfolgreich zu platzieren. Auch versuchen wir die Synergien zwischen den Betreibern schon jetzt zu bündeln. Am allerwichtigsten scheint mir es jedoch zu sein, dass wir uns in jedem Fall komplett in das Thema des Kunden reindenken und die Community mit den Funktionen ausstatten, die für ihn wirklich Sinn machen. Wirklich erfolgreiche Communities kommen mit „out-of-the-box" Lösungen nicht weit, und schnell stellt sich „Funktionsfrust" ein.

Wie startet man seine eigene Community?

.... Kaufen Sie das Buch von Miriam Godau und Marco Ripanti .... :-) Nein, ganz im Ernst: Technik allein reicht nicht. Machen Sie sich im Vorfeld klar, wen Sie mit dem Projekt erreichen wollen und was ihr Ziel ist. Suchen Sie sich zum Launch passende Partner aus der Verlagswelt. Der Sprung vom Print zum Web ist für Leser oftmals sehr klein. Vor allem ... machen Sie sich klar, wo und wie Sie (am besten von Beginn an) Erlöse erzielen möchten. Denken Sie hierbei nicht NUR an Werbung, versetzen Sie sich immer wieder in die Lage der Nutzers und stellen Sie sich die Frage: „Würde ich für die Leistungen dieser Plattform bezahlen?"

Wie schafft man es, Mitglieder für seine Community zu gewinnen und zu halten?

Sorgen Sie für Aktivität. Geld in einen Community-Manager zu investieren ist zum Start sicher kein Fehler. Launchen Sie nicht sofort alle Funktionen. Geben Sie den Nutzern nach und nach neues Spielzeug an die Hand, mit dem sie die Community neu erkunden können. Machen Sie deutlich, warum dies genau die Community ist, in der man sein muss. Versuchen Sie zum ADAC in Ihrer Branche zu werden :-)

Blogs, Podcasts, VideoCasts ... mehr und mehr Informationen, immer weniger Zeit. Deine Strategie zur Bewältigung der Medienflut?

Blogs lese ich via RSS Feeds in Netvibes. Ein interessantes Intro bekommt dann von mir auch den Klick zum ganzen Artikel. In Pod- und VideoCasts höre/schaue ich mich eher sporadisch ein. Oft reicht es auch die Zusammenfassung zu lesen :-) Sicher ist das Thema Zeit ein kritischer Faktor. Aber wer sich heute kein Zeitbudget zur Informationsverarbeitung einplant, läuft wirklich Gefahr von der Entwicklung abgehängt zu werden, und Informationsvorsprung ist heutzutage ein großes Kapital.

Deine Wünsche und Erwartungen an das Web 3.0?

Mit Communipedia als Web 3.0-Projekt einen Platz zu bekommen. Generell sollte das Web 3.0 (sicher, dass es so heißen wird? :-) eine sanfte Marktbereinigung vornehmen. Entweder tun sich vergleichbare Dienste zusammen, oder einige werden einfach verschwinden.

10.9   Nicole Simon, blognation.com

Dieses Interview wurde telefonisch durchgeführt.

Web 2.0: Hip oder Hype?

Ich glaube „hip". Es ist kein Hype, aber es ist ein einfacher Begriff, der gerne verwendet wird, um dieses Zeug zu beschreiben, was wir jetzt neu erfahren. Gewisse Dinge, die vorher nicht möglich gewesen sind, sind jetzt einfach für jedermann möglich, und man sucht nach einem passenden Label dafür, um diese Änderung zu umschreiben. Web 1.0 ist für mich Technik, also Amazon und die Börse und die .coms, wo das Interesse da war, diese neue Technik zu nutzen. Jetzt, im Web 2.0, sind wir da angekommen, wo jedermann es in seinem Alltag verwenden kann und wo es einen Unterschied macht. Ich behaupte immer, wenn man auf das Jahr 2000 zurückblickt, dann werden Forscher sagen, dass dies das Jahr war, wo sich die Welt zu ändern begann. Dafür braucht man momentan einen Begriff, und Web 2.0 passt generisch genug, keiner weiß genau, was er darunter verstehen soll, jeder versteht etwas anderes.

3 oder mehr Gründe, warum es sich lohnt zu bloggen

Würde ich vorausschicken: Man sollte es ausprobieren, ob man es wirklich mag. Es gibt Leute, die wollen lieber einen Podcast machen, es gibt Leute, die wollen lieber an einem Dienst arbeiten oder gar nicht sowas machen, aber wenn man bloggen will, dann braucht man keine drei Gründe, sondern möchte das automatisch machen. So richtig echte Gründe wären, dass man Schreiben lernt. Wenn man anfängt zu bloggen, dann gerät man in diesen Modus hinein, dass man kurz mal was schreiben kann, wenn man über etwas schreiben soll. Das zweite ist, dass man sich in seinem Fachthema weiter bekannt machen kann oder im Falle eines Unternehmens einen neuen Kommunikationskanal finden kann. Und drittens: wenn es einem liegt, kann es viel Freude bereiten, und es erlaubt, viele neue Kontakte zu knüpfen.

Hat Dich das Bloggen verändert?

Nein. Es hat mir aber erlaubt, Teile meiner Fähigkeiten auszuleben in einer Art und Weise, wo ich vorher keine Möglichkeit hatte, das zu tun. Für mich fühlt sich das an wie ein Fisch, der sein Wasser wiedergefunden hat. Es hat mir Möglichkeiten eröffnet. Ich mache nicht viel anderes als das, was ich auch vorher gemacht hatte, aber mit Bloggen und in meinem Fall auch Podcasten zusammen, ergeben sich auf einmal Möglichkeiten und neue Kontakte, die so vorher nicht da gewesen sind. Bloggen hat mich nicht verändert, aber es hat mein Leben verändert, weil die Möglichkeiten auf einmal da sind.

Kannst Du ein Beispiel nennen für diese neuen Möglichkeiten?

Ich habe angefangen, Pre-Conference-Podcasts zu machen, und hab den Effekt gehabt, dass die Leute auf den Konferenzen auf mich zugekommen sind, weil sie meine Stimme wiedererkannt haben. Das heisst, ich habe Zeit investiert, um diese Interviews zu führen, und habe den Benefit davon, dass Leute mich dann aufgesucht haben. Das ist ein Beispiel, wo es tatsächlich etwas gebracht hat. Beim Blog ganz genau so: man baut über die Zeit eine gewisse Leserschaft auf, und nach einer Weile kann man mit dieser Leserschaft auch etwas anfangen.

Das stimmt, ich hatte das Gefühl, dass ich Dich schon vorher kannte, obwohl wir uns noch nie vorher getroffen oder kommuniziert hatten.

Ein Beispiel dafür ist zum Beispiel eine Frau, die auf mich zugekommen ist, weil sie meine Interviews gehört hat. Irgendwann habe ich auf einem Flug nach London bemerkt, dass ich mein Geld und meine Karten in Lübeck vergessen hatte. Die Frau wohnt in London, ich konnte sie anrufen, sie ist vorbei gekommen, sie hat mir 300 Pfund geliehen, damit ich mein Hotel bezahlen und die Zeit überstehen konnte, und im Endeffekt kannten wir uns überhaupt nicht. Aber dadurch dass sie mein Blog gelesen hatte, dass sie mich vorher gehört hatte und wir uns einmal an einem Abend kennen gelernt hatten, war genügend Vertrauen da, dass sie sowas für mich getan hat.

Das ist diese neue Art von Vertrauen, die aufgebaut wird, und das ist auch eine der Sachen, wo ich denke, dass es ein Unterschied zu früher ist. Die Verbindungen und die Kontakte und auch die Freundschaften, die wir über dieses neue Medium aufbauen in der heutigen Zeit, funktionieren nach einem ganz anderen Prinzip als wie Gesellschaft eigentlich vorher funktioniert hat.

Als jemand, der bloggt oder podcastet oder sich generell in die Öffentlichkeit hinausbewegt, stellt man sich in gewisser Art und Weise ins Rampenlicht. Das kann eine kleine Lampe sein oder eine große, aber im Endeffekt stellt man sich in die Öffentlichkeit. Frauen sind immer noch massiv unterrepräsentiert in dieser ganzen Gruppe, es sind eher die Männer, die das machen. Und wenn man als Frau auftaucht, am Beispiel Podcast, hat eine weibliche Stimme, redet vielleicht auch noch ein bißchen rund um Technologie, gibt es schlicht und einfach das Problem, dass Männer drauf abfahren, wenn man es so ausdrücken will.

Es wird diese intime Beziehung hergestellt, und wenn man glaubt, dass diese intime Beziehung da ist, weil die Frau „persönlich" zu dem Mann redet, wird teilweise eine Illusion aufgebaut. Oder die Männer geben sich einer Illusion hin und kommen dann mit ganz anderen Forderungen wieder zurück. Forderungen nach Aufmerksamkeit, Forderungen nach persönlicher Beantwortung von Mails, die manchmal in einen Weg hineingehen, der unangenehm ist. Und wenn man damit nicht so richtig umgehen kann, ist das eine unerwünschte Aufmerksamkeit, die man nicht auch noch besonders hervorziehen will.

Guckt man sich Dating-Websites an, sieht man, dass Frauen immer noch unterrepräsentiert sind. Dass heisst, wenn man nur ansatzweise herzeigbar ist oder das Profil Frau erfüllt, kann man sich vor Aufmerksamkeit kaum retten. Und das ist nicht besonders ermunternd, sich noch mehr in diesem Umfeld zu bewegen.

Anscheinend hat sich da auch für die Männer etwas vereinfacht: Das, was sie sich auf der Strasse nicht trauen würden, das wagen sie, wenn sie online sind, vor allem dann, wenn die Ehefrau schon im Bett ist.

Zum Beispiel, aber es gibt noch einen anderen Aspekt: Klassische Kommunikation zwischen Mann und Frau, aber auch in der Gesellschaft läuft so ab, dass Du irgendwo hingehen und jemanden ansprechen musst. Online ist das dagegen viel einfacher. Ich habe viele Bekannte und Freunde, die ich darüber kennen gelernt habe, dass ich mal über ihr Blog gestolpert bin oder sie in einem Podcast gehört habe. Über die Zeit entwickelt man ein Gefühl für diese Person, man lernt sie kennen, und gerade bei einigen Männern ist es mir schon passiert, dass sie, wenn Du sie irgendwo triffst, unerträglich langweilig sind. Gehst Du aber auf ihr Blog, dann stellst Du auf einmal fest, wow, da steckt richtig was dahinter. Du lernst Menschen im Netz von innen nach außen kennen, und das ist eine der wunderbarsten Eigenschaften des Netzes, weil Du sehr schnell mitbekommen kannst, wie jemand wirklich tickt und was ihm wichtig ist. Das ist die persönliche Ebene, natürlich, aber Du lernst darüber Menschen kennen und als etwas wertschätzen, was Dein Gesellschaftsleben vereinfacht.

Jetzt kommen wir zu dem Punkt für Firmen, weil das für Firmen interessant ist: Wenn ich diese intensive Form der Kommunikation gewöhnt bin mit meinem persönlichen Umfeld, Dann gibt es irgendwann den Punkt, an dem ich nicht mehr akzeptiere, dass eine Firma kalt daherkommt, dass eine Firma nur eine glatte Front ist und keine Person dahinter steckt. Ich werde irgendwann erwarten, dass ich mit dieser Firma einen persönlichen und emotionalen Kontakt aufbauen kann.

Siehst Du das als das größte Problem für Unternehmensblogs?

Ich glaube, das Problem für Corporate Blogs und Corporate Podcasts liegt darin, dass die Enterprise-Ebene abgetrennt in einer eigenen Welt lebt, mit eigenen Strukturen, und dass das Web 2.0 anders ist, tendenziell eher der privaten Welt zugeordnet. Jetzt hat sich das aber weiter entwickelt, und die Konsumenten kommen an und fordern das auch von den Firmen, aber das ist eine Art von Offenheit, die in den jetzigen Firmenstrukturen und der jetzigen Mentalität nicht vorgesehen ist. Das muss sich erst entwickeln.

Man stellt auch sehr schnell fest, wenn eine Firma das nicht wirklich verstanden hat, wenn sie versucht, bekannte Mechanismen, vor allem Kontrollmechanismen, auf die neue Welt anzuwenden. Da scheitern sie hochgradig. Scheitern heisst heutzutage: Innerhalb kürzester Zeit ist die Meldung überall verteilt und für alle lesbar. Das ist eine neue Welt, in der man sich noch nicht unbedingt zurechtfindet, und wenn man die alten Strukturen und Prozesse anwenden will, geht das eben schief. Und das ist ein Lernprozess in Unternehmen, dem sie sich erst einmal langsam annähern müssen.

Es gibt Schritte dazwischen, die man tun kann, was einer der Vorteile ist. Ich erwarte nicht von einem Unternehmen, dass es von heute auf morgen total Web 2.0-ig wird. Ich erwarte aber, dass ein Unternehmen intelligent genug ist, sich anzupassen und für sich diese Elemente auch zu übernehmen. Das wird in den meisten Fällen eher intern stattfinden, weil die Mitarbeiter des Unternehmens genauso daran gewöhnt sind, dass sie extern mit einem Wiki arbeiten können, dass man Informationen einfacher zusammen sammeln kann, dass man kollaborativ arbeiten kann. Jetzt kommen sie in Unternehmen und brechen sie langsam von innen auf.

Ich weiß von einem Fall, aber ich kann die Firma nicht nennen, wo die Mitarbeiter so gefrustet waren von ihrer Global IT, dass sie ein externes Wiki angefangen haben bei einem freien Anbieter. Unheimlich toll, aber Horror für die Rechtsabteilung und für die Global IT. Das zeigt, dass die Mitarbeiter bereit sind, in diese Richtung zu pushen, und deswegen müssen sie sich eher intern damit beschäftigen und extern, wenn es um Kunden geht, einen Mittelweg zwischen Web 1.0 und Web 2.0 zu finden.

Welche Corporate Blogs funktionieren, wo wird eine persönliche Ebene gefunden?

Ist mir so nicht bewusst, ich lese wenig Corporate Blogs. Das Frosta-Blog ist ein Beispiel, das gut ist, weil ich etwas bei Frosta lernen kann. Frosta hat für mich den Eindruck von „Sendung mit der Maus" auf Blog für Unternehmen. Das funktioniert aber nicht für Großunternehmen. Was mir gut gefallen hat, ist während der CeBit das Siemens-Blog, das für einen gewissen Zeitraum eben für dieses Event vorgesehen war und die Menschen dahinter transportiert hat.

Ich brauche persönlich kein Corporate-Blog, ich möchte eher sehen, dass eine Firma versteht, wo die neue Richtung hingeht. Das fängt mit einer einfachen Variante an wie „Ich möchte Informationen auf der Webseite finden." Das haben viele Firmen bis heute noch nicht geschafft. Sie sind bis heute noch nicht in der Lage, meinem Informationsbedürfnis gerecht zu werden. Und jetzt sollen sie auch noch verstehen, wie Web 2.0 funktioniert?! Beispiel: Meine Waschmaschine hat gerade einen Knacks weg. Wenn Du mir die Frage stellst, ob ich möchte, dass der Waschmaschinenhersteller ein Blog hat oder ob er es mir einfacher macht, seine Informationen auf der Webseite zu finden, nehme ich bitte immer noch die Informationen auf der Webseite.

Viele Firmen, vor allem in Deutschland, sind noch nicht mal im Web 1.0 angekommen. Sie müssen aber auch nicht alle Schritte durchführen und die Entwicklung nachmachen. Was wir als Web 2.0 bezeichnen, wäre vielleicht eine gute Chance für Unternehmen, ihren Fuß mal ins Wasser zu stecken und auszutesten, ob sie mit dieser neuen Variante vielleicht viel besser zurecht kommen. Sie sollten auf jeden Fall versuchen, daran teilzunehmen an diesem ganzen neuen Medium, aber teilnehmen bedeutet nicht zwangsläufig, dass sie nun ihr eigenes Blog oder einen eigenen Podcast haben und alles entsprechend aufbereitet werden muss. Da gibt es viele neue Möglichkeiten, wie sich ein Unternehmen sinnvoll einbringen kann.

Ein Beispiel für ein Corporate Blog, das keines ist, ist das Blog von Matt Cutts. Es ist ein privates Blog, wo er aber größtenteils über seinen Arbeitgeber Google bloggt. Man bemerkt dort den Zwiespalt, dass die Benutzer endlich die Möglichkeit haben, mit jemandem von Google direkt zu kommunizieren, auf der anderen Seite kann er natürlich nicht alles sagen, wozu es Fragen gibt.

Das Beispiel von Matt Cutts ist gut, weil sich Firmen ganz genau angucken sollen, was in dem Moment passiert, wenn jemand wie Matt Cutts sich in die Öffentlichkeit stellt und Kommentare erlaubt, welche Massen dort hineinbrechen und Informationen fordern und in Kontakt treten wollen. Bis jetzt zahlen Firmen immer viel Geld für ihre Focus-Gruppen und viel Geld für Marketing usw. Wenn sie ihre Web 2.0-Strategie intelligent aufsetzen würden, könnten sie zwar nicht das Prinzip „Andere arbeiten lassen" verwenden, aber sie könnten den Kontakt mit ihrem Kunden in strukturierbarer Form herstellen und auf einmal Rückmeldung bekommen, die in eine ganz andere Richtung gehen als die, die sie eigentlich erwartet hatten.

Das ist eine Masse von Informationen, die da draußen zur Verfügung steht, und das ganze funktioniert durchaus richtig strukturiert. Das Problem für Firmen ist, gerade wenn es größere Firmen sind, dass, wenn sie eine einzige Bastion haben, die sich rauswagt, diese überschwemmt wird. Das sollte schon ein größerer Mechanismus sein, und da würde ich das Beispiel von Microsoft nehmen: Wenn ich will, finde ich ein Blog zu einem speziellen Produkt oder von einem speziellen Entwickler, und das wird von vielen, vielen Schultern getragen, nicht nur von einer einzigen. In dem Moment, in dem eine Firma, die auch in einer Diskussion steht, irgendwo ein Blog eröffnet, stürzen sich dann alle drauf. Wenn die Strategie intelligenter aufgestellt ist, nutzt man Test-Ballons, nimmt das Feedback und überlegt sich dann, welche Strategie in Zukunft gefahren werden soll.

Lass uns über Blognation sprechen. Was ist die Idee dahinter?

Die Idee hinter Blognation ist einfach. Es gibt sehr viele Berichte über Startups in diesem Technologie-Bereich aus den USA, natürlich sehr auf Silicon Valley zentriert, aber für Firmen, die sich außerhalb dieses Punktes bewegen, ist es schwierig, Aufmerksamkeit zu erregen. Zum einen, weil sie nicht persönlich vor Ort präsent sind, also nicht ihre Informationen streuen können, zum andern aber auch weil die Aufmerksamkeit generell vor allem auf Silicon Valley gerichtet ist.

Das zweite sehr, sehr große Problem ist Sprache. In Deutschland gibt es unheimlich viele Startups, es gibt unheimlich viele Ideen, manchmal CopyCats, manchmal eigene Ideen, aber alle reden nur auf Deutsch. Von den Medien, die von der Welt beobachtet werden, in diesem Fall also Blogs wie zum Beispiel Teccrunch, können die wenigsten Deutsch, und die Übersetzungsprogramme sind heute immer noch grottenschlecht. Man hat also keine Chance zu verfolgen, was in anderen Ländern passiert.

Blognation hat das Ziel, am Beispiel von Deutschland, dass ich als Editor über deutsche Startups berichte, über das, was in der deutschen Szene vor sich geht, und zwar komplett auf Englisch. Alles auf Blognation ist auf Englisch, mit dem

Ziel dem interessierten Leser die Möglichkeit zu geben, einen Einblick in die deutsche Szene zu bekommen.

Warum ist es für einen deutschen Blognation-Leser interessant zu erfahren, was in Frankreich passiert?

Weil die Entwicklungen, die in anderen Ländern vonstatten gehen, ihm einen Einblick gewähren in mögliche neue Ideen und neue Funktionen. Er kann daran lernen und das eigene Geschäft weiterentwickeln. Was aber viel interessanter ist: Irgendwann wollen Startups gerne Geld haben, und die meisten VCs sind international orientiert. Wenn ich dann mit einem Produkt aus der Kreisliga ankomme und stelle es jemandem vor, der internationale Klasse gewöhnt ist, geht das schief. Es geht also um die eigene Weiterbildung. Zum zweiten ist es auch so, dass mehr und mehr entdeckt wird, dass der deutsche Markt sehr interessant ist. Es ist jede Menge von Nutzern und Geld vorhanden, und hier gibt es wenig Web 2.0-Angebote, und einige Startups aus dem Ausland stellen interessiert fest, dass der deutsche Markt nicht uninteressant ist. Wenn ich also ein lokales Startup bin und feststelle, dass es in Frankreich einen Mitbewerber gibt, der viel, viel mehr Funktionen hat — was passiert, wenn dieser Mitbewerber nach Deutschland kommt? Dann werde ich vielleicht platt gemacht, dann habe ich vielleicht ein Problem, wenn ich nicht groß genug bin. Also muss die Mitbewerberbeobachtung international stattfinden, nicht nur auf der nationalen Ebene.

Ihr konzentriert Euch auf Europa...

Nein. Der Start fand zwar zunächst in europäischen Ländern statt, UK, Italien und Deutschland. Blognation soll aber weltweit existieren. Wir sind im Gespräch mit Japan, China, USA, Kanada, aber auch Südamerika ist ein interessantes Thema. Es soll aus allen Bereichen der Welt berichtet werden. Für mich persönlich wird gerade der Asienmarkt besonders interessant sein. Was in den USA passiert, kriege ich größtenteils mit, aber was zum Beispiel den Bereich Mobile betrifft, sind die USA massiv hinter Europa hinterher. Aber wenn wir Europäer wissen wollen, was gemacht werden kann, dann müssen wir auch nach Asien gucken, und ich verstehe nun mal nicht Chinesisch oder Japanisch.

Kannst Du jetzt schon Unterschiede zwischen den Ländenr feststellen? So gibt es zum Beispiel ja viel weniger Blogs in Deutschland als in Frankreich, macht sich das auch bei Euch bemerkbar?

Generell kann man feststellen, dass es lokale Entwicklungen gibt, die auf eigenen Ideen beruhen, und es gibt die berühmten Copy Cats, wo das Ausland, insbesondere das amerikanische Ausland, gerne unterschätzt, dass ein Copy Cat nicht zwangsläufig nur eine Imitation ist, sondern dass es einen Grund gibt, eine Anwendung lokal anzupassen. Nur weil irgendjemand einmal die Idee gehabt hat, ein Stammbaum-Programm zu entwickeln, so wird ein anderes Stammbaumprogramm kaum die Möglichkeit haben, viel drumherum zu entwickeln, was es vom Original abhebt. Trotzdem gibt es Gründe, das ganze auf Deutsch anzubieten und den lokalen Gegebenheiten anzupassen. Das ist die eine Seite. Die andere Seite ist, dass es bestimmte Schwerpunkte gibt, die sich aus der Marktgröße entwickeln.

Deutschland hat eigene Angebote, eigene Social Networks, die in einem Land wie Irland einfach nicht verfügbar sind, weil die Reichweite nicht groß genug ist. In Deutschland können sich eigene Applikationen im eigenen Biotop entwickeln, was in manchen anderen Ländern so vielleicht nicht möglich ist.

Die Frage, die Du auch gestellt hast, nämlich warum Blogs in anderen Ländern erfolgreicher sind, würde ich gerne mit Twitter beantworten. Es hängt ein wenig davon ab, wie Menschen darauf reagieren. Ich sage immer, Deutschland ist eBay- und Wikipedia-Country. Offensichtlich mögen Deutsche eBay, offensichtlich mögen Deutsche Wikipedia, und offensichtlich finden sie Bloggen nicht so besonders toll. Auf der anderen Seite ist die Frage, wie sichtbar das Ganze ist. Wir wissen vom Erfolg von Blogs in Frankreich, weil sie über gewisse zentrale Systeme gelaufen sind. Skyblogs konnte irgendwann sagen, wir haben soundsoviele Millionen Blogs. Ich glaube ehrlich gesagt nicht daran, dass wir so viel weniger bloggen und dass das irgendein Problem ist. Leute haben anscheinend kein Interesse daran, konsumieren lieber und bleiben lieber im Hintergrund. Für jemanden, der etwas anbieten möchte, ist das die perfekte Voraussetzung, weil es weniger Wettbewerb gibt.

50 Prozent aller Studenten sind bei StudiVZ, wie es ausschaut. Es gibt eine Untersuchung, über die ich auch gerade bei Blognation gebloggt habe, dass nämlich rund 10 Prozent aller Deutschen ein Profil in einer Online-Community haben. Anscheinend mögen Deutsche lieber in Online-Communities sein, um sich da irgendwie zu produzieren, als dass sie wirklich ein eigenes Blog haben.

Seit einigen Monaten wird in vielen Zeitungsredaktionen gebloggt. Blog, Artikel im Blog-Gewand oder ein mehr oder weniger geschickter Versuch, sich von den Blogs nicht die Butter vom Brot nehmen zu lassen?

Ein Medienunternehmen ist in erster Linie ein Unternehmen, das Geld verdienen muss. Als solches hat es begrenzte Ressourcen. Es hat einen möglichen Markt, und entlang dieses Marktes und entlang dieser Ressourcen muss es sich entwickeln. Wenn ich eine Zeitung habe, die bedruckt wird, habe ich schlicht und einfach nur begrenzt Platz, dort Meldungen unterzubringen, und wenn ich die Wahl habe zwischen Meldungen, die meine Käufer interessieren, und Meldungen, die meine Käufer nicht interessieren, muss ich irgendwann die Entscheidung treffen und fragen, was mein Inhalt sein soll. Insofern ist der Vorwurf an die Medien, dass die nur sehr begrenzt berichten würden, auf der einen Seite gerechtfertigt; auf der anderen Seite gibt es aber auch einen schlichten wirtschaftlichen Grund dafür. Jetzt kommen wir zu der Rolle, die die neuen Medien unternehmen können: ich mag ein sehr abseitiges Hobby haben, ich mag einen sehr abseitigen Sport betreiben, der bisher in den Medien keinen Platz gefunden hat. Wenn ein Fernsehsender die Wahl hat zwischen einer Fußballübertragung und Eishockey-Stock-Weitwurf, dann wird er Fußball wählen. Das ist halt eine einfache wirtschaftliche Entscheidung.

Die neuen Medien bieten mir die Möglichkeit, egal was das Thema ist, mit meiner Benutzergruppe oder meiner Zielgruppe in Kontakt zu kommen. Und wenn in

Deutschland 1.000 Menschen an einem bestimmten Thema interessiert sind, dann habe ich jetzt einfache Mittel und Wege, denen diese Information auch zukommen zu lassen. Auf der anderen Seite haben die User nun den Vorteil, dass sie die Themen, die sie interessieren, finden können. Sie werden nämlich einfach preiswert ins Netz gestellt, und ich kann sie konsumieren oder ich kann mich beteiligen, seien es Blogs, Podcasts oder Videocasts. Vielleicht stellt sich ja sogar heraus, dass das angebliche Nischenthema ein extrem interessantes Thema ist. Wir haben das Beispiel von den so genannten Silver Surfern, die weniger surfen, aber in sich mehr Geld ausgeben. Warum also nicht von dem Jugendwahn abschwirren und schlicht und einfach sagen, ich konzentriere mich auf ältere Menschen, die einen Bedarf haben Golf zu spielen, aber nur in Spanien. Das ging vorher nicht, aber mit den Möglichkeiten des Netzes kann ich auch so ein reduziertes Angebot machen.

Die traditionellen Medien haben einen sehr, sehr großen Vorteil: sie haben häufig Menschen, die sehr gut schreiben können. Wenn ich die Wahl habe zwischen einem Journalisten, der Blogs verstanden hat, und einem normalen Blogger, weil für ihn in seiner Professionalität gewisse Dinge unheimlich einfach sind, dann wähle ich den Journalisten. Man kann ihm ein Thema geben, er kann darüber etwas schreiben, und es wird höchst wahrscheinlich sehr angenehm lesbar sein. Das ist jetzt eine Kompetenz, die sie in den Vordergrund stellen können. Was die Medien verloren haben, und ich glaube daran knapsen sie am meisten, ist der Kontrollverlust. Die normalen Menschen können auf einmal miteinander reden und Themen diskutieren, die die Medien vorher reguliert haben. Wenn sie das verstanden haben, dass sie nicht mehr die Gatekeeper sind, dass sie diese Rolle, diese wichtige Powerrolle, verloren haben und auch nicht mehr zurückbekommen, sollten sie schlicht und einfach anfangen auf dem aufzubauen, was sie wirklich können und was sie besser und effizienter können als andere, und dann sollte es einfach ein perfektes Miteinander geben, wo beide Seiten von profitieren können.

Blogs, Podcasts, VideoCasts ... mehr und mehr Informationen, immer weniger Zeit. Deine Strategie zur Bewältigung der Medienflut?

Ich gehöre zu den Menschen, die das Talent haben, eine große Menge an Informationen durchzuarbeiten und das beste da raus zu extrahieren. Darin bin ich besser als andere Menschen. Mein Problem ist, es ist nicht eine Menge an Dreck, wo man einfach ein paar Goldstücke herausfischen muss, sondern auf einmal gibt es Massen an Goldstücken, und die schmerzhafteste Erkenntnis ist zu sagen: „Ich kann nicht alles lesen, ich kann nicht alles begreifen, ich kann nicht alles mitnehmen, ich werde Dinge verpassen." Fällt mir unheimlich schwer, ich falle auch immer wieder drauf rein, man subscribed wieder neue Feeds und guckt sich das dann doch nicht an. Es gilt zu lernen, als eine neue Medienkompetenz zu ertragen, dass man nicht alles mitbekommen kann, zu ertragen, dass man sich vielleicht auch auf andere verlassen muss.

Auf der anderen Seite bedeutet das für mich, weniger alles konsumieren und verwerten zu wollen, sondern mitzuarbeiten und zu fordern, dass es bessere Tools gibt. Denn wir haben 2007, fast 2008, und ich muss noch immer den größten Teil per Hand erledigen, obwohl man sich vielleicht mal darauf konzentrieren könnte, bessere Mechanismen zum Filtern zu bekommen.

Web 3.0: Was ist Deine Erwartung?

Ich glaube, dass die Änderungen in der Gesellschaft, in der Art, wie wir arbeiten, wie wir kommunizieren, wie wir unser Leben verbringen, so tiefgreifend sind, dass wir momentan noch am Anfang sind, um zu begreifen, was das bedeutet. Wenn wir unbedingt einen Begriff für Web 2.0, Web 3.0 oder was auch immer brauchen, ist es nur ein generischer Begriff, mit dem es irgendwann anfing. Wir können es auch „Alarmsirene" oder sonst was nennen, es ist halt nicht „catchy" genug. Web 3.0 sehe ich noch nicht. Ich sehe aber eher, dass der normale User anfängt, dieses Netz für sich zu nutzen. Dinge, die seit Jahren für mich selbstverständlich sind, werden jetzt von jedermann genutzt, in einer ungeahnten Heftigkeit, und die sich daraus ergebenden Auswirkungen sind noch gar nicht absehbar. Wir können uns Gedanken über Web 3.0 machen: ich beschäftige mich momentan lieber damit, was Web 2.0 sein könnte, weil die meisten noch in 1.0 hängen geblieben sind.

Literatur

Aarseth, Espen J. Cybertext. Perspectives on Ergodic Literature. The John Hokins University Press 1997.

Alphonso, Don und Kai Pahl (Herausgeber). Blogs! Text und Form im Internet. Schwarzkopf und Schwarzkopf Verlag 2004.

„Analysten zweifeln an YouTube" Spiegel Online, 2. Juli 2006. http://www.spiegel.de/netzwelt/netzkultur/0,1518,424498,00.html

Anderson, Chris. The Long Tail. The New Economics of Culture. Random House 2006.

Anderson, Chris. „The Long Tail." Wired Magazine 12.10 (Oktober 2004). http://www.wired.com/wired/archive/12.10/tail.html

Balzert, Helmut. Lehrbuch der Software-Technik. Software-Management, Software-Qualitätssicherung, Unternehmensmodellierung. Spektrum 1998.

Barabási, Albert-László. Linked. How Everything Is Connected to Everything Else and What It Means For Busines, Science, and Everyday Life. Penguin 2003.

Basic, Robert. „Blog-Umfrage: Auswertung der monatlichen Einnahmen." http://www.basicthinking.de/blog/2007/06/26/blog-umfrage-auswertung-der-monatlichen-einnahmen/

Batelle, John. The Search. How Google and Its Rivals Rewrote the Rules of Business and Tranformed Our Culture. Penguin Group 2005.

Bausch, Paul. Amazon Hacks: 100 Industrial-Strength Tips & Tools. O'Reilly 2003.

Beck, Astrid, Michael Mörike und Heinz Sauerberger (Hrsg.). Web 2.0. dpunkt 2007.

Benjamin, Walter. Das Kunstwerk im Zeitalter seiner technischen Reproduzierbarkeit. Suhrkamp 1996.

Berners-Lee, Tim. Weaving the Web: The Original Design and Ultimate Destiny of the World Wide Web. Collins 2000.

Borchert, Thomas. „Das digitale Schweizermesser". In: Konrad – Der Mensch in der digitalen Welt 1/97.

Calishain, Tara und Rael Dornfest. Google Hacks. Tipps & Tools for Smarter Searching. O'Reilly 2005.

Casati, Rebecca, Matthias Matussek, Philipp Oehmke und Moritz von Uslar. „Alles im Wunderland. Spiegel 8, 17. Februar 2007.

„Compose yourself". The Economist, 20. April 2006.

Dambeck, Holger. „Der Siegeszug der Web-Communities." Spiegel Online, 2. August 2006. http://www.spiegel.de/netzwelt/netzkultur/0,1518,429099,00.html

Darie, Christian, Bogdan Brinzarea, Filip Chereches-Tosa und Mihai Bucica. AJAX and PHP. Building Responsive Web Applications. PACKT Publishing 2006.

Friebe, Holm und Sascha Lobo. Wir nennen es Arbeit. Die digitale Boheme oder Intelligentes Leben jenseits der Festanstellung. Heyne 2006.

Friedman, Vitaly. Praxisbuch Web 2.0. Galileo Press, 2007.

Fromme, Claudia. „Jemand zugestiegen? Bitte Handys vorzeigen..." Süddeutsche Zeitung, 26./27. August 2007.

Gaßner, Sibylle. „Online-Portale der Zukunft sind total sozial." Silicon.de 17. Mai 2006, http://www.silicon.de/enid/storage_network/19459

Gehtland, Justin, Ben Galbraith und Dion Almaer. Pragmatic Ajax. A Web 2.0 Primer. The Pragmatic Bookshelf 2006.

Geoghegan, Michael W. und Dan Klass. Podcast Solutions. Friends of ED 2005.

Gibson, William. Neuromancer. HarperCollins, 1995.

Grote, Andreas. „Lernen von den Dieben. Um Kinofilme über das Internet zu verkaufen, nutzen Studios das Werkzeug von Raubkopierern." Süddeutsche Zeitung, 9. Juni 2006.

Hage, Simon. „Der Web-Meister." Manager Magazin Online, 22. November 2006. http://www.manager-magazin.de/it/artikel/0,2828,449911,00.html

Hammer, Thomas. „Die 100-Dollar-Frage." Die Zeit, 7. September 2006.

Heiser, Sebastian. „Wikipedias Schatztruhe." Süddeutsche Zeitung, 31. August 2006.

Hemenway, Kevin und Tara Calishain. Spidering Hacks. 100 Industrial-Strength Tips & Tools. O'Reilly 2004.

Holtz, Shel und Ted Demopoulos. Blogging for Business. Everything you need to know and why you should care. Kaplan Publishing 2006.

Hornig, Frank. „Du bist das Netz!" Der Spiegel, 17.7.2006.

Jaokar, Ajit und Tony Fish. Mobile Web 2.0: The Innovator's Guide to Developing and Marketing Next Generation Wireless/Mobile Applications: The Innovator's Guide to Developing and marketing next Generation Wireless/mobile Applications. futuretext 2006.

Johnson, Steven. Interface Culture. How new technology transforms the way we create and communicate. Basic Books 1997.

Karzauninkat, Stefan und Tom Alby. Suchmaschinenoptimierung. Professionelles Website-Marketing für besseres Ranking. Carl Hanser Verlag, 2006.

Kleinz, Torsten. „Alles in Orkut?" Telepolis, 26. März 2004, http://www.heise.de/tp/r4/artikel/17/17048/1.html

Klepptenberger, Erich. „Die berauschenden Möglichkeiten von Web 2.0." Telepolis, 14. August 2006. http://www.heise.de/tp/r4/artikel/23/23324/1.html

Koesch, Sascha und Robert Stadler. „Vom Schmuddelclip zum Filmfest."-Spiegel Online, 25. Juli 2006. http://www.spiegel.de/netzwelt/telefonkultur/0,1518,428428,00.html

Koesch, Sascha und Robert Stadler. „Das soziale Netz macht mobil." Spiegel Online, 7. August 2006. http://www.spiegel.de/netzwelt/telefonkultur/0,1518,430505,00.html

Kohlenberg, Kerstin. „Die anarchische Wiki-Welt." Die Zeit, 7. September 2006.

Lang, Michael. „Geschwätzige Tagebücher. Wie Weblogs rasend schnell den Ruf von Firmen ruinieren können - und was die Unternehmen tun." Süddeutsche Zeitung, 19. Januar 2006.

„Let's Go: Second Life." Wired 14.10.

Löwer, Chris. „Digitale Mundpropaganda." Die Zeit, 20. Juli 2006.

„Mashing the web" The Economist, 15. September 2005.

Merschmann, Helmut. „Die Mär vom Geschäft mit Web 2.0." Spiegel Online, 28. Juni 2006. http://www.spiegel.de/netzwelt/technologie/0,1518,423896,00.html

„Money matters in cybercash game" BBC News, 15. September 2005. http://news.bbc.co.uk/1/hi/business/4248074.stm

Montopoli, Brian. „CBS to YouTube: Who loves you, Baby?" CBS News, 17. Juli 2006.
http://www.cbsnews.com/blogs/2006/07/17/publiceye/entry1809404.shtml

Moody, Glyn. „The Ringmaster of the Blogosphere." The Guardian, 16. Februar 2006. http://technology.guardian.co.uk/weekly/story/0,,1710260,00.html

Moore, Geoffrey A. Crossing the Chasm. Marketing and Selling Disruptive Products to Mainstream Customers. Revised Edition. HarperCollins, 2002.

„MTV kauft Atom Entertainment." Spiegel Online, 10. August 2006. http://www.spiegel.de/netzwelt/netzkultur/0,1518,431044,00.html

Mühlenbeck, Frank und Klemens Skibicki. Community Marketing Management. Wie man Online-Communities im Internet-Zeitalter des Web 2.0 zum Erfolg führt. Books on Demand GmbH, 2007.

Murray, Janet H. Hamlet on the Holodeck. The Future of Narrative in Cyberspace. The MIT Press 1997.

„MySpace, Datenmine der Geheimdienste?" Spiegel Online, 9. Juni 2006. http://www.spiegel.de/netzwelt/politik/0,1518,420514,00.html

Nielsen, Jakob. Multimedia and Hypertext. The Internet and Beyond. AP Professional, 1996.

Ong, Walter J. Oralität und Literalität. Die Technologisierung des Wortes. Westdeutscher Verlag 1982.

O'Reilly, Tim. „What Is Web 2.0. Design Patterns and Business Models for the Next Generation of Software." http://www.oreillynet.com/pub/a/oreilly/tim/news/2005/09/30/what-is-web-20.html, deutsche Übersetzung unter http://twozero.uni-koeln.de/content/e14/index ger.html

Patalong, Frank. „Die Blase 2.0." Spiegel Online, 31. Oktober 2006. http://www.spiegel.de/netzwelt/web/0,1518,445458,00.html

Patalong, Frank. „Nur falsch ist wirklich echt." Spiegel Online, 11. September 2006. http://www.spiegel.de/netzwelt/web/0,1518,436070,00.html

Petrecca, Laura. „There's new place to set up shop: Virtual Reality." USA Today, 7. Dezember 2006.

Peralta, Eyder. „In Second Life, the world is virtual. But the emotions are real." Chron.com 26. Mai 2006. http://www.chron.com/disp/story.mpl/ent/3899538.html

Picot, Arnold und Tim Fischer (Hrsg.). Weblogs professionell. Grundlagen, Konzepte und Praxis im unternehmerischen Umfeld. dpunkt.verlag 2006.

„Podcasting wird erwachsen: Werbetreibende wachen auf." Welt Kompakt, 26. Mai 2006.

Poschardt, Ulf. DJ Culture. Discjockeys und Popkultur. Rowohlt 1997.

„Profiting from obscurity. What the 'long tail' means for the economics of e-commerce" The Economist, 5. Mai 2005.

Richardson, Will. Blogs, Wikis, Podcasts, and Other Powerful Web Tools for Classrooms. Corwin Press 2006.

Riedl, Thorsten. „Das Mitmach-Internet." Süddeutsche Zeitung, 12./13. August 2006.

Rosenfeld, Louis and Peter Morville. Information Architecture for the World Wide Web. Designing Large-Scale Web Sites. O'Reilly 1998.

Rosenfelder, Andreas. „Web 2.0. Das Internet ist bewohnbar geworden."- FAZ, 10. August 2006.

Rubens, Annik. Podcasting. Das Buch zum Audiobloggen. O'Reilly 2006.

Rühle, Alex. „Im Daumengestöber. Erfundene Fische, Neil Armstrongs Depression und Kujaus Geschichtsklitterung: Wie fälschungssicher ist Wikipedia?" Süddeutsche Zeitung, 4./. November 2006.

Rühle, Alex. „Kapitaler Freundeskreis." Süddeutsche Zeitung, 5./6./7. Januar 2007.

Saeed, John I. Semantics. Blackwell Publishers, 1997.

Schieb, Jörg. „Die Revolution des World Wide Web." ARD.de, 22. Mai 2006. http://www.ard.de/ratgeber/multimedia/internet/-/id=274506/nid=274506/did=421004/9e44lw/index.html

Schink, Peter. „‚Plazes' verbindet Orte mit Menschen." Netzeitung, 2. Januar 2006, http://www.netzeitung.de/internet/375265.html

Scoble, Robert und Shel Israel. Naked Conversations: How Blogs are Changing the Way Businesses Talk with Customers. Wiley 2006.

Simovic, Vladimir. WordPress. Das bhv Einsteigerseminar. Redline 2007.

Simovic, Vladimir. WordPress - Das Praxisbuch. Mitp-Verlag 2007.

Sixtus, Mario. Die Humanisierung des Netzes. Die Zeit, 25. August 2005. http://www.zeit.de/2005/35/C-Humannetz

Sommergut, Wolfgang. Web 2.0: Der Triumph der Amateure. http://sommergut.de/wsommergut/archives/001123.shtml, 30. Oktober 2005, zuletzt gesehen am 1.7.2006.

Stöcker, Christian. Zerreiß mich, kopier mich. Spiegel Online, 13. April 2006. http://www.spiegel.de/netzwelt/netzkultur/0,1518,411147,00.html

Stöcker, Christian. Die Netzgemeinde kennt keine Gnade. Spiegel Online, 14. Juni 2006, http://www.spiegel.de/netzwelt/netzkultur/0,1518,421021,00.html

Stone, Biz. Who let the Blogs out? A Hyperconnected Peek at the World of Weblogs. Martin's Griffin: 2004.

Surowiecki, James. The Wisdom of Crowds: Why the Many Are Smarter Than the Few and How Collective Wisdom Shapes Business, Economies, Societies and Nations. Doubleday 2004.

Tanenbaum, Andrew S. Moderne Betriebssysteme. 2. Auflage. Hanser und Prentice Hall 1995.

„The enzyme that won." The Economist, 11. Mai 2006.

„The wiki principle" The Economist, 20. April 2006.

„Time-Warner-Chef warnt vor Blase 2.0." Heise Online, 6. November 2006. http://www.heise.de/newsticker/meldung/80570

Thomas, Dave und David Heinemeier Hansson. Agile Webentwicklung mit Rails. Pragmatisch Programmieren. Carl Hanser Verlag, 2006.

Turkle, Sherry. Life on the Screen. Identity in the Age of the Internet. Touchstone 1997.

Turkle, Sherry. Die Wunschmaschine. Vom Entstehen der Computerkultur. Rowohlt 1984.

Von Randow, Gero. „Das Leben im Netz." Die Zeit, 18. Januar 2007.

„Wag the dog. What the long tail will do." The Economist, 6. Juli 2006.

Watson, Thomas J. und Peter Petre. Der Vater, der Sohn und die Firma. Wie ein Weltkonzern entstand. Die IBM Story. Heyne 1997.

Walter, Björn. Podcasting. Vmi Buch 2006.

Wartala, Ramon. Bildergeflimmer. „Mashups mit der Flickr-API erstellen." In: ix Magazin für professionelle Informatinstechnik, Ausgabe 7. Juli 2006.

Wartala, Ramon. „Weltbaukasten. Mashup: eine Revolution in Zeiten des Web 2.0." In: ix Magazin für professionelle Informationstechnik, Ausgabe 7, Juli 2006.

„Websites of Mass Description." The Economist, 15. September 2005.

„Wikipedia: Härtetests für Qualitätskontrolle." Heise Online, 6. November 2006. http://www.heise.de/newsticker/meldung/80591

Wirdemann, Ralf und Thomas Baustert. Rapid Web Development mit Ruby on Rails. Carl Hanser Verlag, 2006.

Wittgenstein, Ludwig. Philosophische Untersuchungen. 2. Auflage. Suhrkamp, 2003.

Wolf, Ulrich. „Ajax rein und Kurs 360 Grad. Surfen und kooperieren im zweiten Netz." Telepolis, 20. März 2006. http://www.heise.de/tp/r4/ artikel/22/22254/1.html

Wolff, Peter. Die Macht der Blogs. Chancen und Risiken von Corporate Blogs und Podcasting in Unternehmen. Datakontext Fachverlag 2006.

„Zukunft 2.0. Web 2.0 – Droge, Religionsersatz oder Zukunftstechnologie?" 13. Januar 2006, http://www.nzz.ch/2006/01/13/em/articleDHFG7.html

Glossar

Aal-Prinzip
Aal steht für Andere arbeiten lassen und bezieht sich darauf, dass manche Webseiten damit rechnen, dass Benutzer Inhalte für sie erstellen. Siehe auch *User Generated Content*.

A-Blogger
Im amerikanischen Raum *A-List Blogger* genannt. Bezeichnet Blogger, die im amerikanischen Raum eine mindestens fünfstellige Anzahl von Besuchern auf ihrem Blog verzeichnen können. Da die Blogosphäre in Deutschland ungleich kleiner ist, erreichen nur sehr wenige Blogs hierzulande diese Zahl, und daher wird hier alles eine Nummer kleiner gehandelt. Der Begriff ist nicht unstrittig, da etwas Elitäres mitschwingt (schließlich gibt es dann auch B-Blogger, C-Blogger usw.); es wird außerdem, so einige, nicht primär für Traffic gebloggt.

AdSense
Werbeprogramm von Google, das Anbieter von Inhalten in ihre Webseiten einbinden können. Bei diesem Programm melden sich Werbetreibende über Google *AdWords* an und bieten Geld für einen Klick auf ihre Anzeige, die bei bestimmten Begriffen auftaucht. AdSense gibt es für Suchergebnisseiten und für Seiten mit Inhalten; bei Letzteren analysiert eine Software, welche Begriffe für die Seite relevant sind, und sucht die entsprechende Werbung aus. Viele Blogger nutzen AdSense zur Monetarisierung ihrer Inhalte, da sie sich nicht selber um Werbetreibende kümmern müssen; sie binden nach erfolgreicher Aufnahme in das AdSense-Programm lediglich etwas Code von Google in ihre Seiten ein und erhalten je nach Erfolg monatliche Zahlungen von Google. Siehe auch Kapitel 8.2.

AdWords
Werbeprogramm von Google, mit dem Werbetreibende auf Google und dem Partner-Netzwerk Werbung schalten können. Bei diesem Programm bieten die Werbetreibenden in einer Art Auktionsverfahren auf bestimmte Begriffe, bei denen ihre Anzeige erscheinen soll. Je mehr sie bieten, desto mehr kostet es den Werbetreibenden, wenn ein Benutzer auf die Anzeige klickt. Die Anzeigen erscheinen sowohl auf den Google-Suchergebnisseiten als auch auf den Seiten

ausgewählter Partner, die ihre Inhalte mit den Anzeigen monetarisieren. Siehe auch *AdSense* und Kapitel 8.2.

Aggregator
Eine Software, mit der verschiedene Quellen verwaltet und zum Beispiel Blogs oder Nachrichten zusammengeführt werden können. Siehe auch *Feedreader* und Kapitel 2.11.2.

Ajax
Akronym für Asynchronous JavaScript and XML. Siehe Kapitel 7.1.

Akismet
Ein Plugin für Blogs, das *Kommentar-Spam* automatisch rausfischt. Das Plugin wird seit der *WordPress*-Version 2 mitgeliefert und muss lediglich aktiviert werden. Weitere Informationen sind unter http://akismet.com zu finden.

Anchor Text
Link-Text, also der Text, auf den ein Benutzer bei einem Link klickt.

Anonoblog
Anonym geführtes Blog. Dieser Begriff wird vor allem in der amerikanischen Blogosphäre verwendet.

API
Abkürzung für „Application Programming Interface", eine Schnittstelle zur Programmierung. Eine API wird zum Beispiel verwendet, um zwei verschiedene Systeme miteinander zu verbinden. So bietet Google zum Beispiel eine API an, mit der Dienste von Google angesteuert werden können, ohne dass die Webseite manuell angesteuert werden muss; eine solche API kann dazu genutzt werden, um automatisch Daten von Google zu erhalten. Siehe auch *Web Service*.

Atom
Ein *XML*-Format, das die Nachfolge von *RSS* antreten soll. Siehe Kapitel 7.2 und auch *Aggregator*, *RSS* und *Syndikation*.

Autocasting
Beim Autocasting werden Blogtexte automatisch zu Podcasts verarbeitet, indem die Texte von einer Software vorgelesen und eine Podcast-Datei davon erstellt wird. Dieser Begriff wird vor allem in der amerikanischen Blogosphäre verwendet.

Avatar
Ein Avatar ist sozusagen der Repräsentant eines Menschen in einer virtuellen Welt, er kann aber auch eine künstliche Person sein.

B-Blogger
Siehe *A-Blogger*.

Backlink
Ein Link von einer anderen Seite, der auf die eigene Seite zeigt. Backlinks sind wertvoll für das Ranking der eigenen Seite in Suchmaschinen.

Blaudience
Die Leser eines Blogs (zusammengesetzt aus „Blog"und „Audience"). Dieser Begriff wird vor allem in der amerikanischen Blogosphäre verwendet.

Blawg
Ein Blog, das sich auf juristische Themen konzentriert (Zusammensetzung aus „Blog" und „Law", englisch für Recht). Dieser Begriff wird vor allem in der amerikanischen Blogosphäre verwendet.

Bleg
Um etwas via Blog bitten (Zusammensetzung aus „Blog" und „beg", englisch für „betteln"), sei es um Informationen oder um Geld. Dieser Begriff wird vor allem in der amerikanischen Blogosphäre verwendet.

Blog
Eine Webseite, bei der neue Einträge chronologisch beginnend mit dem neuesten Eintrag sortiert sind. Darüber hinaus bieten die meisten Blogs die Möglichkeit, dass Leser die Einträge kommentieren können. Siehe Kapitel 2.

Blog Client
Eine Desktop-Software, mit der gebloggt werden kann, ohne dass die eigentliche Blogging-Software im Browser aufgerufen werden muss. Blog Clients werden zum Beispiel dafür genutzt, um bloggen zu können, wenn kein Zugang zum Internet besteht.

Blog Digest
Ein Blog, in dem der Autor andere Blogs zusammenfasst.

Blogathy
Stimmung, die sich allein dadurch auszeichnet, dass kein Interesse an Blogs besteht. Dieser Begriff wird vor allem in der amerikanischen Blogosphäre verwendet.

Blogdex
Webseiten, die eine Art Hitparade der Blogosphäre anbieten. Dieser Begriff wird vor allem in der amerikanischen Blogosphäre verwendet.

Blogerati
Manchmal (aber nicht immer) etwas abfällig genutzter Begriff für die Intellektuellen der Blogosphäre.

Blogger

1. Jemand, der bloggt
2. Blog-Service von Google, unter http://www.blogger.com

Blogger Bash
Eine Party von Bloggern für Blogger in der realen Welt. Dieser Begriff wird vor
allem in der amerikanischen Blogosphäre verwendet.

Blog Ecosystem
Visualisierung der Beziehungen zwischen verschiedenen Blogs.

Blogging Fatigue
Beginnende Unlust am Bloggen, Blogging-Müdigkeit. Dieser Begriff wird vor
allem in der amerikanischen Blogosphäre verwendet.

Bloggerverse
Siehe *Blogosphäre*.

Blogistan
Die Gemeinschaft der politischen Blogs in der Blogosphäre.

Blogopotamus
Ein sehr langer Blogeintrag. Dieser Begriff wird vor allem in der amerikanischen
Blogosphäre verwendet.

Blogorrhea
Hochfrequentes Bloggen von wenig lesenswerten Inhalten. Dieser Begriff wird
vor allem in der amerikanischen Blogosphäre verwendet.

Blogosphäre/Blogosphere
Die Gesamtheit aller Blogs.

Blogroach
Eine Person, die aus Prinzip rüde Kommentare hinterlässt.

Blogroll
Eine Linkliste von Lieblingsblogs; diese Liste wird in der Regel in der *Sidebar*
dargestellt.

Abbildung 10.1: Das del.icio.us-Bookmarklet zum Hinzufügen der aktuellen Seite zu den bei del.icio.us gespeicherten Bookmarks

Blogsitting
Das Blog eines anderen Bloggers führen, während dieser im Urlaub oder anderweitig verhindert ist. Dieser Begriff wird vor allem in der amerikanischen Blogosphäre verwendet.

Blogsite
Eine Webseite, welche die Feeds verschiedener Blogs kombiniert, auch mit anderen Inhalten.

Blogstipation:

1. Schreibblockade eines Bloggers.

2. Die Situation, in der ein Blogger nicht bloggen kann, weil sein Blogging-Service offline ist.

Blogstorm
Ein Anstieg der Aktivität in der *Blogosphäre* aufgrund eines aktuellen Ereignisses.

Blogvert
Werbung auf einem Blog (zusammengesetzt aus „Blog"und „Advertisment"). Dieser Begriff wird vor allem in der amerikanischen Blogosphäre verwendet.

Blurker
Bezeichnung für einen Leser eines Blogs, der keine Kommentare hinterlässt und auch selber kein Blog führt. Dieser Begriff wird vor allem in der amerikanischen Blogosphäre verwendet.

Bookmarklet
Ein Lesezeichen im Browser, das nicht nur eine Seite aufruft, sondern eine weitere Funktion bietet. In der Abbildung 10.1 ist das del.icio.us-Bookmarklet „post to del.icio.us" zu sehen, und in dem kleinen Fensterchen schräg rechts darunter befindet sich der Code dieses Bookmarklets. Er sorgt dafür, dass die aktuelle Seite, auf der sich der Benutzer befindet, zu den del.icio.us-Bookmarks des Benutzers hinzugefügt werden.

Ähnliche Bookmarklets existieren für Blogeinträge, Suchfunktionen und andere nützliche Funktionen.

Buzzword Bingo
Ein Spiel, bei dem die Teilnehmer Zettel mit Mode- oder Schlagwörtern füllen, die abgehakt werden, wenn ein Redner sie verwendet. Hat ein Teilnehmer alle Begriffe auf seinem Zettel abgehakt, so teilt er dies den anderen Teilnehmern und meistens zur Verwunderung des Sprechers lautstark mit („Bingo!"). Die Studenten des MIT spielten zum Beispiel 1996 Buzzword Bingo, als der für die Verwendung von Schlagwörtern bekannte Al Gore, damals noch Vizepräsident der USA, eine Rede bei der Abschlussfeier hielt (siehe http://web.mit.edu/newsoffice/1996/sunshine-0612.html).

CAPTCHA
Abkürzung für Completely Automated Public Turing test to tell Computers and Humans Apart; ein CAPTCHA ist in der Regel ein Bild, das Zahlen und/oder Buchstaben enthält, die der Benutzer dann in ein Textfeld tippen soll. Mit dieser Funktion soll verhindert werden, dass Programme etwas nutzen (sich zum Beispiel bei einer Seite anmelden oder einen Kommentar in einem Blog hinterlassen, siehe *Kommentar-Spam*). Oft werden die Zeichen etwas verzerrt, um das Erkennen der Zeichen durch Software zu erschweren.

Cascading Style Sheet
Eine Sprache, mit der bestimmt wird, wie spezifizierte Inhalte dargestellt werden sollen. In der Regel befinden sich die CSS-Angaben in einer externen Datei, die in einer HTML-Datei angegeben und vom Browser geladen wird, um den Inhalt korrekt darzustellen.

Citizen Journalism
Unter Citizen Journalism wird die aktive Berichterstattung von Bürgern verstanden, die unabhängig relevante Themen behandeln und somit die Demokratie stärken. Siehe zum Beispiel http://www.backfence.com.

Clerasil-Blogs
Etwas abfällige Bezeichnung für Blogs mit Alltagsinhalten, die wenig Interesse bei Lesern wecken; im Englischen auch *What I had for lunch today-Blogs* genannt.

Clog Blog
Ein Blog in niederländischer Sprache oder von einer Person, die in den Niederlanden lebt.

CMS
Siehe *Content-Management-System*.

Collective Intelligence
Siehe *Kollektive Intelligenz.*

Comment Spam
Siehe *Kommentar-Spam*

Commentariat
Die Gemeinschaft (textitCommunity) der Leser, die einen Kommentar hinterlassen. Der Begriff wird auch in den traditionellen Medien verwendet.

Community
Neudeutsch für Gemeinschaft; manche sehen mehr Bedeutung in dem englischen oder in dem deutschen Begriff, die durch die Übersetzung nicht abgedeckt wird; vermutlich klingt Community aber einfach moderner als Gemeinschaft, und dieses Moderne ist das zusätzliche Konnotat des Begriffs Community.

Content-Management-System
Eine Software, die es dem Benutzer erlaubt, Inhalte im Web zu publizieren, ohne dass dafür HTML oder eine andere Sprache erlernt werden müsste.

CPM
Abkürzung für Cost Per Mille

Crisis Blog
Ein Blog, das ein Unternehmen oder eine Institution erstellt, um eine Krise zu bewältigen, insbesondere eine PR-Krise, um Informationen von den Medien ungefiltert veröffentlichen zu können.

CSS
Abkürzung für *Cascading Style Sheet.*

Dead-Tree
Steht für alles, was gedruckt und nicht digital ist: Zeitungen, Magazine, Bücher. Das, was Sie gerade in der Hand halten (sofern Sie nicht das eBook geladen haben), ist Dead-Tree. Dieser Begriff wird vor allem in der amerikanischen Blogosphäre verwendet.

Domain Hack
Als Domain Hack wird eine URL bezeichnet, die auf kreative Weise eine Top Level Domain benutzt, um einen Domainnamen zu erstellen, der wie ein reguläres Wort aussieht. Beispiele sind del.icio.us oder blo.gs.

Edu-Blog
Ein Blog, das sich auf das Thema Bildung konzentriert. Dieser Begriff wird vor allem in der amerikanischen Blogosphäre verwendet.

Enclosure
Enclosure werden für das Podcasting genutzt; es sind Anhänge in *RSS*-Feeds, in denen Informationen über die Podcast-Datei (Länge, Typ, URL) gespeichert werden.

Enhanced Podcast
Ein spezielles Format, das von Apple Computer eingeführt wurde und mit dem zusätzliche Daten zu der Audiodatei mitgeliefert werden. Solche Daten können aus Text oder auch aus Bildern bestehen. Außerdem ermöglicht das Enhanced-Podcast-Format die Verwendung von Lesezeichen, mit denen direkt zu einer Stelle gesprungen werden kann. Die zusätzlichen Funktionen von Enhanced Podcasts können nur mit bestimmten iPods und der iTunes-Version ab 4.9 genutzt werden.

Event Blog
Ein Blog, das für oder während eines Ereignisses geschrieben wird, zum Beispiel während einer Fußball-Weltmeisterschaft.

Fact-Check (your Ass)
Das Suchen nach Informationen, die belegen, dass eine Aussage in einem Blog oder in einem traditionellen Medienangebot falsch ist. Dieser Begriff wird vor allem in der amerikanischen Blogosphäre verwendet.

Feed
Ein Dokument, das Inhalte in einem bestimmten Format (meistens XML) beinhaltet, damit es von anderen Seiten oder Applikationen genutzt werden kann. Blogs bieten in der Regel einen Feed an, in dem ein Ausschnitt oder sogar ganze Beiträge des Blogs enthalten sind, zusammen mit dem Publikationsdatum und den jeweiligen *Permalinks*. Ein anderes Beispiel sind die Apple iTunes Music Store Top Ten, die über einen Feed jedem zur Verfügung stehen, sodass sie auf anderen Seiten eingebunden werden können. Siehe dazu auch *Aggregator*, *Atom*, *RSS* und *Syndikation*.

Feedreader
Feedreader sind Programme, mit denen abonnierte Feeds verwaltet und gelesen werden können. Siehe Kapitel 2.11.2.

Flame
Das Hinterlassen eines Kommentars mit der Absicht, einen Streit vom Zaun zu brechen. Gibt es nicht nur in der Blogosphäre, siehe auch *Flame War*.

Flame War
Der Streit, der aufgrund eines *Flame* begonnen wird und der sich meistens durch emotionale und persönliche Angriffe auszeichnet. Der Begriff wird nicht nur im Zusammenhang mit Blogs verwendet, auch Foren sind Mittelpunkt vieler Flame Wars. Beliebtes Thema für einen Flame War ist zum Beispiel die Frage nach dem besseren Betriebssystem, das gerne in dem Heise-Forum diskutiert wird.

Folksonomy
Eine System zur gemeinschaftlichen Kategorisierung von Objekten, bei dem die Objekte mit frei wählbaren *Tags* versehen werden. Siehe Kapitel 5.

Google Bomb
Die absichtliche Verwendung von Links, um die Suchergebnisse von Suchmaschinen zu beeinflussen.

Group Blog
Ein Blog, das von mehreren Personen geführt wird.

Hitnosis
Die Sucht eines Bloggers, ständig in seine Blog-Statistiken sehen zu müssen, um die eigene Popularität und neue Verlinkungen auf das eigene Blog überprüfen zu können. Dieser Begriff wird vor allem in der amerikanischen Blogosphäre verwendet.

Instapundited
Die Folgen einer Verlinkung durch das populäre Blog Instapundit.com; siehe auch *Slashdotted*. Dieser Begriff wird vor allem in der amerikanischen Blogosphäre verwendet.

K-Log
Knowledge Blog, meistens innerhalb einer Firma genutzt. Dieser Begriff wird vor allem in der amerikanischen Blogosphäre verwendet.

Kitty-Blogger
Blogger, der über Katzen bloggt. Synonym für Blogger, die wenig Lesenswertes produzieren. Dieser Begriff wird vor allem in der amerikanischen Blogosphäre verwendet.

Kleinbloggersdorf
Ironische Bezeichnung für die *Blogosphäre*.

Kollektive Intelligenz
Die Entscheidungen Einzelner können falsch sein, doch wenn die Entscheidungen vieler Menschen zusammengenommen werden, so kann eine bessere

Entscheidung entstehen, insbesondere wenn diese Menschen miteinander kommunizieren können. Als Beispiel für eine kollektive Intelligenz wird unter anderem von Tim O'Reilly die *Blogosphäre* genannt.

Kommentar-Spam

Die Vernetzung der Blogs untereinander wird von manchen fragwürdigen Seitenbetreibern dazu genutzt, die Kommentarfunktion der Blogosphäre automatisch mit Kommentaren zu füllen, die nichts mit dem jeweiligen Blogeintrag zu tun haben. Stattdessen wird auf Produkte verwiesen, zum Teil so geschickt, dass auf den ersten Blick gar nicht auffällt, dass der Kommentar nicht zum Eintrag passt („Excellent Post. You may also want to have a look at http://irgendeine-spammer-url.com"). Die dazugehörenden Links sollen den Spammer-Seiten dann zu einer besseren Linkpopularität und somit zu einer besseren Position bei den Suchmaschinen verhelfen. Laut *Akismet* waren im Juli 94 % aller Kommentare Spam. Kommentar-Spam kann eine sehr anstrengende Angelegenheit sein, denn auf der einen Seite möchten Blogger das Kommentieren nicht einschränken und nicht jeden Kommentar einzeln freigeben, zum andern möchte man in den eigenen Kommentaren aber auch keine fragwürdigen Inhalte haben. Systeme wie *Akismet* können Blogs automatisch vor Kommentar-Spam schützen.

Lightweight Business Model

Der Begriff bezieht sich darauf, dass es neben den *Lightweight Programming Models* auch Geschäftsmodelle gibt, die nicht die Dimensionen eines Firmenimperiums annehmen, aber dennoch interessant sind in einem kleinen Rahmen. So können viele Seiten einfach durch die Einbindung von Google AdSense monetarisiert werden, ohne dass der Seitenbetreiber Zeit in den Verkauf von Werbung investieren muss.

Lightweight Programming Models

Um zwei Systeme miteinander zu verbinden, können komplexe Systeme verwendet werden; so bietet Amazon zum Beispiel eine SOAP-Schnittstelle, um Daten auszutauschen. Demgegenüber stehen Ansätze, die einfacher sind, aber auch nicht die Stabilität bieten; Amazon bietet neben der SOAP-Schnittstelle auch *XML* via HTTP an.

Linky Love

Linken auf ein anderes Blog, allein aus dem Grund, dass dieses auf einen selbst verlinkt hat. Siehe auch *reziproke Verlinkung*. Dieser Begriff wird vor allem in der amerikanischen Blogosphäre verwendet.

Link Whore

Blogger, der einiges dafür tut, dass andere Blogs auf das eigene Blog linken. Dieser Begriff wird vor allem in der amerikanischen Blogosphäre verwendet.

LiveJournal
LiveJournal ist ein Journal-Service der Firma *Six Apart*. Das Wort *Blog* taucht auf den Produktseiten zum Zeitpunkt des Verfassens dieses Buches nicht auf, es ist aber möglich, ein Blog damit zu führen. Das Besondere an dem Service sind die Community-Funktionen, die auch von Größen wie Smashing Pumpkin-Sänger Billy Corgan genutzt werden (http://billycorgan.livejournal.com/profile).

Manueller Trackback
Siehe *Trackback*.

Mashup
Ein Mashup ist sozusagen ein „Remix" von Funktionen anderer Webseiten, um etwas Neues zu erstellen (der Begriff stammt ursprünglich auch aus der Musik). Eines der bekanntesten Mashups, housingmaps.com, verbindet Kleinanzeigen mit Google Maps. Mashups basieren auf offenen APIs, durch die verschiedene Services relativ einfach miteinander verbunden werden können.

Mediasphere
Die Gesamtheit der traditionellen Medien, im Kontrast zur *Blogosphäre*. Dieser Begriff wird vor allem in der amerikanischen Blogosphäre verwendet.

Meme
Der Begriff wurde von Richard Dawkins geprägt und bezeichnet einen Replikator einer Information, sei es eine Idee, eine Melodie, Theorien oder Gerüchte; im Deutschen wird manchmal der Begriff Mem genutzt. Der Begriff ist ähnlich zu der englischen Übersetzung des Begriffs Gen (Gene), und diese Ähnlichkeit ist bewusst gewollt, da eine Meme ähnlich wie ein Gen Informationen weiter überträgt. Der Begriff Web 2.0 wird oft selbst als Meme gesehen, und daher taucht er auch in den Diskussionen um das Web 2.0 häufig auf.

Meta-Blogging
Bloggen über das Bloggen.

Metaverse
Der Begriff stammt aus dem Roman Snow Crash von Neal Stephenson; er bezeichnet eine virtuelle Realität im Internet.

Microformats
Bei Microformaten wird versucht, existierende Ihalte wie Metadaten wieder zu verwenden. Dabei sollen Informationen, die eigentlich für menschliche Benutzer gedacht sind, für Software so aufbereitet werden, dass diese sie automatisch prozessieren kann. Als Beispiel sei hier XFN genannt (siehe Eintrag zu XFN).

Milblog
Siehe *Warblog*.

Moblog
Abkürzung für „Mobile Blogging", Bloggen mit einem mobilen Gerät, zum Beispiel einem Mobiltelefon.

Momosphere
Die *Blogosphäre* der Blogs, die von Müttern geschrieben werden. Dieser Begriff wird vor allem in der amerikanischen Blogosphäre verwendet.

Movable Type
Populäre Blog-Software von *Six Apart*

MSM
Abkürzung für MainStream Media, traditionelle Medien. Dieser Begriff wird vor allem in der amerikanischen Blogosphäre verwendet.

OPML
Akronym für Outline Processor Markup Language. Ein von Radio Userland entwickeltes *XML*-Format, das dazu entwickelt wurde, Gliederungen (Outlines) zu definieren. Es wird aber auch dazu genutzt, RSS-Feeds zwischen *Aggregatoren* auszutauschen. Entscheidet sich ein Benutzer dafür, einen anderen Aggregator zu verwenden, so kann er die Liste seiner Feeds aus dem alten Aggregator exportieren und in den neuen Aggregator importieren.

Participatory Web
Der Begriff wird manchmal synonym für den Begriff Web 2.0 genutzt, wobei hier der Aspekt der *Partizipation* hervorgehoben wird (und damit die anderen Aspekte ausgeblendet werden).

Partizipation
Partizipation ist eines der Schlagwörter, das oft im Zusammenhang mit dem Begriff Web 2.0 benutzt wird. Die Internetnutzer konsumieren nicht nur Inhalte, sondern sie werden einbezogen, sei es durch die Möglichkeit, Kommentare in Blogs abzugeben, sei es durch das gemeinschaftliche Erstellen und Bewerten von Inhalten.

Permalink
Ein Link zu einem einzelnen Eintrag in einem Blog, der auch dann noch funktioniert, wenn der Eintrag von der Blog-Homepage verschwindet und archiviert wird.

Ping
Akronym für Packet INternet Gopher. Ping ist ein Programm, das Netzwerkad-
ministratoren benutzen, um zu testen, wie lange die Kommunikation zu einem
entfernten Rechner dauert und ob dieser überhaupt erreichbar ist; man spricht
auch von „anpingen". Im Blog-Kontext werden Pings genutzt, um eine andere
Seite zu benachrichtigen, dass es einen neuen Eintrag gibt.

Plog

1. Ein Projektblog
2. Ein politisches Blog

Podcast
Eine Art Radiosendung im Netz, die über einen *Feed* publiziert wird und automatisch über einen *Aggregator* oder *Podcatcher* heruntergeladen werden kann.

PodCatcher
Ein Programm, mit dem die *Feeds* von einem oder mehreren Podcasts abonniert
werden können, sodass die neuen Folgen eines Podcasts automatisch heruntergeladen werden.

Posting
Ein Posting ist ein Eintrag in einem Blog.

Progblog
Linksgerichtetes, progressives Blog. Dieser Begriff wird vor allem in der amerikanischen Blogosphäre verwendet.

Pundit Blog
Ein Blog, das sich auf Nachrichten konzentriert. Dieser Begriff wird vor allem in
der amerikanischen Blogosphäre verwendet.

RDF
Siehe *RSS*.

Referer/Referrer
Die Internetadresse, von der ein Benutzer kommt. Die im Englischen korrekte
Schreibweise ist „referrer", aber da in einem der ersten beschreibenden Dokumente die Schreibweise „referer" gewählt wurde, wird man sie heute kaum noch
los.

REST
Representational State Transfer, ein von Roy Fielding geprägter Begriff für ein
Softwarearchitektur-Konzept. In diesem Konzept werden zustandslose Protokol-

le verwendet, sodass der Client und der Server in den HTTP-Botschaften alles Notwendige austauschen und keine Information zwischengespeichert werden müssen. Darüber hinaus existiert eine Menge von wohldefinierten Operationen, die auf alle Ressourcen angewendet werden können, und eine universelle Syntax.

Reziproke Verlinkung

Unter reziproker Verlinkung versteht man das gegenseitige Verlinken zweier Websites. Unter Suchmaschinenexperten ist umstritten, ob eine reziproke Verlinkung vorteilhaft ist oder nachteilig sein kann.

RFC

Abkürzung für Request For Comments. In den RFCs sind die Internet-Standards definiert.

Rich User Experience

Der Begriff wird im Zusammenhang mit Benutzeroberflächen von Webapplikationen verwendet, die den Benutzeroberflächen von Desktop-Applikationen stark ähneln. Die Ähnlichkeit bezieht sich dabei auf Funktionen, die mit den frühen Webseiten kaum möglich waren. Als Beispiel soll hier die „Speichern"-Schaltfläche in einer Desktop-Applikation dienen: Natürlich war es auch früher möglich, Daten in einer Webapplikation zu speichern, doch wenn man auf eine „Speichern"-Schaltfläche klickte, dann wurde eine neue Seite geladen, nachdem die zu speichernden Daten an den Server geschickt worden waren. Heute kann zum Beispiel durch *Ajax* der Speichervorgang durchgeführt werden, ohne dass die Seite neu geladen werden muss.

RSS

Je nach Version gibt es unterschiedliche Bedeutungen des Akronyms und unterschiedliche Formate:

- Rich Site Summary
- RDF Site Summary
- Really Simple Syndication

Egal welche Bedeutung zugrunde gelegt wird, RSS wird als Format für einen *Feed* genutzt. Siehe auch Kapitel 7.2 sowie *Aggregator*, *Atom* und *Feed*.

RSS-Reader

Siehe *Feedreader*.

RTWT

Abkürzung für Read The Whole Thing („Lies den ganzen Text"); wird meistens verwendet, wenn der Autor eines Blogeintrags oder eines Kommentars Äußerungen von sich gibt, die darauf schließen lassen, dass er etwas nicht komplett gelesen und verstanden hat, bevor er darüber schreibt. Dieser Begriff wird vor allem in der amerikanischen Blogosphäre verwendet.

Ruby
Ruby ist eine objektorientierte Programmiersprache, die wie Perl während der Laufzeit des Programmes interpretiert wird und nicht wie die meisten Desktop-Programme vorher kompiliert wurde. Der Name ist eine Anspielung auf den Namen der Programmiersprache Perl. Die Ruby-Homepage ist unter http://www.ruby-lang.org/en/ zu finden.

Ruby on Rails
Ruby on Rails ist ein Framework für die Entwicklung von Webapplikationen, siehe Kapitel 7.4.

Screencast
Ein Screencast ist ein in der Regel kleiner Videofilm im Web, in dem die Bildschirmausgabe eines Computers gezeigt wird, meistens mit gesprochenen Erklärungen. Screencasts werden zum Beispiel für Demonstrationen von neuen Funktionalitäten von Programmen verwendet.

Semantic Web
Das Semantic Web hat zunächst nichts mit dem Web 2.0 zu tun, wird aber manchmal im gleichen Kontext erwähnt. Das Semantic Web ist ein Projekt des World Wide Web Consortium unter der Leitung von Tim Berners-Lee, in dem der Austausch von Informationen durch maschinenlesbare Dokumente erleichtert werden soll. Dazu sollen die Inhalte markiert werden, für den Austausch wird *XML* wie auch *RDF* genutzt.

Sidebar
Ein Bereich in einem Blog, üblicherweise eine Spalte, die neben den eigentlichen Inhalten zusätzliche Informationen enthält wie die *Blogroll*, Werbung oder ein Profil.

Sideblog
Ein Blog im Blog, meistens in der Sidebar. In diesem Blog werden keine ganzen Texte veröffentlicht, sondern zum Beispiel gerade besuchte Seiten, gerade gehörte Musik oder Aphorismen.

Slashdotted
Das Ergebnis eines Links zur eigenen Seite von der sehr populären Seite Slashdot (http://slashdot.org/); ein solcher Link sorgt dafür, dass von einer Minute auf die andere ungleich viel mehr Besucher auf die eigene Seite kommen als normalerweise üblich. Oft führt dies sogar dazu, dass der Webserver Probleme bekommt und die eigene Seite nicht mehr erreichbar ist. In der Blogosphäre

spricht man eher von *instapundited*. Dieser Begriff wird vor allem in der amerikanischen Blogosphäre verwendet.

Social Bookmarking
Unter Social Bookmarking wird das gemeinschaftliche Verwalten von Web-Lesezeichen verstanden, wobei jeder Benutzer seine eigenen Lesezeichen erstellt, diese aber anderen auch zur Verfügung stellt. Durch die große Anzahl von Lesezeichen entsteht somit eine neue Qualität der Sammlung, da bestimmte Seiten öfter als andere als Lesezeichen markiert werden und somit auch ein Votum für eine Seite geäußert wird.

Social Software
Software, welche die Kommunikation und Zusammenarbeit von Menschen unterstützt. Siehe Kapitel 4.

Stripblog
Ein Blog mit oder über Comic Strips

Syndikation/Syndizieren
Weitergabe von Inhalten zur Weiterverwendung; im Bereich des Webs bezieht sich das auf alle möglichen Arten von Inhalten, seien es Blogeinträge, Charts, Nachrichten oder Börsendaten. In der Regel werden diese Daten über *Feeds* weitergegeben. Siehe auch *Aggregation*, *Atom*, *Feed* und *RSS*.

Tag / Tagging
Ein *Tag* ist eine Art Schlagwort, mit dem Objekte wie Fotos, Bookmarks oder auch Blogeinträge versehen werden, damit sie später wieder gefunden werden können. *Tagging* ist der Vorgang, ein Objekt mit einem *Tag* zu versehen. Ein *Tag* kann auch aus mehreren Wörtern bestehen. Siehe auch *Folksonomy*.

Tag Cloud
Eine Visualisierung verwendeter *Tags*, meistens durch die Gewichtung von *Tags*, zum Beispiel indem häufig verwendete *Tags* größer dargestellt werden als selten verwendete *Tags*.

Tech Blog
Ein Blog, das sich vor allem auf technische Themen konzentriert.

Thread
Ein Diskussionsstrang in einem Blog oder in einem Forum.

Trackback
Automatische Notifikation zwischen zwei Webseiten, um verwandte Einträge auf einer Seite miteinander zu verbinden. Bezieht sich ein Blogger in einem

Eintrag auf den Eintrag in einem anderen Blog, so wird in diesem anderen Blog
automatisch ein Trackback gesetzt, der in der Regel einen kurzen Ausschnitt des
Bezug nehmenden Beitrags enthält. Ein manueller Trackback wird gesetzt, wenn
die Blogsoftware Trackbacks nicht unterstützt.

TypePad
Hosted Blog-Service der Firma *Six Apart*, der auch im professionellen Bereich
eingesetzt wird.

Troll
Person, die provozierende Kommentare oder Einträge hinterlässt.

User Generated Content
Anstatt teure Redakteure zu beschäftigen, sorgen die Benutzer selber für die Inhalte. YouTube ist ein Beispiel dafür, dass lediglich eine intelligente Plattform zur
Verfügung gestellt werden muss, damit Benutzer ihre eigenen Inhalte hochladen.
Tatsächlich haben Benutzer auch eigene Inhalte zu Plattformen beigesteuert, als
noch niemand über das Web 2.0 nachgedacht hatte, zum Beispiel in Foren. Einer
der Begriffe des Web 2.0, der Gefahr läuft, in einem Hype verbrannt zu werden,
denn natürlich klingt es zunächst sehr günstig, dass die Inhalte nicht mehr selbst
erstellt werden müssen. Siehe auch *AAL-Prinzip*.

Videocast
Siehe *Video-Podcast*.

Video-Podcast
Ein Video-Podcast, auch VideoCast, Vidcast oder Vodcast genannt, ist eine
Videosendung, die ähnlich wie ein Podcast über einen *Feed* publiziert wird. In
der Regel sind die Video-Podcasts sehr kleine Videodateien, die auch auf einem
iPod Video abgespielt werden können.

Vlogs
Abkürzung für Video Logs, ähnlich *blog*, in dem Videos abgelegt werden; diese
müssen nicht von einem selbst stammen wie bei einem *Video Podcast*.

Warblog
Im US-amerikanischen Raum die Bezeichnung für ein Blog, das die Geschehnisse
eines Krieges kommentiert; im amerikanischen Raum ist diese Gattung vor
allem während der Afghanistan-Invasion und als Folge der Anschläge des 11.
September 2001 entstanden. Dieser Begriff wird vor allem in der amerikanischen
Blogosphäre verwendet.

Watchblog
Ein Blog, das eine Zeitung, ein Unternehmen oder eine Organisation kritisch
beobachtet. Das populärste Beispiel in Deutschland ist das BildBlog, siehe
http://www.bildblog.de, wenngleich die Betreiber dafür kritisiert werden, dass
sie keine Kommentare zulassen, und die Seite daher von manchen auch nicht als
richtiges Blog angesehen wird.

Weblog
Siehe *Blog*.

Web Service
Ein Web Service ist eine Anwendung im Web, mit der andere Anwendungen
über eine bestimmte URL kommunizieren können. Ein bekanntes Beispiel ist die
Google-API, über die Programme Suchergebnisse von Google erhalten können.
Siehe auch *API*.

What I had for lunch today-Blogs
Blogs mit belanglosen Inhalten. Dieser Begriff wird vor allem in der amerikanischen Blogosphäre verwendet. Siehe auch *Clerasil-Blog* oder *Kitty-Blog*.

Wiki
Eine Website, auf der jeder Besucher den Text verändern kann. Das pro-
minenteste Beispiel für ein Wiki ist die freie Enzyklopädie Wikipedia
(http://de.wikipedia.org).

WYSIWYG
Akronym für „What You See Is What You Get", bezieht sich darauf, dass keine
obskure Computersprache erlernt werden muss, um zu einem ästhetisch an-
sprechenden Resultat zu kommen. So forderten die ersten Textverarbeitungen,
dass der Benutzer zusätzliche Befehle eingab, um einen Begriff kursiv zu setzen
oder eine Überschrift zu formatieren. Ähnlich ist es notwendig, bestimmte
HTML-Befehle zu kennen, um eine Webseite ohne einen WYSIWYG-Editor zu
erstellen. Die meisten Blogging-Hoster bieten auch WYSIWYG-Oberflächen an,
sodass der Blogger sich wie in einer modernen Textverarbeitung zurechtfinden
kann.

XHTML Friends Network / XFN
Mit dem XFN wird die Art einer menschlichen Beziehung über Hyperlinks
dargestellt. Dies wird in einer *Blogroll* zum Beispiel genutzt, um darzustellen, wie
gut der Verlinkte bekannt ist. Beispiel:

```
<a href="http://www.[blogname].de" rel="friend met">
```

XML
Abkürzung für eXtensible Markup Language. Standard zur Erstellung maschinenlesbarer Dokumente.

Stichwortverzeichnis

Der Projektmanagement-Klassiker

Tom DeMarco
Der Termin
272 Seiten.
ISBN 978-3-446-41439-6

Mr. Tompkins, ein von einem Telekommunikationsriesen soeben entlassener Manager, hat die Aufgabe, sechs Softwareprodukte zu entwickeln. Dazu teilt Tompkins die ihm zur Verfügung stehende gigantische Entwicklungsmannschaft in achtzehn Teams auf - drei für jedes Produkt. Die Teams sind unterschiedlich groß und setzen verschiedene Methoden ein. Sie befinden sich im Wettlauf miteinander und haben einen gnadenlos engen Terminplan.

Mit seinen Teams und der Hilfe zahlreicher Berater, die ihn unterstützen, stellt Mr. Tompkins die Managementmethoden auf den Prüfstand, die er im Laufe seines langen Managerlebens kennen gelernt hat. Jedes Kapitel endet mit einem Tagebucheintrag, der seine verblüffenden Erkenntnisse zusammenfasst.

Mehr Informationen zu diesem Buch und zu unserem Programm unter **www.hanser.de/computer**

GUT AUFGELEGT
ICH BLEIBE OFFEN LIEGEN ;-) DANK SPEZIAL-
FORMAT UND PATENTIERTER BINDUNG

Kösel FD 351 · Patent-No. 0748702